马克思主义哲学基础理论研究

杨　耕 _著

杨耕文集

第5卷

Research on the Fundamental
Theory of Marxist Philosophy

华东师范大学出版社
·上海·

图书在版编目（CIP）数据

马克思主义哲学基础理论研究／杨耕著． -- 上海:
华东师范大学出版社，2024． --（杨耕文集）． -- ISBN
978-7-5760-5319-7

Ⅰ．B0-0

中国国家版本馆 CIP 数据核字第 2024E1B727 号

杨耕文集第 5 卷

马克思主义哲学基础理论研究

著　　者	杨　耕
策划编辑	王　焰
责任编辑	朱华华　王海玲
审读编辑	李玮慧
责任校对	王丽平　时东明
装帧设计	卢晓红

出版发行　华东师范大学出版社
社　　址　上海市中山北路 3663 号　邮编 200062
网　　址　www.ecnupress.com.cn
电　　话　021－60821666　行政传真 021－62572105
客服电话　021－62865537　门市（邮购）电话 021－62869887
地　　址　上海市中山北路 3663 号华东师范大学校内先锋路口
网　　店　http://hdsdcbs.tmall.com

印 刷 者　上海中华商务联合印刷有限公司
开　　本　787 毫米×1092 毫米　1/16
印　　张　32.5
字　　数　466 千字
版　　次　2024 年 11 月第 1 版
印　　次　2024 年 11 月第 1 次
书　　号　ISBN 978-7-5760-5319-7
定　　价　138.00 元

出 版 人　王　焰

（如发现本版图书有印订质量问题，请寄回本社客服中心调换或电话 021－62865537 联系）

目　录

第一章

马克思主义哲学与现代西方哲学

通常认为,马克思主义哲学与现代西方哲学处在根本的对立之中。具体地说,现代西方哲学的基本原则是"拒斥形而上学",而马克思主义哲学不同于或高于现代西方哲学的地方就在于,马克思主义哲学仍然保持着"形而上学"这种哲学形态的"本色",即以追溯整个世界的本原或基质为目标,力图从一种终极存在——物质出发去理解和把握一切事物的本性,从自然存在推导出社会存在。实际上,这是一种误解,"反对形而上学"或"拒斥形而上学"同样是马克思主义哲学的基本原则。与西方传统哲学不同,马克思主义哲学关注的是人的存在方式和人的全面发展。从根本上说,马克思主义哲学是从人的存在出发去解读存在的意义,从人的存在方式——实践出发去理解和把握人与世界的关系的。这样,马克思主义哲学便终结了西方传统哲学,即形而上学,同时,启动了现代西方哲学的进程。

一、对黑格尔哲学的批判：开启现代西方哲学的历史进程

黑格尔在他的哲学体系中"以最宏伟的形式概括了哲学的全部发展"，同时，又"不自觉地""给我们指出了一条走出这些体系的迷宫而达到真正地切实地认识世界的道路"①。这就是说，黑格尔哲学是西方传统哲学的集大成者和发展顶峰。正因为如此，整个现代西方哲学就是从批判黑格尔哲学开启的。正如马克思所说，形而上学"在德国哲学中，特别是在19世纪的德国思辨哲学中，曾有过胜利的和富有内容的复辟。在黑格尔天才地把17世纪的形而上学同后来的一切形而上学及德国唯心主义结合起来并建立了一个形而上学的包罗万象的王国之后，对思辨的形而上学和一切形而上学的进攻，就像在18世纪那样，又跟对神学的进攻再次配合起来"②。可以说，马克思对黑格尔哲学的批判开启了现代西方哲学的历史进程。因此，要理解和把握马克思主义哲学与现代西方哲学的关系，首先就要正确理解和把握马克思哲学与黑格尔哲学的关系。

在马克思主义哲学史上，首先较为系统探讨马克思哲学与黑格尔哲学关系的是普列汉诺夫。按照普列汉诺夫的观点，"马克思的哲学是黑格尔哲学的合乎逻辑的和必然的结果"，这是正确的，但又是不完全的。"马克思的承继黑格尔，正像丘比德的承继萨茨尔奴斯一样，是贬黜了后者的王位。马克思的唯物主义哲学的出现，是人类思想史上绝无仅有的一次真正的革命，是最伟大的革命。"③这表明，马克思是通过唯物主义立场的确立而扬弃黑格尔唯心主义哲学的。这是其一。

其二，马克思是在一般唯物主义的基础上批判改造黑格尔辩证法，从而创立辩证唯物主义的。在谈到《哲学的贫困》时，普列汉诺夫指出："在

① 《马克思恩格斯选集》第4卷，人民出版社1995年版，第220页。
② 《马克思恩格斯全集》第2卷，人民出版社1957年版，第159页。
③ 《普列汉诺夫哲学著作选集》第2卷，晏成书等译，生活·读书·新知三联书店1961年版，第507页。

那个时候,马克思已经把辩证法(它在黑格尔那里有着纯粹唯心主义的性质,在蒲鲁东那里也保存了这样的性质)放在唯物主义的基础上面了。"①正是基于这一思想,普列汉诺夫提出,"马克思和恩格斯的哲学不仅是唯物主义的哲学,而且是辩证的唯物主义"②,并认为"'辩证唯物主义'这一术语,它是唯一能够正确说明马克思的哲学的术语"③。

这里,普列汉诺夫借助于"辩证的唯物主义"这一术语,强调马克思唯物主义的辩证性,其基本思路是:马克思哲学是由唯物主义(以费尔巴哈为媒介)和辩证法(以黑格尔为媒介)的结合而产生的;同时,由于"辩证唯物主义涉及到历史,所以恩格斯有时将它叫作历史的。这个形容词不是说明唯物主义的特征,而只表明应用它去解释的那些领域之一"④。这表明,普列汉诺夫已经把历史唯物主义理解为辩证唯物主义在历史领域中的"应用"了。

列宁非常重视马克思哲学与黑格尔哲学的关系,尤其关注《资本论》与《逻辑学》的关系,并认为:"不钻研和不理解黑格尔的全部逻辑学,就不能完全理解马克思的《资本论》,特别是它的第1章。因此,半个世纪以来,没有一个马克思主义者是理解马克思的!!"⑤这就是说,马克思哲学与黑格尔哲学的关系本质上是马克思哲学与黑格尔逻辑学的关系。这是其一。

其二,列宁对"一般唯物主义"的内涵及其与马克思唯物主义的关系作了具体说明:"物质是第一性的。感觉、思想、意识是按特殊方式组成的物质的高级产物。这就是一般唯物主义的观点,特别是马克思、恩格斯的观点。"⑥这就是说,马克思的唯物主义与"一般唯物主义"没有本质区别,马克思、恩格斯是从一般唯物主义的立场出发批判改造黑格尔的辩证法,

① 《普列汉诺夫哲学著作选集》第3卷,刘亦宇等译,生活·读书·新知三联书店1962年版,第159页。
② 《普列汉诺夫哲学著作选集》第3卷,第79页。
③ 《普列汉诺夫哲学著作选集》第1卷,博古等译,生活·读书·新知三联书店1959年版,第768页。
④ 《普列汉诺夫哲学著作选集》第2卷,第311页。
⑤ 《列宁全集》第55卷,人民出版社1990年版,第151页。
⑥ 《列宁选集》第2卷,人民出版社1995年版,第51页。

从而创立辩证唯物主义的。

其三，列宁反复强调马克思主义哲学就是辩证唯物主义，并认为，历史唯物主义是唯物主义在社会领域中的"推广运用"："马克思加深和发展了哲学唯物主义，而且把它贯彻到底，把它对自然界的认识推广到对人类社会的认识。""发现唯物主义历史观，或者更确切地说，把唯物主义贯彻和推广运用于社会现象领域，消除了以往的历史理论的两个主要缺点。"①后来，斯大林在《论辩证唯物主义和历史唯物主义》中对列宁的这一观点作了进一步发挥，明确提出历史唯物主义是辩证唯物主义在社会生活和社会历史领域中的"推广"与"运用"。

按照普列汉诺夫和列宁的解释路线，黑格尔哲学对马克思哲学的影响主要是通过《逻辑学》产生的；由于费尔巴哈哲学的媒介，马克思回到了一般唯物主义的立场；在此基础上，马克思批判改造了黑格尔的辩证法，从而创立了辩证唯物主义，并把辩证唯物主义"推广运用"到历史领域，创立了历史唯物主义。因此，马克思主义哲学的基础和核心是辩证唯物主义。

1932年，马克思的《1844年经济学哲学手稿》首次公开全文发表。正是在这部手稿中，马克思着重分析了作为黑格尔哲学"诞生地和秘密"的《精神现象学》，显示出马克思哲学与黑格尔《精神现象学》之间的特殊联系。马尔库塞由此认为"马克思在1844年写的《1844年经济学哲学手稿》的发表必将成为马克思主义研究史上的一个划时代的事件，这些手稿使关于历史唯物主义的起源、初始含义及整个'科学社会主义'理论的讨论置于新的基础之上，这些手稿也使人们能用一种更加富有成效的方法提出关于马克思和黑格尔之间的实际关系这个问题"②。在马尔库塞看来，《1844年经济学哲学手稿》表明，在黑格尔的著作中，马克思特别感兴趣的是《精神现象学》。

---

① 《列宁选集》第2卷，第311、425页。
② H. Marcuse, *Studies in Critical Philosophy*, Boston：Boston Press, 1972, p. 3.

1932 年,《德意志意识形态》首次公开出版,在这部著作中,马克思不断提及或引证《精神现象学》等著作,因而对重新理解马克思哲学与黑格尔哲学的关系,尤其是马克思哲学与《精神现象学》的关系有着重要意义。1939 年与 1941 年,马克思的《1857—1858 年经济学手稿》以《政治经济学大纲(草稿)》为题,分两册首次公开出版。在研读这部手稿后,施密特认为,这部手稿"对于理解黑格尔和马克思之间的关系来说是最为重要的,然而迄今未被人们利用过"①。在施密特看来,在马克思哲学与黑格尔哲学的关系中,黑格尔的《精神现象学》起着十分重要的作用。

　　普列汉诺夫、列宁生前都没有看到《1844 年经济学哲学手稿》《德意志意识形态》《1857—1858 年经济学手稿》,因而不可能理解和把握《精神现象学》对马克思的重大影响。相反,这些新材料促使卢卡奇、施密特等人对马克思哲学与黑格尔哲学的关系作出新的思考。

　　按照卢卡奇的观点,黑格尔"是试图认真地把握英国工业革命的唯一的德国思想家,也是在古典经济学的问题和哲学及辩证法之间建立联系的唯一的人"②。因此,卢卡奇深入分析了黑格尔在《伦理体系》《郎拿实在哲学》和《精神现象学》中对劳动、异化问题的论述,强调"劳动的辩证法使黑格尔认识到,人类只能通过劳动走向上发展的道路,实现人的人性化和自然的社会化"③。这表明,黑格尔的《精神现象学》对马克思的影响是巨大的;同时,在黑格尔和马克思那里,辩证法的根本含义不是体现在抽象的、与人相分离的自然中,而是体现在人改造自然的活动——生产劳动中。

　　从卢卡奇的思路出发,施密特对马克思哲学与黑格尔哲学的关系作了进一步的探索。按照施密特的观点,"如果马克思的唯物主义象今天仍在苏联和东欧盛行的那样,只是作为一种抽象的世界观的表白的话,那末首先注意:这一来它就和那种低劣的唯心主义毫无二致了。不是所谓物

①　A. schmidt, *The Concept of Nature in Marx*, London：New Left Brooks, 1971, p. 17.
②　G. Lukacs, *Young Hegel*, Boston：The MIT Press, 1976, p. xxvi.
③　G. Lukacs, *Young Hegel*, p. 327.

质这抽象体,而是社会实践的具体性才是唯物主义理论的真正对象和出发点"①。这里,施密特强调的是,马克思唯物主义与一般唯物主义之间的根本差异;表明的是,马克思并不是通过对一般唯物主义的回归而与黑格尔唯心主义相对立的。施密特指出:"从实践上把上述的客观主义与主观主义结合起来,构成黑格尔与马克思的劳动的辩证法的特色,反映了现代认识论的根本立场。"②这就是说,应当从"劳动辩证法"的视角来重新理解马克思哲学与黑格尔哲学的关系。

卢卡奇、施密特等人对马克思哲学与黑格尔哲学关系的新思考,凸显了黑格尔的《精神现象学》对马克思哲学的重大影响,从而加深了这样的认识,即马克思关注的始终是社会历史问题,历史唯物主义因此构成了马克思主义哲学的基础和出发点。但是,卢卡奇、施密特等人没有结合马克思本人思想的演变来探讨马克思哲学与黑格尔哲学的关系,没有阐明普列汉诺夫、列宁为什么认为黑格尔对马克思的影响主要是《逻辑学》,并主张从一般唯物主义立场出发去解读《逻辑学》,从而使整个讨论趋于简单化。

普列汉诺夫、列宁从《逻辑学》的视角来理解黑格尔哲学对马克思哲学的影响是有其一定根据的。

在《黑格尔法哲学批判》中,马克思在分析黑格尔的泛逻辑神秘主义时指出:"整个法哲学只不过是对逻辑学的补充。"③尤其值得注意的是,在1858年1月14日致恩格斯的信中,马克思提到关于《资本论》的准备性研究时指出:"完全由于偶然的机会——弗莱里格拉特发现了几卷原为巴枯宁所有的黑格尔著作,并把它们当作礼物送给了我——我又把黑格尔的《逻辑学》浏览了一遍,这在材料加工的方法上帮了我很大的忙。如果以后再有功夫做这类工作的话,我很愿意用两三个印张把黑格尔所发

---

① [联邦德国] A. 施密特:《马克思的自然概念》,欧力同、吴仲昉译,商务印书馆1988年版,第31页。
② [联邦德国] A. 施密特:《马克思的自然概念》,第121页。
③ 《马克思恩格斯全集》第1卷,人民出版社1956年版,第264页。

现,但同时又加以神秘化的方法中所存在的合理的东西阐述一番,使一般人都能够理解。"①显然,《逻辑学》对马克思的影响是存在的。但是,在马克思读过的黑格尔著作中,他留下笔记最多、作过系统研究和深刻评论的不是《逻辑学》,而是《法哲学原理》和《精神现象学》。然而,马克思在这方面的两部重要手稿——《黑格尔法哲学批判》和《1844 年经济学哲学手稿》,普列汉诺夫和列宁都没有读过。因此,他们就很容易从《逻辑学》的视角出发去理解马克思哲学与黑格尔哲学的关系。

实际上,对马克思来说,《逻辑学》并不是最重要的著作。这是因为,《逻辑学》关注的是与现实相分离的绝对的、纯粹的知识,它既是逻辑理念自身的辩证运动,又是对这一运动的自我认识,而马克思关注的则是社会历史问题,所以,对马克思来说,《精神现象学》比《逻辑学》更为重要。按照马克思的观点,黑格尔的"'现象学'尽管有其思辨的原罪,但还是在许多方面提供了真实地评述人类关系的因素"②,实际上是对社会历史运动的"抽象的、逻辑的、思辨的表达"。因此,在剖析黑格尔哲学体系时,"必须从黑格尔的《现象学》即从黑格尔哲学的真正诞生地和秘密开始"③。

《精神现象学》对马克思哲学,尤其是唯物辩证法的形成和发展产生了重大影响。在马克思看来,《精神现象学》抓住了"异化"和"劳动"这一核心问题,从而展开对整个社会的批判。尽管这一批判被神秘化了,但它对马克思的启示是重大的。正是通过对《精神现象学》的深入研究,马克思发现,"黑格尔的《现象学》及其最后成果——作为推动原则和创造原则的否定性的辩证法——的伟大之处首先在于,黑格尔把人的自我产生看作一个过程,把对象化看作失去对象,看作外化和这种外化的扬弃;因而,他抓住了劳动的本质,把对象性的人、现实的因而是真正的人理解为他自

---

① 《马克思恩格斯全集》第 29 卷,人民出版社 1972 年版,第 250 页。
② 《马克思恩格斯全集》第 2 卷,第 246 页。
③ 《马克思恩格斯全集》第 42 卷,人民出版社 1979 年版,第 159 页。

己的劳动的结果"①。这是一个重要发现。这一发现之所以重要,就在于马克思看到了《精神现象学》中的辩证法与《逻辑学》中的辩证法之间的差异。

在《逻辑学》中,辩证法的承担者是逻辑理念,而在《精神现象学》中,辩证法的承担者则是劳动,因而可以把这种辩证法表达为劳动辩证法。在马克思看来,这种劳动辩证法是对人类历史运动的"抽象的、逻辑的、思辨的表达"。尽管黑格尔关注的是劳动的积极方面,而未充分注意劳动的消极方面,尽管从根本上说黑格尔承认的劳动仅仅是抽象的精神劳动,然而,《精神现象学》毕竟显示出人是在劳动中生成的,毕竟以思辨的形式显示出人类历史的运动。这正是《精神现象学》的"伟大之处"。

马克思后来在谈到黑格尔的辩证法时指出:"辩证法在黑格尔手中神秘化了,但这决不妨碍他第一个全面地有意识地叙述了辩证法的一般运动形式。在他那里,辩证法是倒立着的。必须把它倒过来,以便发现神秘外壳中的合理内核。"②马克思在这里说的"合理内核",并不是没有任何载体的、抽象的辩证法,而是以劳动为载体的现实的辩证法。当然,在马克思那里,劳动不再是抽象的精神劳动,而是现实的物质生产活动,是社会历史活动。正如马克思所说:"就是在理论方法上,主体,即社会,也必须始终作为前提浮现在表象面前。"③

正因为如此,马克思认为,"辩证法,在其神秘形式上,成了德国的时髦东西,因为它似乎使现存事物显得光彩。辩证法,在其合理形态上,引起资产阶级及其夸夸其谈的代言人的恼怒和恐怖,因为辩证法在对现存事物的肯定的理解中同时包含对现存事物的否定的理解,即对现存事物的必然灭亡的理解;辩证法对每一种既成的形式都是从不断的运动中,因而也是从它的暂时性方面去理解;辩证法不崇拜任何东西,按其本质来

---

① 《马克思恩格斯全集》第 42 卷,第 163 页。
② 《马克思恩格斯全集》第 23 卷,人民出版社 1972 年版,第 24 页。
③ 《马克思恩格斯全集》第 46 卷上,人民出版社 1979 年版,第 39 页。

说,它是批判的和革命的"①,并明确指出:"对实践的唯物主义者即共产主义者来说,全部问题都在于使现存世界革命化,实际地反对并改变现存的事物。"②可见,"合理形态"的辩证法就是以人的实践活动为载体的"否定性的辩证法",是和"实践唯物主义"高度统一、融为一体的唯物主义辩证法。

可以看出,较之《逻辑学》,《精神现象学》对马克思哲学的形成和发展产生了更为重要的影响。在马克思哲学思想转变的过程中,除了他本人的实践活动和费尔巴哈理论影响这两个因素外,还有一个理论因素不容忽视,这就是通过对《精神现象学》以及英国古典经济学的批判性解读,提出了"异化劳动"这一概念,并创立了以现实的人的活动为载体或承担者的"合理形态"的辩证法。正是这些因素的综合作用使马克思不是返回到一般唯物主义,而是直接创立了"真正实证的科学"和"真正批判的世界观"③高度统一的历史唯物主义。如果说"逻辑学"的"倒过来"是一般唯物主义的话,那么,"精神现象学"的"倒过来"则是历史(辩证)唯物主义。

对马克思主义哲学史进行深入研究可以看出,在马克思哲学思想的演变过程中,并不存在一个以"一般唯物主义"为特征的所谓的费尔巴哈阶段。马克思没有,也不可能对黑格尔唯心主义作"一般唯物主义"的倒转,即把黑格尔的"绝对精神"倒转为"抽象物质"或"抽象自然"。实际上,首先对黑格尔唯心主义哲学进行"倒转"的是费尔巴哈。虽然费尔巴哈哲学是以抽象的自然和抽象的人作为出发点的,但其中所蕴含的人本主义倾向却使费尔巴哈对黑格尔哲学作出了富有创新意义的"倒转",这表现在他把黑格尔的"绝对精神"解读为"以自然为基础的现实的人"的见解上。恰恰是这一点启发了马克思。

但是,这种启发对马克思哲学思想的影响不是决定性的。在费尔巴哈那里,唯物主义是以与现实的人及其活动相分离的、抽象的自然为出发

---

① 《马克思恩格斯全集》第 23 卷,第 24 页。
② 《马克思恩格斯选集》第 1 卷,人民出版社 1995 年版,第 75 页。
③ 《马克思恩格斯全集》第 3 卷,人民出版社 1960 年版,第 31、261 页。

点的;在马克思这里,唯物主义的重心落在市民社会上,从未退回到费尔巴哈式的抽象的自然的基础上。即使在马克思没有完全摆脱费尔巴哈影响的《1844 年经济学哲学手稿》中,马克思就已经阐明了这样一个见解,即"被抽象地孤立地理解的、被固定为与人分离的自然界,对人说来也是无"①,更不用说马克思在《德意志意识形态》中对费尔巴哈的"抽象的自然"的批判了。马克思指出:"先于人类历史而存在的那个自然界,不是费尔巴哈生活其中的自然界;这是除去在澳洲新出现的一些珊瑚岛以外今天在任何地方都不再存在的、因而对于费尔巴哈来说也是不存在的自然界。"②因此,费尔巴哈哲学中的自然是"抽象的自然"。

同时,在《德意志意识形态》中,马克思还批判了费尔巴哈的"抽象的人"。马克思指出,费尔巴哈认为"人也是'感性对象'。但是,他把人只看作是'感性对象',而不是'感性活动',因为他在这里也仍然停留在理论的领域内,没有从人们现有的社会联系,从那些使人们成为现在这种样子的周围生活条件来观察人们"③,所以,费尔巴哈哲学中的人是"抽象的人"。正因为如此,"正是在共产主义的唯物主义者看到改造工业和社会结构的必要性和条件的地方",费尔巴哈却"重新陷入唯心主义"。"当费尔巴哈是一个唯物主义者的时候,历史在他的视野之外;当他去探讨历史的时候,他不是一个唯物主义者。在他那里,唯物主义和历史是彼此完全脱离的。"④一言以蔽之,在马克思哲学思想的发展过程中,费尔巴哈哲学的影响的确存在,而且比较重要,但马克思的确没有返回到费尔巴哈哲学的立场上去,更不存在一个所谓的费尔巴哈阶段或"一般唯物主义"阶段。

既然在马克思哲学思想的发展过程中不存在一个费尔巴哈或一般唯物主义阶段,那么,马克思主义哲学的基础就不可能是"一般唯物主义",历史唯物主义也绝不是把"一般唯物主义""推广运用"到历史领域的产

---

① 《马克思恩格斯全集》第 42 卷,第 178 页。
② 《马克思恩格斯选集》第 1 卷,第 77 页。
③ 《马克思恩格斯选集》第 1 卷,第 77—78 页。
④ 《马克思恩格斯选集》第 1 卷,第 78 页。

物。按照这种理解,马克思哲学必然被分裂为两个部分:一部分是包括费尔巴哈在内、由旧唯物主义者奠定基础的"一般唯物主义"学说,另一部分则是马克思本人创立的历史唯物主义学说,而历史唯物主义只是一般唯物主义在历史领域中的"应用"性成果。按照这种观点,马克思先确立了"一般唯物主义"的立场,以此为基础批判改造了黑格尔的辩证法,从而形成了以自然界为研究对象的"辩证唯物主义",然后,再把"辩证唯物主义""推广运用"到历史领域,形成了"历史唯物主义"。这就是说,马克思主义哲学的基础是"一般唯物主义"或"辩证唯物主义","历史唯物主义"不过是从"一般唯物主义"或"辩证唯物主义"引申出来的。

这样一来,一种与历史相分离的"一般唯物主义"或"辩证唯物主义"就成了马克思主义哲学基础。这样一来,马克思哲学与传统哲学之间的界限被取消了,新唯物主义与旧唯物主义之间的本质差异被磨平了,马克思哲学的划时代的贡献就被遮蔽起来了。马克思指出:"那种排除历史过程的、抽象的自然科学的唯物主义的缺点,每当它的代表越出自己的专业范围时,就在他们的抽象的和唯心主义的观念中立刻显露出来。"[1]"推广运用"说的要害就在于,历史唯物主义只是作为"推广运用"的结果形成的,而作为"推广运用"基础的"一般唯物主义"或"辩证唯物主义"恰恰是"排除历史过程的"。换言之,"推广运用"说本质上是一种"抽象的和唯心主义的观念"。

实际上,在马克思那里,历史唯物主义并不是"一般唯物主义"或"辩证唯物主义""推广运用"的结果,而是他的全部学说的基础和出发点。从历史唯物主义出发去解释自然,自然就不是与人相分离的"抽象的自然",而是"人化的自然""历史的自然";从历史唯物主义出发去解释物质,就不会停留在"世界统一于物质"这类"一般唯物主义"的说教中,而是关注在人的实践活动中生成具有社会关系内涵的"社会的物",从而致力于对现代社会物质的普遍形态——商品、货币和资本的批判;从历史唯物主义出

---

[1]《马克思恩格斯全集》第23卷,第410页。

发去解释认识论,认识论就不再是脱离社会关系、历史条件,满足于谈论抽象主体—客体关系的抽象认识论,而是社会认识论;从历史唯物主义出发去解释辩证法,辩证法的承担者就不再是"抽象的物质"或"抽象的自然",而是人的实践活动,辩证法的原型就在人的实践活动中,纯粹理论形态的辩证法体系不过是这一原型的抽象的表达而已,换言之,马克思主义辩证法的基础乃是实践辩证法。

一言以蔽之,按照历史唯物主义的观点,人们在考察一切问题之前,应当先行地澄明历史性。正是在这个意义上,马克思认为:"我们仅仅知道一门唯一的科学,即历史科学。历史可以从两方面来考察,可以把它划分为自然史和人类史。但这两方面是不可分割的;只要有人存在,自然史和人类史就彼此相互制约。"①历史唯物主义是马克思探究一切问题的前提和出发点。在马克思哲学中,不存在一个以"抽象的物质"或"抽象的自然"为研究对象,并作为理论基础的"辩证唯物主义",也不存在一个仅仅具有"应用"性质的"历史唯物主义"。实际上,辩证唯物主义是历史唯物主义的又一称谓,其功能是凸显历史唯物主义所蕴含的辩证法维度及其批判性和革命性。

二、"反对形而上学"与建立"和人道主义相吻合的唯物主义"

就起源而言,马克思主义哲学无疑属于西方哲学;从西方哲学的发展历程来看,马克思是近代西方哲学的终结者和现代西方哲学的开创者,马克思哲学无疑属于现代哲学范畴,其理论标志就是,马克思在 19 世纪中叶明确提出"反对一切形而上学"。马克思哲学从根本上终结了形而上学,并促使西方哲学从传统形态转向现代形态。

这里所说的"形而上学",不是指它的转义,即与辩证法相对立意义上的思维方法,而是指其本义,即关于超验存在之本性的哲学。这种哲学形

---

① 《马克思恩格斯选集》第 1 卷,第 66 页。

态力图从一种永恒不变的"终极存在"或"初始本原"出发去理解和把握事物的本性以及人的本性和行为。从起源上看,形而上学形成于柏拉图哲学,后在亚里士多德的《形而上学》一书中达到了系统化程度。按照亚里士多德的观点,形而上学就是"第一哲学",即关于存在之存在的学说,或者说是研究超感觉的、经验以外的对象的学说。概而言之,形而上学所追求的是一切实在对象背后的那种终极存在,并把这种存在看作具体的、特殊的存在及其各种特性的基础,即本体,然后,据此推论出其他一切。正是在这个意义上,亚里士多德认为,哲学以"寻求最高原因的基本原理"为宗旨,因而是一切智慧的"最高的智慧"。

形而上学在对存在的存在和世界终极根据的探究中,确立了一种严格遵循逻辑的推理规则,即从公理、定理出发,按照推理规则得出必然结论。这无疑具有积极意义,标志着理论形态的哲学的诞生。然而,从柏拉图、亚里士多德一直到黑格尔,形而上学中的存在日益脱离现实的事物和现实的人及其活动,成为一种抽象的存在、抽象的本体,甚至成为一种君临人与世界之上的神秘的主宰力量。"形而上学响应作为逻各斯的存在,并因此在其主要形态上看,形而上学就是逻辑学,但却是思考存在者之存在逻辑学,因而就是从差异之有差异者方面被规定的逻辑学:存在—神—逻辑学。"①这里,存在与存在者被混淆了,人的存在被遮蔽了,人的创造性和主体性、人的自由和价值都被消解在这种抽象的本体之中,而不管这种抽象的本体是"绝对理性",还是"抽象物质"。

同时,形而上学又逐步演变成一种凌驾于一切科学之上的"科学的科学",它自视发现了最普遍、绝对可靠、自明的理性概念和原则,从而能够推演出全部知识甚至存在的体系。换言之,哲学成了全部科学和知识的基础。实际上,这是一种虚妄,"对哲学的本质能力做这样的期望和要求未免过于奢求"②,并成为一种语言霸权,束缚和限制了科学的发展。正如

① [德]海德格尔:《海德格尔选集》下,孙周兴选编,生活·读书·新知上海三联书店1996年版,第840页。
② [德]海德格尔:《形而上学导论》,熊伟、王庆节译,商务印书馆1996年版,第12页。

恩格斯所说:"一旦对每一门科学都提出要求,要它们弄清它们自己在事物以及关于事物的知识的总联系中的地位,关于总联系的任何特殊科学就是多余的了。于是,在以往的全部哲学中仍然独立存在的,就只有关于思维及其规律的学说——形式逻辑和辩证法。其他一切都归到关于自然和历史的实证科学中去了。"①

到了19世纪中叶,随着自然科学的独立化并"给自己划定了单独的活动范围",随着社会实践的发展并凸显了人的异化了的生存状态,人们开始把"全部注意力集中到自己身上",这种脱离了实证科学,脱离了人的存在的形而上学便失去了自身的神圣光环,"变得枯燥乏味了"。随着时间的推进,形而上学不仅"在理论上威信扫地",而且"在实践上已经威信扫地"。② 反对形而上学因此成为一种潮流,一种时代精神。马克思以其敏锐的观察力注意到这一趋势,明确提出"反对一切形而上学",并断言:"形而上学将永远屈服于现在为思辨本身的活动所完善化并和人道主义相吻合的唯物主义。"③完成这一历史任务的不是别人,正是马克思本人。

从历史上看,近代唯物主义,尤其是法国唯物主义一开始就具有反对形而上学的倾向。在培根那里,唯物主义还"包含着全面发展的萌芽。物质带着诗意的感性光辉对人的全身心发出微笑"④。在孔狄亚克眼中,形而上学不是科学,而是"幻想和神学的偏见"。然而,近代唯物主义的发展却使它事与愿违,即从提出以人作为哲学的中心并倡导人的创造性演变为以"物质"为主体并"敌视人"⑤,刚从神权的重压下解放出来的人在近代唯物主义这里又变成了一架"机器",那种脱离现实的人及其活动的物质成了"一切变化的主体"。"为了在自己的领域内克服敌视人的、毫无血肉的精神,唯物主义只好抑制自己的情欲,当一个禁欲主义者。它变成理

① 《马克思恩格斯选集》第3卷,人民出版社1995年版,第364页。
② 《马克思恩格斯全集》第2卷,第162、161页。
③ 《马克思恩格斯全集》第2卷,第159—160页。
④ 《马克思恩格斯全集》第2卷,第163页。
⑤ 《马克思恩格斯全集》第2卷,第164页。

智的东西,同时以无情的彻底性来发展理智的一切结论。"①"以无情的彻底性来发展理智的一切结论",使得近代唯物主义又把哲学变成了一种无所不包的形而上学体系。这是一个庞大的"自然体系",人和人的存在都被消解在抽象的自然之中。

这就势必导致哲学的转向,即探讨认识主体的能动性,并突出自我意识作用。执行、完成这一"转向"并因此声名显赫的是康德和黑格尔,而且黑格尔又建立起一个庞大的、包罗万象的形而上学王国。正如马克思所说,"黑格尔天才地把 17 世纪的形而上学同后来的一切形而上学及德国唯心主义结合起来并建立了一个形而上学的包罗万象的王国",从而使形而上学"在德国哲学中,特别是在 19 世纪的德国思辨哲学中,曾有过胜利的和富有内容的复辟"②,即黑格尔的形而上学"以最宏伟的方式概括了哲学的全部发展",并使形而上学与概念辩证法融为一体了,整个世界被描述为处在不断运动、变化和发展的过程之中。

然而,黑格尔只是在形式上肯定了人的能动性,由于他把人仅仅看作"绝对理性"自我实现的"活的工具",因而又从根本上彻底地剥夺了人的能动性、创造性和主体性。这就是说,在黑格尔哲学中,不仅本体成为一种抽象的存在,人也成为一种抽象的存在,人的本质不是存在于人的现实存在中,而是存在于"人"的概念中,是"人"的概念的外部表现。人的主体性和创造性、人的自由和尊严在此都被消解在思辨的形而上学体系中,人的存在消失在"绝对理性"的阴影之中。如果说柏拉图哲学是全部形而上学的真正滥觞,那么,黑格尔哲学就是全部形而上学的巨大渊薮。用一句话来说,黑格尔哲学是形而上学的集大成者和发展顶峰。正因为如此,全部现代西方哲学就是从批判黑格尔哲学开始的,对黑格尔哲学的批判则意味着对"一切形而上学"的批判。

在哲学史上,马克思和孔德同时举起了批判形而上学的旗帜。在时

①《马克思恩格斯全集》第 2 卷,第 164 页。
②《马克思恩格斯全集》第 2 卷,第 159 页。

代性上,马克思的"反对形而上学"与孔德的"拒斥形而上学"具有一致性,二者对形而上学的批判实际上是对西方近代哲学以及整个传统哲学的批判,这是现代精神对近代精神和古代精神的批判;在指向性上,马克思的"反对形而上学"与孔德的"拒斥形而上学"却有本质的不同:孔德从自然科学的可证实和精确性原则出发批判形而上学,力图用实证科学精神来改造和超越传统哲学,并把哲学局限于现象、知识以及可证实的范围内;马克思则从人的存在出发去批判形而上学,认为反对形而上学之后,哲学应转换自己的理论主题,关注人类世界、人的存在,对人的异化了的生存状态给予深刻批判,对人的价值、自由和解放给予深切关注。所以,对马克思主义哲学来说,"全部问题都在于使现存世界革命化",消除人的异化的生存状态。

三、从人的存在出发与开辟从本体论认识现实的道路

从内容上看,形而上学与本体论密切相关。作为一个哲学概念,本体论是由高克兰纽斯在 1613 年首先使用的。按其原意,本体论就是关于作为一切存在的最初和最后根据的存在本身的学说。由于这种存在属于超感觉的对象,所以,形而上学与本体论这两个概念在哲学史上往往被混同使用。实际上,本体论是形而上学的基础或重要分支。正如海德格尔所说:"'本体论'这一名称的最初出现是到了 17 世纪。它标志着传统的关于存在者的学说形成为哲学的一个分支,成为哲学体系的一个部分。"①

从根本上说,马克思批判并终结形而上学的工作就是从本体论层面上发动并展开的。按照马克思的观点,人类生存的第一个前提就是必须能够生活,而全部社会生活在本质上是实践的,历史不过是人的实践活动在时间中的展开,实践因此构成了人的存在的基础和本质。正是在这个意义上,马克思哲学是生存论的本体论,即实践本体论。这种本体论把人

---

① [德]海德格尔:《形而上学导论》,第 41 页。

的存在本身作为哲学所追寻的本体。这是一种动态的、不断发展的、不断生成着的本体，它使存在成为一种社会存在，成为历史中的存在。

人不仅是自然存在物，而且是"人的自然存在物"，即社会存在物。换言之，人是自然存在物和社会存在物的统一，而这种统一恰恰是在实践中完成的。正如马克思所说，人"本身的存在就是社会的活动"①，实践构成了人的存在方式。具体地说，在实践中，人是以物的方式去活动并同自然发生关系的，得到的却是自然以人的方式而存在即转变为"人化自然"；同时，人们总是在一定的社会形式中，并借助这种社会形式实现对自然的占有，"自然界的人的本质只有对社会的人说来才是存在的"，"只有在社会中，自然界才是人自己的人的存在的基础"②。

"意识在任何时候都只能是被意识到了的存在，而人们的存在就是他们的现实生活过程。"③这就是说，人通过实践创造了人的存在，并在这个过程中赋予自然存在以新的尺度——社会性或历史性，使人与自然的关系成为"为我而存在"的关系。可见，马克思并不是以一种抽象的、超时空的方式去理解和把握存在问题的，而是从人的存在出发去解读存在的意义，并凸显了存在的根本特征——社会性或历史性。这是正确理解所有问题的本体论的出发点。这样，马克思不仅肯定了存在物与存在的差异，而且区分了社会存在与自然存在，并从人的存在出发询问、追问存在的意义。用海德格尔的话来说就是，使存在从存在者中显露出来，并对存在本身进行解释，从而使隐蔽着的存在的意义显现出来。

海德格尔把柏拉图以来的整个形而上学时代称为"存在的遗忘的时代"，并认为"形而上学不断以各种不同的方式说到存在。形而上学表示并似乎确定，它询问并回答了关于存在的问题。实际上，形而上学从来没有解答过这种问题。因为它从来没有追问到这个问题。当它涉及存在时，只是把存在想象为存在着。虽然它涉及存在，指的却是一切存在者。

---

① 《马克思恩格斯全集》第42卷，第122页。
② 《马克思恩格斯全集》第42卷，第122页。
③ 《马克思恩格斯选集》第1卷，第72页。

自始至终,形而上学的各种命题总是把存在者和存在相互混淆……由于这种永久的混淆,所谓形而上学提出存在的说法使我们陷入完全错误的境地"①。无疑,马克思结束了这一"存在的遗忘的时代",并使哲学走出了这种"完全错误的境地"。正是在这个意义上,海德格尔认为"形而上学就是柏拉图主义。尼采把他自己的哲学标示为颠倒了的柏拉图主义。随着这一已经由卡尔·马克思完成了的对形而上学的颠倒,哲学达到了最极端的可能性。哲学进入其终结阶段了"②。应该说,海德格尔的这一评价是公正的。

在马克思"完成了对形而上学的颠倒"之后,唯物主义哲学以至整个哲学的理论主题发生了根本性的转换。恩格斯说过,随着自然科学划时代的发现,唯物主义必然要改变自己的形式。实际上,随着自然科学的重大发展和社会生活的重大变化,唯物主义不但要改变自己的理论形式,而且要转换自己的理论主题。从理论主题看,古代唯物主义以至整个古代哲学关注的是万物的本原、存在的存在;近代唯物主义具有反对形而上学的倾向,但最后不仅没有摧毁形而上学,相反,又复归形而上学,从总体上看,近代哲学仍注目于宇宙的本体,关注的是上苍的"绝对理性"或"抽象物质",二者都忽视了人的存在以及人本身的发展。与此不同,现代唯物主义,即马克思哲学关注的是"自己时代的现实世界",注目于人的存在以及"人和自然界之间、人和人之间的矛盾的真正解决"③。

按照马克思的观点,人们为了能够生存和生活,必须进行物质实践,实现人与自然之间的物质变换;为了实现人与自然之间的物质变换,人与人之间必须互换其活动,并必然结成一定的社会关系。这就是说,人们的生存实践活动、"实际日常生活"自始至终包含着并展现为人与自然的关系和人与人的关系,或者说,包含着并展现为人与自然的矛盾和人与人的

① [德]海德格尔:《存在与时间》,陈嘉映、王庆节译,生活·读书·新知三联书店 2006 年版,第 13 页。
② [德]海德格尔:《面向思的事情》,陈小文、孙周兴译,商务印书馆 1999 年版,第 59—60 页。
③ 《马克思恩格斯全集》第 42 卷,第 120 页。

矛盾。因此，作为"共产主义的唯物主义"，马克思哲学所要解决的基本问题，就是人们的生存实践活动、"实际日常生活"所包含和展现出来的人与自然的关系和人与人的关系问题。

"实物是为人的存在，是人的实物存在，同时也就是人为他人的定在，是他对他人的人的关系，是人对人的社会关系。"①这就是说，作为物质实践对象化的劳动产品，即物与物的关系的背后是人与人的关系，或者说，在现存世界中，"物"不仅体现着人与自然的关系，而且体现着人与人的关系。与"那种排除历史过程的、抽象的自然科学的唯物主义"不同，马克思的唯物主义不是从"抽象物质"出发，更不是以一种超时空的方式抽象地谈论世界的物质统一性，而是从人的存在方式——实践出发，通过对现存世界异化状态的批判，揭示被物的自然属性遮蔽着的人的社会属性，以及被物与物的关系遮蔽着的人与人的关系，并通过改变现存世界"把人的世界和人的关系还给人自己"②。

这样，马克思便把哲学的聚焦点从整个世界转向人类世界，从宇宙本体转向人的生存本体。哲学聚焦点的这一转换标志着西方哲学的转轨，即从传统哲学转向现代哲学。马克思和孔德同为现代西方哲学的开创者和奠基人，马克思哲学属于现代哲学范畴，是现代唯物主义。

从总体上看，现代西方哲学关注的就是人类的生活世界和生存状态。用雅斯贝尔斯的话来说就是："哲学所力求的目标在于领悟人的现实境况下的那个实在。"③马克思哲学的确为西方哲学的发展开辟了一条从本体论认识现实的道路，现代西方哲学总是自觉不自觉地从人的存在出发去解读存在的意义，总是自觉不自觉地从人的活动出发去理解和把握人与世界的关系。即使分析哲学所实现的"语言学转向"，从本质上看，所关注的仍是人的存在方式，所体现的仍然是对人与世界关系联结点的

---

① 《马克思恩格斯全集》第 2 卷，第 52 页。
② 《马克思恩格斯全集》第 1 卷，第 443 页。
③ ［德］卡尔·雅思贝尔斯：《智慧之路》，柯锦华、范进译，中国国际广播出版社 1988 年版，第 5 页。

寻求。

　　人类关于现实世界的认识成果就积淀并表现在语言中,从语言的意义去理解和把握世界,实际上就是从对人的关系中去理解和把握世界。维特根斯坦后期从生活形式的观点去理解语言和意义,并揭示了语言的公共性、实践性,这与马克思哲学具有相似或契合之处,而塞尔等人的语言行为理论具体分析了"以言行事"的语言功能,不自觉地为马克思哲学提供了语言哲学的论证和说明。当然,分析哲学毕竟走得太远了,在它那里,语言成了一个独立的王国。马克思仿佛预见到了这种"语言学转向"似的,明确指出:"正像哲学家们把思维变成一种独立的力量那样,他们也一定要把语言变成某种独立的特殊的王国。"①在我看来,分析哲学实际上是以倒推的形式推进了对人与世界关系的研究。

　　当然,形而上学在现代西方哲学中并没有销声匿迹。如果说黑格尔的辩证法是形而上学在近代的一次悲壮的"复辟",那么,胡塞尔的现象学就是形而上学在现代的一次辉煌的复兴。问题在于,在经历了现象学运动之后而开辟了存在主义新路的现代西方哲学,重新认识到马克思反对形而上学及其指向的重要性。海德格尔通过对存在与存在者之间关系的研究,意识到"在总是此在之在",存在的意义只有通过作为人的存在的"此在"才能显现出来。由此,海德格尔认识到"马克思完成了对形而上学的颠倒"以及这一颠倒的深刻性、超前性和巨大的优越性,并断言:"马克思在体会到异化的时候深入到历史的本质性维度中去了,所以马克思主义关于历史的观点比其余的历史学优越。但因为胡塞尔没有,据我看来萨特也没有在存在中认识到历史事物的本质性,所以现象学没有存在主义也没有达到这样的一度中,在此一度中才有可能有资格和马克思主义交谈。"②萨特意识到马克思主义对现代社会的深刻批判为存在主义提供了重要的理论依据,同时,又觉察到存在主义自身的某种空缺,所以,

----

① 《马克思恩格斯全集》第3卷,第525页。
② [德]海德格尔:《海德格尔选集》上,孙周兴选编,生活·读书·新知上海三联书店1996年版,第383页。

他提出要使存在主义"依附"在马克思主义身上,并断言:"历史唯物主义提供了对历史的唯一合理的解释",因而"是我们这个时代的不可超越的哲学"①。

从根本上说,马克思主义哲学之所以不可超越,是因为产生马克思主义哲学的"情势"还没有被超越,是因为现代西方哲学所关注的问题在总体上没有超出马克思主义哲学的问题域,甚至仍在用马克思主义哲学的话语在说话。即使后现代主义力主"重写现代性",其实质仍是在关注人的异化了的生存状态。后现代主义所谓的"人的终结",实际上是对资本主义制度所造成的异化状态的批判。用杰姆逊的话来说就是,真正的历史"噩梦"是异化劳动,应当"引开"异化劳动这个令人不堪的事实。在解构了人的先在性和超验性之后,后现代主义宣告:人是"创造性的存在物",并力图消除"现代性"所设置的人与自然的对立,重建人与世界的关系。"资本主义是现代性的名称之一。"②所以,在审视和反思现代性以及人与世界的关系时,马克思主义哲学对资本主义社会及其异化状态的批判很自然地浮现在后现代主义思想家的语境中。杰姆逊由此认为,马克思主义哲学是我们当今用来恢复自身与存在之间关系的认知方式。

马克思主义哲学的深刻性、超前性和巨大的优越性,使得现代西方哲学中的任何一个流派都无法避开马克思主义哲学,都不可能对马克思主义哲学视而不见。就内容而不就表现形式,就总体而不就个别流派而言,现代西方哲学的运行是以马克思主义哲学所实现的主题转换为根本方向的,马克思的确是现代西方哲学的开创者和奠基人。作为现代唯物主义,马克思主义哲学不仅是现代西方哲学中创造性的对话者,而且是现代西方哲学进程中极其重要的参与者和强有力的推动者。

历史上常常出现这样一种奇特的现象,即一个伟大哲学家的某一理论以至整个理论往往在其身后,在经历了较长时间的历史运动之后,才真

---

① [法]萨特尔:《辩证理性批判》第一分册,徐懋庸译,商务印书馆1963年版,第18、2页。
② [法]利奥塔:《后现代性与公正游戏:利奥塔访谈、书信录》,谈瀛洲译,上海人民出版社1997年版,第147页。

正显示出它的内在价值,重新引起人们的重视。马克思的"反对形而上学"或"拒斥形而上学"思想的历史命运也是如此。马克思的"反对形而上学"的思想和实践本体论是在19世纪中叶提出的,然而,它在当时以至相当长的历史时期内并未引起人们的理解和关注,这就使马克思主义哲学划时代的贡献在相当大的程度上被忽视甚至被抛弃了。20世纪的历史运动、实践和科学以及哲学本身的发展,使马克思"反对形而上学"的思想以及从人的存在出发解读存在的意义这一方法的内在价值凸显出来了,并使人们重新认识到马克思主义哲学的当代意义。

四、马克思主义哲学的后现代主义意蕴

马克思生活在工业社会,但他对"后工业社会"的某些重要特征作了"准确"的预见[①];马克思哲学属于现代唯物主义,但它又以敏锐的洞察力捕捉到"现代"中露出的"后现代"端倪,并对其加以批判审视。因此,兴盛于20世纪后半叶的后现代主义哲学无法忽略、漠视产生于19世纪中叶的马克思主义哲学。对后现代主义来说,马克思主义哲学是一座从现代走向后现代必经的思想桥梁,是"不可超越的意义视界"[②]。马克思主义当然不是后现代主义,不存在一个所谓的"后现代主义的马克思主义",但马克思主义哲学的确具有后现代意蕴。

我们应当明白,"后"现代并不是现代之后的一个历史时期,或者说,"后"现代主义并不是现代主义之后的一个历史时期,而是对现代、现代性以及现代主义的审视和反思,其实质就是"重写现代性"。哈桑指出:"后现代主义是对于现代主义在其预示性时刻直接或间接瞥见到的难以想象之物所作出的一种反应。"[③]利奥塔认为:"这样理解之后,后现代主义就

---

① [美]丹尼尔·贝尔:《后工业社会的来临:对社会预测的一项探索》,高铦译,商务印书馆1984年版,第66页。

② F. Jameson, Marxism and Historicism, *New Literary History*, Vol. XI, No.1, Autumn, 1979, p. 42.

③ Ihab Hassan, *The Postmodern Turn*, Columbus: The Ohio State University Press, 1987, p. 39.

不是穷途末路的现代主义,而是现代主义的新生状态,而这一状态是一再出现的。"①换言之,后现代并不是指一个新的时代,而是对现代性的改写或"重写"。换言之,后现代主义哲学本质上属于现代西方哲学范畴。

在后现代主义思想家看来,"资本主义是现代性的名称之一"②。因此,在审视和反思现代、现代性以及现代主义的过程中,马克思对资本主义的批判很自然地在后现代语境中浮现出来。后现代主义的理论先驱海德格尔,后现代主义的核心人物德里达、福柯、利奥塔、罗蒂、杰姆逊等,都对马克思主义哲学显示出高度的重视。从中,我们可以把握后现代语境中的马克思主义哲学。

海德格尔认为,马克思在体会到异化的时候深入到历史的本质性的维度中去了,并注意到马克思"拒斥形而上学"的努力。如前所述,海德格尔认为,马克思完成了"终结形而上学"的工作:"形而上学就是柏拉图主义。尼采把他自己的哲学标示为颠倒了的柏拉图主义。随着这一已经由卡尔·马克思完成了的对形而上学的颠倒,哲学达到了最极端的可能性。哲学进入其终结阶段了。"③

德里达指出,解构主义与马克思主义密切相关,"尝试将马克思主义激进化的做法可以被称做是一种解构"。因此,"求助于某种马克思主义的批判精神仍然是当务之急,而且将必定是无限期地必要的。如果人们知道如何使马克思主义的批判适应新的条件,不论是新的生产方式、经济和科学技术的力量与知识的占有,还是国内法或国际法的话语与实践的司法程序,或公民资格和国籍的种种新问题等等,那么这种马克思主义的批判就仍然能够结出硕果"④。在德里达看来,马克思主义不仅是批判的精神和对解放的肯定,而且可以使我们摆脱任何独断观念、任何形而上学和任何救世福音。"不能没有马克思",没有马克思就没有未来,没有对马

---

① [法]利奥塔:《后现代性与公正游戏:利奥塔访谈、书信录》,第138页。
② [法]利奥塔:《后现代性与公正游戏:利奥塔访谈、书信录》,第147页。
③ [德]海德格尔:《面向思的事情》,第59—60页。
④ [法]德里达:《马克思的幽灵——债务国家、哀悼活动和新国际》,何一译,中国人民大学出版社1999年版,第129、122页。

克思的"记忆和继承",就没有未来。

福柯认为,支配法国乃至当代批判思想的三个基本来源是尼采、弗洛伊德和马克思,这三位大师各自发挥了一种根本性的"解中心"作用,共同开辟了当代解释学的道路。在福柯看来,马克思是在解释资产阶级对生产的解释,而不是在解释生产本身;马克思的《资本论》通过揭示资产阶级价值观念的本质,即对日常价值观念的掩饰,实际上否定了通常所谓的"深层意义"或"真理"。福柯"相信马克思的历史分析",并认为马克思的历史分析并不是"建立在任何 18 世纪模式的基础上",相反,马克思"在政治经济学的基础上"揭示了一个"全新的话语实践";"在现时,写历史而不使用一系列和马克思的思想直接或间接地相联系的思想,并把自己放在由马克思所定义和描写的思想地平线内,那是不可能的"①。

在利奥塔看来,资本主义是现代性的名称之一,资本主义已经变成一个"形而上学的符号了","马克思对此有深刻的理解,尤其在《共产党宣言》之中"②;马克思主义哲学借助于辩证法成为一种解释无限矛盾运动的话语,问题恰恰在于,"现在正是辩证逻辑本身……正在成为一种纯粹的风格语言"③。

罗蒂对马克思主义哲学的态度具有二重性:一方面,他把马克思和尼采、海德格尔相提并论,认为马克思属于教化型哲学家,马克思主义哲学属于启迪哲学,即后哲学文化,它主张实践的优先性,并始终坚持历史主义意识,其目的在于不断进行人与自然、人与人、人与文本之间的对话;另一方面,他又认为,马克思尽管主张实践的优先性,却仍然坚持这样两个信念,即试图深入到现象背后的实在和为政治寻找理论基础的信念。显然,罗蒂意在强调在马克思主义哲学的方法和理论体系之间存在着裂痕。

杰姆逊致力于马克思主义哲学的当代阐释,认为马克思早已为我们

---

① M. Foucoult, *The Order of Things: An Archaeology of the Human Sciences*, New York: Pantheon Books, 1970, p. 21.

② [法]利奥塔:《后现代性与公正游戏:利奥塔访谈、书信录》,第 148 页。

③ Jean-François Lyotard, *Peregrinations Law, Form, Event*, New York: Columbia University Press, 1988. p. 50.

确立了对待后现代主义的"恰当立场";马克思主义哲学绝不是什么"唯生产的、简约的、过时的整体论话语",相反,它是一种更为宏大深刻的研究方法,"是我们当今用以恢复自身与存在之间关系的认知方式"。在杰姆逊看来,马克思主义哲学提供了"整体社会的视界",它"让那些互不相容,似乎缺乏通约性的批评方式各就其位,确认它们局部的正当性,它既消化又保留了它们",而"其他批评方法的权威性只是来自它们同某个零碎生活的局部原则,或者同迅速增生的复杂上层建筑的某个亚系统的一致性"①。因此,当代任何一种批判理论都无法避开马克思主义哲学,都不可能对马克思主义哲学视而不见。对当代批判理论来说,马克思主义哲学是"不可超越的视界"。

可以看出,尽管后现代主义哲学家们对马克思主义哲学的理解各异,取舍不同,但从总体上看,在后现代语境中,马克思主义哲学的"拒斥形而上学"及其当代意义这些被忽略、被抑制乃至被遗忘的部分得以彰显。

马克思主义哲学与形而上学的关系直接关涉马克思哲学与柏拉图以来的西方传统哲学的关系。西方思想界通常的看法是,马克思哲学本身就是一种形而上学,它沿袭了柏拉图以来的哲学主题,即以追溯整个世界的本质或基质为目标,力图从一种"终极存在""初始本原"去理解和把握一切事物的本性,以及人的本质和行为依据。后现代主义哲学家则强调,马克思哲学真正"颠倒了柏拉图主义",并"完成了对形而上学的终结"。

后现代主义哲学家的这一见解凸显了马克思哲学的"拒斥形而上学"的思想,而且与马克思哲学的"文本"相符。研读马克思的著作可以看出,马克思从一开始就批判柏拉图主义。在马克思看来,"对一种更高的本质的深切追求"是柏拉图哲学的根本特点,在这个"追求"的过程中,柏拉图哲学使"善、目的的这一抽象规定转化为囊括世界的、全面展开的哲学"②。

① F. Jameson, *The Political Unconscious*, Ithaca: Cornell University Press, 1981, p. 10.
② 《马克思恩格斯全集》第40卷,人民出版社1982年版,第69页。

"纵观整个哲学史,柏拉图的思想以有所变化的形态始终起着决定性作用。形而上学就是柏拉图主义。"①所以,对柏拉图主义的批判必然促使马克思批判整个形而上学。在《神圣家族》中,马克思从理论和实践两个维度批判了形而上学这种哲学形态,并认为随着科学和实践的发展"把人们的全部注意力集中到自己身上的时候,形而上学的全部财富只剩下想像的本质和神灵的事物了"②。在马克思看来,形而上学这种哲学形态的根本缺陷就在于,它关注的是脱离了现实的人及其活动的宇宙本体或"终极存在",不仅"本体"成为一种抽象的存在,而且人本身也成为一种抽象的存在,人和人的世界都消失了。因此,应"否定迄今为止的哲学",否定"作为哲学的哲学"③,即"终结形而上学",使哲学面向"现存世界",关注人的生存本体。

马克思哲学确认自然界的"优先性",但它关注的并不是抽象的本体、抽象的物质,更不是以经院哲学的方式抽象地谈论世界的物质统一性,而是通过对资本主义社会"拜物教"的批判,揭示被物的自然属性掩蔽着的人的社会属性,揭示被物与物的关系掩蔽着的人与人的关系,并通过改变人对物的占有关系改变人与人的社会关系,从而把"人的世界和人的关系还给人自己"④。这就是说,马克思哲学"拒斥形而上学"并实现了哲学主题的转换,即从"世界何以可能"转向"人类解放何以可能"。用后现代主义哲学家的话来说就是,马克思主义哲学不是为了占有"全部真理",而是无限地追求真理;不是"为千秋万代而营建",而是"为他们自身的时代而拆解"。在马克思这里,"哲学进入其终结阶段了"。

马克思主义哲学与形而上学的关系同时蕴含着马克思哲学与西方后现代主义哲学的关系。确认马克思哲学"拒斥形而上学",必然使后现代主义哲学家注意到马克思哲学的当代意义。的确如此,马克思哲学在对

---

① [德]海德格尔:《面向思的事情》,第59页。
② 《马克思恩格斯全集》第2卷,第161—162页。
③ 《马克思恩格斯选集》第1卷,第8页。
④ 《马克思恩格斯全集》第1卷,第443页。

现代化负面效应的批判中预见到"后现代"的某些重要特征,因而它与后现代主义哲学的关系并非如同冰炭,不能相容。相反,马克思哲学与后现代主义哲学在当代的相遇却是一个毋庸争论的事实。正是在这种相遇中,二者显示出一定程度上的相容性。马克思哲学与后现代主义哲学之所以在当代相遇、相容,从现实生活的背景来看,是源于这样一个事实,即二者都是对资本主义的批判。

批判性是马克思主义哲学的基本精神。马克思在创立马克思主义哲学之初就宣布,"要对现存的一切进行无情的批判",从而"在批判旧世界中发现新世界"①,这种批判的锋芒所向就是资本主义社会。无论是"对黑格尔的辩证法和整个哲学的批判""对黑格尔以后的哲学形式的批判",还是"政治经济学批判",归根到底,都是对资本主义社会及其异化状况的揭露、分析和批判。用后现代主义话语来说,就是对资本主义社会进行"解构"。马克思以后的马克思主义哲学也始终坚持、贯彻这一批判,即致力于对资本主义社会及其不断扩张、深化的异化状况进行批判。即使是颇有争议的西方马克思主义,就其理论脉络而言,它的全部理论工作都是对马克思的异化学说的应用、发挥和某种程度上的深化。从早期的卢卡奇对资本主义"物化"的批判,到法兰克福学派的社会批判,再到晚近的法国"新马克思主义"的批判,可以说,是在不同时期、从不同侧面对资本主义社会及其异化状况进行了相当尖锐、相当深刻的清算和批判。从总体上看,西方马克思主义不是维护资本主义,而是批判资本主义。

后现代主义对现代性负面效应的批判,也是立足于对资本主义社会批判的基础上的。从总体上看,后现代主义就是对现代性进行"解构",而在后现代主义哲学家看来,资本主义与现代性具有重合性,所以,后现代主义对现代性的"解构"是同对资本主义的批判联系在一起的。

德里达指出:"解构不是,也不应该仅仅是对话语、哲学陈述或概念以及语义学的分析;它必须向制度、向社会的和政治的结构、向最顽固的传

①《马克思恩格斯全集》第 1 卷,第 416 页。

统挑战。"①按照德里达的观点，解构主义就是通过解构既定的话语结构来挑战既定的历史传统和现实的政治结构。

福柯坦言："我关注的是知识、学术、理论同真实历史的奇特的关系。"②福柯对知识与权力、监狱与权力等关系的探讨，都旨在揭示资本主义的压迫机制。

鲍德里亚认为，资本主义生产方式从 19 世纪发展到 20 世纪，是一个实现对"社会表征的完全操作"的过程，因此，应从马克思的商品转换理论过渡到"符号转换"问题，并在马克思政治经济学批判的基础上对资本主义进行"符号经济学"的批判。

杰姆逊明确地把后现代主义定义为"晚期资本主义的文化逻辑"，并认为"真正的'历史噩梦'是劳动这个事实本身，异化劳动这个不可弥补的损失和创造精力的浪费，这个耻辱的事实无法从任何形而上学范畴获得意义"③，因此，应"引开"异化劳动这个令人不堪的事实。

这表明，后现代主义并不是某些思想家的"喃喃自语"，而是有其特定的现实背景和实践根源，是批判地指向当代资本主义社会的政治，尤其是文化状况和知识状况的。"后现代批判是彻底的反原旨性——避开一切本体的、认识的或伦理的绝对主义。同时，它也坚定地表明改革西方现存社会秩序的激进态度。"④

正是由于马克思哲学与后现代主义哲学都是对资本主义及其异化状态的批判，所以，马克思哲学准确地预见到了"后现代"的某些特征，而后现代主义哲学家在从事批判时不由自主地想到了马克思哲学，二者在当代不期而遇。这不是神话，而是客观存在的事实。

当然，后现代主义哲学家对马克思主义哲学也不乏微词，其批评主要

---

① ［法］德里达：《一种疯狂守护着思想：德里达访谈录》，何佩群译，上海人民出版社 1997 年版，第 21 页。
② ［法］福柯：《权力的眼睛：福柯访谈录》，严峰译，上海人民出版社 1997 年版，第 12 页。
③ F. Jameson, Marxism and Historicism, *New Literary History*, vol. XI, No. 1, Autumn, 1979, p. 42.
④ John Mcgowan, *Postmodernism and its Critics*, Ethaca：Cornell University Press, 1991, p. ix.

包括两个方面：

一是认为马克思主义哲学具有强烈的怀疑、批判精神，但它又能够被嵌入共产党人建构的"实体"之中，并被整合为统一的理论体系，作为某种政治的思想基础和行动纲领，因而不可避免地成为"元叙事"，从而难以逃脱保守和封闭的命运。

二是马克思主义哲学倡导实践的首要性，强调人的现实性及生活的多元化，但它关于阶级斗争和人性解放的学说，仍然是一种"宏伟叙事"，从而导致现实社会主义运动对统一整体的偏执和对异质成分的压抑；马克思主义哲学提供了考察资本主义社会结构的认识框架，但它对作为一种认识范式的"结构"过于迷恋和依赖，因而对犯罪、疾病、孤独和死亡等人类生存的基本困境涉猎甚微，等等。

值得注意的是，后现代语境中的马克思主义哲学是以零散、疏离的形式呈现出来的。对于马克思主义哲学，后现代主义哲学家往往强调其方法而非结论，重视其思路而非体系，赞赏其某些片段而非整体。更重要的是，后现代主义哲学家对马克思主义哲学中某些成分的强调，其意图在于对作为整体的马克思主义哲学进行解构，使其呈现内在的对抗性和自我消解性。后现代主义哲学家或隐或显有这样一种看法，即当马克思主义哲学被发挥成一种政治观念时，其原初的批判性就受到严重抑制，从而不能贯彻始终。因此，在后现代语境中，马克思主义哲学变得支离破碎，不再具有一以贯之的统一意义了。

后现代主义哲学家对马克思主义哲学的褒与贬，公正也好，偏颇也罢，对我们来说，其意义主要在于其中呈现出来的一种对马克思主义哲学的新理解。后现代主义哲学家既解构了苏联马克思主义哲学模式，又解构了西方马克思主义解释系统，重新直面马克思哲学的"文本"，使马克思哲学长期以来被忽略、被抑制乃至被遗忘的某些成分得以"苏醒"；后现代话语倡导异质性和边缘性，后现代主义哲学家所理解的马克思主义哲学，即后现代语境中的马克思主义哲学，也有助于我们重新认识和把握游离于"传统"的马克思主义哲学谱系之外的马克思的哲学思想，从而促使我们重新思考马克思哲学的当代价值。

从历史上看,"现代"作为一个历史分期概念而运作始于17世纪,现代建立起来的关于理论、自由、进步的"宏伟叙事"与席卷西方的工业革命、科技革命以及社会革命是同步进行的。尽管不能把现代性或现代化等同于资本主义,但毫无疑问,始于工业革命的现代化运动是资产阶级发动的,表征历史分期的"现代"概念与资本主义历史进程是相促并生的。因此,"资本主义是现代性的名称之一"。正因为资本主义是现代性的名称之一,所以,马克思主义哲学对资本主义的批判同时包含着对现代性或现代化负面效应的批判,换言之,是在"重写现代性"。正是在这个意义上,马克思主义哲学具有后现代意蕴。

当然,马克思主义哲学原本没有"后现代"这一概念。但是,马克思主义哲学却蕴含着"后资本主义理论"。如前所述,资本主义是现代性的名称之一,所以,"后资本主义"与"后现代"既有区别,又有联系。概括地说,"后资本主义"侧重于社会政治、经济的思考,预示了社会革命的可能和前景,"后现代"则侧重于对文化、知识状况的思考,蕴含了改造的目标和可能。经过西方马克思主义对马克思哲学的文化理论或意义理论的阐发,"后资本主义"与"后现代"之间呈现出既排斥又融合、既平行又交叉的微妙局势。

从根本上说,后现代主义是对行将到来的"后工业社会"的一种文化反映。首先把马克思的名字同"后现代"联系起来的是丹尼尔·贝尔。在其名著《后工业社会》中,贝尔认为,马克思曾"准确"地预见到"后工业社会"的某些重要特征。贝尔的这一见解是深刻的。尽管马克思主义哲学没有"后现代"概念,但其不乏后现代思想。人类思想史表明,概念与思想、理论既有联系,又有区别,二者可能一致,但也经常处于矛盾之中;当一种思想、一种理论已经提出时,概括这一思想、理论的概念却往往未能准确地表述出来。这是思想史,尤其是马克思主义哲学史上常见的现象。例如,马克思在1846年就创立了历史唯物主义这一理论,但直到1890年,恩格斯才概括并提出"历史唯物主义"这一概念。

按照后现代主义哲学的观点，"后现代"就是对"元叙事"的怀疑和批判态度。所谓元叙事，是指黑格尔式的思想传统——"纯思辨理论叙事"和法国启蒙主义的思想传统——"自由解放叙事"，前者注重同一性价值的思维模式，后者注重人文独立的思维模式，二者联合起来，共同为制度化的科学研究服务，为占有"全部真理"和追求永恒正义辩护，但始料未及的是，辩护的结果与"元叙事"的初衷构成绝妙的讽刺：理性极度膨胀，个体的人却被消解了；自然科学突飞猛进，人文世界却趋向僵化窒息。

从理论上看，马克思主义哲学在创立之初，就致力于对黑格尔式思想传统和法国启蒙主义思想传统的批判。恩格斯在《社会主义从空想到科学的发展》中的一段话，代表着他和马克思对黑格尔式思想传统和法国启蒙主义思想传统的共同看法："在法国为行将到来的革命启发过人们头脑的那些伟大人物，本身都是非常革命的。他们不承认任何外界的权威，不管这种权威是什么样的。宗教、自然观、社会、国家制度，一切都受到了最无情的批判；一切都必须在理性的法庭面前为自己的存在作辩护或者放弃存在的权利。思维着的知性成了衡量一切的唯一尺度。那时，如黑格尔所说的，是世界用头立地的时代。最初，这句话的意思是：人的头脑以及通过头脑的思维发现的原理，要求成为人类的一切活动和社会结合的基础。""现在我们知道，这个理性的王国不过是资产阶级的理想化的王国；永恒的正义在资产阶级的司法中得到实现；平等归结为法律面前的资产阶级的平等；被宣布为最主要的人权之一的是资产阶级的所有权；而理性的国家、卢梭的社会契约在实践中表现为，而且也只能表现为资产阶级的民主共和国。"①

在"对黑格尔的辩证法和整个哲学的批判""对法国唯物主义的批判"过程中，马克思关注着自然科学和"人的科学"如何成为"一门科学"，并认为"人是自然科学的直接对象；因为直接的感性自然界，对人说来直接地就是人的感性"；同时，"自然界是关于人的科学的直接对象"，随着自然科

---

① 《马克思恩格斯选集》第 3 卷，第 719—720、720 页。

学"日益在实践上进入人的生活,改造人的生活,并为人的解放作准备","自然科学将失去它的抽象物质的或者不如说是唯心主义的方向,并且将成为人的科学的基础","自然科学往后将包括关于人的科学,正象关于人的科学包括自然科学一样:这将是一门科学"①;"对费尔巴哈、布·鲍威尔和施蒂纳所代表的现代德国哲学的批判"中,马克思关注着研究人类历史的"历史科学",并认为"我们仅仅知道一门唯一的科学,即历史科学",而"历史科学"趋向着确立"有个性的个人"。在针对"元叙事"的怀疑和批判上,马克思主义哲学与后现代主义哲学具有相通之处,并具有"后现代"指向。

马克思主义哲学与后现代主义哲学都是对现代性或现代化负面效应的批判。如果说后现代主义哲学表征了"资本主义持续变革的逻辑",并凸显出持续变革中的危机色彩,即"叙事危机、表征危机、合法化危机",那么,马克思主义哲学则在资本主义处于早期阶段时就揭示了"资本主义持续变革的逻辑",并极富预见性地阐述了资产阶级时代所面临的经济危机、文化危机、社会危机:"生产的不断变革,一切社会状况不停的动荡,永远的不安定和变动,这就是资产阶级时代不同于过去一切时代的地方。一切固定的僵化的关系以及与之相适应的素被尊崇的观念和见解都被消除了,一切新形成的关系等不到固定下来就陈旧了。一切等级的和固定的东西都烟消云散了,一切神圣的东西都被亵渎了。"②

利奥塔由此认为,马克思对"现代"和"后现代"有"深刻的理解"。受马克思的启发,一些后现代主义思想家开始研究上述变革的效应,如贝尔抨击"文化渎神现象"的蔓延,布过尼分析"文化生产场"的发达机制,吉登斯透视现代的"知识不确定性"及其后果,等等。正是在这个过程中,后现代主义直面当代资本主义所面临的危机,发出"中心的消解""基础的塌陷""理性的陨落""人的终结"这些惊世之叹。从马克思所处时代到法兰

---

① 《马克思恩格斯全集》第 42 卷,第 128—129、129、128、128 页。
② 《马克思恩格斯选集》第 1 卷,第 275 页。

克福学派、存在主义、结构主义时代,再到后现代主义时代,对现代性的批判经历了从政治批判、经济批判到文化批判、意识形态批判,再到语言批判的过程。从学理的角度说,这种转换是批判不断深化和精致化的过程,它揭示出社会批判的艰难性和复杂性,同时,又显示出这种批判有其传承逻辑和现实意义。在探讨"资本主义持续变革的逻辑"及其危机意识上,马克思哲学与后现代主义哲学具有相通之处,并具有"后现代"指向。

无疑,马克思对现代性的正面作用是有充分估计的。他将 17 世纪以来由资产阶级所开创的新时代,称为有别于传统社会的"现代社会",有别于工场手工业时期的"大机器工业时代",有别于"人的依赖关系"时代的"以物的依赖性为基础的人的独立性"时代。《共产党宣言》对现代资产阶级社会在历史上的积极作用的评价甚至比资产阶级思想家更充分:"资产阶级在历史上曾经起过非常革命的作用","资产阶级在它的不到一百年的阶级统治中所创造的生产力,比过去一切世代创造的全部生产力还要多,还要大"①……然而,马克思更为关注的不是现代性的成就,而是现代性的"问题"。从《1844 年经济学哲学手稿》到《资本论》,对现代社会异化状态的关注始终是马克思理论活动的焦点;对现代社会异化状态的分析与批判,充分而集中地反映了马克思主义哲学批判的后现代指向。其特点在于,不是希求站在资本主义制度之"内"达到对资本主义的"理解",而是站在资本主义制度之"外"去透视、揭露其病症。用利奥塔的话来说就是,马克思"试图表明资本主义的符号在何处破坏了自身"②。

为了真正理解马克思主义哲学对现代性的"问题"所进行的批判及其后现代指向,需要重读马克思关于"自由王国与必然王国"的经典论述:"事实上,自由王国只是在由必需和外在目的规定要做的劳动终止的地方才开始;因而按照事物的本性来说,它存在于真正物质生产领域的彼岸。象野蛮人为了满足自己的需要,为了维持和再生产自己的生命,必须与自

---

① 《马克思恩格斯选集》第 1 卷,第 274、277 页。
② 〔法〕利奥塔:《后现代性与公正游戏:利奥塔访谈、书信录》,第 148 页。

然进行斗争一样,文明人也必须这样做;而且在一切社会形态中,在一切可能的生产方式中,他都必须这样做。这个自然必然性的王国会随着人的发展而扩大,因为需要会扩大;但是,满足这种需要的生产力同时也会扩大。这个领域内的自由只能是:社会化的人,联合起来的生产者,将合理地调节他们和自然之间的物质变换,把它置于他们的共同控制之下,而不让它作为盲目的力量来统治自己;靠消耗最小的力量,在最无愧于和最适合于他们的人类本性的条件下来进行这种物质变换。但是不管怎样,这个领域始终是一个必然王国。在这个必然王国的彼岸,作为目的本身的人类能力的发展,真正的自由王国,就开始了。但是,这个自由王国只有建立在必然王国的基础上,才能繁荣起来。"①

从表面看,这段论述仅仅是马克思哲学视域伸向未来的一个最动人心弦的例子。实际上,这段论述是马克思哲学具有后现代意蕴的典型例证。这里,马克思将现代性的积极作用推到了极限,同时也就凸显出现代性的局限性。在马克思看来,现代性为人类开辟的只是有限的自由,其最高成就就是社会化的人们,即联合起来的生产者,将合理地调节人与自然之间的物质变换;这种合理性表现在靠消耗最小的力量,"在最无愧于和最适合于他们的人类本性的条件下来进行这种物质变换",但也仅此而已,因为这还不是"作为目的本身的人类能力的发展"。所以,马克思强调,"这个领域始终是一个必然王国"。这也就是说,现代性的逻辑是在必然王国获得有限自由的逻辑,每个人的全面而自由的发展虽然要以此为前提,但这种全面而自由发展的个人并非现成地内含于现代性之中,而是在它的"彼岸"。

处于"彼岸"的"自由王国",当然可以理解为未来的共产主义社会,但共产主义并不仅仅是现实应当与之适应的理想,而且是用于对抗现代性负面效应的批判性要素。"自由王国"表明了马克思哲学的批判向度。在马克思看来,"自由王国"并不是对"必然王国"的取代,因为"外在目的规

---

① 《马克思恩格斯全集》第 25 卷,人民出版社 1974 年版,第 926—927 页。

定要做的劳动"将存在于"一切社会形态"之中。这里,马克思的运思取向明显地具有批判的特征。用后现代主义的语言来说就是,"自由王国"是对"必然王国"的"解构","自由王国"不是用于提供未来的乌托邦,而是为了阻击"必然王国"的理性逻辑操纵一切的僭妄,是诉诸历史过程的批判性要素。

马克思主义哲学的确具有后现代意蕴,马克思主义哲学与后现代主义哲学具有相通之处,但是,马克思主义哲学视野中的"后现代"与后现代主义哲学语境中的"后现代"又有重大的差别。

后现代主义哲学以知识生活涵盖整个社会生活,或者说,仅仅从知识状况出发思考当代社会,其"后现代"以对知识状况的解构为旨趣,甚至把解构集中在语言上;后现代主义哲学在致力于消解本质与现象、必然与偶然、中心与边缘等先验的二元对置时,实际上抱持着特殊的目标和旨趣,即偏重于非基础性、非确定性和非中心性,从而促成以现象消解本质、以偶然取代必然、以边缘分割中心的效应和影响,而且它肯定的只是片段的、无深度的、不确定的生活模式的意义与价值。因此,相对于"现代","后现代"在此走向另一个极端。

后现代主义哲学的失误之处,正是马克思主义哲学高出一筹的地方。后现代主义哲学看出了西方社会的"病症",却开错了"药方",马克思主义哲学则不但揭示出西方社会的困境,而且指出了一条摆脱困境的出路。马克思主义哲学框架中的后现代话语,一是以贯穿整个现代化进程中的现代性为研究对象,以实践辩证法为研究方法,从异化的表象批判走向经济的深层批判;二是以确定性与不确定性、中心与边缘、东方与西方、历史与话语等二元对置为研究背景,以重建"个人所有制"和确立"有个性的个人"为目标;三是创造性地思考和回答"后资本主义"时代人类何以生存这一根本性问题。马克思主义哲学中的"后现代",既表征着一种知识态度,一种对现代性神话进行质疑、批判和解构的知识态度,又表征着一种历史境域,一种消除人的生存的异化状态,并以每个人的全面而自由发展为基本原则的历史境域。

第二章

实践的本体意义与本体论的革命

从哲学诞生的那一天起,人类就执着地追寻着世界的终极存在,追寻着人生的终极意义,本体论也因此在哲学中处于基础性和根本性的地位。本体论同哲学相依相随,只要哲学存在着,本体论问题就不可能回避。传统本体论奠基于"万物皆有根据"这一"充足根据律"原则之上,它所追问的最高根据就是最高存在,终极根据乃终极存在。因此,要消解传统本体论,就要消解这一"充足根据律",把根据解释为存在,把存在解释为根据。问题在于,在人的活动范围之外,"存在甚至完全是一个悬而未决的问题"①。因此,马克思主义哲学从人的实践活动出发去理解存在,从人的存在出发去理解和把握存在的意义,把人的存在理解为人的生存实践活动。人们改造物质世界、创造对象世界的活动就是生存实践活动。这种生存实践活动不仅创造着人们的物质生活,而且创造着

---

① 《马克思恩格斯选集》第3卷,第383页。

人们的社会关系,社会关系一经形成又反过来制约着人的生存实践活动,决定着人的存在。马克思主义哲学关注的就是人的存在,其本体论是人的生存的本体论,即实践本体论。

一、本体论的存在及其意义

本体论的存在同人的"本性"有着深刻的关系,或者说,本体论的深层根据就在人的活动及其本性之中。人是实践存在物,实践本身就具有否定性、超越性,总是力图摆脱现实条件的限制,以人本身的发展为坐标来重新"安排周围世界"。正是这种生存方式决定着人总是力求在终极性的层面上探究世界的奥秘。人类思维总是力求把握多样世界的共性,因而具有普遍性;总是力求触及有限世界的无限性,因而具有终极性;总是力求透视现象世界背后的本质世界,因而具有本体性。作为人的活动及其本性追求的理论表现,本体论就根源于这种普遍性、终极性、本体性之中。

本体论是不可否定或放弃的。人类孜孜不倦地追求诸如存在、自由、上帝等非经验所能解决的问题,正是本体论实际存在的事实证明。没有本体论,哲学就无法在理论上表述客观实在,就无法在体系上完成自我同一。可以说,没有本体论就没有哲学。"一切形而上学的思想都是存在论(Ontologie),或者,它压根儿什么都不是。"①我们可以不赞同某一具体的本体论,可以质疑某种本体论的合法性,但我们无法回避或绕开本体论,对其他哲学问题的解答不能没有本体论的基础和立场。

亚里士多德提出,一切事物的存在都有由其所出的本原,"本原的意思或者是事物中运动由之开始之点……或者是某一事情最佳的生成点",而"全部本原的共同之点就是存在或生成或认识由之开始之点"②。所谓"原",就是事物最初的生成以及所动变的来源,就是事物的所由成,或所

①《海德格尔选集》下,第 764 页。
② 苗力田主编:《亚里士多德全集》第七卷,中国人民大学出版社 1993 年版,第 110 页。

从来，或所由以说明的"第一原因"。在亚里士多德看来，对"第一原因"的追问是哲学的本性，本体论因此成为"形而上学"的核心。换言之，哲学从诞生之日起就与本体论结下了不解之缘。

与柏拉图不同，亚里士多德不是把现象背后的超感性的实体看作万物存在的根据，即本体，把追求现象背后的本体看作哲学的任务，而是力图从现象本身寻找本体。在亚里士多德看来，本体世界不是从现象世界中超拔出来的，从世界之外去寻找一切存在者的终极原因，只能是徒劳；事物的根据和原因就在于事物自身，存在与存在者相互包容、浑然一体，原因不在事物之外，而在事物之中。因此，终极原因仍是一个"实体"，是第一存在者。"我们所寻求的是原因，即形式，由于它的缘故，这个质料成为某个确定的事物；而这是事物的实体。"①

海德格尔对亚里士多德的这一观点持批判态度，认为亚里士多德遗忘了"存在"。在海德格尔看来，决定一切存在者的最终根据应该是处于存在者背后的"存在"，事物的终极原因是不在场的"存在"，使一切存在者在场的根据恰恰就是不在场的"存在"。海德格尔在批判传统本体论的过程中，自觉或不自觉地建立起一种新的本体论，即"基础本体论"。这种基础本体论首先把存在理解为人的存在，把人理解为存在借以展现的场所和情境，认为人和世界都不是具有固定本质的现成的东西，作为"此在"的人，首先不是现成地摆在那里的，相反，人首先在行动中领会存在，即生存，人和世界的一切本质规定都是在人的行动、人的存在的展开中获得的。只有"从存在本身方面来规定人的本质"②，才能克服传统本体论。

海德格尔认为，两千多年的西方哲学所思考的存在实际上只是存在者，存在被当作存在者来追问，存在本身却被遗忘了；存在不能以"是什么"来追问，存在不是某种东西，也不是抽象出来的共性，而是不可言说的，因为你一旦说出某种存在，如物质、神、精神等，它就成了某种具体的

① ［古希腊］亚里士多德：《形而上学》，李真译，人民出版社 2020 年版，第 224 页。
② 《海德格尔选集》上，第 389 页。

存在者,而不是存在本身了;作为一种充满激情的"思",哲学就是"思"一切存在者的存在意义,而人本身乃是一种"思"着的存在,人们所"思"的存在是"最普遍的概念",同时又是"不可定义的概念""不言自明的概念"。海德格尔的本体论的确是"另类"本体论。

如果说海德格尔在批判传统本体论的同时,又建构了一种新的本体论,那么,维特根斯坦在"拒斥形而上学"的同时,则彻底否定了本体论。从总体上看,维特根斯坦是借助于"语言学转向"来否定本体论的。按照维特根斯坦的观点,传统本体论对感觉世界和超验世界的划分,使哲学研究沉溺于对概念体系的构造,实际上,包括本体论在内的形而上学问题和陈述都是伪问题、假陈述,本原、理念、始基、存在、本质等超验的本体论词汇都是无意义的,应当通过语言的逻辑分析予以彻底清除。然而,这只是维特根斯坦的一厢情愿。语言问题不可避免地要涉及语言与世界、语言与存在的关系,因此,本体论问题总是在哲学家的思想深处涌动,不可能在哲学研究中被彻底清除。正因为如此,本体论的存在及其意义在另一些分析哲学家那里不断地被反省,并得到了肯定。

与维特根斯坦不同,蒯因明确肯定本体论在哲学研究中不可或缺的重要性,认为任何理论与学说都不可能回避本体论,都有坚定而明确的"本体论承诺"(on-tological commitment):"一个人的本体论对于他据以解释一切经验乃至最平常经验的概念结构来说,是基本的。从某一特殊概念结构内部来判断——此处如何可能下判断呢?——一个本体论的陈述不需要任何单独的证明,这是不待言的。"①蒯因把本体论简化为"何物存在"(what is there?)的问题,主张通过使用现代逻辑学中的"量化变项",即带有量词、有量的约束的变项对"何物存在"作出本体论的许诺。"为了使一个理论所作的肯定是真的,这个理论的约束变项必须能够指称那些东西,而且只有那些东西才是这个理论所许诺的。""存在就是作为一个变

---

① [美]威拉德·蒯因:《从逻辑的观点看》,江天骥等译,上海译文出版社 1987 年版,第10 页。

项的值。"在蒯因看来,这是"检验某个陈述或学说是否符合先前的本体论标准"①。这就确定了"本体论承诺"的标准。

蒯因的"本体论承诺"在现代西方哲学中可谓独树一帜,他在否定本体论的分析哲学中肯定本体论,说明了本体论在哲学研究中的不可或缺性。尽管蒯因强调"本体论承诺"是在语言使用中作出的,是指一种理论在本体论上承诺"何物存在",而不是指传统本体论所指的确有某物存在,以及世界上到底有何物存在,但是,这种"本体论承诺"表明,哲学无法摆脱本体论,哲学家在进行"形而下"的语言分析时,必然自觉或不自觉地超越这种具体分析,陷入"形而上"的思考和追求之中。换言之,哲学的"语言学转向"消解了传统本体论,但它又绕不开本体论。

二、本体论的"实践转向"

马克思的本体论既不同于亚里士多德的本体论,也不同于海德格尔的本体论,更不同于蒯因的"本体论承诺"。马克思主义哲学关注的不是所谓的世界的"终极存在",也不是那个所谓的"不可言说"的"存在",而是"对象、现实、感性"何以成为这样的存在。在《关于费尔巴哈的提纲》中,马克思以明确的语言把新唯物主义本体论与旧唯物主义和唯心主义本体论的本质区别表述出来:"从前的一切唯物主义(包括费尔巴哈的唯物主义)的主要缺点是:对对象、现实、感性,只是从客体的或者直观的形式去理解,而不是把它们当作感性的人的活动,当作实践去理解,不是从主体方面去理解。因此,和唯物主义相反,能动的方面却被唯心主义抽象地发展了,当然,唯心主义是不知道现实的、感性的活动本身的。"②

在马克思主义哲学中,实践的权威是全方位的,它不仅体现在认识论之中,而且搏动于自然观、历史观以及辩证法之中:在自然观中,实践构成

---

① 〔美〕威拉德·蒯因:《从逻辑的观点看》,第13、15页。
② 《马克思恩格斯选集》第1卷,第54页。

了自在自然与人化自然分化和统一的基础,从而扬弃了人与自然之间的二元对立;在历史观中,实践构成了人的存在方式和社会的本质,是"历史的自然"和"自然的历史""二位一体"的基础,从而消除了"物质的自然"和"精神的历史"对立的神话;在辩证法中,实践构成了自然辩证法与历史辩证法分化和统一的基础,实践本身就内含着否定性的辩证法,从而使自然辩证法与历史辩证法之间达成了真正的"和解"。因此,马克思不仅从客体的形式去理解"对象、现实、感性",更重要的是,"从主体方面去理解""对象、现实、感性",并"把它们当作感性的人的活动,当作实践去理解",从而真正理解"对象、现实、感性"何以成为这样的存在,并创立了一种新的本体论,即实践本体论。

马克思是通过对费尔巴哈的本体论和黑格尔的本体论,尤其是黑格尔本体论的批判来否定传统本体论,建立实践本体论的。由于黑格尔哲学是传统哲学的集大成者和发展顶峰,黑格尔哲学的本体论是传统哲学的本体论的集中体现,所以,马克思对黑格尔哲学及其本体论的批判实际上就是对整个传统哲学及其本体论的批判。

黑格尔是以抽象化的人类理性——"绝对精神"——作为世界本体的。按照黑格尔的观点,"绝对精神"经过自身逻辑阶段的否定性发展,外化、异化为自然界和人类社会,而后再经过人的意识的否定性发展达到自我意识,认识自然界和社会的本质,认识"绝对精神"本身。这样,"绝对精神"通过概念的展开、外化、发展,最后又扬弃全部外化、异化回到自身,从而实现自我。黑格尔实际上是把本体论的演化归结为逻辑范畴的自我运演,历史被看作"逻辑的思辨的思维的生产史",是"抽象的、绝对的思维的生产史"①。"既然把任何一种事物都归结为逻辑范畴,任何一个运动、任何一种生产行为都归结为方法,那么由此自然得出一个结论,产品和生产、事物和运动的任何总和都可以归结为应用的形而上学。"②

————————

① 《马克思恩格斯全集》第42卷,第161页。
② 《马克思恩格斯选集》第1卷,第140页。

马克思由此认为，黑格尔以为世界上已经发生和正在发生的一切，就是他思维中发生的一切，"以为他是在通过思想的运动建设世界；其实，他只是根据绝对方法把所有人们头脑中的思想加以系统的改组和排列而已"①。实际上，"思想、观念、意识的生产最初是直接与人们的物质活动，与人们的物质交往，与现实生活的语言交往在一起的"。"意识在任何时候都只能是被意识到了的存在，而人们的存在就是他们的现实生活过程。"②

"全部社会生活在本质上是实践的。凡是把理论引向神秘主义的神秘东西，都能在人的实践中以及对这个实践的理解中得到合理的解决。"费尔巴哈"把宗教世界归结于它的世俗基础。但是，世俗基础使自己从自身中分离出去，并在云霄中固定为一个独立王国，这只能用这个世俗基础的自我分裂和自我矛盾来说明。因此，对于这个世俗基础本身应当在自身中、从它的矛盾中去理解，并在实践中使之革命化"③。马克思深刻地认识到，对传统本体论的批判不能停留在理论层面，必须从"理论批判"走向"实践批判"，只有消除现实生活过程中的矛盾和异化才能真正克服传统本体论的弊病。

由此，马克思把对传统本体论的理论批判延伸到对现实生活的实践批判，从而实现了本体论的"实践转向"，建构了实践本体论。传统本体论是以一种抽象的、超时空的方式去理解和把握存在问题的，实践本体论则从实践出发去理解和把握人的存在，从人的存在出发去解读存在的意义，从而使本体论从"天上"来到"人间"，使无产阶级和人类解放得到了本体论的证明。

任何一种哲学都不可能没有自己的本体论，至少有"本体论承诺"。马克思主义哲学当然有自己的本体论。

在《博士论文》中，马克思就提出了本体论问题，论述了"本体论的证

---

① 《马克思恩格斯选集》第 1 卷，第 141 页。
② 《马克思恩格斯选集》第 1 卷，第 72 页。
③ 《马克思恩格斯选集》第 1 卷，第 55 页。

明"和"本体论的规定"。

在《1844 年经济学哲学手稿》中,马克思提出了"本体论的肯定的问题",认为"人的感觉、激情等等不仅是在［狭隘］意义上的人类学的规定,而且是真正本体论的本质（自然）肯定"。"只有通过发达的工业,也就是以私有财产为中介,人的激情的本体论本质才能在总体上、合乎人性地实现。"①

在《德意志意识形态》中,马克思集中论述了人的存在的问题,这实际上就是本体论问题。卢卡奇正确指出,马克思没有写过专门论述本体论的著作,但马克思所有具体的论述"在最终的意义上都是直接关于存在的论述,即它们都纯粹是本体论"②。

如同马克思主义哲学批判了传统哲学,但没有抛弃哲学一样,马克思主义哲学扬弃了传统本体论,但没有抛弃本体论。如果从马克思主义哲学中抽掉本体论,马克思主义哲学就失去了立论的根基。实际上,马克思对黑格尔哲学、费尔巴哈哲学以至整个传统哲学的批判,对新唯物主义的建构,就是从本体论的层面上发动并展开的。

马克思对传统哲学本体论的批判不同于海德格尔对传统哲学本体论的批判。

海德格尔是从所谓的存在与存在者的"本体论"差别着眼,展开对传统哲学本体论批判的。海德格尔哲学实质上是以一个不可言说、只可意会的"存在"为核心建立起来的一种形而上学,它在"此在"和一切存在者背后设立一个不可言说的神秘的存在,一个一切皆由之出而它自己却隐身晦暗之中的本体。问题在于,如果不依据存在者,无法通达存在,把存在从存在者那里剥离开来,恰恰切断了通达存在的道路。实际上,游离于存在者之外的抽象的存在是不存在的,存在总是存在者的存在,对存在的追问必然落实到存在者那里。纯而又纯、什么都不是的存在是不存在的,

---

① 《马克思恩格斯全集》第 42 卷,第 150 页。
② ［匈］卢卡奇著,［德］本泽勒编:《关于社会存在的本体论・上卷——社会存在本体论引论》,白锡堃、张西平、李秋零等译,重庆出版社 1993 年版,第 637 页。

这种"存在"只能是一种想象的产物。海德格尔的基础本体论不乏真知灼见，但最终走上了神秘主义这一不归之路。

马克思则是从对象性存在与非对象性存在的关系着眼，从实践这一对象性活动出发，展开对传统哲学本体论批判的。按照马克思的观点，实践是对象化的活动，人的存在是一种对象性存在，非对象性的存在物只能是思想上虚构出来的抽象的东西，"一个存在物如果在自身之外没有自己的自然界，就不是自然存在物，就不能参加自然界的生活。一个存在物如果在自身之外没有对象，就不是对象性的存在物。一个存在物如果本身不是第三者的对象，就没有任何存在物作为自己的对象，也就是说，它没有对象性的关系，它的存在就不是对象性的存在"①。

问题在于，非对象性的存在物是不存在的，"一个存在物如果不是另一个存在物的对象，那么就要以不存在任何一个对象性的存在物为前提。只要我有一个对象，这个对象就以我作为它的对象"②。对象性的存在物之所以能够进行对象性活动，根源就在于它的本质规定中包含着对象性的东西，就在于它本身是被对象所规定的。"劳动的产品就是固定在某个对象中、物化为对象的劳动，这就是劳动的对象化。劳动的实现就是劳动的对象化。"③这就突破了传统本体论对存在的理解，开启了本体论以至整个哲学发展的新方向。

三、实践活动的矛盾特征和运行过程

实践作为一种社会现象早就引起了哲学家的注意，但正式把"实践"概念引入哲学的是康德。问题在于，康德的"实践"概念没有脱离伦理实践的范围。费尔巴哈把"实践"和"生活"联系起来，提出了富有启发性的见解，但费尔巴哈不理解实践与生活的真实关系，"不了解'革命的'、'实

---

① 《马克思恩格斯全集》第 42 卷，第 168 页。
② 《马克思恩格斯全集》第 42 卷，第 168—169 页。
③ 《马克思恩格斯全集》第 42 卷，第 91 页。

践批判的'活动的意义"①。黑格尔以思辨的形式揭示了实践活动的创造性特征,不仅指出了理论活动与实践活动的区别,而且涉及实践在改造世界、创造人类历史方面的重要意义。但是,黑格尔"不知道现实的、感性的活动本身",从根本上说是"在抽象的范围内把劳动理解为人的自我产生的行动"②。

传统哲学之所以没有正确理解和把握实践的本质,除了唯心主义与旧唯物主义各自的主观原因以外,还有客观原因,那就是,实践作为人所特有的活动本身就具有矛盾的特征:一方面,实践是人的有目的的活动,受人的理性、意志的支配,体现了人对理想世界的追求,包含着人的主观因素;另一方面,实践又是作为物质实体的人通过工具等物质手段同物质世界之间进行物质变换的客观过程。

当马克思把物质生产活动作为实践的首要形式和根本内容时,他所理解的实践是同自然过程既相联系,又相区别的社会过程,是一种自在自为的活动。按照马克思的观点,物质生产首先是人从自身的活动引起、调整和控制人与自然之间物质变换的过程;在这个过程中,人与人之间必然要互换活动并结成一定的社会关系。人与自然的关系制约着人与人的关系,人与人的关系又制约着人与自然的关系。马克思指出:"劳动过程结束时得到的结果,在这个过程开始时就已经在劳动者的表象中存在着,即已经观念地存在着。他不仅使自然物发生形成变化,同时他还在自然物中实现自己的目的。这个目的是他所知道的,是作为规律决定着他的活动的方式和方法的,他必须使他的意志服从这个目的。"③

同时,物质生产过程结束时得到的物质结果,在这个过程开始时就作为目的在生产者的头脑中以观念的形式存在着,并通过物质生产活动转变为现实存在。

这就是说,实践既是人与自然之间物质变换的过程,又是人与人之间

---

① 《马克思恩格斯选集》第 1 卷,第 54 页。
② 《马克思恩格斯全集》第 42 卷,第 175 页。
③ 《马克思恩格斯全集》第 23 卷,人民出版社 1972 年版,第 202 页。

互换活动的过程,同时,还是人与自然之间物质和观念转换的过程。这样,马克思主义哲学就找到了把主观性、能动性、创造性与客观性、现实性、物质性统一起来的基础。

在马克思主义哲学中,实践是指人能动地改造物质世界的对象性活动。对实践本质的这一理解和规定,首先肯定了实践活动的对象性质,即它是以人为主体、以客观事物为对象的现实活动。实践把人的目的、理想、知识、能力等本质力量对象化为客观实在,创造出按照自然规律本身无法产生或产生的概率几乎等于零的事物,从而创造出一个属人的对象世界。因此,实践是人所特有的对象化活动。正如马克思所说:"劳动的产品就是固定在某个对象中、物化为对象的劳动,这就是劳动的对象化。劳动的实现就是劳动的对象化。"①

作为人所特有的对象化的活动,实践使人自己的本质力量转化为对象物,这就是主体对象化。在这一过程中,对象按照主体的要求和需要发生了结构与形式上的变化,形成了自然界原来所没有的种种对象物。这种种对象物是人在与外部世界的相互作用中创造出来的,是人的体力和智力的物化体现,也就是主体的本质力量通过活动转化为静止的物质的存在形式,即积淀、凝聚和物化在客体中。因此,主体的对象化也就是主体通过对象性活动向客体渗透和转化,即主体客体化。人类一切实践活动的结果都是主体对象化、客体化的结果。

在主体对象化的同时,还发生着客体非对象化的运动。所谓客体非对象化,是指客体从客观对象的存在形式转化为主体生命结构的因素或主体本质力量的因素,即失去对象化的形式,变成主体的一部分。在实践中,主体一方面通过物质和能量的输出改变着客体,同时,主体也需要把一部分客体作为直接的生活资料加以消费,或者把物质工具作为自己身体器官的延长包括在主体的生命活动之中。这些都是客体向主体的渗透和转化,即客体主体化。

---

① 《马克思恩格斯全集》第 42 卷,第 91 页。

主体对象化或者说主体客体化造成人的活动成果的体外积累,形成了人类积累、交换、传递、继承和发展自己本质力量的特殊方式——社会遗传方式,从而使人类的物质文明与精神文明成果不会因个体的消失而消失;同时,人通过客体非对象化,或者说,客体主体化这种形式占有、吸收对象(包括前人的活动成果),则不断丰富人的本质力量,提高着主体能力,使主体能以新的更高的水平去改造客体。主体对象化与客体非对象化,或者说,主体客体化与客体主体化的双向运动,是实践活动两个不可分割的方面,它们互为前提,互为媒介,人们就是通过这种运动形式不断解决现存世界的矛盾。这种运动形式是客体对主体的制约性和主体对客体的超越性的生动表现,构成了人类实践活动的本质内容。

从运行过程看,实践活动是通过目的、手段和结果的反馈调控过程展开的,或者说,人对物质世界的实践把握是通过目的、手段和结果这三个环节进行的。

目的是实践活动开始之前在人的大脑中预定的活动结果。从目的的形成来看,目的首先是人们对自身需要的意识,同时,包含着对客体及其与主体关系的认识。由于外部对象不能现成地满足人的需要,所以,人必须根据自己的内在需要对外部对象进行改造。这种改造首先是在思维中进行的,即通过"思维操作",消灭外部对象"当前存在"的自在的客观性,在思维中形成了一个符合人的内在需要和主观要求的"理想存在",在观念中建立起主体与客体新的统一的关系。这种思维改造对实际改造来说是一种超前改造,是实践改造外部对象的过程在思维中的预演。这种超前改造形成了实践的目的,并规定了人们活动的目标。

实践活动中的目的性把人类实践过程同自然运动过程区别开来。自然运动过程直接受因果规律制约,事物的现状主要是被过去的事件所支配的,是过去制约现在。人类实践过程却不是一般的"原因——结果"的转化过程,而是"目的——结果"的转化过程,目的作为环节插入客观联系的因果链条之中,作为一种特殊的原因而起作用。在这种特殊的因果关系中,目的作为原因并不是指向过去的事件,而是指向一种尚未发生的事件。因此,人的活动并不是纯粹地为过去的事件所制约,而是同时受到未来事件的制约。这样,实践过程就表现为一种自在自为的物质运动过程。这种过程改变了客体的自然进程,使其成为主体制约下的运动过程。这就是主体活动的客观性与客体运动的客观性的本质区别。

"'因果关系的运动'=实际上在不同的广度或深度上被捉摸到、被把握住内部联系的物质运动以及历史运动。"①可以说,整个自然科学就是依据因果范畴建立起来的,离开因果范畴就没有自然科学。人类实践活动却是体现着目的性的活动,离开目的就无法说明人的实践活动。但是,这种有目的的活动与客观的因果性的关系并非如同冰炭,难以相容。正如恩格斯所说,人的活动能够"引起自然界中根本不发生的运动(工业),至少不是以这种方式发生运动,并且我们能赋予这些运动以预先规定的方向和范围。因此,由于人的活动,就建立起因果观念,即一个运动是另一个运动的原因这样一种观念"。人类的活动对因果性作出验证"可以说是对因果性作了双重的验证"。②

目的是主观的,而它要改造的对象却是客观的。目的不能直接作用于客观对象,物质力量只能用物质力量来摧毁,客观对象只能被一种客观力量所改变。手段正是这样一种现实的客观力量。目的要在外部对象中实现自身,必须依靠手段,但手段是依据主观目的的要求选定的,只有符合主观目的要求的"物"才能成为手段,实现不同目的必须使用具有不同功能的手段。同时,手段功能的发挥也必须服从于目的,手段依据目的而运动,并始终为目的所制约。"劳动者利用物的机械的、物理的和化学的属性,以便把这些物当作发挥力量的手段,依照自己的目的作用于其他的物。"③因此,手段是服务于目的并为目的所控制的"物"。

手段实际上是主体置于自己与客体之间,用来把自己的活动传递到客体上去的物或物的综合体:"这样,自然物本身就成为他的活动的器官,

---

① 《列宁全集》第 55 卷,第 135 页。
② 《马克思恩格斯选集》第 4 卷,第 328、329 页。
③ 《马克思恩格斯全集》第 23 卷,第 203 页。

他把这种器官加到他身体的器官上……延长了他的自然的肢体。"①这就是说,手段是人的身内器官的功能与身外自然力的矛盾统一。手段由身外的自然物所构成,它在实践活动中的功能却是人的身内器官功能的外化,从而成为人的身外器官。正是依靠这种身外器官的作用,人首先占有和支配了一部分外部自然力,把这些自然力变成主体自身的力量,并用这部分自然力去征服其他自然力,以实现自己的目的。这样,人们就可以突破身内器官功能的局限,使主体的力量具有了无限发展的可能性。

因此,马克思提出应注意"社会人的生产器官"和"批判的工艺史"问题,并指出:"达尔文注意到自然工艺史,即注意到在动植物的生活中作为生产工具的动植物器官是怎样形成的。社会人的生产器官的形成史,即每一个特殊社会组织的物质基础的形成史,难道不值得同样注意吗?"②只要认真研究作为手段的工具,创建"批判的工艺史",就会"揭示出人对自然的能动关系"③。

"社会人的生产器官"的形成表明,人的实践活动的特点是使用人们自己制造的工具,而不是使用天然工具。这说明,手段首先是人们过去活动的结果,而后才是未来活动的前提;手段不是天然的自然物,而是凝聚了、物化了人的过去活动的自然物。如果说人的身内器官是一种天然器官,那么,手段作为一种身外器官却是一种人工器官,是"社会人的生产器官"。因此,手段与人的肉体器官的关系,不仅是身外器官与身内器官的关系,而且是人工器官与天然器官的关系。只有同时具备过去活动结果与未来活动前提这两种性质的东西,才具备手段的性质。换言之,手段是人的过去活动与未来活动的矛盾统一。

手段把人的过去活动与未来活动统一起来,把前人活动与后人活动统一起来,就使人的活动具有不同于动物活动的特点。这样,每一代人在使用手段进行活动时,实质上是把前人活动及其成果作为自己的手段,因

---

① 《马克思恩格斯全集》第 23 卷,第 203 页。
② 《马克思恩格斯全集》第 23 卷,第 409 页。
③ 《马克思恩格斯全集》第 23 卷,第 409、410 页。

而每一代人都突破了本身力量的局限,把人类历史创造的力量的总和纳入自身之中,以"类"的资格去从事新的活动。这就使人类能力的发展成为一个不断向上的、滚雪球式的过程,形成了区别于生物进化规律的社会发展规律。

目的通过手段而实现。实践结果就是在外部对象世界中以客观形式实现了的主观目的,因此,实践的结果是主观性与客观性的统一。在这个过程中,主体自觉地认识、把握和利用客体自身的规律,使客体达到适应主体需要的性质和状态。这样一来,自然界本身潜存着的因果联系,就通过"目的—手段—结果"的运动被有选择地实现出来了。

同自然运动的结果相比,实践活动的结果有一个显著的特点,这就是它具有成败的属性。自然结果仅仅是由原因引起的,自然运动本身受自然规律支配,不存在违背客观规律的可能性,所以,在这种原因和结果之间没有成败问题;实践活动的结果却始发于目的,在整个实践过程中,目的不仅没有消失,而且支配着人的活动的方式和方法。马克思指出,在实践活动中,人们"不仅使自然物发生形式变化,同时他还在自然物中实现自己的目的,这个目的是他所知道的,是作为规律决定着他的活动的方式和方法的,他必须使他的意志服从这个目的"①。在这样一个过程中,人既可能遵循客观规律,也可能违背客观规律,因而实践结果一旦形成,就进入与目的的对比之中。这种对比关系构成实践结果所独有的成败属性。因此,实践结果对实践目的具有反馈作用,人们可以以此反思实践活动,坚定或修正实践活动的目的。

可见,人类的实践活动之所以与自然的物质运动具有不同的特点,就是因为人的活动是在理性支配下的活动,是在目的支配下的能动的活动。在这个活动过程中,理性向主体展现了客体变化的多种可能性以及对各种可能性后果的估计;同时又反映着主体内在需要的多种层次及其实现的可能性,从而确定活动的目标,把客体的可能性与主体的可能性结合起

①《马克思恩格斯全集》第23卷,第202页。

来,并通过实践活动把这种可能转为现实。这样,就实现了必然性与应然性的统一,创造出属人的对象世界。

四、实践的本体论意义

属人的对象世界,即现存世界是自然与社会的统一。展现在人们面前的是社会的自然和自然的社会,或者说,是"历史的自然"和"自然的历史"。从本质上看,社会的自然也就是"人化自然"。毫无疑问,人们并不是在自在自然之外创造人化自然,而是在自在自然所提供的材料的基础上表现自己的本质力量,建造人化自然的。人的实践可以改变自在自然的外部形态、内部结构乃至其规律起作用的方式,但它不可能消除自在自然的客观实在性。相反,自在自然的客观实在性通过实践延伸到人化自然之中,并构成了人化自然客观实在性的自然基础。

人化自然又不同于自在自然。自在自然是独立于人的活动或尚未被纳入人的活动范围内的自然界,其运动完全是自发的,一切都处在盲目的相互作用中;人化自然和人的活动不可分离,人化自然是被人的活动所改造过的自然,体现了人的需要、目的、意志和本质力量,是人的活动的对象化。人化自然的独特性就是它对人的实践活动的依赖性。从根本上说,人化自然是人的实践活动的对象化,属于人的对象世界。统一的物质世界本无自在自然与人化自然之分,只是出现了人及其活动之后,"自然之网"才出现了缺口并一分为二,即在自在自然的基础上叠加了一个与它既对立又统一的人化自然,而实践就是自在自然和人化自然分化与统一的基础。

实践不仅使自在自然发生形态的改变,更重要的是,它把人的目的性因素注入到自然界的因果链条之中,使自然界的因果链条按同样客观的"人类本性"发生运转。实践虽然不能使自然物的本性和规律发生变化,但能把人的目的运用到物质对象上去,按人的方式来规范物质运动的方向和范围,改变物质的自在存在形式。正如恩格斯所说:"我们不仅发现一个运动后面跟随着另一个运动,而且我们也发现,只要我们造成某个运动在自然界中发生时所必需的那些条件,我们就能引起这个运动,甚至我们还能引起自然界中根本不发生的运动(工业),至少不是以这种方式发生运动,并且我们能赋予这些运动以预先规定的方向和范围。"①

在实践中,自在自然这个"自在之物"日益转化为体现了人的目的,并能满足人的需要的"为我之物",这一过程就是自然的"人化"过程,其结果是从自在自然中分化出人化自然。"自然的人化"强调的是"自然界对人说来的生成过程",换言之,"自然的人化"强调的不是自然界本身的变化,而是自然界在人的实践过程中不断获得属人的性质,不断地被改造为人的生存和发展的条件,成为人的本质力量的确证和展现。正因为如此,马克思指出,人化自然"是人的现实的自然界",是"真正的、人类学的自然界"②。

自然的"人化"过程同时就是人类社会形成和发展的过程。人们在从事物质生产、改造自然的同时,又改造、创造着自己的社会联系和社会关系:"人在积极实现自己本质的过程中创造、生产人的社会联系。"③没有人与人的社会关系,也就不可能有人与自然的现实关系,"一切生产都是个人在一定社会形式中并借这种社会形式而进行的对自然的占有"④。这就是说,自然的"人化"是在社会之中而不是在社会之外实现的。正是在这个意义上,马克思指出:"自然界的人的本质只有对社会的人说来才是存在的;因为只有在社会中,自然界对人说来才是人与人联系的纽带,才是他为别人的存在和别人为他的存在,才是人的现实的生活要素;只有在社会中,自然界才是人自己的人的存在的基础。"⑤

实践改造自然,不仅仅是改变自然物的形态,更重要的,它是在自然物中灌注人的本质力量和社会力量,使人的本质力量和社会力量本身进入到自然存在当中,并赋予自然存在以新的尺度——社会性、历史性。在

---

① 《马克思恩格斯选集》第 4 卷,第 328 页。
② 《马克思恩格斯全集》第 42 卷,第 128 页。
③ 《马克思恩格斯全集》第 42 卷,第 24 页。
④ 《马克思恩格斯全集》第 46 卷上,第 24 页。
⑤ 《马克思恩格斯全集》第 42 卷,第 122 页。

现存世界中,自然界意味着什么,自然对人的关系如何,人对自然的作用采用了什么样的形式、内容和范围等,都受到社会关系的制约。一定的社会关系体现在人化自然上,并赋予自然物一种独特的社会性质,使之成为具有社会关系内涵的"社会的物"。正如马克思所说:"资本不是物,而是一定的、社会的、属于一定历史社会形态的生产关系,它体现在一个物上,并赋予这个物以特有的社会性质。"①在现存世界中,自然不仅保持着天然的物质本性,而且被打上了人的烙印;不仅具有客观实在性,而且具有社会历史性。人化自然是一个社会(历史)范畴,本质上是社会的自然或"历史的自然"。

在现存世界中,如同自然被社会所中介一样,反过来,社会也被自然所中介。人类社会是在劳动所引起的人与自然之间的物质变换中形成和发展起来的,人类历史也无非是"自然界对人的生成过程"。在现存世界中,作为客体,自然本身的规律绝不可能被完全消融到对它进行占有的社会过程中。通过实践,自然进入到社会之中,转化为社会生活的要素,并制约着社会的发展。自然不是外在于社会,而是作为一种恒定的因素出现在历史过程中;社会的需要归根到底只有通过自然过程的中介才能实现。

"在实践上,人的普遍性正表现在把整个自然界——首先作为人的直接的生活资料,其次作为人的生命活动的材料、对象和工具——变成人的无机的身体。"②人与自然之间的物质变换构成了社会存在和发展的"永恒的自然必然性"。社会发展既不是纯自然的过程,也不是脱离自然的超自然的过程,而是包括自然运动在内的、与自然历史"相似"的过程。正是在这个意义上,社会是自然的社会或"自然的历史"。把自然以及人对自然的实践关系从社会(历史)中排除出去,也就等于把社会(历史)建立在虚无上。

---

① 《马克思恩格斯全集》第 25 卷,第 920 页。
② 《马克思恩格斯全集》第 42 卷,第 95 页。

社会的自然与自然的社会都是人们对象性活动的产物。实践是社会与自然相互作用、相互制约、相互渗透的中介，也是两者互为中介的现实基础。一句话，实践是现存世界得以存在的根据和基础，在现存世界的运动中具有导向作用。现存世界当然不能归结为人的意识，但同样不能还原为自在自然。人类意识、人类社会以至整个现存世界对自在自然具有不可还原性。社会的自然与自然的社会都是通过人类实践活动实现或表现的。现存世界只能是实践中的存在。实践的本体论意义首先体现在它使世界二重化了，创造出一个与自在世界既对立又统一的人类世界，即现存世界。

实践的本体论意义不仅体现在世界的二重化以及现存世界的形成上，而且还体现在现存世界的不断发展中。如前所述，现存世界是实践中的存在，而实践本身就处在不断的发展之中。因此，现存世界是一个动态的、不断生成、不断形成更大规模和更多层次的开放体系。马克思早就批判过费尔巴哈唯物主义认识世界的直观性："他没有看到，他周围的感性世界决不是某种开天辟地以来就直接存在的、始终如一的东西，而是工业和社会状况的产物，是历史的产物，是世世代代活动的结果，其中每一代都立足于前一代所奠定的基础上，继续发展前一代的工业和交往，并随着需要的改变而改变他们的社会制度"；人与自然的统一"在每一个时代都随着工业或慢或快的发展而不断改变"，"这种活动、这种连续不断的感性劳动和创造、这种生产，正是整个现存的感性世界的基础"。①

现存世界对人的生存具有直接的现实性，所以，马克思又把现存世界称为"感性世界""现实世界""人类世界"。现存世界是在实践活动中生成的，现存世界的现实性包含着客观性，而现存世界的实践性又进一步确证现存世界的客观性，并使现存世界及其与自在世界的关系呈现出历史性。现实性、客观性、历史性、实践性，构成了现存世界及其与自在世界关系的总体特征，其中，实践性是根本特征。现存世界只能是实践中的存在，实践构成现存世界的真正的本体。正因为如此，马克思把感性世界理

---

① 《马克思恩格斯选集》第 1 卷，第 76、76—77、77 页。

解为"构成这一世界的个人的全部活生生的感性活动"①。

正因为现存世界对人的生存具有现实性，而实践又构成了现存世界的本体，所以，实践与人的生存状态密切相关，即实践是人的存在方式、生存本体。"一个种的全部特性、种的类特性就在于生命活动的性质。"②马克思的这一论断表明，判断一个物种的存在方式就是看其生命活动的形式。具体地说，动物是在消极适应自然的过程中维持自己生存的，动物的存在方式就是其本能活动，是由其生理结构，尤其是活动器官的结构决定的。与动物不同，人是在利用工具积极改造自然的过程中维持自己生存的，实践由此成为人的生命之根和立命之本。人的秘密就在实践活动之中。正如马克思所说："个人怎样表现自己的生活，他们自己就是怎样。因此，他们是什么样的，这同他们的生产是一致的——既和他们生产什么一致，又和他们怎样生产一致。"③实践构成了人类特殊的生命形式，即构成了人类的存在方式、生存本体。人的一切，包含其生存状态的异化及其扬弃，都是在实践活动的过程中发生和完成的。"只有人本身才能成为统治人的异己力量"，"异化借以实现的手段本身就是实践的"。④

因此，马克思主义哲学在确认实践是现存世界的本体的同时，又确认实践是人的生存的本体，二者是同一个问题的两个方面。在这个意义上，马克思主义哲学是人的生存的本体论，即实践本体论。

传统哲学的本体论所追寻的宇宙本体是一个"不动的原动者"，它断定在感性事物之外有一个永恒不动、不变而独立的实体。这是一种脱离现实的社会、现实的人及其活动的抽象的本体，是一切现实事物背后的所谓的"终极存在"，实际上是一种"不存在的存在"。从这种抽象的本体出发无法认识现实。唯心主义本体论是这样，旧唯物主义本体论也是如此，而且二者是两极相通的。正如马克思所说："那种排除历史过程的、抽象

---

① 《马克思恩格斯选集》第 1 卷，第 78 页。
② 《马克思恩格斯全集》第 42 卷，第 96 页。
③ 《马克思恩格斯选集》第 1 卷，第 67—68 页。
④ 《马克思恩格斯全集》第 42 卷，第 99 页。

的自然科学的唯物主义的缺点,每当它的代表越出自己的专业范围时,就在他们的抽象的和唯心主义的观念中立刻显露出来。"①当旧唯物主义把一种脱离了现实的人及其活动的"抽象物质"作为自己的本体论时,实际上已经悄悄地踏上了"唯心主义的方向"②。

马克思把哲学的主题从"世界何以可能"转换为"人类解放何以可能",同时,就把哲学的聚焦点从宇宙本体转向人的生存本体,并确认实践是人本身存在的基础,是人生活于其中的感性世界存在的基础,确认人通过实践创造了人的社会存在。同时,又确认实践是人类解放的本体。这就是说,马克思主义哲学并不是以一种抽象的、超时空的方式去理解和把握存在问题,而是从实践出发去理解和把握人的存在,从人的存在出发去解读存在的意义,从实践出发去理解和把握"人类解放何以可能"的问题。这就是说,马克思主义哲学把"人类解放何以可能"以及人的存在本身作为哲学所追寻的目标。

这表明,马克思主义哲学的本体论所探求的并不是"世界何以可能"的问题,并不是所谓的"终极存在",而是探求"对象、现实、感性"何以成为这样的存在,探求"人类解放何以可能"。"对象、现实、感性"生成于人的实践活动中,本体与人的实践活动密切相关。因此,对"对象、现实、感性"不能只是从客体的形式去理解,而要同时"从主体方面去理解","把它们当作感性的人的活动,当作实践去理解"。这样,马克思主义哲学便开辟出一条从本体论认识现实的道路,使无产阶级和人类解放得到了本体论证明。以实践为基础实现每个人的全面而自由的发展,这是马克思主义哲学所作出的庄严的"本体论承诺"。

五、以实践纲领为基础的本体论革命

按照马克思的观点,在关于主体及其对象世界的本体论理解中,实践

---

① 《马克思恩格斯全集》第23卷,第410页。
② 《马克思恩格斯全集》第42卷,第128页。

具有首要的和基本的意义。实践是现存世界和现实主体及其关系客观而又能动的本体论规定。马克思对实践概念的最简单、最基本的表达,就是"人的感性活动"或"对象性的活动"。但是,在《1844 年经济学哲学手稿》中,马克思"对象性的活动"在一定程度上是从属于费尔巴哈的"类"概念的,并依赖于"类"这个中介来达到对现实的人的确认。因此,在《1844 年经济学哲学手稿》中,马克思认为,劳动、对象性的活动便是"类生活",而这个类生活又直观地体现在对象之中。"劳动的对象是人的类生活的对象化:人不仅象在意识中那样理智地复现自己,而且能动地、现实地复现自己,从而在他所创造的世界中直观自身。"①

在《关于费尔巴哈的提纲》中,马克思批判了费尔巴哈的"类"理论,认为费尔巴哈把人的本质理解为"类","理解为一种内在的、无声的、把许多个人自然地联系起来的普遍性"②。如果说《1844 年经济学哲学手稿》中的"类"概念与"对象性活动"本质上是矛盾的,那么,《关于费尔巴哈的提纲》《德意志意识形态》就是这种矛盾的排除,就是通过排除这种理论矛盾而达成本体论上新的跃迁。正因为如此,马克思在《关于费尔巴哈的提纲》之后就用"实践"来表示"感性活动""对象性活动"。这标志着构成马克思"新世界观"基础的"本体论纲领"正式形成。这个纲领就是实践,即人的感性活动或对象性活动。

依据"实践纲领",马克思把存在者的存在把握在感性活动的过程中,展开了以实践纲领为基础的本体论革命,从而不仅与黑格尔、费尔巴哈的本体论划清了界限,而且超越了整个传统哲学——形而上学。这里,我们从超感性世界的倾覆、单纯理论态度的终结和意识内在性的瓦解这三个方面阐述这一本体论革命的意义和成果。

首先,马克思的立足于实践纲领的本体论革命,意味着超感性世界的破产和倾覆。

---

① 《马克思恩格斯全集》第 42 卷,第 97 页。
② 《马克思恩格斯选集》第 1 卷,第 56 页。

所谓超感性世界,就是指自柏拉图以来始终被当作真理的领域,即形而上学的世界。形而上学的基本定向是存在之为存在,即本体论,其要点是感性世界(形而下的世界)与超感性世界(形而上的世界)的绝对分离和对立;真理和本质仅仅归属于超感性世界,感性事物的实在性仅仅在于它"分有"了超感性世界的真理性。在整个传统哲学中,这个要点得到了始终如一的贯彻、巩固和发展。

首先批判这一超感性世界的是费尔巴哈。按照费尔巴哈的观点,超感性世界的领域就是宗教神学,在神学中,上帝的本质就意味着超感性领域的目标设定,这种目标设定从外部规定着并掌握了感性的尘世生活;神学的秘密无非是人本学,上帝的本质归根结底乃是"人自己的人的本质";黑格尔哲学、近代哲学乃至整个哲学,本质上都是建立在超感性世界基础上的,通过不断巩固超感性世界对感性世界的优先权和统治权来设定存在者的基本结构。因此,哲学和神学虽有形式上的差别,但二者都是完备的超感性世界的"神话学"。

为了彻底颠覆超感性世界的神话学,费尔巴哈在本体论上突出地强调了"感性",并使之与超感性世界对立起来。更重要的是,费尔巴哈在本体论上所阐述的感性原则,一开始就力图表明它是同一般哲学(作为超感性世界之神话学)的前提发生全面的矛盾,并力图把感性重新置于王座的地位。当然,费尔巴哈试图颠覆超感性世界的图谋收效甚微,其具有反叛性质的本体论纲领最终悲剧性地落空了。费尔巴哈的失败就在于:他从否定神和神的东西开始,但其结果,就像施蒂纳所说的那样:"神和神的东西将更不可解脱地缠绕着我。将神从他的天国逐出、并剥夺他的'超然存在',这是还没有建立在充分胜利基础上的要求,如果在此只将神驱逐到人的胸中,并以不可消除的内在性相赠,于是这就意味着:神的东西即是真正人的东西!"①这一说法颇中要害。在费尔巴哈那里,所谓的真正人的东西归根结底仍然是神的东西,神的确是从天国中被逐出而丧失其超感

---

① 〔德〕施蒂纳:《唯一者及其所有物》,金海民译,商务印书馆1989年版,第51页。

性的存在性,但神又被流放到人的心中而成为一种不可消除的"内在性"存在。正是这种内在性使费尔巴哈不可避免地回到形而上学的基本建制,最终不得不令人遗憾地重归黑格尔哲学的基地。

马克思的本体论革命正发生在费尔巴哈的失败之处。费尔巴哈以感性世界来对抗超感性世界,但他对感性世界的理解恰恰又从属于形而上学的基本方式:单纯的感觉和单纯的直观仍然是从"内在性"上被理解的。于是,费尔巴哈的感性世界只是与超感性世界处于抽象的外部对立,费尔巴哈不仅没有开辟出一条足以导致超感性世界坍塌的思想道路,相反,却只是以批判性的外表最终复归形而上学的怀抱。换言之,对象性的直观不可能填平形而上学在感性世界与超感性世界之间的鸿沟。"费尔巴哈的错误不在于他使眼前的东西即感性外观从属于通过对感性事实作比较精确的研究而确认的感性现实,而在于他要是不用哲学家的'眼睛',就是说,要是不戴哲学家的'眼镜'来观察感性,最终会对感性束手无策。"①这里,问题的关键就在于,费尔巴哈不理解感性活动与感性对象、对象性活动与对象性直观的真实关系。

如果说费尔巴哈的本体论原则只是在形而上学的大厦上打出几个窟窿,那么,马克思的本体论纲领则摧毁了整个超感性世界的基础,并使其倾覆成为不可避免的。马克思的感性活动,即实践这一本体论的确立,使超感性世界的倾覆不可避免并导致其"神话学"的破产。在马克思看来,这种"神话学"不仅是形而上学,而且是整个意识形态。换言之,意识形态被看作超感性世界的"神话学"表达。"道德、宗教、形而上学和其他意识形态"之所以是超感性世界的"神话学",是因为它们在本体论上皆把超感性的世界设定为具有约束力和建构力的真实的世界。而在马克思的本体论视域中,超感性世界本身的虚妄性及其本质已经被彻底意识到并从根本上被指证出来了。意识形态的基本立足点就是,"认为思想统治着世界,把思想和概念看作是决定性的原则,把一定的思想看作是只有哲学家们才

①《马克思恩格斯选集》第1卷,第76页。

能揭示的物质世界的秘密"①。这意味着"物质世界的秘密"成为哲学家们活动的神话学领域。在《神圣家族》中，马克思揭示了这种神话学的根本方法，即"把实体了解为主体，了解为内部的过程，了解为绝对的人格"②。

不仅如此，马克思还由此揭示出超感性世界的"虚假观念"深深地植根于人们的现实生活过程之中。"如果在全部意识形态中，人们和他们的关系就像在照相机中一样是倒立呈像的，那么这种现象也是从人们生活的历史过程中产生的，正如物体在视网膜上的倒影是直接从人们生活的生理过程中产生的一样。"③正是这个思想超出了对意识形态虚假性的单纯的责难和蔑视，而为对意识形态——超感性世界神话学——的真正的批判性分析奠定了坚实的基础。这一批判性奠基的影响是十分深远的。1962年，伽达默尔（也译作加达默尔）在《20世纪的哲学基础》一文中谈到马克思的意识形态批判的意义时写道："我们不仅思考由伪装之神狄奥尼修斯神秘地表现出的伪装的多元性，而且同样思考意识形态的批判，这种批判自马克思以来被越来越频繁地运用到宗教、哲学和世界观等被人无条件地接受的信念之上。"④

其次，马克思的立足于实践纲领的本体论革命，意味着哲学从单纯的理论态度中摆脱出来。

单纯的理论态度或概念立场与柏拉图主义有着本质的联系。在形而上学的整个历史中，以理念论为基础的单纯理论态度或概念立场始终构成哲学的基本定向和基本品格。费尔巴哈曾试图依其本体论来终止单纯的理论态度，但正如他在反对超感性世界中遭遇到最终的失败一样，他在这方面的努力依然未见成效，而且不可避免地返回单纯的理论态度。之所以如此，是因为费尔巴哈仅仅诉诸单纯的直观，即使他最终寻求哲学的直观，但也是软弱、贫乏的理论直观。正是在这个意义上，马克思认为费

① 《马克思恩格斯全集》第3卷，第16页。
② 《马克思恩格斯全集》第2卷，第75页。
③ 《马克思恩格斯选集》第1卷，第72页。
④ ［德］加达默尔：《哲学解释学》，夏振平、宋建平译，上海译文出版社1994年版，第116页。

尔巴哈仍然是一位"理论家"和"哲学家",从根本上说,仍然在于解释现存的事物,并通过解释使现存事物在理论上合理化。

实际上,以往的哲学家们只是要求以不同的方式来解释世界,哲学,历来被理解为理论的,而且仅仅是理论的。如果说哲学还具有实践意义的话,那么,这种意义也只是建立在理论和实践的分裂与对立中,也就是海德格尔所说的,局限于"理论与实践的狭隘联系"中。这里所谓的分裂与对立,一方面意味着实际的变动与哲学、理论是疏远的、不相干的,另一方面又意味着真理、能动的本质仅归属于哲学、理论。因此,哲学所承诺的唯一的东西,仅仅是理论及其原则。

马克思从根本上改变了这种方向。按照马克思的观点,问题的关键在于改变世界,在于把实践理解为感性的活动,在于"使现存世界革命化,实际地反对并改变现存事物"。马克思认为,如果实践是本体论原则,那么,对于现实的人来说,直接具有理论形式的哲学,不仅其根源和前提存在于实践活动中,而且其任务和目的也取决并实现于实践活动中。换句话说,马克思的新唯物主义不仅是理论,而且是实践的要求和行动的渴望——按其形式来说是理论,按其内容和目的来说则是指向实践的。以实践为本体论定向的新唯物主义世界观,直接标志着哲学的根本特征是理论与实践的统一。

正是由于这一原则的改变,马克思展开了对全部旧哲学单纯的理论态度的批判。这一批判不仅具有理论批判的向度,而且具有实践批判的向度。例如,费尔巴哈把宗教世界归结于它的世俗基础之后便停顿下来了,马克思却明确指出,费尔巴哈的批判仅仅是理论批判,而缺失实践批判,费尔巴哈所"做的工作是把宗教世界归结于它的世俗基础。但是,世俗基础使自己从自身中分离出去,并在云霄中固定为一个独立王国,这只能用这个世俗基础的自我分裂和自我矛盾来说明。因此,对于这个世俗基础本身应当在自身中、从它的矛盾中去理解,并在实践中使之革命化"①。

---

① 《马克思恩格斯选集》第 1 卷,第 55 页。

再次，马克思的立足于实践纲领的本体论革命，意味着新唯物主义瓦解了意识的内在性。

从根源上看，这种单纯的理论态度与形而上学的本质是互为表里的。自笛卡儿以来，哲学的理论态度就植根于这种形而上学的建制，即"我思"或意识的内在性之中。只要意识的内在性这一形而上学的建制未曾瓦解，就不可能真正消除这种理论态度。施蒂纳是第一个对费尔巴哈进行批判的哲学家，他批判费尔巴哈的要点就在于，消除"人"的抽象性，即消除这一概念的形而上学的规定。当施蒂纳一个接一个地把这些规定予以排除之后，他达到的是"唯一者"。施蒂纳力图证明，"唯一者"是词句世界的"最后一块砖"，借助于这块砖可以推翻整个思想的世界、观念的世界、概念的世界。"唯一者"是施蒂纳向包括费尔巴哈在内的形而上学全面挑战的立脚点，问题在于，这个立脚点本身就是形而上学的，本身就是抽象的概念。"唯一者"不过是"哲学上的一个抽象名字，一个超越一切名字之上的'名字'，即一切名字的名字、作为范畴的名字……这个创造奇迹的名字，这个意味着语言灭亡的神奇的词，这条通向生活的驴桥，这一中国天梯的最高级，就是唯一者"①。

不难看出，当施蒂纳试图以"唯一者"来挑战形而上学的抽象时，他所使用的武器不过是另一种抽象，一种在性质上与其他抽象完全相同的抽象。在这样的意义上，施蒂纳的"唯一者"与费尔巴哈的"人"具有相似的内涵，遭遇着相似的命运：一方面，意味着彼此孤立的、纯粹利己主义的原子个人；另一方面，意味着一种抽象的、无声的、把许多个人自然地联系起来的普遍性。因此，激烈反对黑格尔哲学的费尔巴哈哲学终于成为黑格尔哲学的一个"支脉"，而激烈反对黑格尔哲学和费尔巴哈哲学的施蒂纳也不得不成为黑格尔哲学的一个片段，"反叛"同样终归于失败。

"在我们面前鱼贯而过的一切'怪影'都是些观念。如果抛开这些观念的现实基础（施蒂纳本来就把它抛开了），这些观念就被了解为意识范

①《马克思恩格斯全集》第3卷，第526—527页。

围以内的观念,被了解为人的头脑中的思想了,就从它们的对象性方面被撤回到主观方面来了,就从实体被提升为自我意识了;这些观念就是怪想或固定观念。"①马克思的这一论述不仅指证了施蒂纳向哲学的理论态度立场的复归,而且确定了这一立场的基本性质——自我意识;更重要的是,说明了这一复归运动的路径和缘由——消除对象性本身而封闭于"我思"的内在性之中。这一指证揭示出历来对形而上学的反叛是如何最终重归形而上学的,历来超出黑格尔哲学的图谋是如何成为黑格尔哲学的"支脉"或"片断"的。这里,问题的关键不是这种形而上学或那种形而上学,也不是形而上学的这种结论或那种结论,而是形而上学的根本前提,是形而上学的基本建制—意识的内在性。如果不从根本上触动这样一种基本建制,那么,对于形而上学的一切"暗杀"的密谋都将自行瓦解,并将重新陷入形而上学之中。

在《1844 年经济学哲学手稿》中,马克思不仅依据对象性活动这一本体论定向来批判意识的内在性,而且是针对思辨哲学的完成形式,即黑格尔哲学所包含的意识的内在性来批判意识的内在性的:思辨哲学只是虚假地建立起所谓思维与存在的统一,其实质不过是"纯粹活动"或"自我活动"无休止地围绕自身的运动。这里,表现出来的就是意识的内在性,正是这种意识的内在性徒有其表地从自身中走出来去创造一个世界。

马克思在谈到黑格尔的"自我意识的外化设定物性"时,指出这一设定意味着"从自己的'纯粹的活动'转而创造对象",即从作为内在性之主体性中"出来"。在马克思看来,这种"出来"的根本困境和全部虚妄性就在于:"自我意识通过自己的外化所能设定的只是物性,即只是抽象物、抽象的物,而不是现实的物。"②换言之,当作为内在性的主体性把自然界"从自身释放出去时",所释放出来的只是"抽象的自然界",即黑格尔所说的"自然界的思想物"。这样一来,形而上学拘执于内在性而必然遭遇的

---

① 《马克思恩格斯全集》第 3 卷,第 170 页。
② 《马克思恩格斯全集》第 42 卷,第 166 页。

根本困境便昭然若揭了。

因此，内在性的瓦解便要求一种与黑格尔式的"外化""设定"不同的"出离"或"在外"的出发点。用海德格尔的话来说就是，"必须从某种与我思不同的东西出发"。为此，需要一个与意识领域不同的领域，即"此在"（Dasein）的领域。"此在中的存在必须守护着一种'在外'（Draussen）。"此在本质地就是出—离式的，内在性由此就被"洞穿"了。①这一"洞穿"对本体论的变革来说，具有重要意义。

实际上，马克思提出的"对象性活动"，就揭示了这种"出离"：人"站在稳固的地球上"，意味着人"在世界中"的存在；"呼出和吸入一切自然力"，意味着人"出离"自身，从而揭示了内在性被"洞穿"。当马克思说到"设定"不是"主体"，而是"对象性的本质力量的主体性"时，意味着内在性之主体性被"洞穿"和瓦解；当马克思指证"纯粹的活动"与"对象性的活动"的原则差别时，前者是指黑格尔式的主体自相矛盾地从自身"出来"，后者则是指"现实的个人"就是"出离"。在马克思看来，不仅黑格尔哲学，而且黑格尔哲学的批判家们亦完全被锁闭在意识的内在性之中，并最终返回到思辨的形而上学。

就形而上学的本体论而言，其要害就在于，抛弃观念的现实基础。由于观念的现实基础被取消，观念始终立足于自身，也就是说，成为意识范围以内的观念，而意识范围以内的观念意味着最广义的意识的内在性。在马克思看来，意识内在性的保持，从本体论方面来说，是由于从观念的对象性方面撤回到意识自身的方面，并先行设定了"我思"或意识的内在性。因此，"洞穿"并瓦解意识的内在性，便实际地要求在本体论的根基处把握感性的活动。这就是在《关于费尔巴哈的提纲》和《德意志意识形态》中作为本体论原则的实践。

于是，作为形而上学基本建制的意识的内在性就被瓦解了：根本就没

① 海德格尔说："此—在这一表达中的'存在'的意思就是生—存之出—离性（die EK-statiK der EK-sistenz）。"参见［法］费迪南等辑录：《晚期海德格尔的三天讨论班纪要》，丁耘摘译，《哲学译丛》2001 年第 3 期。

有一个作为主体自身的封闭的区域——无论是笛卡儿的"我思",还是康德的"自我意识";无论是黑格尔的"自我活动",还是费尔巴哈的"人本身"。现实的个人在实践的本体论定向中就是"出离"自身,即在自身之外的,是"对象性的本质力量的主体性"。一言以蔽之,瓦解形而上学的基本建制,是马克思所发动的本体论革命的核心之处。

六、本体论革命与唯物主义辩证法

以实践为纲领而展开的本体论革命,标志着马克思的新世界观是以实践为定向的"新唯物主义"世界观。从根本上说,实践的观点首先是关于存在与非存在、关于存在的现实性、关于自然存在与人的现实存在的原理。实践的观点因此是新唯物主义世界观的实质和根本,首先具有本体论的意义。

按照马克思的观点,感性活动,即实践乃是人的现实的存在或现实的人的存在,费尔巴哈的优点在于,他把人看作感性对象;缺点则在于,仅仅把人看作感性对象,而没有把人看作感性活动。所以,费尔巴哈"从来没有看到现实存在着的、活动的人"[1]。在费尔巴哈那里,人的存在只是感性对象,而不是感性活动;在马克思这里,感性活动乃是人的存在本身。换言之,这种活动不是人的"偶性",不是先有一个所谓的人的"实体"存在,然后再把这种作为偶性的活动赋予他。

实际上,根本没有什么抽象的人的"实体"或"本质",现实的人就是他的存在本身,即感性活动。可以说,"感性对象"与"感性活动"的区别,是关乎人的现实存在的根本的差别。正是由于这个差别,费尔巴哈违背他本人的意愿而返回到人的抽象实体和抽象本质,而马克思则超越了这个界限,并使其理论展开为"关于现实的人及其历史发展的科学"[2]。

---

① 《马克思恩格斯选集》第 1 卷,第 78 页。
② 《马克思恩格斯选集》第 4 卷,第 241 页。

感性活动，即实践也是感性世界存在的本体论规定。按照马克思的观点，费尔巴哈没有把人的活动本身理解为对象性的活动，因而他没有把实践理解为感性世界存在的本体论规定，也正因为如此，不能把感性世界理解为感性活动的结果。实际上，"这种活动、这种连续不断的感性劳动和创造、这种生产，正是整个现存的感性世界的基础，它哪怕只中断一年，费尔巴哈就会看到，不仅在自然界将发生巨大的变化，而且整个人类世界以及他自己的直观能力，甚至他本身的存在也会很快就没有了"①。这就明确提出感性活动乃是"现存的感性世界"的基础，同时，也表达了这样一种态度，即存在及其现实性关乎感性，现实的存在只能是"现存的感性世界"。

这就涉及存在与不存在的判断——一个毋庸置疑的本体论判断。可与这一判断参照理解的是马克思在《1844 年经济学哲学手稿》和《德意志意识形态》中的论述：

"被抽象地孤立地理解的、被固定为与人分离的自然界，对人说来也是无"；"在人类历史中即在人类社会的产生过程中形成的自然界是人的现实的自然界；因此，通过工业——尽管以异化的形式——形成的自然界，是真正的、人类学的自然界"②。

"凡是有某种关系存在的地方，这种关系都是为我而存在的；动物不对什么东西发生'关系'，而且根本没有'关系'；对于动物来说，它对他物的关系不是作为关系存在的"；"先于人类历史而存在的那个自然界，不是费尔巴哈生活其中的自然界；这是除去在澳洲新出现的一些珊瑚岛以外今天在任何地方都不再存在的、因而对于费尔巴哈来说也是不存在的自然界"③。

由此引发的一个不可回避的问题就是，撇开形而上学的抽象的存在概念如何看待自然科学所指证的自然存在。对此，马克思的回答是：

---

① 《马克思恩格斯选集》第 1 卷，第 77 页。
② 《马克思恩格斯全集》第 42 卷，第 178、128 页。
③ 《马克思恩格斯选集》第 1 卷，第 81、77 页。

首先必定是存在——人和自然界的现实的感性的存在,然后,才可能是在自然科学中的"被意识到了的存在"。如果这里不是"被意识到了的存在",而是存在本身,那么,这种存在本身必定是在实践中所呈现的,然后,才能被自然科学所指证。所以,马克思多次谈到实践对于自然科学的优先性,并认为"工业是自然界同人之间,因而也是自然科学同人之间的现实的历史关系"①。"费尔巴哈特别谈到自然科学的直观,提到一些只有物理学家和化学家的眼睛才能识破的秘密,但是如果没有工业和商业,哪里会有自然科学呢? 甚至这个'纯粹的'自然科学也只是由于商业和工业,由于人们的感性活动才达到自己的目的和获得自己的材料的。"②这是其一。

　　其二,在没有把实践理解为现存的感性世界的本体论规定之前,自然科学关于自然存在的概念是抽象的、形而上学的。正是在这个意义上,马克思在《1844 年经济学哲学手稿》中指出:只有"把工业看成人的本质力量的公开的展示",自然科学才能"失去它的抽象物质的或者不如说是唯心主义的方向"③;在《资本论》中批评"那种排斥历史过程的、抽象的自然科学的唯物主义",并认为当这种唯物主义的"缺点",在它的代表越出自己的专业范围时,就在他们的"抽象的和唯心主义的观念中立刻显露出来"④。由此可见,马克思的实践原则,不仅是针对现实主体的原则,而且是针对现存感性世界的原则。在马克思把主体理解为感性活动的同时,也就使对象世界进入到感性活动这一本体论的理解之中。

　　依据实践纲领,马克思的新唯物主义要求把"对象、现实、感性""当作人的感性活动,当作实践去理解",这就揭示出主观世界的"最本质""最切近"的基础:"人的思维的最本质的和最切近的基础,正是人所引起的自然界的变化,而不仅仅是自然界本身;人在怎样的程度上学会改变自然界,人的智力就在怎样的程度上发展起来。"⑤换言之,思维的"现实性""真理

① 《马克思恩格斯全集》第 42 卷,第 128 页。
② 《马克思恩格斯选集》第 1 卷,第 77 页。
③ 《马克思恩格斯全集》第 42 卷,第 128 页。
④ 《马克思恩格斯全集》第 23 卷,第 410 页。
⑤ 《马克思恩格斯选集》第 4 卷,第 329 页。

性"或"此岸性",正在于人的感性活动。新唯物主义以实践为纲领的本体论定向,必然提出"从主体方面去理解""对象、现实、感性"的实际要求,从而使能动的原则和历史的原则深入于唯物主义的基础之中。

在黑格尔哲学中,辩证法的原则就是能动的原则和历史的原则,就是主体活动——绝对主体的自我活动——的原则。辩证法与这样的本体论是二而一的关系;在费尔巴哈哲学中,这种自我活动的原则与感性现实的原则则处于对立中,辩证法不仅是与其本体论原则不相适应的方法论,而且是与其唯物主义不相干甚至相反的东西。问题在于,在本体论中取消自我活动原则意味着历史原则的缺失,意味着拒绝辩证法。在马克思哲学中,自我活动的原则不是简单地取消了,而是把自我活动的原则建立在感性现实性的基础上。马克思批判改造黑格尔辩证法的一个基本步骤,就是把其"否定性的辩证法"直接理解为历史原则。这一点,对熟悉黑格尔和马克思的思想家来说是不言而喻的。卢卡奇指出,历史是辩证法"自然的、唯一可能的生存因素"[1]。阿尔都塞认为,对黑格尔来说,历史和辩证法乃是"同一件东西",而费尔巴哈恰恰是牺牲了黑格尔的历史或辩证法。[2]

因此,马克思的新唯物主义本体论直接指向"合理形态"的辩证法,即唯物主义辩证法。那个被费尔巴哈抛弃的"否定之否定",在马克思的对象性活动的观点中得以重新出现。只有在把感性理解为感性活动,理解为发展过程的新唯物主义这里,感性才能被理解为矛盾运动,体现为否定之否定的过程。换句话说,只有在新唯物主义中,"合理形态"的辩证法才有可能形成。

研读《1844 年经济学哲学手稿》可以看出,正是这个拯救辩证法的哲学任务把马克思的批判再度引向黑格尔哲学体系,引向这个体系的"诞生地"和"秘密"——《精神现象学》,引向《精神现象学》的真正主题——劳

---

① 〔匈〕卢卡奇:《历史与阶级意识——关于马克思主义辩证法的研究》,杜章智等译,商务印书馆 1999 年版,第 233 页。
② 参见〔法〕路易·阿尔都塞:《黑格尔的幽灵——政治哲学论文集〔Ⅰ〕》,唐正东、吴静译,南京大学出版社 2005 年版,第 360 页。

动。这是因为，整个黑格尔哲学的本体论基础在《精神现象学》中得到了初始、直接和切近的表述，而马克思对黑格尔《精神现象学》的真正主题——劳动的批判，从根本上说就是本体论的批判。海德格尔自觉地意识到《精神现象学》对绝对唯心主义的本体论奠基，并认为从现象学中开展出来的辩证法，绝不像抽象的方法论主义者所设想的那样，是空虚的、无内容的、纯形式的，因而是无关本体论基础的，恰恰相反，"辩证法作为一种显现方式归属于存在，而存在作为存在者的状态从在场中展开出来。黑格尔不是辩证地把握经验，而是根据经验的本质来思辩证法"①。同时，马克思关于劳动的批判性阐明是"在黑格尔劳动概念的意义上发言"，因此，"劳动"并不意味着单纯的活动和成就，而是意味着辩证过程的基本特征。应该说，海德格尔的这一见解正确而深刻。

这就是说，实践作为马克思的本体论纲领在马克思对《精神现象学》劳动主题的批判中获得了最切近的基础，正是通过这一批判使新唯物主义的本体论得以奠基。在这个意义上，马克思的哲学变革是直接衔接着黑格尔，直接衔接着《精神现象学》的劳动主题，即"作为推动原则和创造原则的否定性的辩证法"的。马克思的唯物主义不同于费尔巴哈的唯物主义，马克思的辩证法不同于黑格尔的辩证法，实践本体论对感性现实性原则的陈述，同时就是对能动原则和历史原则的陈述；实践本体论对感性世界的唯物主义的理解、说明和批判，同时就是辩证法的展开、论证和实现。作为能动原则和历史原则的辩证法是新唯物主义世界观的灵魂，是植根于新唯物主义本体论本身的。马克思主义哲学不是唯物主义和辩证法，而直接就是唯物主义辩证法。

七、本体论革命与唯物主义历史观

以实践为出发点的本体论革命，创立了唯物主义辩证法。作为新唯

① ［德］海德格尔：《林中路》，孙周兴译，上海译文出版社 1997 年版，第 191 页。

物主义世界观,唯物主义辩证法同时就是唯物主义历史观(以历史为原则的唯物主义,而不仅仅是以历史为对象的唯物主义)。辩证法首先就是历史原则。只有当历史原则本身为唯物主义所把握时,即当辩证法进入到唯物主义的基础时,以历史为原则的唯物主义才是可能的,从而唯物主义的历史观才是可能的。

把历史作为哲学的基本原则来加以阐述,是从维柯的《新科学》发端的。维柯的历史原则在德国古典哲学中得到了逻辑学的改造。换句话说,在德国古典哲学中,历史原则被发挥为一种新的逻辑原理。当黑格尔在本体论上把逻辑与历史统一起来时,他不仅创新了逻辑,而且重铸了"历史",即历史过程在原则上是一个逻辑过程。在黑格尔哲学中,康德、费希特的自我意识原则("纯粹活动"或"活动本身")被提升为一种"绝对精神"的自我活动,"精神的主要的本质便是活动"。

精神从其无限的可能性达到无限的对立,进而扬弃这种对立而返回到自身,就是黑格尔的发展原则,即历史原则。发展原则的纯粹的展开形式,就是思辨逻辑的辩证法:"更加显著的辩证法的本性——就是说它自己决定自己——在本身中作了决定,而又扬弃了它们。通过这种扬弃,它获得了一个肯定的决定,而且事实上是更丰富和更具体的一个决定——它本性的这种必然性,以及那一连串必然的纯粹抽象的概念决定——在逻辑中被认识出来。"①

在黑格尔看来,只有从本体论上把握思辨逻辑的历史原则,才能把握世界历史的本性、真理性或现实性。黑格尔的功绩就在于,他使历史的原则不再依傍于主观的假定或不可认知的神意,而是使之在思辨逻辑中得到了彻底的和必然的发挥。因此,黑格尔不仅改变了历史的观念,而且重新规范了逻辑的基础。而当他把历史的真理性设定在逻辑之中时,他也就使逻辑变成了历史原则的逻辑。黑格尔哲学之所以体现着一种深刻的历史感,就在于辩证逻辑的历史原则。只有在这样的本体论基础上,我们

---

① 〔德〕黑格尔:《历史哲学》,王造时译,上海书店出版社 2022 年版,第 59 页。

才能真正理解和把握黑格尔哲学。

但是,黑格尔的历史原则在本体论上是"绝对精神"的自我活动。黑格尔在使历史原则得到发展的同时,却付出了这样的代价,即历史以牺牲生活世界的感性内容而归于先于历史而存在的"绝对计划"。一切事件,只有从这种计划发生,才具备真正的现实性;"凡是不符合这计划的,都是消极的,毫无价值的存在"①。这样一来,现实世界的生命便被思辨的逻辑图式所吞噬,人的现实的存在便被纯粹思维的"专制"所掏空。正如马克思所说:"这不是历史,不是世俗的历史——人类的历史,而是神圣的历史——观念的历史。"②

与黑格尔的历史原则不同,马克思的历史原则乃是基于人的实践活动这一本体论基础的。只有把实践确立为唯物主义的本体论基础,确立为唯物主义的历史原则时,才能扬弃黑格尔的历史原则,并为新的"历史科学"提供本体论的基础和现实的可能性。唯物主义历史观不仅是以历史为对象、研究领域的唯物主义,更重要的是,是以历史为原则的唯物主义。只有当唯物主义在本体论上掌握了历史原则之后,才可能使唯物主义真正贯彻到历史领域之中。

黑格尔在本体论基础上建立起来的历史原则,意味着"社会现实"居于历史理解的核心地位。所谓现实,在黑格尔那里,一方面是指本质与实存的统一,另一方面是指在展开过程中表现出来的必然性。如果说前者是指实体性的内容本身,那么,后者就是指作为展开过程的历史的现实性。不是别人,正是黑格尔第一次在形而上学的范围内,把理解社会现实作为一项哲学课题标举出来。加达默尔敏锐而正确地指出:"黑格尔哲学通过对主观意识观点进行清晰的批判,开辟了一条理解人类社会现实的道路,而我们今天仍然生活在这样的社会现实中。""本世纪初代表了一种哲学新方向的著名现象学口号'回到事物本身去'指的也是同样的意思。"③

---

① [德]黑格尔:《历史哲学》,第 34 页。
② 《马克思恩格斯选集》第 4 卷,第 533 页。
③ [德]加达默尔:《哲学解释学》,第 111、71 页。

马克思哲学与黑格尔哲学的联系,无论是肯定性的联系,还是否定性的联系,都是围绕着社会现实而展开的。正是通过在本体论上对主观思想的全面批判,黑格尔把深入社会现实当作哲学的根本任务提示出来了。就此而言,马克思乃是黑格尔这一哲学遗产的真正继承人。但是,马克思对黑格尔哲学的批判,并不是因为黑格尔哲学使社会现实得以积极呈现,而是因为其思辨唯心主义性质从根本上遮蔽了社会现实本身。因此,对于社会现实的重新开启正是唯物主义历史观的实际开端。由此出发并且围绕着这一中轴,马克思在进一步展开对黑格尔哲学及其本体论批判的同时,开启了意识形态批判和政治经济学批判。所有这些批判,以及由此而来的整个哲学变革的核心,就在于拯救社会现实本身。

正因为如此,在马克思那里,理解和把握社会现实不仅是一个理论的任务,更重要的是,是一个实践的任务。唯物主义历史观在哲学上的优越性就在于:面向并切中社会现实本身。尽管海德格尔对马克思的本体论性质的有些理解有错误之处,但他依然作出如下正确判断:现代意识形态正强势掩盖社会现实,"现今的哲学,满足于跟在科学后面亦步亦趋,一种哲学误解了这个时代的独特现实:经济发展与这种发展所需要的架构。而马克思主义懂得这双重现实"①。正因为如此,"马克思在体会到异化的时候,深入到历史的本质性的一度中去了,所以马克思关于历史的观点比其余的历史学优越。但因为胡塞尔没有,据我看来萨特也没有在存在中认识到历史事物的本质性,所以现象学没有、存在主义也没有达到这样的一度中,在此一度中才有可能有资格和马克思主义交谈"②。

由此可见,正是基于实践这一本体论原则,马克思使社会现实在新的本体论基础上被重新开启出来了,真正深入到历史的"本质性一度"中。因此,唯物主义历史观诉诸实践活动,意味着它诉诸能动的生活过程,诉诸物质生活的生产方式。正如马克思所说:"人们为了能够'创造历史',

---

① 吴晓明主编:《当代学者视野中的马克思主义哲学:西方学者卷(上)》,北京师范大学出版社 2008 年版,第 43 页。
② 《海德格尔选集》上,第 383 页。

必须能够生活。但是为了生活,首先就需要吃喝住穿以及其他一些东西。因此第一个历史活动就是生产满足这些需要的资料,即生产物质生活本身,而且这是这样的历史活动,一切历史的一种基本条件,人们单是为了能够生活就必须每日每时去完成它,现在和几千年前都是这样。"①这就是说,作为历史的现实前提,物质生活本身的生产乃是一切历史的真正出发点,并且应当被理解为"第一个历史活动"。

按照马克思的观点,与物质生产的自然必然性相适应的,是物质生产必然需要、必然产生的社会形式。这就是说,人与自然的关系不仅直接地表现为生产的自然关系,而且同时表现着生产的社会关系。"人们在生产中不仅仅影响自然界,而且也互相影响。他们只有以一定的方式共同活动和互相交换其活动,才能进行生产。为了进行生产,人们相互之间便发生一定的联系和关系;只有在这些社会联系和社会关系的范围内,才会有他们对自然界的影响,才会有生产。"②"随着新生产力的获得,人们改变自己的生产方式,随着生产方式即谋生的方式的改变,人们也就会改变自己的一切社会关系。手推磨产生的是封建主的社会,蒸汽磨产生的是工业资本家的社会。"③对马克思来说,社会现实既是社会的、物质的生产力,又是社会的、物质的生产关系。

按照实践本体论原则,马克思探讨了历史的现实前提,即"这是一些现实的个人,是他们的活动和他们的物质生活条件,包括他们已有的和由他们自己的活动创造出来的物质生活条件"④。现实的个人使自己和动物区别开来的"第一个历史行动",就是"他们开始生产自己的生活资料"⑤;这种生活资料的生产,同时也就是人们的物质生活本身的生产。为了创造历史,人们就必须能够生活,而为了生活,就必须要有不可或缺的生活资料,因而生产满足这些需要的生活资料就成为一切历史的基本条件。这是

---

① 《马克思恩格斯选集》第 1 卷,第 79 页。
② 《马克思恩格斯选集》第 1 卷,第 344 页。
③ 《马克思恩格斯选集》第 1 卷,第 142 页。
④ 《马克思恩格斯选集》第 1 卷,第 67 页。
⑤ 《马克思恩格斯选集》第 1 卷,第 67 页。

其一。

其二,人们的生产必须不间断地持续下去,生产满足着需要,同时,又再生产着需要,即"已经得到满足的第一个需要本身、满足需要的活动和已经获得的为满足需要而用的工具又引起新的需要,而这种新的需要的产生是第一个历史活动"①。

其三,人类自身的生产,直接就是家庭关系。"家庭起初是唯一的社会关系,后来,当需要的增长产生了新的社会关系而人口的增多又产生了新的需要的时候,这种家庭便成为从属的关系了。"②

在概括以上的三个方面或三个因素之后,马克思指出:"生命的生产,无论是通过劳动而达到的自己生命的生产,或是通过生育而达到的他人生命的生产,就立即表现为双重关系:一方面是自然关系,另一方面是社会关系。"③因此,必须依据同对象的双重关系——人与自然的关系和人与人的关系——来确定现实的人,必须依据这种双重的活动形式——人改造自然的活动和人改造人的活动——来确定人的现实活动。正如马克思所说:"人类活动的一个方面——人改造自然。另一方面,是人改造人。"④因此,唯物主义历史观把历史的现实前提理解为两个基本方面,即生产和社会。如果说历史的主体是人,人的现实性既在生产,又在社会,那么,关于历史的理解就需要从这两个方面来加以研究和具体化。

就实践本体论原则而言,历史主体的现实性的一个规定来自人对自然的关系,这种人对自然的现实关系、人对自然的活动关系,就是生产劳动,人之所以成为人就在于生产劳动;历史主体的现实性的又一个规定取决于人对人的关系,即社会关系,人的本质在其现实性上,是一切社会关系的总和。由于社会生活的本质被理解为实践,所以,唯物主义历史观一方面把现实的个人看作由特定的社会关系、具体的阶级关系所制约和决

① 《马克思恩格斯选集》第1卷,第79页。
② 《马克思恩格斯选集》第1卷,第80页。
③ 《马克思恩格斯选集》第1卷,第80页。
④ 《马克思恩格斯选集》第1卷,第88页。

定的,另一方面又把特定的社会关系、具体的阶级关系看作由人们的实践活动所创造、所改变的。这种活动在时间中的展开,这种包含着人与自然关系和人与人关系的活动的不断改变,就是历史。

由此,唯物主义历史观就把生产力和交往形式之间的矛盾运动理解为历史的现实基础,并认为"生产力与交往形式的关系就是交往形式与个人的行动或活动的关系"①。在历史中,原本作为人的活动条件的交往形式,后来却变成了人的活动的桎梏;已成为桎梏的旧的交往形式被适应生产力发展的新的交往形式所代替,而这种新的交往形式又会变成生产力发展的桎梏,并为更新的交往形式所代替。"由于这些条件在历史发展的每一阶段都是与同一时期的生产力的发展相适应的,所以它们的历史同时也是发展着的、由每一个新的一代承受下来的生产力的历史,从而也是个人本身力量发展的历史。"②生产力与交往形式的矛盾运动,不断地推动着社会发展,并构成了历史的现实基础。

由于把生产力与交往形式矛盾运动规律理解为历史的现实基础,唯物主义历史观便改变了历史理论的立场、观点和方法,改变了历史科学的面貌、性质和职能。正如马克思所说:"我们仅仅知道一门唯一的科学,即历史科学。历史可以从两方面来考察,可以把它划分为自然史和人类史。但这两方面是不可分割的;只要有人存在,自然史和人类史就彼此相互制约。自然史,即所谓自然科学,我们在这里不谈;我们需要深入研究的是人类史,因为几乎整个意识形态不是曲解人类史,就是完全撇开人类史。意识形态本身只不过是这一历史的一个方面。"③

---

① 《马克思恩格斯选集》第 1 卷,第 123 页。
② 《马克思恩格斯选集》第 1 卷,第 124 页。
③ 《马克思恩格斯选集》第 1 卷,第 66 页。

第三章

本体论批判的辩证法与辩证法的实践基础

作为最抽象的规定，可以把辩证法归结为关于矛盾的学说。然而，由此却引发一个问题：世界就是矛盾，能否在最抽象的意义上把人类所创建的关于世界的全部科学理论都归结为辩证法理论。对这个问题，通常是从一般与特殊的关系来回答：作为哲学世界观，辩证法不是研究具体的矛盾，即矛盾运动的特殊规律，而是研究抽象的矛盾，即矛盾运动的一般规律。深究这种回答，又会引发一个更为实质性的问题："抽象的矛盾"以何种方式构成辩证法的研究对象。"全部哲学，特别是近代哲学的重大的基本问题，是思维和存在的关系问题。"[①]这就明确告诉人们：作为世界观理论的哲学，既不是脱离人的思维去研究自在的存在，也不是脱离存在去考察人的思维，而是探讨自为的存在（人及其思维）与自在的存在（世界）的相互关系。因此，作为哲学世界观的"矛盾"，不是自在世界

---

① 《马克思恩格斯选集》第4卷，第223页。

的矛盾,而是人及其思维与世界的矛盾;哲学世界观的任务,不是对自在世界的矛盾作出理论解释,而是探索人及其思维与世界的矛盾关系,从而为人类认识世界和改造世界提供世界观层次的理论支持。与科学不同,哲学专门考察思维与存在的关系问题,反思"理论思维的不自觉的和无条件的前提"。这种理论思维的前提,即思维与存在的统一性,就是哲学本体论问题。

一、本体论的内在矛盾与辩证法

"本体"和"本体论",是哲学理论中使用最广泛而又歧义性最大的范畴。在各种不同的哲学理论框架中,"本体"都有其不同的理论内涵和历史规定性。但是,从人类本体论追求的基本指向和基本价值上,可以确认哲学本体论的真实意义。

人类作为改造世界的实践主体,其全部活动的指向和价值,在于使世界满足人类自身的需要,把世界变成对人来说真、善、美相统一的世界。因此,具有理论思维能力的人类,不仅仅把思维与存在的统一当作"理论思维的不自觉的和无条件的前提",去探索自然、社会和人生的奥秘,而且总是对"前提"本身提出质疑,力图在最深刻的层次上把握人及其思维与世界的内在统一性,并以这种人类所把握到的统一性去解释人类经验中的一切事物和规范人类的全部行为。

总结哲学的历史与逻辑,可以看出,哲学家们苦苦求索的根本目标,就是说明人及其思维与世界内在统一的根据,即亚里士多德所说的作为"最高原因的基本原理";而哲学家们在自己时代的水平上以理论形态所表达的"基本原理",则构成古往今来的形形色色的"哲学本体论"。

哲学本体论追求人及其思维与世界内在统一的"基本原理",研究的不是世界矛盾运动的这个领域或那个领域、这种形式或那种形式,关注的不是何者为真、何者为善、何者为美,而是探寻存在是什么,追究真、善、美是什么,如苏格拉底提出哲学寻求的"不是什么东西是美的,而是什么是美"。哲学本体论把存在和真、善、美作为主词予以探寻和追究,这就集中而鲜明地显示了哲学本体论的真实意义:为人类提供判断、解释和评价存在与真、善、美的根据、标准和尺度,就是说明人类经验中的一切事物并规范人类全部行为的"基本原理"。

哲学本体论所具有的这种真实意义,使其在人类把握世界的各种方式(宗教的、伦理的、艺术的、科学的、常识的等)中,在人类创建的全部知识体系(数学、自然科学、人文科学、社会科学等)中,扮演了一种独特的角色,即以其所提供的"基本原理"或其所承诺的本体作为最高的或最终的根据、标准和尺度,批判地反思人类一切活动的全部知识的各种前提,为人类的存在和发展提供自己时代水平的安身立命之本或"最高支撑点"。在这个意义上,本体论就是哲学世界观。

问题在于,本体的寻求即矛盾。哲学作为思想中的时代,它所承诺的本体及其对本体的理解和解释,都只能是自己时代的产物;而哲学本体论总是要求最高的权威性和最终的确定性,把自己所承诺的本体视为毋庸置疑和不可变易的"绝对"。因此,哲学本体论从其产生开始,就蕴含着两个基本矛盾:

其一,它指向对人及其思维与世界内在统一"基本原理"的终极占有和终极解释,力图以这种"基本原理"为人类的存在和发展提供永恒的"最高支撑点"。然而,人类历史的发展却总是不断地向这种终极解释提出挑战,动摇它所提供的"最高支撑点"的权威性和有效性。这就是哲学本体论与人类历史发展的矛盾。

其二,哲学本体论以自己所承诺的本体或"基本原理"作为判断、解释和评价一切的根据、标准和尺度,也就是以自身为根据,从而造成自身无法解脱的解释循环。因此,哲学家们总是在相互批判中揭露对方本体论的内在矛盾,使本体论的解释循环跃迁到高一级层次。这是哲学本体论的自我矛盾。

在哲学本体论所蕴含的两个基本矛盾中,前者是后者的根源和基础。正如恩格斯在分析西方近代哲学时所说的:"推动哲学家前进的,决不像他们所想象的那样,只是纯粹思想的力量。恰恰相反,真正推动他们前进的,主要是自然科学和工业的强大而日益迅猛的进步。"①同时,后者是前者的理论升华和哲学表达。哲学本体论与人类历史发展的矛盾,只有升华和表达为哲学本体论的自我矛盾,引导哲学家发现、揭示和展开以往的或对方的本体论的内在矛盾,形成新的理论形态的本体论,使本体论的解释循环跃迁到高一级层次,才能构成哲学世界观意义上的矛盾。哲学史表明,辩证法正是以这种具有哲学世界观意义的矛盾为对象,并在愈来愈深刻的层次上展现这种矛盾而实现自身发展的。

二、本体论批判的辩证法史

"古希腊的哲学家都是天生的自发的辩证论者,他们中最博学的人物亚里士多德就已经研究了辩证思维的最主要的形式。"②作为"天生的自发的辩证论者",古希腊哲学家所研究关注的矛盾与所关注的中心问题——世界本原是密切相关、融为一体的。

亚里士多德把探索世界本原的哲学概括为研究"实是之所以为实是""寻取最高原因的基本原理"③的学术。这就是古代意义上的哲学本体论。在寻求世界本原的过程中,古希腊哲学家集中探讨了"万物与始基"(米利都学派)、"存在与逻各斯"(赫拉克利特)、"存在与非存在"(巴门尼德)、"原子与虚空"(德谟克利特)、"影像与理念"(柏拉图)、"质料与形式"(亚里士多德)等一系列关于本体问题的矛盾。正是在揭示和论证这些矛盾的过程中,形成了古希腊哲学自发形态的辩证法。

考察古希腊哲学家对本体问题的辩证思考,可以发现两种不同的基本思路:一是关注经验世界的多样统一性,把本体视为万物所由来和万物所复归的某种感性存在物,如泰勒斯的水、阿那克西曼德的无限物、阿那

---

① 《马克思恩格斯选集》第 4 卷,第 226 页。
② 《马克思恩格斯选集》第 3 卷,第 733 页。
③ [古希腊]亚里士多德:《形而上学》,吴寿彭译,商务印书馆 1997 年版,第 58 页。

克西米尼的空气、赫拉克利特的火,因而以现实的因果关系去解释万物与本原、变体与本体的对立统一关系,这主要是古代唯物主义者的辩证法思想;二是探寻对象世界的现象与本质的逻辑关系,把本体视为超越经验而为思维所把握的理性存在物如毕达哥拉斯的数、巴门尼德的存在、柏拉图的理念,因而以超验的逻辑关系去说明事物存在与本质规定的对立统一关系,这主要是古代唯心主义者的辩证法思想。

古希腊哲学在本体论上存在两种基本思路的对立:从其提出问题的直接性上看,是关于世界本原(起源)的不同解释,因而可以称为两种不同的宇宙本体论;从造成这两种思路的根源上看,则在于人类自身的感性与理性的主体矛盾。古代唯物主义者注重感性经验,坚持本体的可感性,可以说是一种经验论的宇宙本体论;古代唯心主义者则注重理性思维,坚持本体的超验性,可以说是一种理性论的宇宙本体论。这样,透过古希腊哲学的宇宙本体论的对立,就会窥见其蕴含的认识论上的经验论与唯理论的对立。而这种认识论上的对立,则根源于自然界对人的本原性和人对自然界的超越性的对立。在古希腊哲学的宇宙本体论的背后,隐藏着比肩而立的人类学本体论。

对于这种蕴含在宇宙本体论之中的主体矛盾和主—客体矛盾,古希腊哲学家已经有所觉察和触及,提出"人是万物的尺度"等著名命题,试图从主体与主客体关系的视角去反省本体论问题,因而孕育了思维与存在、主观与客观、主体与客体、自由与必然、知识与信仰、真善美与假恶丑、属人世界与自然世界等全部世界观矛盾的胚芽。但是,从总体上看,古希腊哲学是把人的本质及其矛盾对象化给客观世界,从客观世界本身去寻求人类安身立命的本体,因而是一种自发形态的本体论批判,即自发形态的辩证法。

这种自发形态的辩证法,在"古代世界的黑格尔"——亚里士多德那里得到了系统的总结。具体地说,亚里士多德围绕古希腊哲学家在本体问题上的两种思路的对立及其内在矛盾,概括出关于事物的四种原因(质料因、形式因、动力因和目的因)、三种实体(个体、共相和神)等十几个重大问题,并分别从正反两个方面予以分析论证。经过亚里士多德系统地话难、分析和引申,古希腊哲学本体论的种种内在矛盾不仅被显露和凸显出来了,而且获得了初步逻辑化的理论内容。这种展现本体论内在矛盾的理论内容,就是古代形态的辩证法。正因为如此,列宁极为赞赏亚里士多德对古希腊哲学的理论总结,认为他"最典型的特色就是处处、到处都是辩证法的活的胚芽和探索"①。

古希腊哲学的辩证法既是世界观,又是方法论。在后一方面,苏格拉底的辩证法是富于启发意义的。苏格拉底用自称为"催生术"的盘话方法去诱引人们据以形成其结论的根据和前提,引导人们明确承认自己的信念或论据中所隐含的矛盾,从方法论的角度推进了古代哲学的本体论批判,也使古代辩证法趋于成熟。同样引人注目的是,苏格拉底的兴奋点不是探寻世界本原,而是对诸如勇气、义务、虔诚、死亡以及对死亡的恐惧等这些人类社会生活和政治生活中的种种信念进行辩证法式的批判反省,从而使人们意识到"未经审视的生活是无价值的生活"。

这样,苏格拉底的辩证法,即雄辩的批判方法,便显示出两方面的启发意义:一是把作为世界本原的本体引向作为信念的根据、标准和尺度的本体,从而把揭示本体论的内在矛盾升华为对本体观念的前提批判;二是把哲学的聚焦点由探索自然的奥秘引向对社会生活的反省,把宇宙本体论引向人类学本体论,从而把对象化给自然的人的本质及其矛盾引向主体的自我批判。

作为这两方面的统一,苏格拉底的辩证法透露了一个重要信息,即本体论的真实意义并不是确认什么是世界的本原或什么是真实的存在,而在于寻求判断存在和真善美的根据、标准和尺度。这就是说,本体就是人类自己信念的前提和根据;本体论就是关于人类信念的前提和根据的理论;本体论批判就是揭示人类信念的前提和根据的内在矛盾,它蕴含着本体观念的重大变革,也蕴含着辩证法形态的重大转换。

---

① 《列宁全集》第 55 卷,第 313 页。

古希腊哲学是朴素的，也是充满生机的，其根本特征，恰如列宁对亚里士多德的逻辑学的评论，是"寻求""探索"，"在每一步上所提出的问题正是关于辩证法的问题"。然而，这种充满生机的寻求和探索，在西方中世纪哲学中"却被变成僵死的经院哲学，它的一切探求、动摇和提问题的方法都被抛弃"①。

辩证法被扼杀的根源，从哲学自身发展的历史与逻辑上说，是由于把批判性的本体论探索，即揭示本体论的内在矛盾，变成了对本体的非批判性信仰。当哲学家们把"本原""本体""共相""形式""理念"等范畴从与其相对的范畴，即"万物""变体""个别""质料""实存"中独立出来并加以绝对化，便演化出西方中世纪哲学的上帝本体论。

"上帝"作为本体，它不仅是"万物的原因"，即包括人的肉体和精神在内的一切存在物的造物主，也是"宇宙的原则"，即集真、善、美于一身而裁判一切的根据、标准和尺度。"人是万物的尺度"这个古希腊哲学命题，伴随着人的本质力量和主体地位异化给"上帝"，就变成了"上帝是万物的尺度"这个经院哲学教条。在这里，"上帝"不仅仅是解释宇宙起源的神秘的"第一推动力"，更重要的，是人类道德的立法者和人类正义的仲裁者，是人们用以判断、评价和规范自己的思想与行为的根据、标准、尺度，即人类的安身立命之本或"最高支撑点"。这样，上帝本体论就把古希腊哲学中比肩而立的宇宙本体论和人类学本体论以神的形式统一起来，抛弃了辩证法，变成了一神教。

古希腊哲学所建构的是把人的本质及其内在矛盾对象化给客观世界的宇宙本体论，中世纪哲学所建构的则是把人的本质力量和主体地位异化给神的上帝本体论。近代西方哲学的根本任务，用费尔巴哈的话来说，就是"将上帝现实化和人化"，"将神学转变为人本学"②，也就是把异化给上帝的人的本质力量和主体地位归还给人。

---

① 《列宁全集》第 55 卷，第 313 页。
② ［德］路德维希·费尔巴哈：《费尔巴哈哲学著作选集》上卷，荣震华、李金山等译，商务印书馆 1984 年版，第 122 页。

由这个根本任务所决定,哲学本体论的内在矛盾便相应地转化成上帝与自然、上帝与精神、上帝与人的矛盾。揭示、展现和论证这些矛盾,构成了近代西方哲学的上帝自然化(物质化)、上帝精神化(理性化)、上帝人本化(物质化与理性化的人化统一)的历史与逻辑相统一的发展进程。

通过揭露中世纪经院哲学的种种内在矛盾,批判地考察上帝本体论的种种前提假设,近代西方哲学恢复了古希腊哲学的充满生机的寻求探索精神,重新研究了古希腊哲学提出的问题及其蕴含的世界观矛盾的胚芽,使本体论批判跃迁到新的层次。这种本体论批判层次跃迁的集中表现,就是"没有认识论的本体论为无效"。

人们常常把近代西方哲学称作哲学发展史中的"认识论转向",由此产生了一种误解,即近代西方哲学的根本标志是以认识论代替本体论。这种误解又包括两层含义:一是把近代以前的全部哲学都归结为本体论,而阉割了古代哲学本体论批判的真实意义;二是把近代哲学视为与本体论相对立的认识论哲学,又模糊了近代认识论哲学的本体论批判的根本指向。可见,这种误解的实质,在于离开本体论批判去看待古代哲学的本体论追究和近代哲学的认识论转向。

近代西方哲学的"认识论转向",其根源在于要求把对象化给客观世界或异化给上帝的人的本质力量和主体地位归还给人本身。其转向的实质在于把自发的本体论批判和非批判的本体论转向自觉的本体论批判。因此,近代哲学的"认识论转向"具有双重内涵:一是把中世纪哲学非批判的本体论转向本体论批判,将异化给上帝的人的本质归还给人;二是把古代哲学自发的本体论批判升华为自觉的本体论批判,即对本体论的认识论反省,将对象化给客观世界的人的本质归还给人。作为这二者的统一,就是在自觉的本体论批判中确立人(及其理性)在人与世界关系中的主体地位。

近代以前的西方哲学是从对象自在的矛盾去寻求和说明世界的统一性即本体,而近代西方哲学则越来越明确地自觉到:凡属对象在人类思维中的规定性,都是人的思维(理性)关于对象的规定;这些规定性是否合理,不仅需要考察关于对象的意识内容,而且必须探究形成意识内容(思想内容)的人的理性及其能力。这样,近代哲学就在哲学研究的立足点和出发点上发生了重大变革,即从人的理性及其对存在的关系出发去思考本体论问题,提出了自然世界与人类意识、意识内容与意识形式、感性认识与理性认识、对象意识与自我意识、外延逻辑与内涵逻辑、实体与属性、自由与必然、知识与信仰、自我与非我、理论理性与实践理性、合规律性与合目的性、思维规律与存在规律等关于思维与存在的对立统一关系的一系列范畴、命题和原理,以认识论的形式深化了本体论的内在矛盾。

这种近代水平的对本体论的认识论反省,即自觉的本体论批判"十分清楚"地提出了思维与存在的关系问题并使之获得了"完全的意义",同时,也就把辩证法由自发形态升华为自觉形态。这就是从认识论的视角揭示和展现本体论的内在矛盾,并使之获得逻辑学形式的系统表达,从而达到本体论、认识论和逻辑学三者融为一体的辩证法。其系统展开和最高表现,就是黑格尔所创建的唯心主义辩证法体系。

但是,近代西方哲学的"认识论转向",即对本体论的认识论反省,以及在这个转向和反省的进程中所形成的自觉形态的辩证法,只是把本体论的内在矛盾推向更尖锐的程度,并没有合理地,即唯物辩证地解决人及其思维与世界的统一性问题。对思维与存在的关系问题,近代哲学提出了两种基本的理解方式。

其一,实体即自然,理性(思维)只是实体(自然)的一种基本属性,人作为理性动物,通过感性直观和理性抽象认识世界而实现思维与存在的统一。这就是强调人及其理性对自然的依赖性或者说自然对人及其理性的木原性的近代唯物主义思想。

其二,实体即理性,理性(思维)的规律就是自然(存在)的规律,作为自为的能动的主体,理性通过自我运动、自我认识而实现思维与存在的统一。这就是强调人及其理性对自然的超越性或者说自然对人及其理性的被动性的近代唯心主义思想。

由于上述两种理解方式的对立,近代西方哲学在批判上帝本体论并

"将上帝现实化和人化"的过程中,形成了两种近代意义上的本体论——物质(自然)本体论和精神(理性)本体论。二者分别从对立的两极去寻求人类的安身立命之本,把自然或理性作为判断、解释和评价一切事物并规范人类全部行为的根据、标准和尺度,因而没有找到物质与精神、自然与理性、自然对人的本原性与人对自然的超越性对立统一的真实中介和现实基础。由此造成了整个近代西方哲学在本体问题上的物质(自然)本体论与精神(理性)本体论的抽象对立,在思维方式上的客体性原则(片面强调自然对人及其思维的本原性)与主体性原则(片面强调人及其思维对自然的超越性)的互不相容。这种本体论的抽象对立和思维方式的互不相容,导致双方各把自己所承诺的本体(自然本体或理性本体)视为不容置疑的人类安身立命之本,即"最高支撑点"。因此,近代哲学的本体论批判就以非批判的本体论信仰而终结,自觉形态的辩证法也最终陷入了非批判的形而上学。

三、本体论批判与"合理形态"的辩证法

近代西方哲学的本体论批判终止于费尔巴哈的人本学,即费尔巴哈的人本唯物主义。"费尔巴哈是从宗教上的自我异化,从世界被二重化为宗教世界和世俗世界这一事实出发的。他做的工作是把宗教世界归结于它的世俗基础。"[①]按照费尔巴哈的观点,宗教把人的本质从人分裂出去变成上帝的本质,黑格尔的思辨哲学则把人的思维从人抽象出去变成独立的本质。"人在宗教中把自己的本质对象化了。"[②]因此,费尔巴哈给自己的人本学提出的任务是,破除人在宗教中的自我异化,把人的本质归还给人。"生命就是人的最高的宝物,人的最高的本质"[③];"人的本质是感性,

---

① 《马克思恩格斯选集》第 1 卷,第 55 页。
② [德]路德维希·费尔巴哈:《费尔巴哈哲学著作选集》下卷,荣震华、李金山等译,商务印书馆 1984 年版,第 537 页。
③ [德]路德维希·费尔巴哈:《费尔巴哈哲学著作选集》下卷,第 554 页。

而不是虚幻的抽象、'精神'"①,把人的本质归还给人,就是把人的肉体、人格、情感、意志、欲望等统统归还给人,把人当作感性存在的实体。

马克思主义哲学直接形成于对费尔巴哈人本唯物主义的批判。马克思认为,费尔巴哈"紧紧地抓住自然界和人;但是,在他那里,自然界和人都只是空话。无论关于现实的自然界或关于现实的人,他都不能对我们说出任何确定的东西"②。这是因为:"费尔巴哈想要研究跟思想客体确实不同的感性客体;但是他没有把人的活动本身理解为对象性的活动";他"不满意抽象的思维而喜欢直观;但是他把感性不是看作实践的、人的感性的活动";"他把人只看作是'感性对象',而不是'感性活动'";"当费尔巴哈是一个唯物主义者的时候,历史在他的视野之外;当他去探讨历史的时候,他不是一个唯物主义者。在他那里,唯物主义和历史是彼此完全脱离的"。③

因此,"要从费尔巴哈的抽象的人转到现实的、活生生的人,就必须把这些人作为在历史中行动的人去考察"④;"真理的彼岸世界消逝以后,历史的任务就是确立此岸世界的真理。人的自我异化的神圣形象被揭穿以后,揭露具有非神圣形象的自我异化,就成了为历史服务的哲学的迫切任务";"为历史服务的哲学""对于这个世俗基础本身应当在自身中、从它的矛盾中去理解,并在实践中使之革命化";"哲学家们只是用不同的方式解释世界,问题在于改变世界"。⑤

马克思是以人的"感性活动"为出发点,而不是人的"感性存在"为出发点,去探索人及其思维与世界的对立统一关系,揭示了根源于人类实践活动的本体论的深层矛盾。世界的二重化是以人的实践活动为中介的自然世界与属人世界的矛盾;人类的二重性是人对自然的超越性与自然对

---

① [德] 路德维希·费尔巴哈:《费尔巴哈哲学著作选集》上卷,第213页。
② 《马克思恩格斯选集》第4卷,第240页。
③ 《马克思恩格斯选集》第1卷,第54、56、77—78、78页。
④ 《马克思恩格斯选集》第4卷,第241页。
⑤ 《马克思恩格斯选集》第1卷,第2、55、57页。

人的本原性的矛盾;历史的二象性是人们自己创造自己的历史与历史发展的客观规律的矛盾;实践的二极性是人的尺度与物的尺度、合目的性与合规律性、善与真的矛盾。这些矛盾以人的实践活动为中介和现实基础,因而以扬弃的形式涵容了传统哲学本体论的种种内在矛盾,并使本体论批判转化为"合理形态"的辩证法。

人的感性活动,即实践首先是一种分化世界的活动。人类在实践活动中把自身提升为认识世界和改造世界的主体,从而把世界变成人类认识和改造的对象,即客体,否定了世界的自在性,形成了自为世界与自在世界、主体世界与客体世界、主观世界与客观世界、属人世界与自然世界的分裂与对立。同时,人类的实践活动又是一种统一世界的活动。人类在目的性的对象化活动中,实现的是世界对人的生成(自在世界转化为自为世界、客观世界转化为主观世界)和人对世界的生成(自为世界转化成自在世界、主观世界转化成客观世界)的统一。因此,人及其思维与世界对立统一的根据即本体,既不是自在的自然,也不是自为的精神,而是既分化世界、又统一世界的人类实践活动。

人类的实践活动表现了人类自身的二重性:一方面,人类是以自身的感性存在,并通过感性存在的中介(工具),去改造感性存在的世界的,在这个意义上,自然对人具有本原性;另一方面,人的感性活动即实践又是让世界满足自己的需要,把世界变成对人来说是真、善、美相统一的世界。在这个意义上,人对自然又具有超越性。自然对人的本原性与人对自然的超越性统一于人类的实践活动。

人类的实践活动是"具有意识的、经过思虑或凭激情行动的、追求某种目的的人"①的活动。但是,人们的实践活动在"历史的每一阶段都遇到一定的物质结果,一定的生产力总和,人对自然以及个人之间历史地形成的关系,都遇到前一代传给后一代的大量生产力、资金和环境,尽管一方面这些生产力、资金和环境为新的一代所改变,但另一方面,它们也预

---

① 《马克思恩格斯选集》第 4 卷,第 247 页。

先规定新的一代本身的生活条件,使它得到一定的发展和具有特殊的性质①。这表明,"人们自己创造自己的历史,但是他们并不是随心所欲地创造,并不是在他们自己选定的条件下创造"②;人们在创造历史的活动中形成历史发展的规律,并被这种规律制约自己的创造活动。这就是实践活动所提供的"历史之谜"的谜底。

世界的二重化、人类的二重性和历史的二象性,其根源在于实践活动本身所具有的二极性:一方面,"人在自己的实践活动中面向客观世界,以它为转移,以它来规定自己的活动"③,并"以自己的实践证明自己的观念、概念、知识、科学的客观正确性"④,这就是实践活动所要求的实践主体对实践客体的规律性认识,即实践活动蕴含着的"物的尺度";另一方面,实践活动的本质就在于,"世界不会满足人,人决心以自己的行动来改变世界"⑤,"为自己绘制客观世界图景的人的活动改变外部现实,消灭它的规定性(=变更它的这些或那些方面、质)"⑥,这就是实践活动所具有的实践主体对实践客体的目的性要求,即实践活动蕴含着的人的尺度。因此,人类的实践活动是一种特殊的"交错点",即思维与存在、精神与物质、主观与客观、人对自然的超越性与自然对人的本原性、人的尺度与物的尺度、合目的性与合规律性对立统一的"交错点",是属人世界与自然世界对立统一的现实基础。

在这个历史延伸着的"交错点"上,自然确证自己对人及其思维的先在性和本原性,人及其思维也确证自己对自然的能动性和超越性。从这个"交错点"去理解人及其思维与世界的关系,就扬弃了近代哲学的物质本体论与精神本体论的抽象对立,扬弃了近代哲学的客体性原则与主体性原则思维方式的互不相容。

---

① 《马克思恩格斯选集》第 1 卷,第 92 页。
② 《马克思恩格斯选集》第 1 卷,第 585 页。
③ 《列宁全集》第 55 卷,第 157 页。
④ 《列宁全集》第 55 卷,第 161 页。
⑤ 《列宁全集》第 55 卷,第 183 页。
⑥ 《列宁全集》第 55 卷,第 187 页。

实践活动作为历史地延伸着的"交错点"，无论是其蕴含着的物的尺度，还是其蕴含的人的尺度；无论是作为人的对象化活动的过程，还是作为人的对象化活动的结果，都显示出一个根本特征——历史规定性。实践的历史规定性具有相互矛盾着的双重内涵：一是标志着人的历史发展的程度和水平，因而具有确定性；二是蕴含着并实现为人的更高水平的历史发展，因而具有非确定性。以实践的思维方式去看待人类及其哲学的本体论追求，本体论就发生了革命：人类在自身的历史发展中所形成的判断、解释和评价一切事物并规范自己思想和行为的本体观念，既体现着历史的进步性，又具有历史的局限性，因而孕育着新的历史可能性。

就其历史进步性而言，人们在自己的时代所承诺的本体，就是该时代的人类所达到的对人与世界统一性的最高理解，即该时代人类全部活动的"最高支撑点"，因而具有绝对性；就其历史局限性而言，人们在自己时代所承诺的本体，又只是特定历史时代的产物，它作为人类全部活动的"最高支撑点"，正是表现了人类作为历史的存在所无法挣脱的片面性，因而具有相对性；就其历史可能性而言，人们在自己时代所承诺的本体，正是人类在其发展中所建构的阶梯和支撑点，它为人类的继续发展提供现实的可能性。换言之，"本体"永远是作为中介而自我扬弃的。

马克思指出，辩证法在"合理形态"上，就是"在对现存事物的肯定的理解中同时包含对现存事物的否定的理解，即对现存事物的必然灭亡的理解；辩证法对每一种既成的形式都是从不断的运动中，因而也是从它的暂时性方面去理解；辩证法不崇拜任何东西，按其本质来说，它是批判的和革命的"[①]。从根本上说，"合理形态"的辩证法之所以是"批判的和革命的"，就在于它对人类的最高支撑点——哲学本体论——进行了彻底的批判考察，从人类的历史发展去理解哲学所寻求的本体，破除了传统哲学把本体视为某种与人类历史无关、绝对确定的真理性认识的形而上学思维方式。

---

① 《马克思恩格斯全集》第 23 卷，第 24 页。

可见，"合理形态"的辩证法以扬弃的形式涵容了哲学史上所探寻的万物与本原、个别与一般、感性与理性、必然与自由、认识与实践、自在之物与为我之物、思维规律与存在规律、合目的性与合规律性、自然的本原性与人的超越性，以及知情意、真善美等关于"理论思维的不自觉的和无条件的前提"问题。在马克思主义哲学中，实践观点的本体论批判也就是"合理形态"的辩证法。

作为哲学世界观和方法论，形而上学的实质是把本体论批判变成非批判的本体论信仰，把人类历史特定时期的本体观念视为不可变易的"绝对"，因此，马克思主义哲学产生之前的辩证法总是具有形而上学性质，并以形而上学而终结；作为哲学世界观和方法论，辩证法所研究的矛盾或矛盾的一般形式，其具体内涵是本体论的内在矛盾，马克思主义哲学以实践观点、历史观点去对待哲学的本体论追求，因而要求不断地在更深的层次上揭示和阐发本体论的内在矛盾，从而实现了辩证法形态的转换。辩证法的形态转换，其根本标志不是提出和阐发某些新的辩证法范畴或原理，而是解决本体论内在矛盾的立足点和出发点的变革，以及由此实现的思维方式的革命。

四、辩证法的"实践转向"与"合理形态"辩证法的建构

毫无疑问，黑格尔的概念辩证法所描述的是"无人身的理性"的自我运动和自我发展，因而是以唯心主义的形式"抽象地"发挥了思维的能动性。但是，黑格尔概念辩证法从思维的矛盾运动中去理解思维与存在的统一性，从思维的建构与反思中去发挥辩证法的批判本性，从思维与存在的否定性统一中去理解人的世界，从理论理性与实践理性的否定性统一中去理解人与世界的否定性统一，又包含着"历史唯物主义的萌芽"[1]，孕育着马克思的唯物主义辩证法。以实践的思维方式扬弃黑格尔的唯心主

---

[1]《列宁全集》第55卷，第159页。

义辩证法,形成"合理形态"的辩证法,这是马克思的唯物主义辩证法的根本标志。

马克思、恩格斯批判黑格尔概念辩证法的立足点,是人思维的"最本质、最切近"的基础,即人的实践活动。人与世界、思维与存在的矛盾关系,以及这些矛盾关系的变化与发展,都植根于人类自己的实践活动及其历史发展之中。离开人类实践活动及其历史发展,仅仅从存在或思维出发去看待思维与存在的关系,就会像旧唯物主义那样,不懂思维在实践基础上所实现的对存在能动的、否定的统一,或者像唯心主义那样,把思维对存在能动的、否定的统一描述为思维的抽象的自我运动。因此,只有从人的实践活动及其历史发展出发,达到对思维与存在关系的实践论批判,才能揭示出由现实的人对现实世界的否定性统一所决定的思维对存在的否定性统一关系,使辩证法获得合理形态。

旧唯物主义与唯心主义,分别从对立的两极去思考自然界与精神的关系问题,因而始终僵持于本原问题的自然本体与精神本体的抽象对立,并以还原论的思维方式去说明二者的统一。由于旧唯物主义以自然为本体,只是从被动的观点去理解人与世界的关系,忽视了人的能动性,因此,它所坚持的是一种单纯的、自在的客体性原则;由于唯心主义以精神为本体,只是从能动的观点去理解人与世界的关系,抽象地发展了人的能动性,因此,它所坚持的是一种单纯的、自为的主体性原则。这样,旧唯物主义和唯心主义就不仅固执于本原问题上的自然本体与精神本体的抽象对立,而且造成了思维方式上的客体性原则与主体性原则的互不相容。

德国古典哲学力图克服本原问题上的自然本体与精神本体的抽象对立,扬弃思维方式上的客体性原则与主体性原则的互不相容,以新的思维方式去开拓新的哲学道路。这种新的思维方式要求从主体的活动出发去体认自然与精神、客体与主体的交互作用,阐发其中的相互转化。这种探索的最重要的理论成果,就是自觉形态的辩证法,即黑格尔的概念辩证法。

按照黑格尔的观点,概念是自在的客观世界对自为的主观世界的生成,即外部世界转化成思维规定;同时,概念又是自为的主观世界对自在的客观世界的生成,即以观念的形态构成思维中的客观世界。自在的自然与自为的精神、单纯的客观性与单纯的主观性统一于自在自为的概念世界中。作为自然与精神双向生成的中介,概念既是物的尺度与人的尺度的"和解",又是合规律性与合目的性的统一,首先是具有客观意义的主观目的性,即以"真"为根基的"善"的要求。这种"善"的要求是在思维中达到的自然与精神、客观与主观的统一,它通过概念的外化、对象化,即外部现实性活动而生成人所要求的世界。正是在这个意义上,黑格尔对概念的实践理解具有把实践活动作为自然与精神、客观与主观统一的中介,并通过这个中介来说明世界对人的生成的"天才猜测",因而包含着历史唯物主义的"胚芽"。

马克思认为,黑格尔把概念仅仅看作客观主观化和主观客观化的中介环节,以概念自身的生成和外化去实现思维与存在、主观与客观、真与善的统一,实际上是把概念发展变成了"无人身的理性"的自我对置、自我运动,从而也就把人与世界的现实关系神秘化了。"黑格尔认为,世界上过去发生的一切和现在还在发生的一切,就是他自己的思维中发生的一切。因此,历史的哲学仅仅是哲学的历史,即他自己的哲学的历史";"他以为他是在通过思想的运动建设世界;其实,他只是根据绝对方法把所有人们头脑中的思想加以系统的改组和排列而已"①。这就必然实行辩证法的"实践转向",即把被黑格尔哲学神秘化了的概念辩证法扬弃为实践辩证法的内在环节,不是用概念的辩证运动去说明人类的实践活动,而是用人类的实践活动去解释概念的辩证运动。完成这一"实践转向"的正是马克思。

作为实践的内在环节,概念规定既是实践主体对实践客体规律性认识的结晶,又是实践主体对实践客体目的性要求的体现,因而是合规律性与合目的性的统一。正是在这种统一中,物的尺度与人的尺度才熔铸成

---

① 《马克思恩格斯选集》第 1 卷,第 141 页。

人给自己构成的客观世界图景,升华出人在观念中所创造的、对人来说真善美相统一的新客体。所谓概念的外化、对象化,在其现实性上,只能是实践活动把观念中的新客体(概念规定)转化成现实的新客体(满足主体需要的劳动产品)。因此,马克思不仅以实践范畴去扬弃旧哲学中的自然本体与精神本体、客体性原则与主体性原则的抽象对立,而且把实践活动本身视为人与世界对立统一的根据,用实践的观点去解决人与世界、思维与存在的关系问题。

在黑格尔哲学中,思维与存在的关系问题是以概念自身为中介的"无人身的理性"与其"逻辑规定"的关系。对此,费尔巴哈明确指出:"要理解思维和存在、精神和物质、人和自然界的统一,不应该从观念出发,而应该从有感觉的人和自然界出发;精神应能在物质中找到自己的位置,而物质在精神中却找不到自己的位置;人及其思维、感觉和需要应是这种统一的有机反映。"①这样,在费尔巴哈哲学中,思维与存在的关系就转变成"抽象的个人"与其"感性的直观"的关系。

在马克思哲学所实现的"实践转向"中,思维与存在的关系,则转变为以"感性活动"为基础的"现实的人"与"现实世界"的关系问题。所谓现实的人,就是从事实践活动并在实践活动中发展自身的人;"感性活动",就是这种"现实的人"所进行的社会实践活动;"现实世界",则是"现实的人"的"感性活动"的对象。这样,贯穿于全部哲学史的思维与存在的关系问题,就在马克思主义哲学所实现的"实践转向"中获得了现实性:思维与存在的关系问题,就是以实践为基础的人与世界之间历史地发展着的关系问题。

思维与存在的关系最切近、最本质的基础是人类自己的实践活动,思维与存在的关系所蕴含的全部矛盾关系,都植根于人类的存在方式——实践活动——的"本性"中,都展开于人的实践活动的历史发展过程中。

---

① 〔法〕奥古斯特·科尔纽:《马克思的思想起源》,王瑾译,中国人民大学出版社 1987 年版,第 57 页。

因此,只有从现实的人及其历史发展出发,达到对思维与存在关系问题的实践论理解,才能合理地解答这一问题的真实内容和真实意义。

以实践论的观点去看待思维与存在的关系问题,就会发现,在人的实践活动及其历史发展的过程中,思维反映存在而又创造存在,思维肯定存在而又否定存在,从而使思维与存在的统一表现为动态中的统一、发展中的统一。因此,哲学自身也是动态的、发展的世界观、认识论和方法论的统一。马克思主义哲学所实现的"实践转向",既是以肯定存在对思维的本原性为前提,以唯物主义为基础去解释思维与存在关系的发展,又是以肯定思维对存在的能动性为前提,以辩证法为内容去解释思维与存在的历史的统一。正是由于马克思主义哲学在思维与存在的关系问题这一哲学基本问题上实现了唯物论基础与辩证法内容的统一,它才成为科学的世界观、认识论和方法论。

马克思主义哲学所实现的辩证法的"实践转向"以实践自身的矛盾性为基础,深刻地揭示了现实世界的二重化、人类自身的二重性和社会历史的二象性,从而真正地建立了恩格斯所说的"关于现实的人及其历史发展"的哲学,构成了"合理形态"的辩证法,即实践辩证法。

从实践的观点去看待人及其与世界的关系,就会发现,人类是在自己的实践活动中,首先是在自己的生产劳动中,把自身提升为认识世界和改造世界的主体,从而把整个自然变成认识和改造的对象即客体。这样,人类的实践活动就否定了世界的单纯的自在性,而使之变成人化自然、属人自然,变成人类生活的文化世界。这就是由于人类实践活动所造成的现实世界的二重化,即自在世界与自为世界、自然世界与属人世界、客观世界与主观世界的分裂与对立。

同时,在人类实践活动及其历史发展过程中,人不断地使自己的目的、理想和要求转化为现实,使世界变成自己所憧憬的世界,即实现被实践活动二重化的世界的新的统一。人类的实践活动既造成世界的自我分裂(分裂为自在世界与自为世界、自然世界与属人世界),又实现二重化的世界的历史性统一。因此,人的实践活动蕴含并展开人与世界之间的全部矛盾,从而在人的自我意识中构成以实践为基础的人与世界关系的辩证法。马克思主义哲学以实践的思维方式理解人与世界之间的关系,在这个意义上,马克思主义的辩证法就是实践辩证法。

从实践的观点去看待人及其与世界的关系,就会发现,实践活动不仅造成了现实世界的二重化,也造成了人类自身的二重性。人类作为物质世界链条上的特定环节,是自在的或自然的存在;人类作为认识世界和改造世界的主体,则是自为的或自觉的存在。这就是人类自身的二重性。在实践活动中,人以自身的"感性存在",并通过"感性活动"的中介,去改变"感性存在"的世界。但是,无论是人的"感性存在""感性活动",还是"感性活动"的对象,都是人类自己实践活动的产物。这就是人对自然的超越性。人对自然的依赖性和超越性、人类存在的现实性与理想性、人类生活的个体性与整体性,构成了人类自身存在的矛盾性,构成了人与世界关系的矛盾性,构成了人类自我意识到的人与世界关系的辩证法。正是从实践的观点去看待人及其与世界的关系,马克思主义哲学揭示了现实的人及其历史发展的辩证法。

从实践的观点去看待人及其与世界的关系,就能合理地解答历史的二象性问题。人是历史的主体,"历史不过是追求着自己目的的人的活动而已"[①]。然而,人们创造历史的活动又不是随心所欲的,不是在他们选定的条件下进行的。因此,历史又呈现出制约和规范人们创造活动的历史规律,表现为不以人们的主观意志为转移的历史过程。正是在历史的二象性问题上,不仅唯心主义哲学,而且旧唯物主义哲学包括费尔巴哈的人本唯物主义在内,都陷入了无法解脱的"二律背反",并作出了唯心主义的回答,即用意识解释人们的社会存在。正是在整个传统哲学,包括旧唯物主义陷入"二律背反",并由此而导向历史唯心主义的地方,马克思主义哲学以实践的观点作出了历史唯物主义的回答,为辩证法提供了最为丰厚的理论内容。

从人类的现实存在及其历史发展出发,马克思提出:"人的存在是有

---

① 《马克思恩格斯全集》第2卷,第118—119页。

机生命所经历的前一个过程的结果。只是在这个过程的一定阶段上，人才成为人。但是一旦人已经存在，人，作为人类历史的经常前提，也是人类历史的经常的产物和结果，而人只有作为自己本身的产物和结果才成为前提。"①在这里，马克思针对困扰以往哲学家的"二律背反"，深刻地阐发了人作为历史的"前提"和"结果"的辩证法。

作为"历史的经常前提"，人总是"前一个过程的结果"，他们的历史活动总是决定于在他们以前已经存在、不是由他们创立而是由前一代人创立的历史条件，因此，人们的历史活动并不是随心所欲的，人们历史活动的结果表现为不以人们的意志为转移的历史过程。作为"人类历史的经常的产物和结果"，人获得了创造历史的现实条件和现实力量，并凭借这种现实条件和现实力量去改变自己和自己的生存环境，实现社会进步，并为下一代创造新的历史条件，因此，人们又是自己创造自己的历史，历史就是追求自己的目的的人的活动过程。现实的人既是历史的前提，又是历史的结果。作为历史的结果，人构成新的历史前提；作为历史的前提，人又构成新的历史结果。人作为历史的前提与结果的辩证运动，就是人及其历史的辩证法。

实践是人的存在方式，正是这种存在方式使人在否定现实世界的历史活动中创建自己所要求的理想世界，从而构成了人与世界之间独特的否定性的统一关系。这种人与世界之间否定性的统一关系，构成了世界的二重化和历史的二象性，体现了人类自身的二重性。这就是人与世界、思维与存在对立统一的辩证法，是实践活动的辩证法，是人类自我发展的辩证法。马克思主义哲学所实现的"实践转向"，从"现实的人及其历史发展"出发建构了"合理形态"的辩证法。

五、人与世界的否定性统一关系

人与世界的关系，是以人自己的实践活动为基础所形成的关系，这就

---

① 《马克思恩格斯全集》第26卷Ⅲ，人民出版社1974年版，第545页。

是人对世界的否定性的统一关系。所谓对世界的否定性的统一关系，就是人以自己的实践活动把世界的现实性变成非现实性，而把世界的非现实性变成现实性，也就是把世界变成人所向往和期待的世界，即把人的理想变成现实的存在。这就是人以否定的方式所实现的人与世界的统一。

人对世界的否定性统一关系，蕴含着人与世界之间全部的矛盾关系，构成了辩证法的现实基础。

第一，人的存在的特殊性体现着人对世界的否定性统一关系，以及由此构成的人的生命活动的辩证法。

从总体上看，世界上的存在可以区分为生命的存在与非生命的存在两种类型，生命的存在是由非生命的存在进化而来，因此，这两种存在归根到底都是自然而然的存在。生命的存在可以区分为人的生命存在与其他生物的生命存在。人以外的其他生物的生命存在只是纯粹的自然而然的存在，人的生命存在不仅仅是自然而然的存在，而且还是超越自然的存在。这就是人的生命活动的超越性，是人与其他生物的根本区别。

关于这个根本区别，马克思有过精辟的论述："动物和它的生命活动是直接同一的。动物不把自己同自己的生命活动区别开来。它就是这种生命活动。人则使自己的生命活动本身变成自己的意志和意识的对象。他的生命活动是有意识的……有意识的生命活动把人同动物的生命活动直接区别开来。"[①]恩格斯对此也作过精辟的论述："动物仅仅利用外部自然界，简单地通过自身的存在在自然界中引起变化；而人则通过他所作出的改变来使自然界为自己的目的服务，来支配自然界。这便是人同其他动物的最终的本质的差别。"[②]

这表明，动物的生命活动就是它的生存，动物以自然所赋予的生命本能去适应自然，从而维持自身的生存，这种生存的生命活动是纯粹的自然存在；人不仅以生命活动的方式存在，而且意识到自己的生命活动，并根

---

① 《马克思恩格斯全集》第 42 卷，第 96 页。
② 《马克思恩格斯选集》第 4 卷，第 383 页。

据自己的意志和意识进行生命活动。这样,人的生命活动就成为实现人的目的性要求的活动,变成让世界满足人本身需要的活动。正因为如此,人的生命活动就不仅仅是纯粹适应自然、以维持自身存在的生存方式,而是改变自然、以创造人的世界的生活方式,也就是以否定性的方式实现人与世界的统一的生产方式。这就是人的生命活动的辩证法。

人的生命活动与动物的生命活动的区别,还在于动物的生命活动只是按照自己所属的物种的尺度去适应自然的活动,而人的生命活动则是物的尺度与人的尺度相统一的改造自然的活动。正如马克思所说:"动物只是按照它所属的那个种的尺度和需要来建造,而人却懂得按照任何一个种的尺度来进行生产,并且懂得怎样处处都把内在的尺度运用到对象上去;因此,人也按照美的规律来建造。"①

动物只是按照它所属的物种的尺度进行生命活动,所以,动物只能按照它所属的物种的本能去适应自然。例如,肉食类动物只能吃肉,草食类动物只能吃草,陆地上的动物只能生存于陆地,水里的动物只能生存于水中。动物只能按照它所属的物种的方式生存,而不能按照其他物种的方式存在;动物只有自己所属的物种的尺度,而没有变革自己存在方式的内在的尺度。与动物不同,人可以根据任何一种物种的尺度去进行生产,并且按照人的尺度(人的意愿、目的、情感等)去改变对象的存在。

人按照"任何物种的尺度"来进行生产,也就是按照各种存在物的客观规律来进行生产,这表明,人是一种可以发现、掌握和运用规律的存在;人又按照自己的"内在的尺度"来进行生产,也就是按照自己的需要、目的来进行生产,这表明,人是一种把自己的生命活动变成自己目的性活动的存在。因此,人既按照"任何物种的尺度",又按照人的"内在的尺度"来进行生产,也就是在合规律性与合目的性的统一中进行生产。这种合规律性与合目的性的统一,使人的生命活动达到自在与自为相统一的自由的境界——"按照美的规律来塑造"。这就是人的生命活动的自我超越,是

---

① 《马克思恩格斯全集》第42卷,第97页。

人的生命活动所实现的人与世界的否定性统一。

第二，人类延续生命的特殊方式体现着人对世界的否定性统一关系，以及由此构成的历史的辩证法。

人的生存活动与动物的生存活动，不仅是两种不同的维持生命的活动，而且是两种不同的延续生命的活动：动物的生命活动是以个体生命"复制"的方式来延续其种类的生命活动，因而是一种非历史的延续方式；人的生命活动则是以文化遗传的方式延续其种类的生活活动，因而是一种历史的延续方式。人的生存活动是区别于一切动物生存活动的历史活动。正是在这种历史活动中，人以"类"的历史实现人类世世代代对世界的否定性统一。这就是人的历史的辩证法。

动物只有一个尺度，即它所属的那个"物种的尺度"，因此，动物只能是按照它所属的那个"物种的尺度"本能地适应自然，并进行它所属的那个物种的纯粹自然的物种繁衍，造成世代相传的本能的生命存在。这就是动物的"复制"式的延续其种类的生命活动。人在自己的生命活动中，是按照"任何物种的尺度"与人的"内在的尺度"的统一来进行生产的，也就是以合规律性与合目的性的统一来进行生产，因而人的生命活动不仅仅是改造自然的过程，也是改造人本身的过程。在这个双重性的改造过程中，人类的生命延续超越了非历史的生命个体的"复制"，从而形成了人所特有的历史。

人类的遗传具有双重性，是"获得性的遗传"与"遗传性的获得"的统一，即"自然遗传"与"文化遗传"的统一。人是历史性的存在，就是文化的存在。人的生命活动，不仅是改变自然、使自然"人化"的活动，是把"人属的世界"变成"属人的世界"的活动，而且是改变人自身、使自身"文化"的活动，是把"属人世界"变成"文化世界"的活动。文化世界是人的生活世界。

文化构成了人类的遗传方式。"在动物和植物中，形成对环境的适应性，是通过其基因型的变异。只有人类对环境刺激的反应，才主要是通过发明、创造和文化所赋予的各种行为。现今文化上的进化过程，比生物学上的进化更为迅速和更为有效","获得和传递文化特征的能力,就成为在人种内选择上最为重要的了"。① 人类是在文化的遗传与进化中实现自身的历史发展。这就是人的文化的辩证法。

第三,人类历史的发展体现着人对世界的否定性统一关系,以及由此构成的发展的辩证法。

人类超越了生命的"复制"而构成了自己的历史,并成为历史性的存在。历史的存在使人的生命演化获得了自我超越的特殊内涵——发展。在最一般的意义上,发展是指事物渐进过程中的中断,即事物由旧的形态飞跃到新的形态。就此而言,世界上的一切事物都处于运动和变化所实现的发展之中。然而,真正意义上的发展需要两个必不可少的前提:一是发展的主体的自我否定所实现的由旧形态向新形态的飞跃;二是发展的主体自觉到自己的发展,并通过发展而使自己的存在获得新的意义。具有上述两个前提的发展的,只有人的历史。

历史是人的有目的的活动过程,或者说,是实现人的目的的过程。在历史过程中,人以自己的活动去实现自己的目的,把不会主动满足人的需要的世界变成满足人的需要的世界,也就是把不符合人的理想的现实变成符合人所要求的理想的现实。正是在这样的历史过程中,人不断地使自己的生活获得了新的意义,从而实现人自身的发展。由人的历史活动所实现的人自身的发展,是一种超越了其他所有存在物演化方式的特殊方式。这就是人类历史的发展方式,也就是人的发展的辩证法。

"人的存在是有机生命所经历的前一个过程的结果。只是在这个过程的一定阶段上,人才成为人。但是一旦人已经存在,人,作为人类历史的经常前提,也是人类历史的经常的产物和结果,而人只有作为自己本身的产物和结果才成为前提。"②这里,马克思精辟地阐发了人作为自身存在的"前提"和"结果"所构成的人的历史发展的内涵。

---

① [俄] 杜布赞斯基:《遗传学与物种起源》,谈家桢等译,科学出版社1982年版,第288、289页。

② 《马克思恩格斯全集》第26卷Ⅲ,第545页。

作为"历史的经常前提",人总是"历史的经常的产物和结果",人们的历史活动总是决定于在他们以前已经存在、由前代人创立的历史条件。就此而言,历史条件又成为人们创造历史的前提。作为前提的历史条件,包括物质条件,即一定的生产力、人对自然以及个人之间历史地形成的关系,尽管这些生产力、环境和关系为新的一代所改变,但它们也预先规定新的一代本身的生活条件,使他们得到一定的发展和具有特殊的性质。同时,作为前提的历史条件,还包括文化条件。人类的语言是历史文化的"水库",历史的文化积淀占有了个人。人们使用语言,就是被历史文化所占有。语言的历史变化,规定着人们对世界的理解,因而也就体现着人的历史性变化和规范着人的历史性发展。

作为"历史的经常的产物和结果",人又获得了创造历史的现实条件和现实力量,并凭借这种现实条件和现实力量去改变自己和自己的生活世界,实现历史的进步,并为自己的下一代创造新的历史条件。因此,人们又是自己创造自己的历史,人们自己是自己历史的前提。历史就是追求自己的目的的人的活动过程,是人的实践活动在时间中的展开,它构成了人类世代延续的对世界的否定性统一关系,奠定了辩证法的现实基础。

六、人的存在与实践的内在矛盾

从根本上说,人类存在的矛盾性就是人类存在的实践性,或者说,人类存在的实践性是人类存在的全部矛盾性的根源。因此,对人类存在矛盾性的认识,必须诉诸对人类实践性的理解;以理论方式反思人类存在的矛盾性,必须升华为对人类存在实践性的反思。实践是人的存在方式,人的实践活动蕴含着人与世界之间的全部矛盾关系。对辩证法的理解,在根本上是对实践的内在矛盾的理解。

首先,实践活动的内在矛盾表现为实践主体的自然性与超自然性的矛盾。实践活动是人以自己的感性自然(肉体组织),并通过感性中介(物质工具)去改造感性对象(物质世界)的活动。离开实践主体的自然的感性存在,就没有感性的实践活动。但是,人不是单纯的自然存在物,而是具有理智的自然存在物。人不像动物那样无意识地适应自然,而是在适应自然的同时使自然适应自己,满足自己的需要。正是这种双重的适应性,即环境对人和人对环境的不断作用与反作用,决定了人的活动的本质。离开超自然性的自然性,人只能像动物一样去适应自然;反之,离开自然性的超自然性,人的超自然性只能是一种神秘的特性。因此,作为实践主体的人,其自然性是具有超自然性(自为性)的自然,其超自然性是具有自然性(自在性)的超自然性。

其次,实践活动的内在矛盾表现为实践活动的合目的性与合规律性的矛盾。实践是人的有目的的活动,是人把自己的目的和要求变成现实的活动。作为实践主体的人,自己给自己构成人所要求的世界图景,并以自己的实践活动使世界变成自己理想的世界。同时,作为人的客观活动,实践又必须面对客观世界,以客观世界为转移。因此,一方面,实践主体要按照自己的目的去改变世界;另一方面,实践主体的目的又必须积淀着关于世界的规律性认识才能得以实现,由此构成了实践活动中合目的性与合规律性的矛盾。

再次,实践活动的内在矛盾表现为实践活动的人的尺度与物的尺度的矛盾。人类实践活动的特殊性,就在于人类是依据人的尺度与物的尺度这两种尺度来进行自己的生命活动。实践活动的合目的性,本质上是以人的尺度去要求客观世界;实践活动的合规律性,则是以物的尺度去规范人的目的与活动。因此,实践活动的合目的性与合规律性的矛盾,实际上是人的尺度与物的尺度的矛盾。人的实践活动既是按照人的尺度去改变世界,又是按照每种物的尺度去规范自己的思想与行为。正是在这"两个尺度"的对立统一中,实践活动实现为合目的性与合规律性的对立统一。

最后,实践活动的内在矛盾表现为实践活动中的客体主体化与主体客体化的矛盾。实践活动是一个双重化的过程:一方面,实践主体以人的尺度去改变实践客体,把自己的目的性要求变成现实的存在,这就是所谓的主体客体化;另一方面,实践主体又以物的尺度去规范自己的思想与行为,主体由此成为掌握客体规律的主体,并按照客观规律进行实践活动,这就是所谓的客体主体化。正是在这种主体客体化与客体主体化的对立统一中,人实现了改造世界与改造自身的对立统一。在人类实践活动中,这种主体客体化与客体主体化的过程是不断扩展与深化的。

作为人的存在方式,实践不仅蕴含着实践主体的自然性与超自然性、实践活动的合目的性与合规律性、实践过程的人的尺度与物的尺度、实践结果的主体客体化与客体主体化的矛盾,而且蕴含着实践活动的现实性与普遍性、现实性与理想性、现实性与无限性的矛盾。

对实践的通常解释往往侧重于强调它的现实性,而忽视它的普遍性。列宁在解释实践与理论的关系时,曾作出这样的论断:"实践高于(理论的)认识,因为它不仅具有普遍性的品格,而且还具有直接现实性的品格。"①实践具有"直接现实性",即"使主观见之于客观"的品格,把主观目的变成客观现实,这是理论所不具有的,因而是实践"高于"理论的地方。但是,不能由此否认实践具有普遍性的品格,恰恰相反,实践的普遍性品格正是理论的普遍性品格的基础。实际上,实践本身就蕴含着"直接现实性"与"普遍性"的矛盾。

由人类思维活动所构成的理论,具有人所共知的把握和解释世界的"普遍性品格"。从更深层次上看,思维的"普遍性品格",就是思维的逻辑的普遍性。而对于思维的逻辑,列宁曾从实践论的视野提出"逻辑的式"的问题,即"人的实践活动必须亿万次地使人的意识去重复不同的逻辑的式,以便这些式能够获得公理的意义"②;"人的实践经过亿万次的重复,在人的意识中以逻辑的式固定下来。这些式正是(而且只是)由于亿万次的重复才有着先入之见的巩固性和公理的性质"③。

思维的逻辑源于人的实践活动,意味着人的实践活动本身是一种具

---

① 《列宁全集》第 55 卷,第 183 页。
② 《列宁全集》第 55 卷,第 160 页。
③ 《列宁全集》第 55 卷,第 186 页。

有普遍性的逻辑。实践的逻辑直接表现为一种感性活动的"逻辑"、外部操作的"逻辑"。实践活动的逻辑,既受外部存在的制约,又受意识活动的制约;既改变外部存在,又变革意识活动。正是在这种双重制约与双向变革的"亿万次"的实践活动中,实践形成了自己的"逻辑",并使人类的意识(思维)也"亿万次"地重复"不同的逻辑的式",从而使实践活动的"逻辑"转化成意识(思维的)运演的逻辑,并使思维的逻辑具有"公理的性质",获得"公理的意义"。

思维的逻辑以思维规律、思维规则、思维方法、思维运算和逻辑运演的方式抽象和表述事物的普遍性、必然性和规律性;反过来,思维的逻辑又以这种普遍性、必然性和规律性去调节、控制、规范人的实践活动,从而使这种普遍性、必然性、规律性的认识获得直接现实性。正是实践活动的普遍性与现实性的矛盾,构成了人类存在的矛盾性:从实践活动的每次"个别实现"来说,实践总是具体的思想获得现实性的过程;从实践活动的总体过程来说,实践又是人类所形成的全部思想获得现实性的过程。因此,人类的实践活动既要实现思维与存在、主观与客观的具体的统一,即"构成思想",并使这种思想获得具体的现实性,又要求反省思维与存在、主观与客观的具体的统一,即"反思思想",使思想跃迁到新的逻辑层次,并在新的逻辑层次上进行新的实践活动。这表明,实践活动本身所具有的普遍性与现实性的矛盾,决定了人类思想的哲学维度——反思。

现实性与理想性是蕴含在实践活动中的又一对矛盾。列宁指出:"人的实践=要求(1)和外部现实(2)。"①关于人的实践的"要求",列宁解释说:"世界不会满足人,人决心以自己的行动来改变世界"②;关于人的实践对世界的"改变",列宁更为深刻地指出:"为自己绘制客观世界图景的人的活动改变外部现实,消灭它的规定性(=变更它的这些或那些方面、质),这样,也就去掉了它的外观、外在性和虚无性的特点,使它成为自在

---

① 《列宁全集》第55卷,第183页。
② 《列宁全集》第55卷,第183页。

自为地存在着的(= 客观真实的)。"①

　　人的实践的"要求"是非现实的观念性的存在,即作为实践活动的动力与指向的理想性的存在;人的实践的"外部现实",则是把这种理想性的要求变成现实的客观存在。这表明,实践的本质在于,现实的人总是不满足于自己的现实,总是要把现实变成理想的现实。

　　人把理想变成现实的实践活动,是以"为自己绘制客观世界图景""决心以自己的行动来改变世界"为前提的。这就是说,在实践活动的前提中,已经包含着理想性("为自己绘制客观世界图景")与现实性(尚未被人们改变的客观世界)的深刻矛盾。人的实践过程就是这样的一种双重化过程:一方面是使世界的现实性变成非现实性("变更"世界的"这些或那些方面、质");另一方面是使人的理想性变成客观存在的现实性(使世界成为"自在自为地存在着的[客观真实的]")。

　　这样,实践活动就使自在世界的现实性变成了非现实性,而使自为的人的理想性变成了现实性,从而使世界变成了自在自为的现实——按照人的理想所创造的客观存在。实践活动的理想性与现实性的矛盾,使人与世界之间构成了一种独特的否定性的统一关系,即人以理想性的要求而现实地否定世界的现存状态,使世界变成人所要求的现实,并在这种现实中实现人与世界的统一。

　　现实性与无限性是蕴含在实践活动中的又一对矛盾。人类实践活动的每次"个别实现"是有限的,但人类实践活动本身却是一个无限的历史展开过程,是思维与存在、主观与客观、人的尺度与物的尺度、合目的性与合规律性、自然的世界与属人的世界、人的自然性与自为性、人们创造历史与历史规律制约人的活动等矛盾的历史展开过程。

　　按照黑格尔的观点,无限就是有限的展开过程。在实践的展开过程中,表现了实践的无限的指向性。如前所述,人类的实践活动,是由于"世界不会满足人,人决心以自己的行动来改变世界"的活动,是把世界变成

———————————
① 《列宁全集》第 55 卷,第 187 页。

人所希望的世界的活动,也就是把理想变成现实的活动。实践活动中所蕴含的理想性是一种无限的指向性。因此,基于实践活动的人类思维,总是表现为对无限的寻求:寻求作为世界统一性的终极存在,寻求作为知识统一性的终极解释,寻求作为意义统一性的终极价值。

从实践的现实性与无限性的矛盾出发,就会发现,哲学追寻作为世界统一性的终极存在,这是人类实践和人类思维所无法逃避的终极指向性,这种终极指向性促使人类百折不挠地求索世界的奥秘,不断地更新人类的世界图景和思维方式;哲学追寻作为知识统一性的终极解释,这是人类思维在对终极存在的反思中所构成的终极指向性,这种对终极解释的关怀就是对人类理性的关怀,促使人类不断地反思思维与存在的关系问题,从而不断地发展人类思想;哲学追寻作为意义统一的终极价值,这是人类思维反观人的自身存在所构成的终极指向性,这种对终极价值的关怀就是对人与自然、人与社会、人与自我关系的关怀,促使人类不断地反思自己的全部思想与行为,并寻求评价、规范自己的思想与行动的标准和尺度。

由此可见,古往今来的哲学对世界统一性(终极存在)、知识统一性(终极解释)和意义统一性(终极价值)的寻求,并不是与人类实践活动无关的或超然于人类历史活动之外的玄思和推想,而是植根于人类的实践活动。实践具有无限的指向性,哲学则试图通过对世界统一性(终极存在)的确认、对知识统一性(终极解释)的占有、对意义统一性(终极价值)的规定,来奠定人类在世界中的安身立命之本,提供人类存在的"最高支撑点"。因此,辩证法植根于人类的存在方式——实践中。植根于实践活动中的辩证法,以本体论的自我批判的方式表征实践自身的现实性与普遍性、现实性与理想性、现实性与无限性的内在矛盾。

七、批判的辩证法与本体论的思想内涵

对马克思主义辩证法的理解同对马克思主义本体论的理解密不可

分。在相当长的时间里,由于马克思主义的本体论被理解为物质本体论,因而马克思主义辩证法,即唯物辩证法也被理解为关于物质世界的辩证法。因此,反思马克思主义辩证法就必须反思马克思主义本体论。

哲学的本体论追求不仅根源于人类的实践本性,而且决定于人类实践活动的历史发展。哲学本体论总是以时代性的内容去寻求本体,即什么是"何以可能"的根据。古代哲学追问"万物何以可能",近代哲学追问"认识何以可能",黑格尔哲学则以"绝对理念"作为本体追问人的理性、自由和崇高"何以可能"。这表明,基于人类实践本性的本体论追问具有不可否认的历史性。

马克思主义哲学的创立所造成的哲学革命,集中表现为从对"世界何以可能"的追问转向对"人的解放何以可能"的寻求,从而实现了"三位一体"的本体论革命。

一是把本体论对"何以可能"的追问定位为对"人的解放何以可能"的寻求,从而变革了传统本体论对"世界何以可能"的抽象思辨方式,实现了本体论理论内容的变革。

二是把对"人的解放何以可能"的寻求诉诸对人的历史活动的理解,从而变革了传统本体论以唯心主义历史观为依托的对人的意识活动的追问,实现了以唯物主义历史观为依托的理论基础的变革。

三是把对"人的解放何以可能"的寻求诉诸人对自己既定状态的扬弃,从而变革了传统本体论把对"何以可能"的追问定位为某种"永恒在场"的研究方式,实现了本体论与"批判的和革命的"辩证法的统一。

要正确理解马克思主义哲学的本体论,需要从追问"什么何以可能"的视野看问题,并确定问题域。

在《路德维希·费尔巴哈和德国古典哲学的终结》中,恩格斯明确指出:"什么是本原的,是精神,还是自然界? ——这个问题以尖锐的形式针对着教会提了出来:世界是神创造的呢,还是从来就有的?"[①]这就是说,

---

[①]《马克思恩格斯选集》第4卷,第224页。

关于精神与自然界孰为本原的问题,就其实质而言,是"世界何以可能"的根据问题。具体地说,就是世界是"神创造的",还是"从来就有的"。可以看出,所谓物质本体论,就是对"世界何以可能"这个问题的唯物主义回答。

"世界何以可能"的问题具有重大的理论意义。正如恩格斯所说:"哲学家依照他们如何回答这个问题而分成了两大阵营。凡是断定精神对自然界说来是本原的……组成唯心主义阵营。凡是认为自然界是本原的,则属于唯物主义的各种学派。"①这就是说,在"世界何以可能"这个根本问题上,是否承认和坚持"自然界是本原的",构成了唯物主义与唯心主义的对立。这就是说,在这个问题域内,所有的唯物主义哲学都是物质本体论。作为唯物主义哲学,马克思主义哲学在"世界何以可能"的问题上确认"外部自然界的优先地位"②,坚守"自然界是本原的"这个基本论断。

但是,恩格斯的论述清楚地告诉我们,提出"世界何以可能"并承认"自然界是本原的",这是"唯物主义的各种学派"的"共性",而不是马克思的唯物主义向自己提出的历史性问题,也不是马克思的唯物主义对自己的历史性问题的理论回答,即不是马克思的唯物主义的"个性"。如果承认马克思主义哲学不是旧唯物主义,而是新唯物主义,就不能仅仅是在"世界何以可能"的问题域中去理解马克思主义哲学,而必须在马克思所提出的新的问题域中去理解马克思主义哲学。正是在这个意义上,不能以"唯物主义的各种学派"共同坚持的"物质本体论"来界说马克思主义哲学的本体论。

对"世界何以可能"的追问是近代西方哲学所面对的根本问题,近代西方哲学的根本使命就是实现"上帝人化",即把"上帝"作为世界的根据转化为"人"自己是自己的根据。因此,在"上帝"自然化、物质化、精神化和人本化的近代哲学的发展进程中,哲学本身经历了以"自然本体论""物质本体论""精神本体论""人学本体论"取代"上帝本体论"的过程。在黑

---

① 《马克思恩格斯选集》第 4 卷,第 224 页。
② 《马克思恩格斯选集》第 1 卷,第 77 页。

格尔那里,本体论问题已经发展为"人的自由何以可能"的问题,费尔巴哈则明确提出,哲学的任务就是把异化给"上帝"的人的本质归还给"人"。对马克思主义哲学来说,其使命是把德国古典哲学对人的自由和人的本质的抽象的肯定,转变为对人的现实理解,转变为对人类解放的现实途径的探索。正因为如此,恩格斯曾经自豪地提出:"德国的工人运动是德国古典哲学的继承者。"①

1843 年,在《〈黑格尔法哲学批判〉导言》中,马克思明确指出,理论的彻底性在于抓住事物的根本,而"人的根本就是人本身"②。可以说,这个论断是马克思主义哲学本体论的"根本"——把对人的追问彻底地诉诸人本身。

正是从这个根本出发,马克思对近代以来的"上帝人化"或反宗教的斗争作出这样的总结:"宗教是人的本质在幻想中的实现,因为人的本质不具有真正的现实性。因此,反宗教的斗争间接地就是反对以宗教为精神抚慰的那个世界的斗争。"由此,马克思对哲学的使命作出这样的概括:"真理的彼岸世界消逝以后,历史的任务就是确立此岸世界的真理。人的自我异化的神圣形象被揭穿以后,揭露具有非神圣形象的自我异化,就成了为历史服务的哲学的迫切任务。"③

正是着眼于这个历史任务,马克思明确指出,"对宗教的批判最后归结为人是人的最高本质这样一个学说,从而也归结为这样的绝对命令:必须推翻那些使人成为被侮辱、被奴役、被遗弃和被蔑视的东西的一切关系"④,从而把人从非人的存在中解放出来。这就是马克思为哲学提出的新的使命。"德国人的解放就是人的解放。这个解放的头脑是哲学,它的心脏是无产阶级。"⑤"人类解放何以可能"因此构成了马克思主义哲学的本体论。

---

① 《马克思恩格斯选集》第 4 卷,第 258 页。
② 《马克思恩格斯选集》第 1 卷,第 9 页。
③ 《马克思恩格斯选集》第 1 卷,第 1—2、2 页。
④ 《马克思恩格斯选集》第 1 卷,第 9—10 页。
⑤ 《马克思恩格斯选集》第 1 卷,第 16 页。

在《1844 年经济学哲学手稿》中,马克思从人的本质和异化劳动出发去探索解放的根据。在这里,人的解放的根据是双重的:一方面,人的"自由自觉的活动"的"类本质"构成人的解放的可能性的根据;另一方面,人的"类本质"的异化状态则构成人的解放的必要性的根据。正是从人的解放的可能性与必要性的双重根据出发,马克思不断地深化自己的本体论求索。

1845 年,马克思写下了《关于费尔巴哈的提纲》。《关于费尔巴哈的提纲》凝聚着马克思对全部哲学史的高度概括,熔铸着马克思对哲学本身的深切反思,表达了马克思对全部旧哲学的彻底批判,升华了马克思探索人类解放的理论成果,构成了以实践为核心范畴的对"解放何以可能"的理论回答,标志着哲学史上的"实践转向"和马克思主义哲学的本体论追求。

在《关于费尔巴哈的提纲》中,马克思明确提出,以往的全部哲学——包括唯物主义哲学和唯心主义哲学——的根本问题,就在于不是从人的实践活动去理解人与世界的关系,因而不能真实地理解人与世界的关系。在这里,马克思已经把"人的存在何以可能"的根据,从《1844 年经济学哲学手稿》中的"自由自觉的活动"转换为实践活动。这在马克思的哲学思想演进过程中具有重大意义。

在《关于费尔巴哈的提纲》中,马克思针对整个传统哲学,尤其是近代哲学所思考和论争的根本问题——思想的客观性问题——进一步明确了实践范畴的本体论意义:"人的思维是否具有客观的真理性,这不是一个理论的问题,而是一个实践的问题。"[①]这就是说,针对思想的客观性"何以可能"这个贯穿于近代哲学的本体论问题,马克思明确提出实践是它的根据,即本体;同时,马克思针对近代唯物主义哲学关于人与环境相互关系的争论,也就是针对人何以为人的争论,明确地把人的存在的根据归结为"革命的实践"。

---

① 《马克思恩格斯选集》第 1 卷,第 55 页。

在《关于费尔巴哈的提纲》中，马克思以批评费尔巴哈相关哲学观点的方式，集中论述了从实践活动出发去理解人的世界、人的本质和人的宗教感情的思想，并把这些思想凝结为一个根本性的论断："全部社会生活在本质上是实践的。凡是把理论引向神秘主义的神秘东西，都能在人的实践中以及对这个实践的理解中得到合理的解决。"①这样，马克思就在确认社会生活的本质与解决理论的神秘主义相统一的意义上，确认了实践的本体地位，即以实践为根据去理解社会生活的本质和破解对理论的神秘主义理解。

在《关于费尔巴哈的提纲》中，马克思把这种"实践转向"的根据诉诸实现这种"实践转向"的主体，即"人类社会或社会化的人类"；同时，以其"实践转向"的本体论革命为根据，把以往的哲学，包括旧唯物主义归结为"用不同的方式解释世界"，而把他所开创的新唯物主义归结为"改变世界"②。

《关于费尔巴哈的提纲》以宣言书式的方式阐明了马克思的"实践转向"所实现的哲学革命，其中，最重要的是阐明了马克思主义哲学所实现的本体论革命。这个本体论革命就是以实践为根据去理解人的存在、人的本质、人的思维和人的世界，把实践定位为"人的存在何以可能"和"人类解放何以可能"的本体。在这个意义上，把马克思主义哲学的本体论称作"实践本体论"是有根据的。

更重要的是，马克思主义哲学对人的追问不仅是一般地追问"人的存在何以可能"，而且是具体地追问"人类解放何以可能"。在《〈黑格尔法哲学批判〉导言》中，马克思把他的本体论追求定位为对"人类解放何以可能"的追寻，即寻求解放的根据；在《1844年经济学哲学手稿》中，马克思在对人的"自由自觉的活动"及其异化的双重阐释中，把人类解放的根据诉诸人的"类本质"；在《关于费尔巴哈的提纲》中，马克思则把人的"类本

---

① 《马克思恩格斯选集》第 1 卷，第 56 页。
② 《马克思恩格斯选集》第 1 卷，第 57 页。

质",即"自由自觉的活动"转换为人的实践活动,以实践为根据去理解人类解放,并把新唯物主义定位为改变世界的哲学。

正是从改变世界的哲学使命出发,马克思以"实践转向"的理论成果为出发点,形成了以"人类解放何以可能"为主题的本体论求索。这种理论求索的结果,集中表现为《德意志意识形态》和《共产党宣言》这两部著作。

在1845—1846年的《德意志意识形态》中,马克思极为强调一个问题,即研究的出发点和前提。"德国哲学从天国降到人间;和它完全相反,这里我们是从人间升到天国。这就是说,我们不是从人们所说的、所设想的、所想象的东西出发,也不是从口头说的、思考出来的、设想出来的、想象出来的人出发,去理解有血有肉的人。"①这里,马克思、恩格斯不仅把"德国哲学"与"我们"的哲学区分为"从天国降到人间"和"从人间升到天国",而且把这种区分的实质内容确认为对人的理解,即是以"设想出来的人"为出发点,还是以"现实的人"为出发点。

德国古典哲学已经把本体论问题归结为人的问题,把人的认识、自由"何以可能"视作其本体论内涵。因此,对马克思主义哲学来说,真正的问题是如何理解被德国古典哲学追问的人。对此,马克思的回答是:"我们的出发点是从事实际活动的人,而且从他们的现实生活过程中还可以描绘出这一生活过程在意识形态上的反射和反响的发展。"②"从事实际活动的人"的前提是"有生命的个人的存在"。"全部人类历史的第一个前提无疑是有生命的个人的存在。因此,第一个需要确认的事实就是这些个人的肉体组织以及由此产生的个人对其他自然的关系。""一当人开始生产自己的生活资料的时候,这一步是由他们的肉体组织所决定的,人本身就开始把自己和动物区别开来。人们生产自己的生活资料,同时间接地生产着自己的物质生活本身。"③"因此第一个历史活动就是生产满足这

① 《马克思恩格斯选集》第1卷,第73页。
② 《马克思恩格斯选集》第1卷,第73页。
③ 《马克思恩格斯选集》第1卷,第67页。

些需要的资料,即生产物质生活本身。"①

从"人类历史的第一个前提"和"第一个历史活动"出发,马克思得出结论:"任何历史观的第一件事情就是必须注意上述基本事实的全部意义和全部范围,并给予应有的重视。"②正是基于对历史观的这种理解,马克思把研究结果归结为"不是意识决定生活,而是生活决定意识","不是从观念出发来解释实践,而是从物质实践出发来解释观念的形成"③。这样,马克思就把人的实践活动(首先是生产物质生活资料的实践活动)确认为"人的存在何以可能"的根据和"人的解放何以可能"的前提。

在1848年的《共产党宣言》中,马克思对他的"本体论承诺"作出了简洁、明确的表述:"代替那存在着阶级和阶级对立的资产阶级旧社会的,将是这样一个联合体,在那里,每个人的自由发展是一切人的自由发展的条件。"④

在《1857—1858年经济学手稿》《资本论》中,马克思更为具体地揭示了这个"本体论承诺"的现实依据,揭示了人在自己的历史活动中所实现的人自身存在方式的变革。就历史事实而言,在资本主义社会,人已经从总体上实现了从"人的依赖关系"转化为"以物的依赖性为基础的人的独立性"。因此,马克思的理论聚焦点就是揭示这个"以物的依赖性为基础的人的独立性"所造成的人的异化状态,探讨扬弃异化的前提条件。正是基于对人的存在和发展的现实理解,马克思把人的未来的存在方式描述为"建立在个人全面发展和他们共同的社会的生产能力成为他们的社会财富这一基础上的自由个性"⑤。由此可以看出,马克思主义哲学关于人的全面发展或自由个性的学说,表达的正是一种批判性的、革命性的本体论追求:把人从异化状态中解放出来。

---

① 《马克思恩格斯选集》第1卷,第79页。
② 《马克思恩格斯选集》第1卷,第79页。
③ 《马克思恩格斯选集》第1卷,第73、92页。
④ 《马克思恩格斯选集》第1卷,第294页。
⑤ 《马克思恩格斯全集》第46卷上,第104页。

在马克思主义哲学中,人类解放并不是某种"应当确立的状况",而是一个"使现存世界革命化"的过程:"共产主义对我们来说不是应当确立的状况,不是现实应当与之相适应的理想。我们所称为共产主义的是那种消灭现存状况的现实的运动。""实际上,而且对实践的唯物主义者即共产主义者来说,全部问题都在于使现存世界革命化,实际地反对并改变现存的事物。"①这就是说,在本体论的意义上,马克思对共产主义的承诺,并不是承诺了某种"应当确立的状况",而是承诺了"消灭现存状况的现实的运动",承诺了"实际地反对并改变现存的事物"。这就是说,实现人类解放的共产主义是一个否定性的过程,即"消灭现存状况""实际地反对并改变现存的事物"的过程。把这个否定性的过程视为人类解放的根据,或者说,从否定性的过程去理解人类解放的根据,就是马克思主义哲学本体论的思想内涵,即批判的、革命的辩证法的思想内涵。

---

① 《马克思恩格斯选集》第 1 卷,第 87、75 页。

第四章

人的存在方式与社会生活的本质

人是社会的主体,现实的社会不可能脱离现实的个人而独立自存,现实的个人是人类历史的现实前提。正如马克思所说:"我们开始要谈的前提不是任意提出的,不是教条,而是一些只有在想象中才能撇开的现实前提。这是一些现实的个人,是他们的活动和他们的物质生活条件,包括他们已有的和由他们自己的活动创造出来的物质生活条件。"①同时,个人又依赖于社会,现实的个人不可能脱离现实的社会而独立存在,现实的社会是现实的个人赖以存在和发展的现实前提。"人的本质不是单个人所固有的抽象物,在其现实性上,它是社会关系的总和。"②社会生产人,人也生产社会,个人与社会的关系是统一的,而二者统一的基础就是实践。实践构成了人的存在方式和社会生活的本质。

①《马克思恩格斯选集》第 1 卷,第 66—67 页。
②《马克思恩格斯选集》第 1 卷,第 56 页。

一、"有生命的个人"与"现实的个人"

人是什么？这是哲学家们给予特别关注而又众说纷纭的问题,以至于卢梭感叹道:"人类的各种知识中最有用而又最不完备的,就是关于'人'的知识。"①的确如此,人类最关心的是自己,但在相当长的历史时期内最不了解的恰恰也是自己。从普罗泰戈拉的"人是万物的尺度"到费尔巴哈的"人是人的最高尺度",从亚里士多德的"人是政治动物"到富兰克林的"人是制造工具的动物",从拉美特利的"人是机器"到康德的"人是目的",从爱尔维修的"人是环境的产物"到萨特的"存在先于本质"……自从苏格拉底提出"认识你自己"以来,人的问题犹如一只"看不见的手"牵引着哲学家们不停思索,寝食难安。在一定意义上说,一部哲学史就是一部"人学"史。然而,从总体上看,由于马克思主义哲学之前的哲学家没有把人放到社会活动中去研究,因而不懂得实践是人的生存方式;没有把人放到社会关系中去研究,没有关注人的社会特质,因而没有真正理解人的本质。

马克思主义哲学所理解的人首先是"有生命的个人",因为"全部人类历史的第一个前提无疑是有生命的个人的存在"②。问题在于,"有生命的个人"是通过改造自然的实践活动而存在的,实践因此构成了人的特殊的生命活动形式。因此,"有生命的个人"就是"从事实际活动的人"。正如马克思所说:"这些个人是从事活动的,进行物质生产的,因而是在一定的物质的、不受他们任意支配的界限、前提和条件下活动着的。"③这就是说,人是在实践活动中维持自己的生命存在的,从事实践活动的个人才是"现实的、有生命的个人"。

现实的个人是自然存在物,具有自然属性。马克思主义哲学反对

---

① [法]卢梭:《论人类不平等的起源和基础》,李常山译,商务印书馆1962年版,第62页。
② 《马克思恩格斯选集》第1卷,第67页。
③ 《马克思恩格斯选集》第1卷,第71—72页。

把人看成纯粹的自然人，反对把人的自然属性说成人的唯一属性或根本属性，反对单纯地用生物学规律来解释人的行为和社会现象，但是，马克思主义哲学并不否认人也是一种自然存在物，并不否认人的自然因素在人类生命活动中的作用。相反，马克思主义哲学认为，"人直接地是自然存在物……而且作为有生命的自然存在物"①。因此，"第一个需要确认的事实就是这些个人的肉体组织以及由此产生的个人对其他自然的关系"②。

人来源于自然这一事实，决定了人永远不能割断自身同自然的联系；更重要的是，"现实的、有生命的个人"本身就包含自然。正是在这个意义上，马克思多次使用"人本身的自然"这一概念，并认为人是"具有自然力、生命力，是能动的自然存在物；这些力量作为天赋和才能、作为欲望存在于人身上"③。现代科学表明：人的有生命的肉体组织，是一个由活动器官、消化器官、循环器官、感觉器官和神经组织等系统组成的有机整体。其中，各个器官系统相互联系、相互制约，协调有序地发挥功能，既同外部自然进行物质变换，又在内部自然进行新陈代谢，从而不断地再生产人本身的生命有机体。"人来源于动物界这一事实已经决定人永远不能完全摆脱兽性。"④恩格斯在这里所说的"兽性"实际上就是指人的自然属性。

现实的个人是社会存在物，具有社会属性。在黑格尔看来，一个人被注定为君主，是通过直接的自然的方式，即通过肉体的出生实现的，出生像决定动物的特质一样决定了君主的特质。人与动物没有区别：马生下来就是马，国王生下来就是国王，君主的权力和尊严是与生俱来的东西，是由其肉体的本性决定的。马克思认为，黑格尔只是证明了君主一定是生出来的，但没有说明出生如何使"君主"成为君主的。

在马克思看来，一个人通过出生获得了自然生命，但这并不是他获得

---

① 《马克思恩格斯全集》第 42 卷，第 167 页。
② 《马克思恩格斯选集》第 1 卷，第 67 页。
③ 《马克思恩格斯全集》第 42 卷，第 167 页。
④ 《马克思恩格斯选集》第 3 卷，第 442 页。

某种社会特权的原因和根据,包括王位继承制在内的长子继承制是以私有财产的存在为根据的,长子继承制是一种"国家制度""政治制度"和社会制度。正是在这个意义上,马克思认为,那些"生"下来就是国王和贵族的人夸耀自己的血统、自己的家世,实际上是宣传一种"动物的世界观","贵族的秘密就是动物学"①。

作为社会存在物,人必然具有社会属性。"人不是抽象的蛰居于世界之外的存在物。人就是人的世界,就是国家,社会。"②在现实中,任何个人都不是孤立地站在自然面前,而是始终生活在特定的社会中,并作为社会的成员与自然相对立的。在社会之外,离开社会而"孤独的个人"充其量只是思维中的抽象。"甚至当我从事科学之类的活动,即从事一种我只是在很少情况下才能同别人直接交往的活动的时候,我也是社会的……不仅我的活动所需的材料,甚至思想家用来进行活动的语言本身,都是作为社会的产品给予我的,而且我本身的存在就是社会的活动。"③

正是在社会活动中,每个人都形成了自己的"个人的国家特质""个人的社会特质";更重要的是,这种社会特质反过来又改变并重塑着人的"私人特质",即人的社会属性不断改变并重塑人的自然属性。所以,对于个人,"应该按照他们的社会特质,而不应该按照他们的私人特质来考察他们"④。一言以蔽之,"社会人的一定性质,即他所生活的那个社会的一定性质"⑤。

现实的个人是有意识的存在物,具有精神属性。人与动物的重要区别之一,就是动物和自然界是直接同一的,动物的生命活动是一种生物的本能活动,而"人则使自己的生命活动本身变成自己的意志和意识的对象。他的生命活动是有意识的……有意识的生命活动把人同动物的生命活动直接区别开来"⑥。在社会领域内进行活动的,都是具有意识、经过思

① 《马克思恩格斯全集》第 1 卷,第 377 页。
② 《马克思恩格斯选集》第 1 卷,第 1 页。
③ 《马克思恩格斯全集》第 42 卷,第 122 页。
④ 《马克思恩格斯全集》第 1 卷,第 270 页。
⑤ 《马克思恩格斯全集》第 19 卷,人民出版社 1963 年版,第 404 页。
⑥ 《马克思恩格斯全集》第 42 卷,第 96 页。

虑或凭激情行动的、追求某种目的的人,而且"人离开动物愈远,他们对自然界的作用就愈带有经过思考的、有计划的、向着一定的和事先知道的目标前进的特征"①。

作为"有意识的存在物"②,人具有精神属性。具体地说,人具有与动物的心理结构不同的,由知、情、意所构成的精神系统,由感性认识、知性认识、理性认识构成的认知结构,并由此形成了人所特有的主观能动性或自觉能动性。这种能动性使人的思维不仅具有反映性,而且具有建构性;使人的意识不仅形成对象意识,而且形成自我意识,从而使"人的意识不仅反映客观世界,并且创造客观世界"③。

现实的个人是自然存在物、社会存在物和有意识的存在物的统一,但本质上是社会存在物;现实的个人具有自然属性、社会属性和精神属性,但本质属性是社会属性。"人即使不象亚里士多德所说的那样,天生是政治动物,无论如何也天生是社会动物。"④动物具有自然属性,人也具有自然属性,但人的自然属性不是生物本能,不是纯粹的自然属性,而是打上了社会关系烙印的自然属性,并以扬弃的形式从属于人的社会属性;人的精神属性离不开人的社会因素,相反,它是在人的社会活动中形成的,直接受制于社会关系。

现实的个人是自然属性与社会属性、感性与理性的矛盾统一。从根本上说,文学艺术作品所要刻画的,就是人的自然属性与社会属性、感性与理性之间的矛盾冲突,是人性内部的矛盾冲突。《复活》之所以在不同时代、不同国家引起不同读者的共鸣,就是因为它着力刻画了主人公聂赫留朵夫身上的自然属性与社会属性、感性与理性之间的矛盾冲突,而类似的矛盾冲突在每个人身上都或多或少地存在着。正如托尔斯泰在《复活》中所说:"人也是这样。每个人身上都有一切人性的胚胎,有的时候表现

①《马克思恩格斯全集》第 20 卷,人民出版社 1971 年版,第 517 页。
②《马克思恩格斯全集》第 42 卷,第 96 页。
③《列宁全集》第 55 卷,第 182 页。
④《马克思恩格斯全集》第 23 卷,第 363 页。

这一些人性，有的时候又表现那一些人性。他常常变得完全不像他自己，同时却又始终是他自己。"①

二、人的存在方式：实践

"一个种的全部特性、种的类特性就在于生命活动的性质。"②马克思的这一论断正确而深刻。这一论断表明，判断一个物种的存在方式就是看其生命活动的形式。动物是在本能的、消极适应自然环境的过程中维持其生存的，所以，动物的存在方式就是其本能活动。与此不同，人是在有目的、积极改造自然的过程中维持自己生存和发展的，人的特殊属性，即社会属性、精神属性是在人的实践活动中生成和发展的，人的自然属性是在人的实践活动得以改变和发展的。所以，实践构成了人的存在方式。

实践改变和重塑着人的自然属性。所谓人的自然属性，是指人的肉体组织、生物性的欲望和需要。毫无疑问，人们之所以劳动，是由人的"肉体组织所决定"的，但是，劳动、实践一经开始就成为强大的推动力，开始支配人类生物进化的方向。"已经得到满足的第一个需要本身、满足需要的活动和已经获得的为满足需要而用的工具又引起新的需要。"③这就是说，人的需要不同于动物的需要。动物的需要是本能，永远是同一的。人的需要也是本能，但人的需要又不仅仅是本能，而是在实践活动中不断变化的社会需要。"人以其需要的无限性和广泛性区别于其他一切动物。"④"我们的需要和享受具有社会性质。"⑤实践使人的自然需要的对象、内容和满足方式与动物相比发生了质的变化，赋予它们以不同于动物需要的属人的社会性质，改造和重塑人的自然属性。

实践生成和发展着人的社会属性。人是社会存在物，人的本质在其

---

① ［俄］列夫·托尔斯泰：《复活》，汝龙译，人民出版社2015年版，第443页。
② 《马克思恩格斯全集》第42卷，第96页。
③ 《马克思恩格斯选集》第1卷，第79页。
④ 《马克思恩格斯全集》第49卷，人民出版社1982年版，第130页。
⑤ 《马克思恩格斯选集》第1卷，第350页。

现实性上是社会关系的总和,而现实的社会关系是在人的实践活动中生成的。"无论是通过劳动而达到的自己生命的生产,或是通过生育而达到的他人生命的生产,就立即表现为双重关系:一方面是自然关系;另一方面是社会关系,社会关系的含义在这里是指许多个人的共同活动。"①正是在这种共同活动中,人们之间发生一定的社会关系。这种社会关系反过来又制约和规定人的本质,生成和发展着人的社会属性。换言之,人是在实践活动中形成社会关系、社会本质,从而使自己成为社会存在物的。

实践生成和发展着人的精神属性。人是"有意识的类存在物"。有意识的生命活动把人同动物的生命活动区别开来,使人成为"能动的自然存在物"。问题在于,人的意识是在实践中生成、实现和确证的。"思想、观念、意识的生产最初是直接与人们的物质活动,与人们的物质交往,与现实生活的语言交织在一起的",是物质生产活动的"直接产物",而后又成为"物质生活过程的必然升华物"。② 意识的形成离不开语言的产生,语言是意识的物质外壳,和意识具有同样长久的历史。问题在于,语言是在实践活动中由于人与人之间交往的需要才产生的。所以,马克思指出:"语言是一种实践的、既为别人存在因而也为我自身而存在的、现实的意识。"③换言之,实践生成和发展着人的精神属性,使人的生命活动成为有意识的生命活动,使人成为"有意识的类存在物"。正如马克思所说:"通过实践创造对象世界,即改造无机界,证明了人是有意识的类存在物。"④

人的自然属性、社会属性和精神属性是在实践活动中得以统一的。所以,马克思认为,人把自己和动物区别开来的"第一个历史行动",就是"开始生产自己的生活资料",并指出:"一当人开始生产自己的生活资料的时候……人本身就开始把自己和动物区别开来。"个人怎样表现他们的生活,他们自己就是怎样。因此,他们"是什么样的,这同他们的生产是一

---

① 《马克思恩格斯选集》第1卷,第80页。
② 《马克思恩格斯选集》第1卷,第72、73页。
③ 《马克思恩格斯选集》第1卷,第81页。
④ 《马克思恩格斯全集》第42卷,第96页。

致的——既和他们生产什么一致,又和他们怎样生产一致"。① 实践构成了人的存在方式,是人的生命之根和立命之本,即构成了人的生存本体。

作为人的存在方式,实践是一种对象性的活动。所谓对象性活动,是指实践活动的对象性质,即它是以人为主体,以客观事物为对象的现实活动;是指实践把人的目的、理想、知识、能力等本质力量对象化为客观实在,创造出属人的对象世界。对象性活动使人们有目的地把自身的本质力量凝结在客体中,使其取得客观实在的形式,同时,又通过对象来认识和确证自己的本质力量。正如马克思所说:"劳动的产品就是固定在某个对象中、物化为对象的劳动,这就是劳动的对象化。劳动的实现就是劳动的对象化。""工业的历史和工业的已经产生的对象性的存在,是一本打开了的关于人的本质力量的书。"②

三、人的本质: 社会关系的总和

"根据就是内在存在着的本质,而本质实质上即是根据。"③黑格尔的这一观点正确而深刻。人的本质就是人成为人的内在根据。在《关于费尔巴哈的提纲》中,马克思明确指出:"人的本质不是单个人所固有的抽象物,在其现实性上,它是一切社会关系的总和。"④

人的本质不是单个人天生就具有的,也不是从所有个人身上抽象出来的共同性。现实的人总是处在特定的社会关系中。社会关系使"有生命的个人"成为"现实的个人",并使其具有独特的社会品质。现实的人及其特征,是在后天与他人交往中形成的,是由他在社会关系中的地位决定的。马克思指出:"黑人就是黑人。只有在一定的关系下,他才成为奴隶。纺纱机是纺棉花的机器。只有在一定的关系下,它才成为资本。脱离了

①《马克思恩格斯选集》第 1 卷,第 67、68 页。
②《马克思恩格斯全集》第 42 卷,第 91、127 页。
③〔德〕黑格尔:《小逻辑》,贺麟译,商务印书馆 1980 年版,第 259 页。
④《马克思恩格斯选集》第 1 卷,第 56 页。

这种关系,它也就不是资本了,就像黄金本身并不是货币,砂糖并不是砂糖的价格一样。"①

这就是说,使黑人成为奴隶的不是所谓的黑人的"本性",而是黑人生活在其中的特定的社会关系。真正决定现实的人及其特征的是他所依存的社会关系的状况。一个人"成为奴隶或成为公民,这是社会的规定,是人和人或 A 和 B 的关系。A 作为人并不是奴隶。他在社会里并通过社会才成为奴隶"②。要真正认识人的本质,就必须深入到社会关系之中。社会关系是多方面的,有经济关系、政治关系、思想关系,有血缘关系、地缘关系、业缘关系,等等。这些关系并不是简单地堆积拼凑在一起,而是相互联系、相互影响形成一个整体,以"总和"的形式存在着并发挥作用。

毫无疑问,在全部社会关系中,经济关系,即生产关系是决定其他一切社会关系的基本关系,在社会关系的总和中起着支配作用。因此,人们在生产关系中所获得的规定性构成人的根本规定性。在阶级社会中,生产关系表现为阶级关系,因而社会关系包含着阶级关系。在分析资本家和工人的关系时,马克思指出:"资本家和雇佣工人,本身不过是资本和雇佣劳动的体现者,人格化,是由社会生产过程加在个人身上的一定的社会性质,是这些一定的社会生产关系的产物。"③所以,《资本论》所"涉及到的人,只是经济范畴的人格化,是一定的阶级关系和利益的承担者"。"不管个人在主观上怎样超脱各种关系,他在社会意义上总是这些关系的产物。"④

人的本质是随着社会关系的变化而变化的。由于人们在不同的历史条件下所依存的社会关系不同,因而便具有不同的本质,具有特殊的性质。从奴隶主到封建主再到资本家,从奴隶到农民再到工人阶级,人的"本性"在不断变化,而造成这种变化的直接原因,就是社会关系处在不断

---

① 《马克思恩格斯选集》第 1 卷,第 344 页。
② 《马克思恩格斯全集》第 46 卷上,第 220 页。
③ 《马克思恩格斯全集》第 25 卷,第 995 页。
④ 《马克思恩格斯全集》第 23 卷,第 12 页。

变化中。由"社会关系的总和"所决定的人的本质不是凝固不变的抽象物,而是随着社会关系的变化而变化,具有历史性。正是由于这种变化,所以,马克思要求在研究"人的一般本性"之后,还要研究"在每个时代历史地发生了变化的人的本性"①。

人的本性与人的本质是两个既有联系又有区别的概念。人的本性是指人与生俱来的属性,人的本质则是使人成为人的根据。马之所以是马,是因为它具有马的本性;某一匹马之所以是良马,是因为马的本性在它身上表现得最集中、最充分。这种使马成为马的特性,是马这个种所具有的"类本性"。"类本性"不是在个体之外存在的东西,而是个体本身所固有的自然本性。所以,生物中种的关系是个体与类的关系。人也具有这种类似的个体与类的关系。如果一个人不具有人所共有的类特性,当然不是人。人要成为人,从种的角度看,首先要具有人所共有的东西。

问题在于,构成人的本质的不是生物学上的类,而是社会关系,即使人的"类本性"也会受到社会关系的再铸造而发生变化。人的自然本性取决于人的肉体组织,但它的实现方式要受到社会关系的制约。饮食男女本是人的自然本性,可"朱门酒肉臭,路有冻死骨"却是一种社会现象,而"梁山伯与祝英台""罗密欧与朱丽叶"式的爱情悲剧体现的就是一种特定的社会关系和道德观念。"人生自古谁无死,留取丹心照汗青"这一千古绝句表明,人的生与死本身属于自然规律,而生与死的意义却属于社会现象和历史规律。凡是顺历史规律而动、推动社会发展者,是英雄,流芳百世;凡是逆历史规律而动、阻碍社会发展者,是小丑,遗臭万年。

人们通常所说的某人所作所为"没有人性",实际上,这并不是指他丧失了人的自然本性,而是指他违反了特定的社会公认的做人准则。可以说,动物的本性在动物自身,但不能说人的本质在人自身。不能用人的"类"来说明人的本质,只有把人放在社会关系中才能真正理解人的本质。正因为如此,马克思提出了人的"两种特质",即人的私人特质(肉体特质)

①《马克思恩格斯全集》第23卷,第669页。

和社会特质的问题，并认为人的本质不是人的"抽象的肉体的本性，而是人的社会特质"，所以，"应该按照他们的社会特质，而不应该按照他们的私人特质来考察他们"①。

现实的人都表现为个体，离开了个体，人必然是一个不可捉摸的抽象存在。但是，现实的个人都生活在一定的社会关系中，都是属于一定社会形式的个人。在阶级社会中，个人、集团（阶级）、社会是统一的，个人属于一定的集团（阶级），而各个集团（阶级）构成特定的社会。所以，人类社会的关系是个人—集团—社会，而不是个体—亚种—类。费尔巴哈提出："类的保持是由于自然的理由，因为类无非就是借交配而繁殖蕃衍的个体的总和。"②显然，这是一种自然主义的观点。费尔巴哈"所分析的抽象的个人，实际上是属于一定的社会形式的"③。马克思关于人的本质是"一切社会关系的总和"的论断，摒弃了费尔巴哈关于个体和类的观点，把人与人的关系从个体和类的关系转变为个人和社会的关系。

社会与类是两个不同的概念。"类"强调的是个体的自然同一性，"社会"关注的则是个人之间的社会关系，尤其是生产关系。"生产关系总合起来就构成所谓社会关系，构成所谓社会，并且是构成一个处于一定历史发展阶段上的社会，具有独特的特征的社会。"④从"类"的观点来考察人，只能看到自然属性，只能看到抽象的同一性，差异只是性别、肤色、年龄等；从"社会"的角度来考察人，看到的是人的社会属性、阶级差别，如奴隶主与奴隶、地主与农民、资本家与工人等。

马克思主义哲学关于人的本质有两个基本命题，即人的本质是劳动和人的本质是社会关系。这两个命题并非相互否定，而是相互补充的。

一方面，"人的本质是劳动"有待于深化为"人的本质是社会关系"。在《1844年经济学哲学手稿》中，马克思提出，人的本质是劳动。但是，不

① 《马克思恩格斯全集》第1卷，第270页。
② ［德］路德维希·费尔巴哈：《费尔巴哈哲学著作选集》下卷，荣震华、王太庆、刘磊译，生活·读书·新知三联书店1962年版，第487页。
③ 《马克思恩格斯选集》第1卷，第60页。
④ 《马克思恩格斯选集》第1卷，第345页。

同历史阶段有不同的劳动方式,而劳动方式之所以不同,一个重要原因,就是受社会关系,尤其是生产关系的制约。劳动是在社会关系中进行的,社会关系不过是人的物质的和个体的活动所借以实现的必然形式。因此,要具体说明人的本质是劳动,就必须从劳动上升到社会关系。

另一方面,"人的本质是社会关系"是以"人的本质是劳动"为前提的。人只有通过劳动才能成为现实的人,而在劳动中的人必然结成一定的社会关系。正如马克思所说:"以一定的方式进行生产活动的一定的个人,发生一定的社会关系和政治关系。"①这种社会关系反过来决定人的本质。所以,马克思强调,人的本质,"在其现实性上",是一切社会关系的总和。

劳动不是存在于社会关系之外,社会关系也不是形成于劳动之外。劳动和社会关系从不同角度展示了人的本质。"人的本质是劳动",强调的是人与动物的区别,正如马克思所说,"一当人开始生产自己的生活资料的时候……人本身就开始把自己和动物区别开来"②;"人的本质是社会关系的",强调的是人与人的区别,正如马克思所说,"社会人的一定性质,即他所生活的那个社会的一定性质"③。

四、"社会生产人"与"人生产社会"

在哲学史上,个人与社会的关系一直是哲学家关注的问题。马克思主义哲学产生之前,在这一问题上存在着整体主义与个体主义两种对立的观点。

整体主义认为,社会由个人结合而成,但社会整体所具有的性质不是个人特性的简单相加,相反,社会作为一个有机整体决定、支配着个人的行为。所以,必须从社会整体去说明个体。例如,黑格尔认为,国家是社会组织的最高形式,个人是从国家和整体获得"绝对个体性"或"实体性的

---

① 《马克思恩格斯选集》第 1 卷,第 71 页。
② 《马克思恩格斯选集》第 1 卷,第 67 页。
③ 《马克思恩格斯全集》第 19 卷,第 404 页。

个体性"的。

个体主义认为,社会就是个人的相加,社会依赖于个体,个体的属性先于和高于社会整体的属性,只有从个体出发才能从根本上说明社会。例如,费尔巴哈哲学以及斯密、李嘉图都认为,社会是由孤立的个体所组成,只要研究了这些原子式的个人,就可以理解社会以及社会与个人的关系了。

整体主义与个体主义各执一端,但二者又存在着共同的缺陷,即都不理解个人与社会的关系是在实践的活动中形成的,是随着历史的变化而不断发展的。无论是整体主义,还是个体主义,它们所理解的"个人"都是抽象的个人,它们所理解的"社会"都是抽象的社会,因而它们对个人与社会的"关系"的理解也只能是抽象的。

马克思主义哲学对个体主义作了深刻的批判,认为费尔巴哈"所分析的抽象的个人实际上是属于一定的社会形式的",而被斯密、李嘉图当作出发点的孤立的猎人和渔夫,"属于 18 世纪缺乏想象力的虚构,这是鲁滨逊一类的故事"。同时,马克思主义哲学也批判了整体主义,强调"应当避免重新把'社会'当作抽象的东西同个人对立起来","正象社会本身生产作为人的人一样,人也生产社会"①。

人是社会存在物。个人总是处于一定社会关系中的个人,"不管个人在主观上怎样超脱各种关系,他在社会意义上总是这些关系的产物"②。有什么样的社会关系,就有什么样的人。社会关系构成了人的活动的前提,并预先规定了人的现实本质。在分析前资本主义社会与资本主义社会的特征时,马克思提出了"必然的个人"与"偶然的个人"这两个概念。

所谓"必然的个人",是指生下来就注定从属某一群体的人,无可选择;"偶然的个人"则是指在市场经济条件下通过竞争来确定自己地位和身份的人。前资本主义社会经济联系松弛,可人与人的关系密切,而且历

---

① 《马克思恩格斯全集》第 42 卷,第 122、121 页。
② 《马克思恩格斯全集》第 23 卷,第 12 页。

史越是往前追溯,个人就越不独立,越从属于一个较大的整体,个人是"必然的个人";资本主义社会经济联系紧密,可人与人的关系疏远,并形成了以物的依赖性为基础的人的独立性,形成了所谓的"孤立的个人",个人是"偶然的个人"。实际上,"产生这种孤立个人的观点的时代,正是具有迄今为止最发达的社会关系的时代"。"物的依赖关系无非是与外表上独立的个人相对立的独立的社会关系,也就是与这些个人本身相对立而独立化的、他们互相间的生产关系。"①这就是说,无论是"必然的个人",还是"偶然的个人",其背后都是特定的社会关系,都是由特定的社会关系决定的。正是在这个意义上,马克思主义哲学认为,"社会本身生产作为人的人"。

同时,人生产社会。社会是人们交互作用的产物,社会关系、社会结构不过是人的实践活动的对象化。马克思指出:"以一定的方式进行生产活动的一定的个人,发生一定的社会关系和政治关系……社会结构和国家总是从一定的个人的生活过程中产生的。"②"人们是在一定的生产关系中制造呢绒、麻布和丝织品的。但是……这些一定的社会关系同麻布、亚麻等一样,也是人们生产出来的。"③人们在实践活动的基础上不断地改造、创造着社会关系,从而不断地改造、创造着社会本身。历史不过是追求着自己目的的人的活动,人们自己创造自己的历史。正是在这个意义上,马克思主义哲学又认为,"人也生产社会"。

可见,既不存在离开社会的个人,也不存在离开个人的社会。社会生产人,人也生产社会。"人的存在是有机生命所经历的前一个过程的结果。只是在这个过程的一定阶段上,人才成为人。但是一旦人已经存在,人,作为人类历史的经常前提,也是人类历史的经常的产物和结果,而人只有作为自己本身的产物和结果才成为前提。"④正因为如此,马克思形象

① 《马克思恩格斯全集》第46卷上,第21、111页。
② 《马克思恩格斯选集》第1卷,第71页。
③ 《马克思恩格斯选集》第1卷,第141页。
④ 《马克思恩格斯全集》第26卷Ⅲ,第545页。

地指出，人既是历史的"剧中人"，又是历史的"剧作者"，并认为只有"把人们当成他们本身历史的剧中的人物和剧作者"，才能达到历史的"真正的出发点"①。

个人与社会的相互生产、相互作用是在实践的基础上实现的。实践构成了人的存在方式和社会关系的发源地，同时，在实践活动中生成的社会关系又反过来决定着人的本质。随着实践的变化和发展，社会的本质和人的本质都处在变化和发展之中。正是在不断变化发展的实践活动中，人们形成了越来越丰富的交往关系，创造着越来越全面的社会关系，个人由此将获得越来越多的社会规定性，从而成为全面发展的人。

五、社会生活的本质：实践

人类思想史表明，人们在认识自然的过程中，也力求认识社会及其本质。然而，认识自然，难；认识社会，更难。不仅在唯物主义历史观之前，人们没有真正地把握社会的本质，就是在今天，也有一些人或者用自然环境来解释社会的本质以及社会制度的变迁，从而重归自然主义历史观，或者用社会的主体——人的有意识活动来否定社会发展的客观性，从而重归唯心主义历史观。从认识论的角度看，造成这种状况的根本原因，就在于社会生活本身的特殊性。

社会离不开自然，因为社会所需要的一切归根结底来自自然，自然环境构成了社会存在和发展的"永恒的自然必然性"。但是，社会又不同于自然。在自然中，一切都处在无意识的、盲目的相互作用之中，任何事件的发生都不是预期的、有目的的；在社会中进行活动的，都是有意识的、经过思虑或凭激情行动的、追求某种目的的人，任何历史事件的发生都蕴含着人的意识、意志和目的。自然现象仅仅是现象，在它的背后没有思想和利益追求；历史现象不仅仅是现象，在它的背后还有思想和利益追求。一

---

① 《马克思恩格斯选集》第 1 卷，第 147 页。

场地震可以毁灭许多城市和众多人口,但地震仅仅是自然现象,其中并无思想和利益追求;一场战争也可以毁灭许多城市和众多人口,但战争不仅仅是现象,它从头至尾贯穿着人的思想和利益,是追求利益的行动。社会的这种特殊性造成了"物质的自然"与"精神的历史"对立的神话,并形成了自然主义历史观与唯心主义历史观。

自然主义历史观看到了自然环境对社会的影响和制约作用,但它又夸大了这种作用,把社会的本质还原为自然物质,从而夸大了社会与自然的同一性。正如恩格斯所说:"自然主义的历史观……是片面的,它认为只是自然界作用于人,只是自然条件到处决定人的历史发展,它忘记了人也反作用于自然界,改变自然界,为自己创造新的生存条件。"①

唯心主义历史观看到了历史事件所蕴含的人的思想,但它没有进一步探究思想动机背后的客观动因,因而把社会的本质归结于人的意识活动,或者认为社会历史是"绝对理性"在时间中的展开。唯心主义历史观夸大了社会的特殊性。社会的特殊性犹如横跨在自然与社会之间的"活动翻板",在马克思主义哲学产生之前,即使坚定的唯物主义者,当他们的视线由自然转向社会,开始探讨社会的本质时,几乎都被这块"活动翻板"翻向了唯心主义的深渊。

唯物主义历史观确认自然对社会的"优先地位",确认社会的自然基础,认为"任何历史记载都应当从这些自然基础以及它们在历史进程中由于人们的活动而发生的变更出发"②。但是,唯物主义历史观同时又确认人是社会的主体,社会历史不过是追求着自己目的的人的活动过程。按照马克思的观点,人类社会对自然物质具有不可还原性,相反,自然物质只有通过人的实践活动才能转化为社会要素,进而对社会发生影响和作用,而且这种影响和作用的程度又是由人的实践状况决定的;同时,也不能把社会的本质归结为人的意识活动,因为意识一开始就是物质实践的

---

① 《马克思恩格斯选集》第4卷,第329页。
② 《马克思恩格斯选集》第1卷,第67页。

"直接产物",而后又成为物质实践的"必然升华物",思维的"格"不过是实践的"格"的内化和升华。正因为如此,马克思主义哲学对人的实践活动及其与社会的关系进行了深入而全面的探讨,并得出了一个极为明确的结论:"全部社会生活在本质上是实践的。"①

实践是社会关系的发源地。实践首先是人以自身的活动来引起、调整和控制人与自然之间物质变换的过程;为了实现人与自然之间的物质变换,人与人之间必须互换其活动,并必然结成一定的社会关系。"他们只有以一定的方式共同活动和互相交换其活动,才能进行生产。为了进行生产,人们相互之间便发生一定的联系和关系;只有在这些社会联系和社会关系的范围内,才会有他们对自然界的影响,才会有生产。"②人与自然的关系和人与人的社会关系相互制约,共生于人的实践活动中,或者说,人的实践一开始就表现为双重关系,即人与自然的关系和人与人的社会关系。这就是说,实践内在地包含着人与自然的关系和人与人的社会关系,因而构成了社会关系的发源地。这是其一。

其二,实践是社会发展的动力之源。从根本上说,社会发展是人的实践活动在时间中的展开,"整个所谓世界历史不外是人通过人的劳动而诞生的过程"③。社会发展的动力不可能产生在人的实践活动之外,而只能生成于人的实践活动之中。生产关系与生产力的矛盾运动构成了社会发展的根本动力,而生产关系与生产力就是在物质实践活动中形成的人与人的经济关系和人与自然的现实关系。生产关系与生产力的关系"就是交往形式与个人的行动或活动的关系"④。换言之,生产关系与生产力的矛盾运动形成于人的物质实践活动之中。

即使社会发展的最终决定力量——生产力,也不是纯粹的外部自然力,而是在人的实践活动中形成的,"物化的知识力量"体现着人的本质力

---

① 《马克思恩格斯选集》第 1 卷,第 56 页。
② 《马克思恩格斯选集》第 1 卷,第 344 页。
③ 《马克思恩格斯全集》第 42 卷,第 131 页。
④ 《马克思恩格斯选集》第 1 卷,第 123 页。

量。马克思指出:"自然界没有制造出任何机器,没有制造出机车、铁路、电报、走锭精纺机等等。它们是人类劳动的产物,是变成了人类意志驾驭自然的器官或人类在自然界活动的器官的自然物质。它们是人类的手创造出来的人类头脑的器官;是物化的知识力量。"①同时,生产力只有在人的交往活动中,才能成为社会力量。"受分工制约的不同个人的共同活动产生了一种社会力量,即扩大了的生产力。"②正是在这个意义上,马克思把生产力称为"社会生产力";生产力绝不是超历史的预成的实体,而是在人们改造自然的过程,即人与自然之间物质变换过程中形成的物质力量。正是在这个意义上,马克思把生产力称为"物质生产力"。

确认社会的本质是实践,并不是否定社会的物质性。如前所述,实践首先是人与自然之间的物质变换过程,社会就建立在这种物质变换的基础之上。因此,当唯物主义历史观确认社会的实践本质时,也就确认了社会的物质性及其特殊性。确认人与自然之间的物质变换构成了社会的基础,确认社会中的"物"是在实践活动中生成并具有社会关系内涵的"社会的物",这正是唯物主义历史观的"唯物"之所在。唯物主义历史观比自然主义历史观、唯心主义历史观高出一等的地方就在于:它看到了社会中的"物"所体现、承担的社会关系,从直接呈现在人们面前的物与物的关系中透视出隐藏其后的人与自然的关系和人与人的社会关系,进而又发现人与自然的关系和人与人的社会关系共生于实践活动中,从而确认全部社会生活在本质上是实践的。

六、社会结构:交往活动的制度化

就文本而言,马克思是在 1846 年 12 月 28 日致安年柯夫的信中明确阐述交往范畴内涵的:"为了不致丧失已经取得的成果,为了不致失

① 《马克思恩格斯全集》第 46 卷下,人民出版社 1980 年版,第 219 页。
② 《马克思恩格斯选集》第 1 卷,第 85 页。

掉文明的果实,人们在他们的交往[commerce]方式不再适合于既得的生产力时,就不得不改变他们继承下来的一切社会形式。——我在这里使用'commerce'一词是就它的最广泛的意义而言,就像在德文中使用'Verkehr'一词那样。例如:各种特权、行会和公会的制度、中世纪的全部规则,曾是唯一适应于既得的生产力和产生这些制度的先前存在的社会状况的社会关系……人们借以进行生产、消费和交换的经济形式是暂时的和历史性的形式。随着新的生产力的获得,人们便改变自己的生产方式,而随着生产方式的改变,他们便改变所有不过是这一特定生产方式的必然关系的经济关系。"①研读马克思的这一论述时,应当注意三个问题:

一是马克思使用的"交往",即 commerce,与德文中的 Verkehr 一词具有相同的内涵,是指社会生活中的交通、交换或交易,日常生活中的交际、交流等。马克思甚至认为,战争本身就是一种经常的交往形式。

二是马克思使用的"交往"与生产方密切相关,是人们适应生产方的一定状况而形成的交换的经济形式,《资本论》所研究的,就"是资本主义生产方式以及和它相适应的生产关系和交换关系"②。

三是马克思使用的"交往"与社会关系、社会制度密切相关:"社会——不管其形式如何——是什么呢? 是人们交互活动的产物……在人们的生产力发展的一定状况下,就会有一定的交换[commerce]和消费形式。在生产、交换和消费发展的一定阶段上,就会有相应的社会制度。"③交往活动产生于生产活动,生产活动和交往活动又必须借助于一定的规范才能进行,这就需要交往关系规范化、制度化。正如马克思所说,"在生产、交换和消费发展的一定阶段上,就会有一定的社会制度"④。社会制度一旦形成,就规范着人们之间的交往。

可见,马克思所使用的"交往"指向的是人与人之间的关系。交往不

---

①《马克思恩格斯选集》第 4 卷,第 532—533 页。
②《马克思恩格斯全集》第 23 卷,第 8 页。
③《马克思恩格斯选集》第 4 卷,第 532 页。
④《马克思恩格斯全集》第 27 卷,人民出版社 1972 年版,第 477 页。

可避免地涉及物甚至以物为中介,但交往的实质是人们之间的"交互作用",是人们之间的相互交流、相互沟通、相互作用和相互影响。用现代西方哲学的话语来说,交往就是"主体际"的互动,是"主体间"的关系。将马克思的交往范畴限定在人与人关系的范围内,是准确理解马克思交往理论的第一步。

马克思不仅在"最广泛的意义上"使用交往范畴,更重要的是,他又从中提升出两个具有哲学内涵的概念,即交往形式(Verkehrsform)和交往关系(Verkehrsverhältnis)。这两个概念是马克思交往理论的核心构件。

交往形式是指人们进行交往的具体方式,所以,马克思有时又把交往形式称为"交往方式"(Verkehrsweise)。研读马克思的文本可以看出,马克思从三个方面对"交往形式"作了规定:一是从交往属性的视角,把交往形式分为物质交往和精神交往,认为后者起初是前者的产物;二是从交往主体的视角,把交往形式分为"个人交往"和"国家交往"或"民族交往",认为一个民族的内部结构取决于它的生产和交往的发展程度,而未来共产主义社会将实现"所有个人作为真正个人参加的交往"[1];三是从交往地域范围的视角,把交往形式分为"区域交往"和"世界交往",认为共产主义建立在生产力普遍发展和世界交往普遍发展的基础之上,是一种世界历史性的存在。"交往形式"是指人们在具体的交往活动中结成的关系。人们通过一定的方式进行交往,形成一定的交往关系;交往关系形成后又反过来规定着人们以何种方式进行交往。

交往形式与生产方式、交往关系与生产关系这四个重要范畴同时出现在《德意志意识形态》中。马克思把生产方式与交往形式并列、有区别地加以使用,如"生活的生产方式以及与之相联系的交往形式"、在革命中"旧生产方式和旧交往方式的权力以及旧社会结构的权力被打倒"[2]。同时,马克思又把生产关系与交往关系并列、有区别地加以使用,如"银行家

---

[1]《马克思恩格斯全集》第 3 卷,第 77 页。
[2]《马克思恩格斯全集》第 3 卷,第 36、76—77 页。

的财富只有在现存的生产关系和交往关系的范围以内才是财富""共产主义和所有过去的运动不同的地方在于：它推翻了一切旧的生产和交往的关系的基础"①。

可见,交往形式不等于生产方式,交往关系不等于生产关系,交往形式、交往关系并非是生产关系的不成熟的表达形式,它们之间也并非是替代与被替代的关系。正因为如此,马克思在《〈政治经济学批判〉导言》中所列出的"不该忘记的各点",就包括"生产关系和交往关系""国家形式和意识形式同生产关系和交往关系的关系""生产力(生产资料)的概念和生产关系的概念的辩证法"②。

研读马克思的文本可以看出,马克思所说的生产方式,主要是指人们用什么样的生产工具改造自然,体现的是人与自然的关系;交往形式则是说明人们以什么样的方式结合起来进行物质生产,体现的是人与人之间的关系。马克思所说的交往关系就是人与人之间的关系,是人们在交往活动中形成的经济关系、政治关系和思想关系等社会关系。这就是说,"交往关系"在内涵上与"社会关系"是相同的,但二者的侧重点不同：交往关系的侧重点是人们的"交互作用",是动态的社会关系;社会关系的侧重点是人们交互作用的"产物",是静态的交往关系。

从直接性上看,社会关系就是个人之间的交往关系,而社会结构的内涵就是社会关系。人们之间的社会关系并不是先于人而存在的,而是生成于人们的实践活动中。人们改造自然的活动不可能是个体孤立地进行,而是在诸多个人共同活动的条件下进行的;诸多个人之间的共同活动,则是通过个人之间的交往活动而形成的;个人之间的交往,就是人与人之间的交互活动。正是这种人与人之间的交互活动形成了人们的社会关系,亦即形成了社会。

人在与自然进行物质变换的同时必须进行人与人之间的交往。人与

---

① 《马克思恩格斯全集》第 3 卷,第 446、79 页。
② 《马克思恩格斯全集》第 46 卷上,第 47 页。

自然之间的物质变换是主体与客体之间的关系,人与人之间的交往则是主体间关系或人际关系。人们之间的交往必须借助于一定的规范才能进行,而这些规范是由特定的生产方式决定的。因此,物质生活的生产方式规定、制约着交往方式。同时,一定的交往方式一旦形成又反过来制约生产力的发展,制约人本身的发展。马克思指出,"人们是受他们的物质生活的生产方式,他们的物质交往和这种交往在社会结构和政治结构中的进一步发展所制约的","现实的、从事活动的人们,他们受自己的生产力和与之相适应的交往的一定发展——直到交往的最遥远的形态——所制约"。①

人们之间的交往活动产生于物质生产活动,而物质生产活动在一定的发展水平上,只需要、只允许某些特定的交往形式作为自己的社会形式。这就需要使交往活动规范化、制度化。经济交往的规范化、制度化形成一定的社会经济制度,构成社会的经济结构;政治交往的规范化、制度化形成社会政治制度,构成社会的政治结构;精神交往的规范化、制度化形成特定的意识形态体系,构成社会的观念结构。一言以蔽之,社会结构是人们交往活动的对象化、规范化、制度化。正如马克思所说:"以一定的方式进行生产活动的一定的个人,发生一定的社会关系和政治关系。""社会结构和国家总是从一定的个人的生活过程中产生的。"②可以说,交往结构是社会的隐结构,社会制度是社会的显结构。

人们之间交往活动的规范化、制度化限定、调整人们的交往关系,把分散的个体组织起来,使个人活动协调起来,从而使社会作为一个整体而存在和运行。可以说,人们之间交往的关系结构是社会的隐结构,交往的制度结构则是社会的显结构。社会的基本结构就是经济结构、政治结构和观念结构,其中,经济结构构成了社会的经济基础,"即有法律的和政治的上层建筑竖立其上并有一定的社会意识形式与之相适应的现

---

① 《马克思恩格斯选集》第 1 卷,第 72 页。
② 《马克思恩格斯选集》第 1 卷,第 71 页。

实基础"①。

　　社会的经济结构是由经济关系构成的。在马克思主义经典著作中，经济关系有广义和狭义之分。广义的经济关系既包括人与人之间的生产关系，也包括生产力甚至包括自然环境。恩格斯指出："我们视之为社会历史的决定性基础的经济关系，是指一定社会的人们生产生活资料和彼此交换产品（在有分工的条件下）的方式。因此，这里包括生产和运输的全部技术。""此外，包括在经济关系中的还有这些关系赖以发展的地理基础和事实上由过去沿袭下来的先前各经济发展阶段的残余……当然还有围绕这一社会形式的外部环境。"②狭义的经济关系仅仅指由生产力所决定的人与人之间的生产关系。

　　与此相应，经济结构也有广义和狭义之分。

　　广义的经济结构是指物质生活的生产方式，既包括生产关系，也包括生产力。马克思指出："各种经济时代的区别，不在于生产什么，而在于怎样生产，用什么劳动资料生产。……劳动资料不仅是人类劳动力发展的测量器，而且是劳动借以进行的社会关系的指示器。"③"生产什么""怎样生产""用什么劳动资料生产"显然属于生产力范畴。

　　狭义的经济结构是指人们在物质生产过程中所结成的生产关系的总和。马克思指出："人们在自己生活的社会生产中发生一定的、必然的、不以他们的意志为转移的关系，即同他们的物质生产力的一定发展阶段相适合的生产关系。这些生产关系的总和构成社会的经济结构。"④

　　从内容上看，狭义经济结构就是"生产关系的总和"。应当注意的是，这里的"总和"是指多种生产关系的总和。从历史上看，一种生产关系往往以萌芽状态、成熟状态和残余状态分别存在于依次出现的社会之中。当我们考察任何一种社会时都会发现，在该社会的经济结构中，并不是只

①《马克思恩格斯选集》第 2 卷，人民出版社 1995 年版，第 32 页。
②《马克思恩格斯选集》第 4 卷，第 731 页。
③《马克思恩格斯全集》第 23 卷，第 204 页。
④《马克思恩格斯选集》第 2 卷，第 32 页。

存在一种生产关系，而往往是多种生产关系同时存在并相互影响、相互作用。但是，在经济结构中，各种生产关系并不是占有同样的地位，起着同样的作用。在多种生产关系中必然有一种生产关系占据统治地位，起着主导作用。正是这种占统治地位、起主导作用的生产关系决定了社会经济结构的性质。马克思指出："在一切社会形式中都有一种一定的生产决定其他一切生产的地位和影响，因而它的关系也决定其他一切关系的地位和影响。这是一种普照的光，它掩盖了一切其他色彩，改变着它们的特点。"①例如，在当代中国，不仅有占主体地位的、以生产资料公有制为直接基础的生产关系，而且还有以非公有制为直接基础的生产关系，它们共同构成了当代中国的社会经济结构，但是，占主体地位的、以生产资料公有制为直接基础的生产关系决定了当代中国经济结构的性质，并使其他生产关系具有了特殊性。

作为"生产关系的总和"，社会经济结构是适应一定的生产力状况而建构起来的，同时，又同生产资料所有制关系密切相关。生产资料所有制是人与生产资料结合的方式，它表明生产资料归谁所有，为谁支配，体现的是人与物之间的关系；生产关系则是人们在生产过程中结成的经济关系，体现的是人与人之间的关系。从动态看，生产、分配、交换和消费四个环节构成了生产关系，构成了生产关系这个"总体的各个环节，一个统一体内部的差别"②。生产资料所有制正是通过生产、分配、交换和消费这四个环节的运转过程实现和体现出来，并维持其存在的。否则，生产资料所有制就会落空。例如，资产阶级所有制就是通过在直接生产领域中的支配雇佣工人，分配领域中的按"资"分配，交换领域中的"平等"交换以及消费领域中的工人阶级相对贫困化这四个环节实现的。正是在这个意义上，马克思指出："给资产阶级的所有权下定义不外是把资产阶级生产的全部社会关系描述一番。""要想把所有权作为一种独立的关系、一种特殊

---

①《马克思恩格斯选集》第2卷，第24页。
②《马克思恩格斯选集》第2卷，第17页。

的范畴、一种抽象的和永恒的观念来下定义,这只能是形而上学或法学的幻想。"①

社会的经济结构直接决定政治结构和观念结构,因而构成了政治结构和观念结构的现实基础。正是在这个意义上,马克思又把作为生产关系总和的经济结构形象地比喻为"经济基础",并指出:"任何时候,我们总是要在生产条件的所有者同直接生产者的直接关系——这种关系的任何形式总是自然地同劳动方式和劳动社会生产力的一定的发展阶段相适应——当中,为整个社会结构,从而也为主权和依附关系的政治形式,总之,为任何当时的独特的国家形式,找出最深的秘密,找出隐蔽的基础。"②

七、社会的整体性

社会的整体性或总体性体现为社会是一个"一切关系在其中同时存在而又互相依存的社会机体"③。在唯物主义历史观中,社会有机体是囊括全部社会生活及其关系的总体性范畴,标志着社会是以物质实践为基础的各种社会因素和社会关系相互制约、有机联系所构成的整体。列宁指出:"马克思和恩格斯称之为辩证方法(它与形而上学方法相反)的,不是别的,正是社会学中的科学方法,这个方法把社会看作处在不断发展中的活的机体。"④卢卡奇甚至认为:"不是经济动机在历史解释中的首要地位(Vorherrschaft),而是总体的观点,使马克思主义同资产阶级科学有决定性的区别。总体范畴,整体对各个部分的全面的、决定性的统治地位(Herrschaft),是马克思取自黑格尔并独创性地改造成为一门全新科学的基础的方法的本质。""对马克思主义来说,归根到底就没有什么独立的法

---

① 《马克思恩格斯选集》第 1 卷,第 177、178 页。
② 《马克思恩格斯全集》第 25 卷,第 891—892 页。
③ 《马克思恩格斯选集》第 1 卷,第 143 页。
④ 《列宁选集》第 1 卷,人民出版社 1995 年版,第 32 页。

学、政治经济学、历史科学等,而只有一门唯一的、统一的——历史和辩证的——关于社会(作为总体)发展的科学。"①

"社会不是由个人构成,而是表示这些个人彼此发生的那些联系和关系的总和。"②确认社会是一个有机体,就是要求对个别社会现象、领域和过程的研究上升到对社会总体的研究。个别社会现象、领域和过程只有被放到社会总体中,才能得到正确的理解和说明。黑格尔曾深刻地阐述了整体与个体的关系:"整体乃是个体性与普遍性互相渗透的运动;但由于这种整体在这个意识看来只是简单的本质并因而只是事情自身的抽象,于是这个整体的环节作为分别的环节就落于事情自身之外,而且此一环节落于彼一环节之外;而整体自身则全靠它的环节的轮流更替地呈现与保留才能全部表现出来。"③

社会有机体不同于生物有机体,它不是根源于物种规定的本能活动,而是根源于人的实践活动,尤其是物质实践活动。与动物的活动不同,人的实践是使用工具的活动。工具执行着人的身内器官的功能,同时,它又是由自然物质构成,属于人的身外器官。这种身外器官具有超个体的特征,即它不是生长在人身上的器官,不会随着个体的死亡而消亡,因而能够不断被复制,能够在不同的个体之间转换。工具因此成为个人之间相互联系的中介。一个人掌握了他人制造的工具,也就等于掌握了他人的能力;一个人把工具作为活动手段,实际上是把他人的能力作为自己活动的手段,这就形成了人们之间的社会联系。个人的活动实际上是在使用社会的能力,使用工具的活动使人们联合成为一个有机整体,即社会有机体。

社会的整体性、有机性根源于人的实践活动,直接形成于人们之间的交往活动中。社会的存在和发展离不开人们的交互作用。人们之间的交互作用就是个人之间的交往。如前所述,个人之间的交往必须借助一定

① [匈]卢卡奇:《历史与阶级意识》,第79、80页。
② 《马克思恩格斯全集》第46卷上,第220页。
③ [德]黑格尔:《精神现象学》上卷,贺麟、王玖兴译,商务印书馆1979年版,第276页。

的规范才能进行,交往的规范化、制度化形成了交往的秩序和结构,从而形成了社会制度体系。这是一个以物质资料生产方式为基础逐层整合而成的总体协调的体系。正是由于这种总体协调性才使社会成为一种有机体。

社会有机体是一种具有自我意识的有机体。与生物有机体不同,社会有机体的自组织、自调节过程在一定程度上是被自身意识到的、以某种自觉的形式进行的。人是社会的主体。人与动物不同的地方在于:"他的意识代替了他的本能,或者说他的本能是被意识到了的本能。"①具有意识与自我意识,这是社会有机体异于并优于生物有机体的地方。各种意识形态都是社会的自我意识。意识形态再生产的目的,就在于调节和控制各种社会力量,形成自觉的集体行为。各种社会制度都是通过意识形态而形成的,实际上是意识到自己交往活动的社会主体自觉建立起来的社会规范系统,以协调个体活动,从而使社会作为一个整体而存在和运行。这是社会有机体自组织、自调节过程自觉性的集中体现。

社会有机体再生和更新的内在机制是物质生产、精神生产和人本身生产的统一。

任何一种有机体要维持自己的存在,就必须和周围的环境进行物质变换。社会有机体要存在下去也必须不间断地进行社会与自然之间的物质变换。为此,就要不间断地进行物质生产。物质生产犹如一个转换器,它使社会在自然中注入了自己的目的,使之成为社会的自然;同时,自然由此进入社会,转化为社会的内在要素,使社会成为自然的社会。正是在这种双向运动中,社会有机体不断地得以扩大和发展。

社会有机体要维持自己的存在和发展,还必须进行精神生产。"人们是自己的观念、思想等等的生产者。"所谓精神生产,就是"思想、观念、意识的生产"②,是创造系统化、理论化的精神产品的生产。其中,社会科学

---

① 《马克思恩格斯选集》第 1 卷,第 82 页。
② 《马克思恩格斯选集》第 1 卷,第 72 页。

以及意识形态的再生产是为了调节和控制社会力量;自然科学的再生产则是为了调节和控制自然力量。精神生产一开始是与物质生产交织在一起的,而后成为物质生产的"必然升华物",成为具有相对独立性的领域。精神生产在整个社会生产中处于枢纽地位,是社会有机体维系各种关系的控制器。

社会有机体维持自己的存在,还必须进行人本身的生产。马克思认为,一开始就纳入社会发展过程的基本因素之一就是,"每日都在重新生产自己生命的人们开始生产另外一些人,即繁殖"①。恩格斯指出:"根据唯物主义观点,历史中的决定性因素,归根结蒂是直接生活的生产和再生产。但是,生产本身又有两种。一方面是生活资料即食物、衣服、住房以及为此所必需的工具的生产;另一方面是人自身的生产,即种的蕃衍。一定历史时代和一定地区内的人们生活于其下的社会制度,受着两种生产的制约:一方面受劳动的发展阶段的制约,另一方面受家庭的发展阶段的制约。"②

从历史上看,最初的社会关系就是在人本身生产的过程中形成的。"家庭起初是唯一的社会关系",后来随着新的社会关系的逐渐增长,"家庭便成为从属的关系了"③。人木身生产不仅是生物遗传过程,同时是"社会遗传"过程,是生物遗传和社会遗传的统一。人本身生产受制于精神生产和物质生产,其状况首先取决于物质生产及其创造的"生活资料、享受资料和发展资料"的性质和水平。"每一种特殊的、历史的生产方式都有其特殊的、历史地起作用的人口规律。"④

物质生产、精神生产和人本身生产的过程同时就是社会关系再生产的过程。"生命的生产,无论是通过劳动而达到的自己生命的生产,或是通过生育而达到的他人生命的生产,就立即表现为双重关系:一方面是自

---

① 《马克思恩格斯选集》第 1 卷,第 80 页。
② 《马克思恩格斯选集》第 4 卷,第 2 页。
③ 《马克思恩格斯选集》第 1 卷,第 80 页。
④ 《马克思恩格斯全集》第 23 卷,第 692 页。

然关系,另一方面是社会关系。"①社会的经济关系、政治关系、思想关系、血缘关系、业缘关系等正是在物质生产、精神生产和人本身生产的过程中形成的。物质生产、精神生产和人本身生产是社会生活的基本方面,三者在历史上同时存在、相互制约,始终对社会发生作用。

正是在物质生产、精神生产和人本身生产这三种生产过程中,社会成为"一切关系同时存在又互相依存的社会机体"。物质生产、精神生产和人本身生产的不断进行,其水平的不断提高,使社会需要不断地得到满足、更新、再满足……从而使社会有机体不断地复制和更新自己。"现在的社会不是坚实的结晶体,而是一个能够变化并且经常处于变化过程中的机体。"②社会"这种有机体制本身作为一个总体有自己的各种前提,而它向总体的发展过程就在于:使社会的一切要素从属于自己,或者把自己还缺乏的器官从社会中创造出来"③。

---

① 《马克思恩格斯选集》第 1 卷,第 80 页。
② 《马克思恩格斯全集》第 23 卷,第 12 页。
③ 《马克思恩格斯全集》第 46 卷上,第 235—236 页。

第五章

历史规律与社会发展道路

自维柯创立历史哲学以来,历史规律性与社会发展道路问题一直是西方历史哲学或历史观关注的中心问题,至今仍是当代西方历史哲学或历史观争论的焦点。全面而科学地解答历史规律与社会发展道路问题,是唯物主义历史观对人类思想史的贡献。然而,唯物史观的历史规律与社会发展道路理论在当代又受到种种的误解、曲解和非难。因此,以当代实践、科学以及哲学本身的发展为基础,重新考察和审视唯物史观的历史规律与社会发展道路理论,仍然是一个有待深入研究的重大的理论课题。

一、客观过程的两种形式及其区别

"客观过程的两个形式:自然界(机械的和化学的)和人的有目的的活动。"①列宁的这一论述实际上表明,自

① 《列宁全集》第 55 卷,第 158 页。

然运动与历史活动属于两个不同系列的发展形式：自然运动是一种自在形式，历史活动属于自在—自为形式。自然运动，从机械运动、物理运动、化学运动到生物运动，都以一种自发的、盲目的形式存在着，发展的必然性通过一种自发的、无目的的动力为自己开辟道路；而历史活动的主体是人，人们总是按照自己设定的目标从事历史活动的，任何历史规律的实现都离不开人的有意识、有目的的活动。

从发展规律的形成机制看，自然运动是自然界各种因素自发、盲目地交互作用的结果，社会发展则是有意识、有目的的人们交互作用的结果；自然运动规律形成于自然界诸因素盲目的交互作用过程，社会发展规律，即历史规律形成于人与自然之间的物质变换、人与人之间的活动互换，以及人与自然之间物质和观念转换的过程，而人的实践活动的基本内容就是人与自然之间的物质变换、人与人之间的活动互换，以及人与自然之间物质和观念的转换，即通常所说的"物质变精神、精神变物质"。全部社会生活在本质上是实践的，人的实践活动规律实际上就是社会发展规律；反过来说，社会发展规律也就是"人们自己的社会行动的规律"①。

从发展规律起作用的形式看，自然规律发生作用的条件是在自然界因素盲目相互作用的过程中自发形成的，自然规律就是通过这种盲目的交互作用实现的；历史规律得以存在并发生作用的必不可少的条件则是人的有目的、有意识的历史活动，它也只有通过人的有目的、有意识的活动才能实现。马克思指出："蜘蛛的活动与织工的活动相似，蜜蜂建筑蜂房的本领使人间的许多建筑师感到惭愧。但是，最蹩脚的建筑师从一开始就比最灵巧的蜜蜂高明的地方，是他在用蜂蜡建筑蜂房以前，已经在自己的头脑中把它建成了。劳动过程结束时得到的结果，在这个过程开始时就已经在劳动者的表象中存在着，即已经观念地存在着。他不仅使自然物发生形式变化，同时他还在自然物中实现自己的目的，这个目的是他所知道的，是作为规律决定着他的活动的方式和方法的，他必须使他的意

---

① 《马克思恩格斯选集》第 3 卷，第 634 页。

志服从这个目的。"①实际上,整个人类活动都是如此。"在社会历史领域内进行活动的,是具有意识的、经过思虑或凭激情行动的、追求某种目的的人;任何事情的发生都不是没有自觉的意图,没有预期的目的的。"②离开了人的有目的活动以及个体之间的交互作用,历史规律就失去了赖以存在的载体和发挥作用的场所。

从发展规律的表现形式看,自然规律更多地表现为动力学规律,历史规律主要表现为统计学规律。一般说来,动力学规律所揭示的事物之间的规律性关系是一种一一对应的确定联系,它表明一种事物的存在必定导致另一种确定事物的发生,同时,在动力学规律作用下,偶然现象可以忽略不计。统计学规律揭示的不是事物之间的一一对应关系,而是一种必然性和多种随机现象之间的规律性关系。对统计学规律来说,大量的偶然现象、随机现象不但不能忽视,相反,正是在大量的偶然现象、随机现象中才能表现出这种规律性。

历史规律主要表现为统计学规律。马克思就运用统计学方法揭示了资本主义生产方式运动的一系列规律,并指出:"在这种生产方式下,规则只能作为没有规则性的盲目起作用的平均数规律来为自己开辟道路。"③马克思在这里所说的"平均数规律",实际上就是统计学规律。在历史活动中,事物、现象如果不是"大量"发生,它们之间就表现为一种非确定的联系;如果"大量"发生,它们之间就表现为一种确定的联系。这就像抛掷同一个质量均匀的硬币,出现正面或反面都是随机的,但在大量抛掷的情况下,出现正面与反面的概率大体上是1/2。正因为自然规律主要表现为动力学规律,历史规律主要表现为统计学规律,所以,自然科学既可以预见自然运动的趋势,又能够准确预报自然事件的发生,而社会科学只能预见社会发展的趋势,很难准确地预报社会事件的发生。

人是历史的主体,历史不过是追求着自己目的人的活动过程。人的

① 《马克思恩格斯全集》第 23 卷,第 202 页。
② 《马克思恩格斯选集》第 4 卷,第 247 页。
③ 《马克思恩格斯全集》第 23 卷,第 120 页。

活动的目的性使历史过程呈现出自为性。但是,历史过程的自为性并不能否定历史过程的客观性,二者的关系并非如同冰炭,难以相容。相反,它们是同一过程的两个方面。恩格斯指出:"历史是这样创造的:最终的结果总是从许多单个的意志的相互冲突中产生出来的,而其中每一个意志,又是由于许多特殊的生活条件,才成为它所成为的那样。这样就有无数互相交错的力量,有无数个力的平行四边形,由此就产生出一个合力,即历史结果,而这个结果又可以看作一个作为整体的、不自觉地和不自主地起着作用的力量的产物。因为任何一个人的愿望都会受到任何另一个人的妨碍,而最后出现的结果就是谁都没有希望过的事物。所以到目前为止的历史总是像一种自然过程一样地进行。"①

个人意志、个人行动的冲突之所以构成历史的"合力",使历史过程呈现出客观性,是因为:他人活动制约某人活动,他人活动就是制约某人活动的客观条件;前人活动制约后人活动,前人活动就是制约后人活动的客观条件;他人活动在某人活动之外,前人活动在后人活动之外,因而它们都具有非选择性,即不以某人、后人的主观意志为转移。他人活动对某人活动的制约就是生产关系对个人活动的制约,前人活动对后人活动的制约就是作为人们"以往活动产物"的生产力对后人活动的制约;在前人活动中,个人活动又是相互制约的。

历史过程,即社会发展客观性的特殊性就在于,它不是存在于人的活动之外,不可能脱离人的有意识、有目的的活动而独立自存,但社会发展的趋势和方向又不以人的意识、意志为转移。这的确是一个自相缠绕的哥德尔式的怪圈。在人类思想史上,只有唯物主义历史观才打破了这一怪圈。其秘密就在于,唯物史观"把人们当成他们本身历史的剧中人物和剧作者",从人的实践活动出发来理解社会以及社会与个人的关系,从而达到了历史研究的"真正的出发点"②。

---

① 《马克思恩格斯选集》第 4 卷,第 697 页。
② 《马克思恩格斯选集》第 1 卷,第 147 页。

二、历史规律的形成及其特征

社会不同于自然,但社会又离不开自然。社会实际上是人与自然的关系和人与人的关系双重关系的统一,"整个所谓世界历史不外是人通过人的劳动而诞生的过程,是自然界对人说来的生成过程"①。离开了人与自然的关系,社会只能建立在虚无之上;把人对自然的关系从历史中排除出去,只能走向唯心主义历史观。

按照马克思的观点,把社会与自然区别开来,同时又把它们联系起来的是人的物质实践。物质实践,即劳动首先是人以自身的活动来引起、调整和控制人与自然之间物质变换的过程;在这个过程中,人与人之间又必须互换其活动,必然结成一定的社会关系,并使人与自然的关系具有社会关系的内涵;同时,劳动过程结束时得到的结果,在这个过程开始时就已经在劳动者的头脑中作为目的以观念的形式存在着,并通过劳动转化为现实的存在。

这就是说,实践内在地包含着三种转换,即人与自然之间的物质变换、人与人之间的活动互换以及物质与观念的转变;在这三种转换中又形成了三种关系,即人与自然的关系、人与人的关系以及人与其意识的关系。正是这些关系构成了社会关系。可以说,实践以浓缩的形式包含着全部社会关系,它是全部社会关系的发源地和整个人类历史的现实基础,因而构成了社会生活的本质和人类历史的本体。从根本上说,历史不过是人的实践活动在时间中的展开。所以,马克思指出:"只要描绘出这个能动的生活过程,历史就不再像那些本身还是抽象的经验论者所认为的那样,是一些僵死的事实的汇集,也不再像唯心主义者所认为的那样,是想象的主体的想象活动。"②正是以此为前提,唯物主义历史观确立了科学

①《马克思恩格斯全集》第 42 卷,第 131 页。
②《马克思恩格斯选集》第 1 卷,第 73 页。

的历史规律观念。

历史规律形成于人的活动中。如前所述,实践内在地包含着三种转换,即人与自然之间的物质变换、人与人之间的活动互换,以及物质和观念的转变。第一种转换是人的活动和自然运动共同具有的,第二、第三种转换仅仅为人的实践活动所具有。在这三种转换中,人与自然双方都增添了新的内容,形成"历史的自然"和"自然的历史"。实践活动包括物质转换,表明人的活动也必须遵循物质运动的共同规律;其特殊的人与人之间的活动互换以及物质和观念的转变又体现出新的、为自然物体所不具有的特殊运动规律,这就是体现主体活动的特点,包括物质运动在内的人的实践活动规律。社会生活在本质上是实践的,历史不过是人的实践活动在时间中的展开。因此,人的实践活动的规律实际上就是历史规律。

历史是人的实践活动在时间中的展开,历史规律就形成并实现于人的活动之中。由此产生一个不可回避的问题,那就是,如何理解"自由是对必然的认识"这一命题。按照唯物主义历史观,"自由是对必然的认识"绝不意味着人们在从事某种历史活动之前有一个现成的历史规律可供认识,相反,认识历史只能从"事后"开始,从"发展过程的完成的结果"开始。这是因为:

第一,不存在任何一种预成的、纯粹的、永恒不变的历史规律,任何一种具体的历史规律都形成于特定的历史活动和社会形态中;当这种特定的历史活动和社会形态结束时,这种特定的历史规律也就不复存在。

第二,以往的历史传统和既定的历史条件为新一代的历史活动提供了前提,并决定了新一代历史活动的大概方向。但是,这些历史条件又在新一代的历史活动中不断被改变,正是在这种改变以往条件的活动过程中,决定新一代命运的新的历史规律才形成。

第三,只有当某种历史活动和社会关系达到充分发展、充分展示时,某种历史规律才能全面形成;只有在这个时候,人们才能真正理解、把握这种历史规律。马克思指出:"在人类历史上存在着和古生物学中一样的情形。由于某种判断的盲目,甚至最杰出的人物也会根本看不到眼前的事物。后来,到了一定的时候,人们就惊奇地发现,从前没有看到的东西现在到处都露出自己的痕迹。"①"资产阶级社会是最发达的和最多样性的历史的生产组织。因此,那些表现它的各种关系的范畴以及对于它的结构的理解,同时也能使我们透视一切已经覆灭的社会形式的结构和生产关系。"②

正是在这个意义上,马克思指出,"对人类生活形式的思索,从而对它的科学分析,总是采取同实际发展相反的道路。这种思索是从事后开始的,就是说,是从发展过程的完成的结果开始的"③,并认为在"从后思索"的过程中抽象出来的历史规律,绝不提供可以适用于各个历史时代的"药方"或"公式",相反,这些抽象出来的历史规律离开了具体的历史就没有任何价值。问题的关键就在于,"只是在人们着手考察和整理资料——不管是有关过去时代的还是有关当代的资料——的时候,在实际阐述资料的时候,困难才开始出现。这些困难的排除受到种种前提的制约,这些前提在这里是根本不可能提供出来的,而只能从对每个时代的个人的现实生活过程和活动的研究中产生"④。

形成于人的活动中的历史规律具有总体性。从根本上说,历史的规律性就是经济运动对人类历史行程的制约性,生产力与生产关系的矛盾运动从根本上决定着历史运行的大概趋势,构成了历史运动的"中轴线"。但是,我们又不能由此把历史规律性等同于经济必然性。在整个历史中,没有一个重大历史事件的起源不能用经济必然性来说明;同时,没有一个重大历史事件不为一定的政治因素和意识形态所引导、所伴同、所追随。历史的演变在任何时候都不是在一个经济的平面上进行的。经济必然性既不可能脱离人们的物质实践活动成为独立的实体,也不可能脱离政治、文化等社会要素而纯粹地发生作用。经济必然性本身就具有社会性、历

---

① 《马克思恩格斯选集》第 4 卷,第 579 页。
② 《马克思恩格斯选集》第 2 卷,第 23 页。
③ 《马克思恩格斯全集》第 23 卷,第 92 页。
④ 《马克思恩格斯选集》第 1 卷,第 74 页。

史性,以经济必然性为基础的历史规律因此具有总体性,即经济、政治、文化等社会要素交互作用的产物。

形成于人的活动中的历史规律同样具有重复性、常规性,即在一定条件下,某种历史规律会反复发生作用,成为一种常规现象。以此为前提,唯物主义历史观制定了"五种社会形态"理论,认为在不同的历史时期、不同的民族那里,可以产生相同的社会形态。凡是规律都具有重复性、常规性。历史规律同样如此。由于把社会关系归结于生产关系,把生产关系归结于生产力,唯物主义历史观"提供了一个完全客观的标准,它把生产关系划为社会结构,并使人有可能把主观主义者认为不能应用到社会学上来的重复性这个一般科学标准,应用到这些关系上来……一分析物质的社会关系(即不通过人们的意识而形成的社会关系:人们在交换产品时彼此发生生产关系,甚至都没有意识到这里存在着社会生产关系),立刻就有可能看出重复性和常规性,把各国制度概括为社会形态这个基本概念"[1]。由此,唯物主义历史观发现了历史规律的重复性、常规性及其秘密,并能以"自然科学的精确性"指明社会"生产的经济条件方面所发生的物质的"[2]变革。"重复性""常规性""精确性"概念的形成,使唯物主义历史观成为一门科学,一门成熟的科学。

历史规律的重复性不等于历史事件的重复性。历史不同于自然,历史事件都是独一无二的,法国大革命、明治维新、戊戌变法等都是非重复性的存在,但由此否定历史规律却是不能接受的。戊戌变法是"一",但改良、改革作为历史现象在古今中外并不罕见,是"多";法国大革命是"一",但资产阶级革命作为历史现象在近现代历史上却重复可见,是"多"。这表明,要把历史事件、历史现象和历史规律三个概念加以区分。历史事件是"一",历史现象是"多",在这"多"的背后存在着只要具备一定的条件就会重复起作用的历史规律。

---

[1] 《列宁选集》第1卷,第8页。
[2] 《马克思恩格斯选集》第2卷,第33页。

"如果'偶然性'不起任何作用的话,那末世界历史就会带有非常神秘的性质。这些偶然性本身自然纳入总的发展过程中,并且为其他偶然性所补偿。"①确定的历史规律,即历史必然性只有通过非确定的偶然性才能实现,偶然性因此成为必然性的实现形式,并使同一历史规律的表现形式和实现形式具有不同的特征。这就是说,任何一个历史事件的产生都是必然性和偶然性共同作用的结果。正是其中的偶然性使历史事件各具特色,不可重复,规律重复的只是同类历史事件中的共同的、本质的、必然的关系,它不是也不可能是重复其中的偶然因素。

正因为如此,历史规律的重复性是在一个个不可重复的历史事件中体现出来的。1566年的尼德兰革命、1640年的英国革命、1775年的美国革命战争(独立战争)、1789年的法国大革命、1911年的中国辛亥革命……这一个个不可重复的历史事件的出现,体现的正是资产阶级革命的历史规律。从历史上看,每一代封建君主都被教导如何进行统治,被告诫"水能载舟亦能覆舟",甚至专门编撰了《资治通鉴》之类的书供他们阅读,以希图封建王朝万世一系,可是,历史上照样发生农民起义,照样发生改朝换代,照样发生资产阶级革命。

实际上,任何事件,包括自然事件都是必然性和偶然性共同作用的结果,因而在严格的意义上说,自然事件也是不可重复的,自然规律的重复性也是在一个个不可重复的自然事件中体现出来的。当莱布尼茨提出"没有两片绝对一样的树叶"时,实际上就是指自然事件的不可重复性、差异性。问题在于,自然事件的差异性深藏在自然事件相似性的后面,历史规律的重复性深藏在历史事件单一性的后面。所以,在观察自然时,应从事件的相似中看到相异;在研究历史时,应从事件的相异中看到相同,从而透视出规律性。现代西方历史哲学把历史规律的重复性等同于历史事件的重复性,用历史事件的不可重复性来否定历史规律。这表明,现代西方历史哲学并没有真正理解必然性和偶然性的关系,没有真正理解自然

---

① 《马克思恩格斯全集》第33卷,人民出版社1973年版,第210页。

事件和历史事件的异与同,没有真正理解可重复的历史规律和不可重复的历史事件之间的内在联系。

当代马克思主义的批评者们一般都把马克思主义的决定论混同于机械决定论,然后大加讨伐。这一方面说明他们不理解马克思主义的决定论同机械决定论的本质区别;另一方面,这又不是误认风车为妖魔的堂吉诃德式的战斗,而是实实在在的两种历史观,即唯心主义历史观与唯物主义历史观的对立。

三、历史的主体与客体及其相互作用

从人的活动的视角去考察人与历史的关系,就形成了主体与客体这两个哲学范畴。在历史活动中,人把自身之外的存在变成了自己活动的对象,变成了自己的客体,与此同时,也就使自己成为主体性的存在。在历史活动中,主体与客体处在一种相互作用的过程中,不断地实现主体客体化和客体主体化的双向运动,并形成了客体对主体的制约性与主体对客体的超越性的辩证法。

主体是从事历史活动的人,而人要成为历史活动的主体,即历史主体,就要具备必要的能力结构。在主体的能力结构中存在着三种基本要素:

其一,"人本身的自然力"是历史主体能力结构中的物质性因素。人类的第一个历史活动,也是基本活动,就是改造自然、生产自己生活资料的活动。因此,人本身必须具有与自然物相适应的自然力,才能与自然进行物质交换,从而以一种现实的、感性的力量同自己的对象发生相互作用。当然,人作为主体具有的自然力,不同于一般自然物的自然力。人的自然力是在目的、观念等精神因素支配下的物质力量,因而人不仅能够积极地适应自然界,而且能够能动地改造自然界,创造出自然界本身不可能自动生成的客观对象。

其二,进入主体历史活动中并为主体所实际掌握、运用的知识,是历史主体能力结构中的精神性因素。要成为历史的主体,人不仅要具有自

然力,而且还要具有能够超越这种自然力以及外部自然力的精神力量,首先是知识力量。在历史活动中,作为主体能力的知识要素主要是指为主体所实际掌握、运用的知识。主体只有掌握了关于活动的对象、手段以及主体自身的有关知识,才能根据主体的需要、客体的本性以及活动的手段所提供的可能性恰当地提出活动的目的,并设计实现这一目的的具体途径、方法和步骤。主体对有关历史活动的知识掌握得越深刻、越全面,他从事历史活动的自觉性也就越高,成功的可能性也就越大。

其三,人的情感和意志也是历史主体能力结构中的精神性因素。主体的情感、意志等非知识性因素对主体历史活动的发动与停止、对主体活动能力的发挥起着重要的控制和调节作用。人在历史活动中不可能不具有某种情感,情感的状态对实践活动的进行及其得失成败具有重要的影响和作用。同时,人的历史活动是一种具有目的性的活动,因而需要一种能够持续地指向目的意志,以克服障碍,达到目的,取得成功。"三军可夺帅,匹夫不可夺志",讲的就是这个道理。历史活动的主体是知、情、意相统一的整体,主体能力的发挥不仅取决于知识的主导作用,而且总是伴随着主体对客体的情感体验和意志努力。正如马克思所说,人是一个"有激情的存在物。激情、热情是人强烈追求自己的对象的本质力量"①。

历史主体的能力不是与生俱来的,而是在一定的历史条件下通过实践和学习逐步形成、不断发展起来的。在这个意义上,人是一种未完成的存在物。只有通过后天的实践和学习,获得相应的能力,并不断发展和完善这种能力结构,人才能成为现实的历史活动的主体。离开了后天的实践和学习,离开了社会,主体的能力只能是潜在的。正因为如此,历史活动的主体还有自己的社会结构。

从主体的社会构成来看,历史活动的主体可以划分为个人主体、群体主体和人类主体三种形式。个人有其相对独立的活动范围和形式,在这个意义上,个人是独立的主体,即个人主体;群体主体是指以一定的集体

---

① 《马克思恩格斯全集》第42卷,第169页。

形式进行历史活动时所形成的主体,包括集团、阶级、民族,在阶级社会,尽管在民族中存在着利益不同的阶级,但只要这种民族内部对抗还没有发展到外部冲突,它就要在一定程度上使自己以整体形式从事某些历史活动;人类主体是指发展着的人类整体,由于人类活动有时存在着共同的对象,面临着共同的需要,因而需要共同的行动,所以,在一定意义上,人类也构成了一种主体形态。但是,迄今为止,自觉的人类主体还没有形成,这一方面是自然的原因,如地理的原因使不同民族之间产生一定的隔离性;另一方面,也是更重要的,是社会的原因。在国际上还存在民族利益、阶级利益对立的条件下,人类只能在某些有限的方面,在一定的条件下,共同以人类主体的身份从事改造世界的活动。

对主体社会结构的分析表明,在历史活动中,具体的主体不仅同一定的客体发生着改造与被改造的关系,而且主体与主体之间必然结成一定的社会关系,并相互依存、相互影响、相互作用。具体的主体,一方面受到社会关系的制约,另一方面又以其能动的活动在不同方面、不同程度上影响和改变社会关系。因此,在历史活动中,不但主体与客体之间发生着相互作用,而且在主体内部也发生着不同主体之间的相互作用。

在人的历史活动中,客体是主体活动的对象,是进入主体活动领域,并同主体发生功能性关系,或为主体活动所指向的客观事物。因此,对历史活动的客体,即历史客体要从两个方面去理解:一方面,客体首先是一种不以主体的主观意志为转移的客观存在,客观事物不仅在成为客体之前就具有客观性特征,而且在进入主体与客体的关系结构之后,这种客观性特征也仍然保持着;另一方面,客体不是与客观事物相同的概念,客观事物只有被纳入主体活动范围,或作为主体活动所指向的对象时才能成为客体。

第一,哪些客观事物能够成为人的历史活动的客体,不仅取决于这些客观事物的自在本性,而且取决于人的本质力量发展的水平。换言之,哪些客观事物能成为人的历史活动的客体,不仅取决于客观事物具有哪些可被人类利用的属性,更重要的是,取决于人的历史活动的能力和水平能否把握、利用客观事物的这些属性。

第二,客体是由人的历史活动历史地规定着的,客观事物的各个方面、各种属性不是同时整个地成为人的历史活动的客体的。不仅就整个自然界来说,客观事物被纳入到主体活动范围要有一个过程,即使是已经进入主体与客体关系结构的客观事物,人们也只有通过认识和实践的不断发展,才能不断发现其对人而言的有用的属性,从而以新的方式改造和利用它们,以满足人们不断发展的需要。

第三,客体的存在和发展不仅表明客体本身发生了特定的变化,而且表明这种变化本身就是主体本质力量的确证。通过客体的变化和发展可以透视主体能力及需要的变化和发展,客体不断扩大的过程,实际上就是主体本质力量不断发展的过程。正如马克思所说:"工业的历史和工业的已经产生的对象性的存在,是一本打开了的关于人的本质力量的书。"①

同主体一样,客体也是历史的范畴。被纳入主体活动范围的客体是不断扩大的,因此,客体也就具有了与主体的历史活动相联系的多种形式。其中,自然形式的客体和社会形式的客体构成了客体的基本结构。

自然形式的客体是客体的最基本形式。在人类最初的、最基本的活动中,客体是自然。这种客体既包括同主体的对象性活动发生关系的天然自然物,也包括人们用某种方式改造或制造出来的人工自然物。人工客体既是主体实践活动的结果,同时,又是主体进一步改造的对象。人原本是自然界长期发展的产物,被自然所支配,可人的历史活动又扭转了乾坤,使人成为一种主体性的存在,使自然成为客体性的存在,被人所支配。

社会形式的客体是指现实的社会结构,如经济制度、政治制度等,包括体现在物上的社会关系。从事历史活动的人,必须同时把在自己的活动中形成的社会关系作为自己认识和改造的对象,社会关系因此成为社会形式的客体。社会客体的存在形式与自然客体的存在形式有很大的不

① 《马克思恩格斯全集》第 42 卷,第 127 页。

同：自然客体是以实物的形式存在的,社会客体则是以实物的形式体现着社会关系。作为人的历史活动的产物,"实物是为人的存在,是人的实物存在,同时也就是人为他人的定在,是他对他人的人的关系,是人对人的社会关系"①。

从历史主体与客体相互作用的特点和实质看,这种相互作用既不同于一般的物质实体之间的相互作用,也不同于一般的精神与物质之间的相互作用,而是把这两种相互作用都包含于自身。

主体与客体的相互作用具有物质性的特点,但又不能把这种相互作用的本质归结为一般的物质性。一切物与物之间的相互作用都是无意识的、盲目的,都不可能以主体与客体相互作用的形式出现。在主体与客体的相互作用中,出现了一般物质实体的相互作用所没有的新的关系,这就是反映与被反映、认识与被认识、能动与受动、改造与被改造之间的关系。

因此,主体在主体与客体相互作用的过程中占据主导地位和中心地位。也正因为如此,在历史过程中,主体一方面受到客体的制约和限定,另一方面又不断地发展自己的能力,以自觉能动的活动不断打破客体的限定,超越现实客体。主体与客体之间的这种限定和超越或限定中的超越关系,就是历史主体与客体相互作用的实质。

从历史主体与客体相互作用的内容和结果看,这种相互作用是通过主体客体化和客体主体化的双向运动而实现的。

所谓主体客体化,是指人通过历史活动使自己的本质力量转化为对象物,即转化为客体。马克思指出:"在生产中,人客体化,在消费中,物主体化。"②作为人类的第一个历史活动,生产活动是人们运用自身的力量并运用工具改造自然的过程。在这个过程中,对象按照主体的需要和要求发生了结构与形式上的变化,形成了自然界原本所没有的种种对象物。

---

① 《马克思恩格斯全集》第 2 卷,第 52 页。
② 《马克思恩格斯全集》第 46 卷上,第 26 页。

这种对象物是在人与世界的相互作用中创造出来的,是人的体力和智力物化的体现,也就是主体的本质力量通过生产活动转化为静止的物质的存在形式,即积淀、凝聚和物化在对象中。"劳动的产品就是固定在某个对象中、物化为对象的劳动,这就是劳动的对象化。劳动的实现就是劳动的对象化。"①因此,主体客体化也就是主体通过生产活动向对象的渗透和转化,即主体对象化。实际上,不仅生产活动是如此,人类的一切历史活动的结果都是主体客体化的结果,是"对象性的存在"。

所谓客体主体化,是指客体从客观对象的存在形式转化为主体生命结构的因素或主体本质力量的因素。在生产活动中,主体一方面通过物质和能量的输出改变着客体,同时,又把一部分客体作为直接的生活资料加以消费,或者把物质工具作为自己身体器官的延长包括在主体的生命活动之中。这些都是客体向主体的渗透和转化,即客体主体化。实际上,人通过"革命的实践"改造社会关系,使之转化为主体意识的一部分,也是客体主体化的表现。

人通过主体客体化,即主体对象化造成人的活动成果的体外积累,形成了人类积累、交换、传递、继承和发展自己本质力量的特殊方式——社会遗传方式,从而使人类的文明成果不会因个体的消失而消失;人通过客体主体化能够占有、吸收前人的活动成果,不断丰富人的本质力量,提高着主体能力,从而使主体能以新的更高的水平去改造客体。因此,历史主体与客体的相互作用总是不断地在新的基础上进行。这就是说,历史活动的主体与客体本身就具有历史性。

在主体客体化的同时,必然发生客体主体化。主体客体化和客体主体化的双向运动是人类历史活动两个不可分割的方面,二者互为前提、互为媒介,人们就是通过这种活动形式不断解决着人与自然、人与社会、人与世界的矛盾。客体对主体的制约性和主体对客体的超越性,这是人类历史活动的本质内容。

---

① 《马克思恩格斯全集》第42卷,第91页。

四、历史的参与者与创造者

社会历史是人的活动的历史,人们自己创造自己的历史。唯物主义历史观确认人民群众的历史主体地位,尊重普通个人在社会发展中的作用,同时,又认为,伟大人物(历史人物、杰出人物)能够加速或延缓历史进程,局部改变历史进程的面貌。

考察和说明历史创造者的问题,唯物主义历史观遵循三个基本原则,并区分了历史的参与者与历史的创造者。

第一,从整体的历史过程考察和说明历史的创造者及其活动。

社会发展过程离不开个人的活动,但整体的历史并不是个人历史的简单堆砌。恩格斯指出:"历史是这样创造的:最终的结果总是从许多单个的意志的相互冲突中产生出来的,而其中每一个意志,又是由于许多特殊的生活条件,才成为它所成为的那样。这样就有无数互相交错的力量,有无数个力的平行四边形,由此就产生出一个合力,即历史结果,而这个结果又可以看作一个作为整体的、不自觉地和不自主地起着作用的力量的产物。"①"无论历史的结局如何,人们总是通过每一个人追求他自己的、自觉预期的目的来创造他们的历史,而这许多按不同方向活动的愿望及其对外部世界的各种各样作用的合力,就是历史。"②

这就是说,就每一个人而言,他在一定意义上"创造"了自己的"历史",即通过自己的人生谱写了自己个体的"历史",并在这个过程中参与了社会历史。但是,这并不能与创造社会历史画等号,否则,就会得出"人人创造历史"的结论,就会把历史的参与者与历史的创造者完全等同起来。唯物主义历史观把个体的历史纳入整体的历史之中来考察,并且立足于整体的历史过程来探究历史创造者问题。创造社会历史的活动,就

---

① 《马克思恩格斯选集》第4卷,第697页。
② 《马克思恩格斯选集》第4卷,第248页。

是体现历史发展的方向和趋势的活动。

第二,从历史规律的视角考察和说明历史的创造者及其活动。

历史规律不仅形成于人的实践活动中,而且体现并实现于特定的历史主体的实践活动中。历史规律的一个重要体现,就是生产力的发展必然导致旧的历史主体的衰落和新的历史主体的崛起。新的历史主体不仅追求自身的利益,而且力图把其他历史主体的利益纳入并使之从属于自己的利益体系。如果其他的历史主体的利益有碍于自己利益的实现,那么,这个新的历史主体就必然要"牺牲"其他历史主体的利益来满足自身的利益,而其他历史主体也必然要反抗这种"牺牲"。这就形成了不同主体的历史活动,产生不同的社会力量。在这些纵横交错的社会力量中,既存在着顺历史规律而动、推动社会发展的力量,也存在着逆历史规律而动、阻碍社会发展的力量。只有代表前一种力量的个体、群体才属于历史的创造者。唯物主义历史观对历史创造者的考察,旨在进一步揭示历史的规律性,说明不同的个体、群体历史作用的不同性质。

第三,从人与历史关系的不同层次考察和说明历史的创造者及其活动。

从总体上看,可以从三个层次来考察历史主体,即人类(作为总体的人)、群体(包括阶级)、个体。与此相应,人与历史的关系就具有人类与历史、群体与历史、个体与历史这三层关系。把人类当作历史主体来看待,是从最抽象的形式上考察历史主体的活动,是肯定作为总体的人在总体的历史过程中的主体地位。正是在这个意义上,马克思认为,"人们自己创造自己的历史"①,并以此同神创造历史、观念创造历史和超人创造历史等唯心主义历史观划清界限。

但是,唯物主义历史观并没停留在一般地承认"人们"创造历史这个层面上,而是深入、具体地考察群体与历史、群体与个人的关系,区分了历史的参与者与历史的创造者。恩格斯指出:"整个历史进程——指重大事

---

① 《马克思恩格斯选集》第 1 卷,第 585 页。

件——到现在为止都是不知不觉地完成的,也就是说,这些事件及其所引起的后果都是不以人的意志为转移的。历史事件的参与者要么直接希求的不是已成之事,要么这已成之事又引起完全不同的未预见到的后果。"①所谓历史的参与者,就是指以不同形式从事历史活动的人;历史的创造者则是指体现社会发展规律,并以此为基础推动社会发展的人。历史的创造者当然是历史的参与者,但历史的参与者并不一定就是历史的创造者。从历史进程的主导力量、决定力量来看,人民群众是历史的创造者。

人民群众是物质生产活动的主体。作为物质生产活动的主体,人民群众创造了社会必需的生活资料和社会活动所必需的物质前提,人民群众的生活、实践构成了一切精神财富的源泉。从根本上说,社会历史是物质生产发展的历史,人民群众的物质生产活动构成了整个社会生活的基础,从根本上推动着社会的发展,因而是历史的创造者。

人民群众是社会变革的决定力量。人民群众在创造社会财富的同时,也创造并改造着社会关系。生产关系的变革、社会制度的更替最终取决于生产力的发展,但这种变革和更替只有通过人民群众的"革命的实践"才能实现和完成。历史已经证明并正在证明,一切"革命的实践",本质上都是人民群众摧毁旧的社会制度的斗争。人民群众的人心向背体现了社会发展的趋势,人民群众是社会变革的主导力量。在社会变革时期,人民群众创造历史的作用就突出地显示出来了。列宁形象而深刻地指出:"革命是被压迫者和被剥削者的盛大节日。人民群众在任何时候都不能像在革命时期这样以新社会制度的积极创造者的身分出现。"②如果说伟大人物是历史规律的发现者,那么,人民群众就是历史规律的实现者,因而是历史的创造者。

人民群众创造历史,但是,人民群众也不可能随心所欲地创造历史。马克思指出:"人们自己创造自己的历史,但是他们并不是随心所欲地创

①《马克思恩格斯全集》第 39 卷,人民出版社 1974 年版,第 405 页。
②《列宁选集》第 1 卷,第 616 页。

造,并不是在他们自己选定的条件下创造,而是在直接碰到的、既定的、从过去承继下来的条件下创造。一切已死的先辈们的传统,像梦魇一样纠缠着活人的头脑。"①人们"直接碰到的、既定的、从过去承继下来的条件""已死的先辈们的传统",不仅制约着人民群众创造物质财富的活动,而且直接制约着人民群众政治积极性的发挥。"凡是承认人们确实能创造自己的历史的哲学,也都得把它本身跟当时的各种历史条件联系起来。它要广泛地估计到,某一时期,人们进行活动的各种条件的比重。"②任何时代,人民群众创造历史的活动都要受到历史条件的制约。历史条件既为人民群众创造历史的活动提供了前提,又使人民群众创造历史的活动受到制约;人民群众创造历史的活动既受到历史条件的限制,又不断地突破这种限制。人民群众在历史条件制约下创造历史的过程,在一定意义上,就是这种限制和突破限制的过程。"历史活动是群众的事业,随着历史活动的深入,必将是群众队伍的扩大"③,创造历史、决定历史的是"行动着的群众"④。

唯物主义历史观确认人民群众创造历史,但并不否认个人,包括普通个人和历史人物的历史作用。相反,唯物历史观认为,历史是由世世代代无数个人的活动所造就的,所有个人都在一定程度上、一定范围内起到一定的历史作用。"全部历史本来由个人活动构成,而社会科学的任务在于解释这些活动。"⑤

普通个人对社会发展都有或大或小的贡献,其总和构成了人民群众创造历史的活动。恩格斯指出:"各个人的意志——其中的每一个都希望得到他的体质和外部的、归根到底是经济的情况(或是他个人的,或是一般社会性的)使他向往的东西——虽然都达不到自己的愿望,而是融合为一个总的平均数,一个总的合力,然而从这一事实中决不应作出结论说,

① 《马克思恩格斯选集》第 1 卷,第 585 页。
② [美]悉尼·胡克:《历史中的英雄》,王清彬等译,上海人民出版社 1964 年版,第 2 页。
③ 《马克思恩格斯全集》第 2 卷,第 104 页。
④ 《马克思恩格斯全集》第 2 卷,第 104 页。
⑤ 《列宁全集》第 1 卷,人民出版社 1984 年版,第 360 页。

这些意志等于零。相反地,每个意志都对合力有所贡献,因而是包括在这个合力里面的。"①

所谓历史人物,是指对社会发展起过重大影响、给历史事件打上鲜明的个人印记的人物。历史人物,尤其是伟大人物在社会发展过程中起着特殊的作用。

其一,历史人物是历史事件的当事人和策划者。历史人物是重大历史事件的直接参与者、策划者、指挥者,因而他们总是在历史事件上留下自己"个性"的鲜明印记,并使具体的历史事件具有独特性。例如,秦王嬴政与统一中国,康有为与"戊戌变法",罗伯斯庇尔与法国大革命,列宁与俄国十月革命,等等。历史人物都有自己鲜明的个性,都在发起、组织历史活动的过程中,把自己的思想、品质、情感、风格等个人因素带到历史进程中,从而在历史事件中打上了个人的烙印,使每个历史事件都呈现出它特有的面貌,具有这样或那样的特征。历史事件在现象上的多样性,同历史人物个性的多样性是密切相关的。

其二,历史人物是历史任务的发起人和组织者。在历史进程中,历史规律往往是历史人物,尤其是伟大人物首先发现的,新的历史任务是由伟大人物首先提出来的。伟人之所以是伟人,就在于他们比一般人站得高、看得远,因而能首先发现历史规律,首先把历史进程所形成的历史任务揭示出来,并提出解决历史任务的可行方案,组织完成历史任务的历史活动。正如普列汉诺夫所说:"伟人确实是发起人,因为他的见识要比别人的远些,他的愿望要比别人的强烈些。他把先前的社会理性发展进程所提出的紧急科学任务拿来加以解决;他把先前的社会关系发展过程所引起的新的社会需要指明出来;他担负起满足这种需要的发起责任。"②正因为如此,伟大人物能够决定社会发展"个别面貌"或"局部后果",从而加速或延缓历史进程。

① 《马克思恩格斯选集》第 4 卷,第 697 页。
② 《普列汉诺夫哲学著作选集》第 2 卷,第 373 页。

历史人物都有自己的个性。但是,历史人物的个性对历史进程的影响及其广度和深度,要受到特定的社会关系以及社会力量的制约。"个人的性格只有在社会关系所容许的那个时候、地方和程度内,才能成为社会发展的'因素'。"①实际上,历史人物本身就是特定的社会关系的产物,其产生就体现着特定的历史必然性,体现着必然性与偶然性的关系。

"人类始终只提出自己能够解决的任务,因为只要仔细考察就可以发现,任务本身,只有在解决它的物质条件已经存在或者至少是在生成过程中的时候,才会产生。"②历史任务生成、成熟是客观的,而且一定会有人发现并提出这一历史任务,提出完成这一历史任务的方案,这是必然的。但是,谁来做这件事,恰巧是某个人而不是别人,这又是偶然的。问题在于,偶然之中有必然。如果没有这个人,那就会有另外的人来代替,并且这个代替者或迟或早总是会出现的。正如恩格斯所说:"恰巧某个伟大人物在一定时间出现于某一国家,这当然纯粹是一种偶然现象。但是,如果我们把这个人去掉,那时就会需要有另外一个人来代替他,并且这个代替者是会出现的,不论好一些或差一些,但是最终总是会出现的。"③

马克思曾引用并赞同爱尔维修的观点,即每一个时代都需要有自己的伟大人物,如果没有这样的人物,它就要创造出这样的人物来。从根本上说,是时势造英雄。特定的历史条件所形成的时势,提供了以往历史所没有或罕见的机会,使一些平时默默无闻的"小人物"成为历史人物、伟大人物。惊心动魄的法国大革命把一些理发匠、修鞋匠、店员等"小人物"造就成资产阶级共和国的将军和领袖,波澜壮阔的中国新民主主义革命使一些放牛娃、"煤黑子"、普通学生等"小人物"成长为人民共和国的将军和领袖。伟大人物的产生具有历史必然性,或者说,他们本身就是历史必然性的体现者。

实际上,伟大人物都是时代的需要和历史的考验相结合而形成的,没

---

① 《普列汉诺夫哲学著作选集》第 2 卷,第 359—360 页。
② 《马克思恩格斯选集》第 2 卷,第 33 页。
③ 《马克思恩格斯选集》第 4 卷,第 733 页。

有一个伟大人物是从历史条件中自然生长出来，而是在艰辛探索、艰苦磨炼的过程中成长起来的。政治家、科学家、军事家乃至艺术家都是如此。莎士比亚是某年某月某日在某地由某对夫妻生出来的，但生出来的莎士比亚并不是作为伟大戏剧家的莎士比亚，而是一个除了呱呱啼哭什么也不会的婴儿。鲁迅说得好，即使天才，生下来的第一声啼哭也不是一首好诗。作为伟大戏剧家的莎士比亚不是"生"出来的，而是"成长"起来的，是当时英国的社会环境、文化传统和他本人的努力奋斗造就的。社会、历史、时代的需要及其实现往往凝结在伟大人物的成长过程中。

历史条件对普通个人和历史人物同样起着制约作用，再伟大的人物也不可能摆脱历史条件的制约，再伟大的人物也有自己的历史局限性。"由于某种判断的盲目，甚至最杰出的人物也会根本看不到眼前的事物。后来，到了一定的时候，人们就惊奇地发现，从前没有看到的东西现在到处都露出自己的痕迹。"①历史人物凭借自己的才能、性格等特点能够改变具体的历史事件的面貌或历史的某些结果，能够加速或阻碍社会发展进程，但他们不可能改变社会发展的规律及其趋势。历史的总体进程不会因"英雄"的出世而改道，也不会因"伟人"的陨落而易辙。"一个伟大人物之所以伟大，并不因为他的个人特点使各个伟大历史事变具有其个别的外貌，而是因为他自己所具备的特性使他自己最能致力于当时在一般和特殊原因影响下所发生的伟大社会需要。"②

任何历史人物，包括伟大人物的力量，都不可能超过人民群众的力量。个人再伟大，也是个人；群众再平凡，也是集体，而集体的力量是包括伟大人物在内的任何个人的力量无法比拟的。人心向背体现着社会发展的趋势。"得人心者得天下，失民心者失天下"，这是一条历史规律。在历史上，只有人民群众选择某个历史人物作为领袖，而不是历史人物选择人民群众；只有人民群众抛弃某个历史人物，而任何一个历史人物，包括伟

① 《马克思恩格斯全集》第 32 卷，第 51 页。
② 《普列汉诺夫哲学著作选集》第 2 卷，第 373 页。

大人物,一旦"抛弃"群众,就会"霸王别姬",只能成为向隅而泣的孤家寡人,被历史所抛弃。忽视伟大人物的历史作用是错误的,无视人民群众的历史作用更是错误的。我们必须"学会把领袖和阶级、领袖和群众结成一个整体,结成一个不可分离的整体"①,从而共同创造历史伟业,不断创造新的历史。

任何历史人物,包括伟大人物都是一定时代和具体的历史条件的产物,必然带有时代特征和历史局限性;阶级社会中的历史人物不可避免地要受到特定的阶级关系的制约,必然反映和代表特定阶级的特征和阶级局限性。因此,在评价历史人物时,应坚持历史分析方法和阶级分析方法。

历史分析方法要求从特定的历史背景出发,将历史人物置于他们所处的历史环境中,对他们的是非功过进行具体的、全面的考察,如实地反映历史人物与当时历史条件的关系,如实反映历史人物的历史作用,从而给予恰当的评价。无视历史人物的历史局限性,美化、拔高前人是不可取的;脱离具体的历史条件,用现代人的标准苛求、贬低前人,同样是不可取的。"判断历史的功绩,不是根据历史活动家有没有提供现代所要求的东西,而是根据他们比他们的前辈提供了新的东西。"②

阶级分析方法要求把历史人物置于一定的阶级关系中,同他所属的阶级联系起来加以考察和评价。一定的阶级总是要推举或产生出自己的代表人物,以表达、实现自己的利益和愿望。因此,历史人物的作用必然受到阶级关系的制约,阶级的局限性决定了它的代表人物的局限性。但是,应当注意的是,判断历史人物的阶级属性,不能仅仅根据历史人物的阶级出身,而应同时看到他们的思想、行为代表了哪个阶级的利益。后者更为重要。马克思指出:"不应该认为,所有的民主派代表人物都是小店主或崇拜小店主的人。按照他们所受的教育和个人的地位来说,他们可

---

① 《列宁选集》第 4 卷,人民出版社 1995 年版,第 160 页。
② 《列宁全集》第 2 卷,人民出版社 1984 年版,第 154 页。

能和小店主相隔天壤。使他们成为小资产者代表人物的是下面这样一种情况：他们的思想不能越出小资产者的生活所越不出的界限，因此他们在理论上得出的任务和解决办法，也就是小资产者的物质利益和社会地位在实际生活上引导他们得出的任务和解决办法。一般说来，一个阶级的政治代表和著作代表同他们所代表的阶级之间的关系，都是这样。"①在阶级社会中，离开了阶级背景，就难以理解历史人物的产生、作用及其性质。

五、生产力与生产关系的矛盾运动规律及其现代特点

在历史规律体系中，生产力与生产关系矛盾运动规律，即生产关系一定要适合生产力状况规律，从根本上决定着社会发展的方向和总体进程，因而是社会发展的根本规律。

生产力是人们在物质生产活动中形成的解决自身需要与自然之间矛盾的实际能力，是作为主体的人以自身的活动来引起、调整和控制人与自然之间物质变换的能力。在同自然进行物质变换的过程中，作为主体的人不仅要付出自身的体力和智力，而且还要借助自然力；不仅改变外部自然，而且也改变"自身的自然"。这是一个通过人的本质力量对象化而实现的"自然的人化"过程，同时，又是一个自然力被同化于人的体力、自然规律转化为人的思维能力的过程，二者相互依存、相互制约，形成一种双向运动。正是在这种双向运动中形成了现实的生产力。"一边是人及其劳动，另一边是自然及其物质"②，二者的统一构成了生产力的本质内容，缺少其中任何一个方面，都不能构成现实的生产力。

生产力不是超历史的预成的实体。离开人的实践活动，生产力只能是一个空洞无物的抽象范畴。从本质上看，生产力是人们实践活动的产物，其本身就体现着人的本质力量，具有属人的性质。换言之，生产力是

---

① 《马克思恩格斯选集》第 1 卷，第 614 页。
② 《马克思恩格斯全集》第 23 卷，第 209 页。

人们的实践能力,标志着人的本质力量和人对自然的能动关系。正因为如此,马克思把生产力称为"人类生产力",并认为生产力发展的历史也就是"个人本身力量发展的历史"①。这是其一。

其二,生产力是个人的劳动能力通过一定的社会结合方式,包括分工、协作等中介环节而形成的社会力量。正如马克思所说:"受分工制约的不同个人的共同活动产生了一种社会力量,即扩大了的生产力。"②所以,马克思把生产力称为"社会生产力"。

其三,生产力是在人与自然之间的物质变换过程中形成的物质力量,是"物质生产力",同时,生产力本身又凝聚着人的"社会智力"。正是在这个意义上,马克思提出两个概念,即"物质生产力和精神生产力",并认为从人类生产力形成之日起,就"既有表现为个人特性的主观的生产力,也有客观的生产力"③。

生产力是人们在物质生产活动中形成的、解决人的需要与自然之间矛盾的能力。问题在于,"已经得到满足的第一个需要本身、满足需要的活动和已经获得的为满足需要而用的工具又引起新的需要"④。人的需要与自然之间的矛盾是人类社会的永恒的矛盾。正是这个矛盾,作为一种客观的、强制性的力量,推动着生产力处于不断发展之中。换言之,生产力具有一种不可遏制的发展趋势,归根到底,是由人的需要与自然之间的矛盾不断解决,又不断产生这一客观必然性所决定的。人的需要与自然之间的矛盾构成了生产力不断发展的根本原因。

不断发展的生产力与生产关系处在相互作用的过程中,这种相互作用是通过分工这个中介实现的。分工之所以能够成为生产力与生产关系相互作用的中介,是因为分工具有双重属性,即既具有生产力的属性,又具有生产关系的属性。

---

① 《马克思恩格斯选集》第 1 卷,第 124 页。
② 《马克思恩格斯选集》第 1 卷,第 85 页。
③ 《马克思恩格斯全集》第 46 卷上,第 173、495 页。
④ 《马克思恩格斯选集》第 1 卷,第 79 页。

分工同生产工具直接相关,并具有生产力的属性。"生产工具的积聚和分工是彼此不可分割的",即"工具积聚发展了,分工也随之发展,并且反过来也一样"。① 这就是说,生产工具的性质和发展决定着分工的性质和发展,分工的发展又反过来影响、促进生产工具的发展。"正因为这样,机械方面的每一次重大发展都使分工加剧,而每一次分工的加剧也同样引起机械方面的新发明。"②

实际上,分工是生产过程中生产者和生产工具的具体结合方式,标志着生产的技术构成;"劳动的组织和划分视其所拥有的工具而各有不同"③;同时,分工"造成了社会生产过程的质的划分和量的比例,从而创立了社会劳动的一定组织,这样就同时发展了新的、社会的劳动生产力"④。正因为如此,分工构成了生产力的一环,是生产工具水平和生产者水平的综合体现,因而是生产力水平的表现。马克思指出:"一个民族的生产力发展的水平,最明显地表现于该民族分工的发展程度。"⑤

分工又同所有制关系直接相关,并具有生产关系的属性。分工首先是生产过程中人与人的分离,同时又是人与人的一种结合,"分工无非是并存劳动"⑥。分工是生产过程中人与生产工具的结合方式,因而也就体现着人与生产资料的关系:"分工发展的各个不同阶段,同时也就是所有制的各种不同形式。这就是说,分工的每一个阶段还决定个人的与劳动材料、劳动工具和劳动产品有关的相互关系。"⑦正因为如此,马克思指出:"分工和私有制是相等的表达方式,对同一件事情,一个是就活动而言,另一个是就活动的产品而言。"⑧

同时,分工又是人与人的结合方式,是从事不同劳动的人们之间必然

① 《马克思恩格斯选集》第1卷,第165、166页。
② 《马克思恩格斯选集》第1卷,第166页。
③ 《马克思恩格斯选集》第1卷,第161页。
④ 《马克思恩格斯全集》第23卷,第403页。
⑤ 《马克思恩格斯选集》第1卷,第68页。
⑥ 《马克思恩格斯全集》第26卷Ⅲ,第295页。
⑦ 《马克思恩格斯选集》第1卷,第68页。
⑧ 《马克思恩格斯选集》第1卷,第84页。

联系的外部表现形式。"分工从最初起就包含着劳动条件——劳动工具和材料——的分配,也包含着积累起来的资本在各个所有者之间的劈分,从而也包含着资本和劳动之间的分裂以及所有制本身的各种不同的形式。"①在《资本论》中,马克思正是以此为理论出发点,通过对平均利润的分析,揭示出各类资本家如何在对生产资料的占有、支配、使用的结合过程中,不断达到利润平均化,从而在经济利益上形成为一个阶级的。实际上,"分工不仅使精神活动和物质活动、享受和劳动、生产和消费由不同的个人来分担这种情况成为可能,而且成为现实"②。这就是说,分工又是生产的社会组织形式,具有生产关系的属性。

分工的二重性,使之成为生产力与生产关系相互作用的中介。分工状况以生产工具的水平为前提,本身就体现着生产的技术构成方式,同时,又形成了特定的经济活动方式。这就是说,特定的分工体现着特定的生产技术构成,同时,又形成了特定的经济活动方式、生产组织形式,而经济活动方式、生产组织形式的改变必然引起所有制形式的改变,直至生产关系的变革。

由此,可以看到这样一个相互作用的链条:生产力(生产工具)—生产的技术构成方式—分工—经济活动方式、生产组织方式—所有制关系—生产关系。这一链条展示了生产力与生产关系相互作用的内在机制。生产力对生产关系的决定作用以及生产关系对生产力的反作用,就是通过分工这个中介实现的。这种通过分工而实现的生产力与生产关系的相互作用,形成了生产力与生产关系的矛盾运动规律。

生产力与生产关系的矛盾运动在不同的时代具有不同的特点。在现代,生产力与生产关系矛盾运动的特征就是:在世界性发展的背景下以具有民族性的方式表现出来。

历史越往前追溯,生产力与生产关系矛盾运动的民族性就越突出。

---

① 《马克思恩格斯选集》第 1 卷,第 127 页。
② 《马克思恩格斯选集》第 1 卷,第 83 页。

在古代，由于交通不便和信息传递的困难，生产力与生产关系的矛盾运动一般都是在民族的狭隘地域内"单独进行"的，其显著特点是，每一种生产方式的形成在各个民族那里都必须"从头开始""重新开始""重新发明"。正如马克思所说："当交往只限于毗邻地区的时候，每一种发明在每一个地方都必须重新开始；一些纯粹偶然的事件，例如蛮族的入侵，甚至是通常的战争，都足以使一个具有发达生产力和有高度需求的国家处于一切都必须从头开始的境地。在历史发展的最初阶段，每天都在重新发明，而且每个地方都是单独进行的。"①

在民族之间的交往有了一定发展的条件下，原来"单独进行"的具体民族的生产方式之间便产生了相互作用、相互影响、相互渗透的关系。例如，日耳曼民族征服罗马帝国之后，被征服民族的较高生产力与征服者原来的生产关系产生交互作用，结果使日耳曼民族越过奴隶制而直接建立了封建制。马克思指出："封建制度决不是现成地从德国搬去的。它起源于征服者在进行征服时军队的战时组织，而且这种组织只是在征服之后，由于在被征服国家内遇到的生产力的影响才发展为真正的封建制度的。"②这里，已经显露出生产力与生产关系矛盾运动的"世界性"的萌芽。

随着"世界市场""生产的国际关系"的形成，"过去那种地方的和民族的自给自足和闭关自守状态，被各民族的各方面的互相往来和各方面的互相依赖所代替了"③。由此，以往"自然形成"的各国的孤立状态被消除，世界成为一个统一的整体，历史由此转变为"世界历史"。随着世界历史的形成，原来"单独进行"的生产力与生产关系的矛盾运动便真正越出了民族的狭隘地域，进入了世界"运动场"，具有了世界性，即进入全面相互作用、相互影响和相互渗透的历史阶段。

生产力与生产关系矛盾运动的世界性以民族性为基础，但它又不是民族性的简单叠加。作为一种整合值，生产力与生产关系矛盾运动的世

---

① 《马克思恩格斯全集》第 3 卷，第 61 页。
② 《马克思恩格斯选集》第 1 卷，第 126 页。
③ 《马克思恩格斯选集》第 1 卷，第 276 页。

界性具有相对独立性,并能够使民族性在某种程度上发生"变形",使之以某种形式协调于世界性之中。"世界历史是个整体,而各个民族是它的'器官'。"①在现代,任何一个民族都不可能长久地孤立于世界历史进程之外,如同人的"器官"不能孤立于血液循环系统之外一样。在世界历史的背景中,某些较为落后的民族或较不发达国家内的生产力与生产关系的矛盾会较快地达到激化状态,并产生与较发达国家"类似"的矛盾。正如马克思所说,一切历史冲突都根源于生产力与生产关系的矛盾,但"不一定非要等到这种矛盾在某一国家发展到极端尖锐的地步,才导致这个国家内发生冲突。由广泛的国际交往所引起的同工业比较发达的国家的竞争,就足以使工业比较不发达的国家内产生类似的矛盾"②。

在这种历史条件下,较为落后的民族或较不发达的国家就不必一切"从头开始",亦步亦趋地沿着发达国家的历史道路走下去。在"类似的矛盾"的推动下,在发达国家的"历史启示"下,较为落后的民族或较不发达的国家可以自觉地利用生产力与生产关系矛盾运动的世界性,缩短自身矛盾的解决过程,以"跨越"式的发展走向世界先进行列。东方一些较为落后的民族或较不发达的国家之所以能够跨越完整的或典型的资本主义阶段,直接走向社会主义道路,其秘密正在于此。

六、社会主义代替资本主义的历史必然性

社会发展有其内在规律,不以任何人、任何阶级的意志为转移。从历史上看,每一代封建君主都被教导如何进行统治,被告诫"水能载舟亦能覆舟",甚至专门编撰了《资治通鉴》之类的书供他们阅读,以希图封建王朝万世一系。可是,历史上照样发生农民起义,照样发生改朝换代,照样发生资产阶级革命。"随着新生产力的获得,人们改变自己的生产方式,

① 《列宁全集》第 55 卷,第 273 页。
② 《马克思恩格斯选集》第 1 卷,第 115—116 页。

随着生产方式即谋生的方式的改变,人们也就会改变自己的一切社会关系。手推磨产生的是封建主的社会,蒸汽磨产生的是工业资本家的社会。"①这表明,某种社会形态的盛衰兴亡是一个规律性的现象。

从封建社会的衰亡中产生出来的资本主义社会本身就是生产方式一系列变革的产物,具有历史必然性,所以,"资产阶级在历史上曾经起过非常革命的作用"②。"只有资本才创造出资产阶级社会,并创造出社会成员对自然界和社会联系本身的普遍占有。由此产生了资本的伟大的文明作用。"③但是,任何一种社会形态都不可能永恒存在,如同希图万世一系的封建王朝最终走向崩溃一样,在历史中产生的资本主义社会也必然历史地走向衰亡,为新的社会形态所代替。社会主义代替资本主义的历史必然性就根植于资本主义生产方式内在矛盾的本性之中。

资本不是物,而是在物的掩盖下的一种生产关系,正如马克思所说:"资本也是一种社会生产关系。这是资产阶级的生产关系,是资产阶级社会的生产关系。"④同时,资本又是带来剩余价值的价值,"资本不仅包括生活资料、劳动工具和原料,不仅包括物质产品,并且还包括交换价值"⑤。"资产阶级生存和统治的根本条件,是财富在私人手里的积累,是资本的形成和增殖"⑥,而资本形成和增殖的过程实际上就是剩余价值的不断生产和实现的过程。生产力与生产关系的矛盾运动在资本主义社会造就了资本主义社会的基本经济规律,即剩余价值规律。

对剩余价值无止境的追逐是资本的本性。因此,对剩余价值的追逐和贪婪构成了资本家这一"人格化"的资本不断扩大再生产、无限发展生产力的内在动力。"劳动生产力的发展——首先是剩余劳动的创造——是资本的价值增加或资本的价值增殖的必要条件。因此,资本作为无限

---

① 《马克思恩格斯选集》第 1 卷,第 142 页。
② 《马克思恩格斯选集》第 1 卷,第 274 页。
③ 《马克思恩格斯全集》第 46 卷上,第 393 页。
④ 《马克思恩格斯选集》第 1 卷,第 345 页。
⑤ 《马克思恩格斯选集》第 1 卷,第 345 页。
⑥ 《马克思恩格斯选集》第 1 卷,第 284 页。

制地追求发财致富的欲望,力图无限制地提高劳动生产力并且使之成为现实。"①反过来说,在资本主义社会,发展生产力要受到资本的价值增殖这个规定性的限制。具体地说,资本的价值增殖或剩余价值的实现依赖于生产过程向流通过程的转化,而资本离开生产过程重新进入流通过程时,立即受到两种限制。

一是资本作为生产出来的产品受到现有消费量或消费能力的限制。资本的生产和积累本质上就是资本主义生产关系的生产和再生产,它必然造成两极对立,即一边是为数极少的人不断积累财富,一边是为数众多的人不断陷入贫困;一边是发达国家越来越发达,一边是发展中国家越来越难以摆脱贫困的状态。这就造成了极其有限的消费能力,造成了生产能力与消费能力之间的巨大反差以及资产阶级与无产阶级、发达国家与发展中国家之间的深刻对立。

二是作为新的价值,资本生产出来的产品受到现有等价物的量的限制,首先是货币量的限制。剩余价值的实现需要"剩余等价物",正如产品作为使用价值受到的限制是他人的消费,产品作为价值受到的限制是他人的生产。由于资本主义的生产都是以追求剩余价值为目的的生产,表现为个别企业生产的组织性和整个社会生产、世界市场弱组织性的对立,因而在交换总体上,就没有实现所有剩余价值的等价物,这就必然导致使用价值的生产受交换价值的限制。所以,资本首先受到"货币量的限制","剩余等价物现在表现为[对于资本的]第二个限制"②。

资本主义生产方式的内在矛盾就在于:"资本主义生产方式包含着绝对发展生产力的趋势,而不管价值及其中包含的剩余价值如何,也不管资本主义生产借以进行的社会关系如何;而另一方面,它的目的是保存现有资本价值和最大限度地增殖资本价值。"③因此,从根本上说,上述两个限制就是资本本身对生产力无限发展趋势的限制,而资本总是力图在不断

---

① 《马克思恩格斯全集》第 46 卷上,第 306 页。
② 《马克思恩格斯全集》第 46 卷上,第 388 页。
③ 《马克思恩格斯全集》第 25 卷,第 278 页。

发展生产力和不断变革生产关系的过程中突破这些限制。"资产阶级除非对生产工具,从而对生产关系,从而对全部社会关系不断地进行革命,否则就不能生存下去。"①问题在于,这每一次"创造性破坏"都使资本陷入一次比一次更大的危机之中。"资本主义生产总是竭力克服它所固有的这些限制,但是它用来克服这些限制的手段,只是使这些限制以更大的规模重新出现在它面前。"②

因此,资本主义的发展总是伴随着经济危机。以 1825 年的经济危机为开端,而后反复出现的周期性经济危机及其所造成的社会危机使资产阶级意识到,不变革生产关系、社会关系,不改变经济运行机制,不建立预防经济危机的社会机制,就不能生存下去。资本主义由此进入到国家垄断资本主义阶段,其特征在于,国家对经济活动进行干预和控制,国家干预和私有企业并存,垄断和竞争并存,生产资料占有方式出现某种社会化趋势,资本主义生产的计划性有所增强。实际上,恩格斯早就提出:"由股份公司经营的资本主义生产,已经不再是私人生产,而是由许多人联合负责的生产。如果我们从股份公司进而来看那支配着和垄断着整个工业部门的托拉斯,那么,那里不仅没有了私人生产,而且也没有了无计划性。"③

问题在于,在资本主义社会,不管国家对经济是采取自由放任形式,还是采取计划干预形式,其基础都是私有企业制度,政府的经济活动主要是在私有企业活动的基础上安排的,国家干预经济是为了使私有企业的经营活动能够在全社会范围内正常进行,是为了资本积累能够得到可靠的保证。无论采取什么样的垄断形式,资本主义都不可能改变资本对剩余价值的贪婪,都不可能消除生产资料资本家私人所有制及其对生产力无限发展趋势的限制。资本主义私有制,这是资产阶级无法突破也不愿意突破的"大限"。正如马克思所说:"资本主义生产的真正限制是资本自身,这就是说:资本及其自行增殖,表现为生产的起点和终点,表现为生产

---

① 《马克思恩格斯选集》第 1 卷,第 275 页。
② 《马克思恩格斯全集》第 25 卷,第 278 页。
③ 《马克思恩格斯选集》第 4 卷,第 408 页。

的动机和目的;生产只是为资本而生产,而不是相反:生产资料只是不断扩大生产者社会的生活过程的手段。以广大生产者群众的被剥夺和贫困化为基础的资本价值的保存和增殖,只能在一定的限制以内运动,这些限制不断与资本为它自身的目的而必须使用的并旨在无限制地增加生产,为生产而生产,无条件地发展劳动社会生产力的生产方法相矛盾。"①

马克思指出:"资产阶级社会的真实任务是建立世界市场(至少是一个轮廓)和以这种市场为基础的生产。"②的确如此,生产的商品化以及对剩余价值的无限追逐,驱使资产阶级奔走于全球各地,力图建立世界市场;大工业的建立,交通工具的发达,对印度和中国的入侵以及美洲、非洲的殖民化等,使世界市场以及"生产的国际关系"得以形成。"资产阶级,由于开拓了世界市场,使一切国家的生产和消费都成为世界性的了。""过去那种地方的和民族的自给自足和闭关自守状态,被各民族的各方面的互相往来和各方面的互相依赖所代替了。"③

正是在开拓世界市场的过程中,资产阶级力图使一切民族都"采用资产阶级的生产方式",同时,又用暴力迫使"未开化和半开化的国家从属于文明的国家,使农民的民族从属于资产阶级的民族,使东方从属于西方"④,从而创造出资本主义世界体系。从结构上看,资本主义世界体系是一个"中心—外围"或"中心—卫星"式的体系,即工业国是"中心",农业国是"卫星"。恩格斯形象地指出:"英国是农业世界的大工业中心,是工业太阳,日益增多的生产谷物和棉花的卫星都围着它运转。"⑤

在当代资本主义世界体系中,发达国家通过种种手段,包括在发展中国家直接投资,利用其廉价劳动力资源;债务盘剥,造成发展中国家债务危机;依靠其先进的科学技术和雄厚的经济实力,构成国际贸易中的双向垄断,即卖方垄断(垄断高价)和买方垄断(垄断低价),形成国际贸易中长

---

① 《马克思恩格斯全集》第 25 卷,第 278—279 页。
② 《马克思恩格斯全集》第 29 卷,第 348 页。
③ 《马克思恩格斯选集》第 1 卷,第 276 页。
④ 《马克思恩格斯选集》第 1 卷,第 277 页。
⑤ 《马克思恩格斯选集》第 4 卷,第 425 页。

期超越价值规律作用的不平等交换……剥削、掠夺发展中国家。发达国家的资产阶级通过双重剥削——不仅剥削本国的工人，而且剥削发展中国家的工人——得到双重好处，即既能在国外获得较高的利润率，又能在国内维持较高的剩余价值率。在发达国家享尽全球化"红利"的同时，发展中国家却仍饱受贫穷落后之苦。结果是富国越来越富，穷国越来越穷。一边是发达国家财富的不断积累，一边是落后国家贫困的不断加剧，世界发展中的不平衡更趋严重。资本主义并没有消除阶级对立、贫富差距，相反，它在发达国家内剥削工人阶级的同时，又在世界范围内剥削工人阶级，并掠夺"农民的民族"；它在发达国家内不断制造贫富差距的同时，又在世界范围内不断制造贫富差距，并且日益拉大这个差距；它并没有消除发展中国家本来意义上的落后状态，反而使经济本来就落后的发展中国家处于一种畸形发展或"不发达的发展"状态；它没有消除发达国家的经济危机，又力图向发展中国家转嫁经济危机，并使发展中国家处在严重的经济危机、社会危机状态之中。

在当代，发达国家的"发达"是以"不发达"国家的不发达为代价的，或者说，不发达国家的"不发达"是由于在资本主义世界体系中被发达国家的剥削、掠夺和控制所造成的一种扭曲的发展形式。"不发达并不是由孤立于世界历史主流之外的那些地区中古老体制的存在和缺乏资本的原因造成的。恰恰相反，不论过去或现在，造成不发达状态的正是造成经济发达（资本主义本身的发展）的同一历史进程。"[1]一言以蔽之，资本主义世界体系造成了发达与不发达这两种对立的状态。

这种发达国家与不发达国家的矛盾又是同无产阶级与资产阶级两个阶级、社会主义与资本主义两种制度的矛盾交织在一起的。如前所述，发达国家内的资产阶级不仅剥削本国工人阶级，而且剥削发展中国家的工人阶级，所以，当代发达国家与不发达国家之间的矛盾又交织着无产阶级

---

[1] ［美］查尔斯·K. 威尔伯：《发达与不发达问题的政治经济学》，高铦等译，商务印书馆2015年版，第168页。

与资产阶级的矛盾。同时,东方社会主义国家在经济发展总体水平上属于不发达国家,所以,当代发达国家与不发达国家之间的矛盾又交织着资本主义制度与社会主义制度的矛盾。总而言之,资本主义世界体系的内在矛盾表现为交织在一起的资产阶级与无产阶级、发达国家与不发达国家、"农民的民族"与"资产阶级的民族"、资本主义与社会主义的矛盾。从根本上说,这些矛盾的出现并交织在一起正是资本主义生产方式及其内在矛盾世界化的结果。

实际上,资本主义经济需要外部的非资本主义或"准资本主义"的空间和市场,并在其中扩张,不发达国家对发达国家经济的"从属"或"依附"关系,即"中心—卫星"式的关系是资本主义生产方式在世界范围内得以确立和发展的必要条件。因此,不发达国家所处的这种贫困落后状态不可能通过发达国家的资本主义扩张来克服。更重要的是,当代不发达国家的资本主义发展与发达国家历史上的资本主义发展具有不同的性质,资本主义世界体系需要不发达国家保持其"不发达"地位,不允许不发达国家走上与发达国家相同的发展道路。换言之,当代不发达国家不可能再沿着发达资本主义国家已经走过的道路实现经济发展,相反,只有走社会主义道路才能摆脱对发达国家的经济"从属"或"依附",才能真正实现经济和社会发展。

这就是说,在当代,发达国家与不发达国家的矛盾是资本主义生产方式内在矛盾的表现形式,而且是其突出的表现形式。这表明,马克思所揭示的社会主义代替资本主义的历史必然性仍然具有客观依据。正如当代著名学者海尔布隆纳所说,马克思对理解资本主义作出了"最重要、最持久的贡献","只要资本主义存在,我认为我们就不能宣称他对这一制度内在性质的认定是错误的"。①

资本主义的寿命还有多长,这无法预料。马克思主义所揭示的社会

---

① [美]罗伯特·L.海尔布隆纳:《马克思主义:赞成与反对》,马林梅译,东方出版社2016年版,第65页。

主义代替资本主义的必然性是社会发展的"路线图",而不是历史进程的"时间表"。问题的关键在于,不能把资本主义看成是社会发展的终极形态,变暂时的相对稳定为永恒的绝对形式;不能把社会主义暂时的挫折看成是永久的失败,变运动的曲折为运动的终结。从人类总体历史进程看,社会主义代替资本主义的历史进程才刚刚开始,这一历史话剧仅仅是拉开了序幕。把起点当作终点、把序幕当作谢幕,这是历史的错觉。邓小平指出:"历史唯物主义揭示了人类社会发展的规律。封建社会代替奴隶社会,资本主义代替封建主义,社会主义经历一个长过程发展后必然代替资本主义。这是社会历史发展不可逆转的总趋势,但道路是曲折的。资本主义代替封建主义的几百年间,发生过多少次王朝复辟? 所以,从一定意义上说,某种暂时复辟也是难以完全避免的规律性现象。"①

七、社会发展道路:"一元多线"

历史的规律性决定了社会发展具有确定的方向性和秩序性。把人类历史作为一个整体来考察,可以发现,"五种社会形态"的确是依次更替的,具有不可超越性,"无论哪一个社会形态,在它所能容纳的全部生产力发挥出来以前,是决不会灭亡的;而新的更高的生产关系,在它的物质存在条件在旧社会的胎胞里成熟以前,是决不会出现的"②。原始社会——奴隶社会——封建社会——资本主义社会——社会主义社会,这是人类总体历史发展的道路,是人类总体历史的"自然的发展阶段"。从人类总体历史来看,社会主义制度的出现没有也不可能先于资本主义制度,资本主义社会的产生没有也不可能先于封建社会,封建社会的形成没有也不可能早于奴隶社会,奴隶社会的出现更不可能先于原始社会,原始社会是人类社会的"原生形态"和出发点,所有民族在"人猿揖别"之后,首先进

---

① 《邓小平文选》第 3 卷,人民出版社 1993 年版,第 382—383 页。
② 《马克思恩格斯选集》第 2 卷,第 33 页。

入的都是原始社会。

确认人类总体历史进程的不可超越性,并不是否定某一民族在一定的历史条件下能够跨越一定的社会形态而直接走向更高级的社会形态,并不是说所有民族,不管他们所处的历史环境如何都注定要走"五种社会形态"依次更替的历史轨道。纵览历史可以看出,西欧的日耳曼民族在征服罗马帝国之后,越过奴隶制,从原始社会直接走向封建社会,东欧的一些斯拉夫民族以及亚洲的蒙古族走着类似的道路;北美洲在欧洲移民到来之前仍处于原始社会,但随着欧洲移民的到来,北美洲迅速建立起资本主义制度,所以,马克思认为,在美国,"资产阶级社会不是在封建制度的基础上发展起来的,而是从自身开始的"①,大洋洲也走着类似的道路;而在非洲,有的民族从奴隶制,甚至从原始社会末期直接走上了资本主义道路。

马克思在概括资本主义社会产生的途径时指出:"在现实的历史上,雇佣劳动是从奴隶制和农奴制的解体中产生的,或者象在东方和斯拉夫各民族中那样是从公有制的崩溃中产生的,而在其最恰当的、划时代的、囊括了劳动的全部社会存在的形式中,雇佣劳动是从行会制度、等级制度、劳役和实物收入、作为农村副业的工业、仍为封建的小农业等等的衰亡中产生的。"②这里,马克思实际上指出了资本主义制度产生的三条道路:(1)从封建制度的"衰亡"中产生,这是西欧资本主义制度产生的道路,也是资本主义制度产生的典型道路;(2)从奴隶制或农奴制的"解体"中产生;(3)从原始公有制的"崩溃"中产生。这就是说,某个民族在一定的历史条件下可以跨越一定的社会形态。历史事实表明,奴隶社会、封建社会以及后来的资本主义社会在不同的时期、不同的地区都被不同的民族跨越过。在这个意义上,"跨越"本身是普遍存在的,具有重复性,是社会发展的常规现象。

---

① 《马克思恩格斯全集》第46卷上,第4页。
② 《马克思恩格斯全集》第46卷上,第14页。

某一民族之所以能够跨越一定的社会形态，"跨越"本身之所以能够成为社会发展中的常规现象，与民族之间的交往密切相关，同时，又以几种社会形态在空间上的并存为前提。社会形态的更替在不同的民族那里具有不同步性，当有的民族已经进入封建社会甚至资本主义社会时，有的民族还停留在奴隶社会甚至原始社会，从而在空间上呈现出几种社会形态同时并存的局面。同时，随着生产力的发展，民族之间的交往经历了一个从毗邻地区交往到地域性交往，再到世界性交往的发展过程。交往使不同的民族之间产生相关性，即进入交往过程中的民族之间会产生相互作用、相互影响。当处于不同社会形态的民族进行交往时，就会产生三种"跨越"现象。

　　其一，较为落后的民族征服了较为先进的民族之后，就会自觉或不自觉地适应被征服民族较高的生产力水平，"重新形成一种社会结构"，从而自觉或不自觉地跨越某种社会形态。日耳曼人征服了罗马帝国之后跨越了奴隶制度直接建立封建制度就是如此。正如马克思所说："封建制度决不是现成地从德国搬去的。它起源于征服者在进行征服时军队的战时组织，而且这种组织只是在征服之后，由于在被征服国家内遇到的生产力的影响才发展为真正的封建制度的。"①

　　其二，较为先进的民族征服了较为落后的民族之后，把自己较高的生产力、社会关系"导入"落后的民族之中，从而促进落后的民族跨越一定的社会形态而进入更高级的社会形态。马克思指出："导入英国的封建主义，按其形式来说，要比在法兰西自然形成的封建主义较为完备。"②这是因为"这种交往形式在自己的祖国还受到以前时代遗留下来的利益和关系的牵累，而它在这些地方就能够而且应当充分地和不受阻碍地确立起来，尽管这是为了保证征服者有持久的政权（英格兰和那不勒斯在被诺曼人征服之后，获得了最完善的封建组织形式）"③。这就是"派生的、转移

①《马克思恩格斯选集》第 1 卷，第 126 页。
②《马克思恩格斯全集》第 46 卷上，第 489—490 页。
③《马克思恩格斯选集》第 1 卷，第 125 页。

来的、非原生的生产关系"①,是社会发展中的"导入的和带去的派生形式"②。在这种情况下,先进的民族"充当了历史的不自觉的工具"③。

其三,当一个民族处在历史的转折点时,先进的社会形态对该民族具有更大的吸引力。在先进民族的"历史启示"下,较为落后的民族就能够有意识地利用先进民族的经验和成果,并在先进的社会形态的框架中选择和设计自己的发展形式,从而自觉地跨越某种社会形态,如中华民族。"十月革命一声炮响,给我们送来了马克思列宁主义。十月革命帮助了全世界的也帮助了中国的先进分子,用无产阶级的宇宙观作为观察国家命运的工具,重新考虑自己的问题。走俄国人的路——这就是结论。"④"走俄国人的路",使中国跨越了资本主义历史阶段,直接走上了社会主义道路。

一个"民族本身的整个内部结构也取决于自己的生产以及自己内部和外部的交往的发展程度"⑤。交往及其产生的相关性形成了社会发展中的"跨越"现象。尽管不同民族"跨越"的对象及其途径都是特殊的,但是,只要在同一时代存在着不同的社会形态,只要处于不同社会形态的民族之间进行交往,那么,在相关性的作用下,"跨越"现象就会不断发生,重复可见,成为社会发展的常规现象。

某些民族跨越某种社会形态而直接进入更高级的社会形态,并不是对人类总体历史发展方向的否定。某一民族可以跨越一定的社会形态,但它的历史运行的路线不可能是同人类历史总体进程逆向的,相反,"跨越"的方向同人类总体历史运行的方向是一致的,民族历史发展的"跨越"性是以人类历史总进程的不可跨越性为前提的,实际存在的社会形态规定着"跨越"的限度。没有罗马帝国的存在,日耳曼民族就不可能跨越奴

---

① 《马克思恩格斯全集》第46卷上,第47页。
② 《马克思恩格斯全集》第46卷上,第489页。
③ 《马克思恩格斯选集》第1卷,第766页。
④ 《毛泽东选集》第4卷,人民出版社1991年版,第1471页。
⑤ 《马克思恩格斯选集》第1卷,第68页。

隶制而从原始社会直接进入封建社会;没有资本主义制度的存在,一些民族就不可能跨越封建社会从奴隶社会直接走向资本主义社会。所以,马克思认为,某些民族"跨越"后达到的较为先进的社会关系并不是从它们之中"自然发生"或"原生"的,而是"派生"的、"转移来"的、"带去"的、"导入的"。先进民族较为发达的生产力和社会关系"转移"或"导入"到落后民族的程度,在一定意义上决定着较为落后民族"跨越"的限度。"定居下来的征服者所采纳的共同体形式,应当适应于他们面临的生产力发展水平,如果起初情况不是这样,那么共同体形式就应当按照生产力来改变。"①这表明,"跨越"现象的产生与生产关系一定要适合生产力状况并不矛盾,相反,它本身就是生产关系一定要适应生产力状况规律的体现。

东方一些国家之所以能够缩短资本主义历史进程或跨越资本主义历史阶段,直接走向社会主义道路,归根到底,也是生产力与生产关系矛盾运动的结果。正如马克思所说,一切历史冲突都根源于生产力与生产关系的矛盾,但是,"不一定非要等到这种矛盾在某一国家发展到极端尖锐的地步,才导致这个国家内发生冲突。由广泛的国际交往所引起的同工业比较发达的国家的竞争,就足以使工业比较不发达的国家内产生类似的矛盾"②。没有资本主义生产方式对东方国家的冲击、影响、渗透及其所引起的"类似的矛盾",东方一些国家就不可能缩短资本主义历史进程或跨越资本主义历史阶段,直接走上社会主义道路。

这就是说,就具体的民族而言,社会发展道路是多样的。社会发展道路的多样性与民族历史活动的选择性密切相关。当一个民族的历史处在一个转折点时,历史的进一步发展往往显示出多种可能性;在这多种可能性中,哪一种可能性能够成为现实,则取决于这个民族的自觉选择,以及这个民族内部的阶级力量的对比。但是,这种民族历史活动的选择性、社会发展道路的多样性并不能改变人类历史的总体进程及其一元性——经

① 《马克思恩格斯选集》第 1 卷,第 126 页。
② 《马克思恩格斯选集》第 1 卷,第 115—116 页。

济必然性。社会发展是"一元多线"。"一元",即经济必然性,生产关系一定要适合生产力状况的规律从根本上决定着人类历史以及民族历史的进程;"多线",即社会发展道路具有多样性,不同的民族在特定的历史条件下能够跨越某种社会形态,直接走向更高级的社会形态。正因为如此,马克思指出:"一定要把我关于西欧资本主义起源的历史概述彻底变成一般发展道路的历史哲学理论,一切民族,不管他们所处的历史环境如何,都注定要走这条道路,——以便最后都达到在保证社会劳动生产力极高度发展的同时又保证人类最全面的发展的这样一种经济形态。但是我要请他原谅。他这样做,会给我过多的荣誉,同时也会给我过多的侮辱。"①

---

① 《马克思恩格斯全集》第 19 卷,第 130 页。

第六章

意识本质、认识发生与认识活动内在矛盾

马克思主义哲学不仅分析了人与自然的关系、人与社会的关系,而且分析了人与其意识的关系;不仅科学地阐明了社会的本质、结构和整体性,阐明了历史规律的形成与特征,而且科学地阐明了人类意识的产生与本质特征,阐明了对象意识与自我意识及其关系;不仅科学地解答了人的认识的发生和本质特征,而且科学地解答了语言在认识活动中的真实作用。马克思主义认识论始终从物质实践出发解释观念的形成,阐明实践是认识的基础,明确提出不是人们的意识决定人们的存在,而是人们的社会存在决定人们的意识。

一、意识的本质特征:反映与创造的统一

要真正理解人类意识的本质特征,首先就要正确理解意识与社会的关系。人类意识的产生有它的自然前提和神经生理基础,但人类意识不是单纯的自然进化的结

果,而是社会的产物。正如马克思所说:"意识一开始就是社会的产物,而且只要人们存在着,它就仍然是这种产物。"①离开社会交往和社会关系的孤立的人及其意识,是根本不存在的。

人是通过进化由类人猿转化而来的,但人的肉体结构和活动能力并不是大自然自动馈赠的,而是在类人猿行为模式的基础上伴随着劳动的形成而形成的。正是在劳动形成的过程中,人的肉体组织和精神意识都相应历史地形成了。在自然进化的基础上,作为人类祖先的类人猿的直立行走、手脚分工、发达的神经活动、高级的心理活动、初始的工具活动和生存的群居形式,为人的劳动的产生提供了生物学前提。人的劳动这种社会活动是从高级动物的本能活动演变而来的。

但是,与动物不同,人类不是单纯地适应环境,而是在改变环境的过程中使环境适应自己的生存需要。劳动,即物质生产活动正是改变环境的活动,人及其意识就是在这种改造环境的活动中形成的。"思想、观念、意识的生产最初是直接与人们的物质活动,与人们的物质交往,与现实生活的语言交织在一起的。人们的想象、思维、精神交往在这里还是人们物质行动的直接产物",而后又成为"物质生活过程的必然升华物"。② 从内容上看,"意识起初只是对直接的可感知的环境的一种意识,是对处于开始意识到自身的个人之外的其他人和其他物的狭隘联系的一种意识。同时,它也是对自然界的一种意识"③。

人的劳动从一开始就具有社会性。高等动物的群体性是人的社会性的自然史前提,但动物的群体不过是生物的血缘关系和生存的觅食关系的结合体,是受生物的本能行为支配的,并不是社会。社会是"随着完全形成的人的出现"④而产生的,是通过人与人之间的交往活动形成的,而人们的社会交往活动同动物的本能群体行为有着本质的区别。"意识到必

---

① 《马克思恩格斯选集》第1卷,第81页。
② 《马克思恩格斯选集》第1卷,第72、73页。
③ 《马克思恩格斯选集》第1卷,第81页。
④ 《马克思恩格斯选集》第4卷,第378页。

须和周围的个人来往,也就是开始意识到人总是生活在社会中的。这个开始,同这一阶段的社会生活本身一样,带有动物的性质;这是纯粹的畜群意识,这里,人和绵羊不同的地方只是在于:他的意识代替了他的本能,或者说他的本能是被意识到了的本能。"①

意识起初是人们的物质生产活动的"直接产物",后来之所以成为人们的物质生活过程的"必然升华物",同人们的社会分工的形成和语言的产生密切相关。

按照马克思的观点,社会分工不仅使精神活动与物质活动由不同的个人来分担成为可能,而且成为现实。"从这时候起意识才能现实地想象:它是和现存实践的意识不同的某种东西;它不用想象某种现实的东西就能现实地想象某种东西。从这时候起,意识才能摆脱世界而去构造'纯粹的',理论、神学、哲学、道德等等。"②

同时,意识又是"与现实生活的语言交织在一起的"。"语言和意识具有同样长久的历史;语言是一种实践的、既为别人存在因而也为我自身而存在的、现实的意识。语言也和意识一样,只是由于需要,由于和他人交往的迫切需要才产生的。"③没有语言,人的起初的"纯粹动物式的意识"也就不可能发展成为真正的人类意识,换言之,没有语言,也就没有人的意识,而语言就是在人与人之间的交往中产生的,语言本身就是社会的产物。

劳动、语言和分工一起,成为主要推动力,促进人的意识的产生和发展,并使人类意识成为一个相对独立的社会活动系统而存在和发展。

意识是社会的产物,这同时就表明,意识是对社会存在的反映。人脑是意识的器官,但不是意识的源泉;意识是人脑的机能,但仅有人脑还不能产生意识。意识是人脑的机能,这里涉及的是意识同它的生理基础的关系;意识是存在的反映,这里涉及的是意识同它的内容的关系,涉及的是意识的本质。按照马克思的观点,物质生活的生产方式制约着整个社

① 《马克思恩格斯选集》第 1 卷,第 82 页。
② 《马克思恩格斯选集》第 1 卷,第 82 页。
③ 《马克思恩格斯选集》第 1 卷,第 72、81 页。

会生活、政治生活和精神生活的过程,"不是人们的意识决定人们的存在,相反,是人们的社会存在决定人们的意识"①。马克思在这里所说的"社会存在",是包括自然物质在内、具有社会关系的内涵的"可感觉而又超感觉的物或社会的物"②。这是从意识与存在、观念与物质、自然与社会的关系上对意识的本质所作出的科学规定。这表明,在意识的问题上,马克思主义认识论坚持的是能动反映论的观点。

"反映"(Reflexion)概念最初是用来形容光的反射性质的。一般说来,人的意识活动也具有这种类似反射性的特征。当客体作用于人的感觉和思维器官后,人就会相应地作出"反映",并能在思维着的大脑中"复制""再现"客体。因此,从意识的内容来看,人们的反映活动的确带有某种"反射"的特点。但是,马克思主义认识论绝不是简单的反射论,相反,马克思主义认识论认为,人对客观对象的反映本质上不是一种"反射"现象,而是主体与客体在实践活动基础上形成的精神关系,是人对周围环境及自身的一种观念把握方式。人的反映不仅以心理活动为基础,而且以生产实践、社会交往、语言符号为基础,意识是人所特有的反映形式,是一种主体的、社会性的反映。

同时,人的反映不是消极被动的反映,不是盲目直观的摹写,而是能动的反映。这主要表现在:人的反映是有目的、有选择的反映,不仅指向客体,而且还能指向主体自身;不仅能反映客体的表面现象,而且能反映客体的本质和规律,从而能够超前地反映客体未来的发展趋势;不仅能反映现存的客观事物,而且通过创造性的思维、自由的想象,能"虚构"出客观世界本身没有原型的"观念事物""理想客体"。因此,人的反映活动是能动的、创造性的反映,对物质客体的意识是经过思维着的头脑观念地"改造过"的。"观念的东西不外是移入人的头脑并在人的头脑中改造过的物质的东西而已。"③

①《马克思恩格斯选集》第 2 卷,第 32 页。
②《马克思恩格斯全集》第 23 卷,第 89 页。
③《马克思恩格斯全集》第 23 卷,第 24 页。

被观念地"改造过"的"物质的东西"显然不同于外在的、未被人脑改造过的物质本身,主观形象也不同于客观原型本身。因此,意识具有主观性特征。但是,从根本上说,这种主观性不可能离开客观事物而独立存在,相反,它具有不以人的主观意志为转移的客观内容。即使是虚幻的、歪曲的、颠倒的意识,归根到底,也是对存在的反映,如宗教虚构的"上帝"不过是把自然的力量神圣化,或是使人间的力量具有超人间的威力罢了。这就是说,意识不管具有多么浓厚的主观色彩,不管披上什么样的神秘外衣,归根到底,都有自己的客观"原型"。正如马克思所说:"意识在任何时候都只能是被意识到了的存在,而人们的存在就是他们的现实生活过程。如果在全部意识形态中,人们和他们的关系就像在照相机中一样是倒立呈像的,那么这种现象也是从人们生活的历史过程中产生的,正如物体在视网膜上的倒影是直接从人们生活的生理过程中产生的一样。"①

就所反映的对象的具体形态而言,可以把意识划分为三种基本类型:一是人与自然之间的关系;二是人与人之间的关系;三是人同自身之间的关系。不管是哪一种类型的意识,归根到底,都是现实生活、社会存在的反映。马克思指出:"这些个人所产生的观念,或者是关于他们对自然界的关系的观念,或者是关于他们之间的关系的观念,或者是关于他们自身的状况的观念。显然,在这几种情况下,这些观念都是他们的现实关系和活动、他们的生产、他们的交往、他们的社会组织和政治组织有意识的表现,而不管这种表现是现实的还是虚幻的。"②

意识的内容归根到底来自现实生活、社会存在,意识的变化归根到底也是由现实生活、社会存在决定的。

"成为希腊人的幻想的基础、从而成为希腊[艺术]的基础的那种对自然的观点和对社会关系的观点,能够同走锭精纺机、铁道、机车和电报并存吗?""阿基里斯能够同火药和铅弹并存吗? 或者,《伊利亚特》能够同活

---

① 《马克思恩格斯选集》第 1 卷,第 72 页。
② 《马克思恩格斯选集》第 1 卷,第 72 页。

字盘甚至印刷机并存吗？随着印刷机的出现，歌谣、传说和诗神缪斯岂不是必然要绝迹，因而史诗的必要条件岂不是要消失吗？"①这就是说，古希腊的自然观、社会观与自动纺织机、机车等不能"并存"，歌谣、传说等与活字盘、印刷机不能"并存"。

之所以如此，是因为古希腊的自然观、社会观的基础是古代生产方式，而走锭精纺机、蒸汽机车体现的是近代生产方式；歌谣、传说是用口语传播，这种信息传播方式受到传播者声音所及范围的限制，而活字盘、印刷机形成的信息传播方式超越了这种时空的限制，显现为一个更大的时空结构。一言以蔽之，古希腊的自然观、社会观所体现的与走锭精纺机、蒸汽机所代表的，歌谣、传说这种信息传播方式所体现的和活字盘、印刷机所代表的，不是同一性质的生产方式，因而不能"并存"。"而发展着自己的物质生产和物质交往的人们，在改变自己的这个现实的同时也改变着自己的思维和思维的产物。不是意识决定生活，而是生活决定意识。"②一句话，"人们的意识，随着人们的生活条件、人们的社会关系、人们的社会存在的改变而改变"③。

否定意识的反映性以及反映的摹写性，就会陷入唯心主义认识论；看不到意识的创造性，就会陷入旧唯物主义直观反映论中。意识是创造性的反映，而不是机械的、镜面式的摹写；创造是以反映为基础的创造，而不是脱离摹写的随心所欲的创造。意识是反映、选择与建构的统一，既有客体性，又有主体性；既有客观性，又有主观性；既具有反映性，又具有创造性。一句话，反映与创造的统一是意识的本质特征。这就是马克思主义认识论的意识概念。

二、对象意识与自我意识

人的意识包括对象意识与自我意识。按照马克思的观点，追求自由，

---

① 《马克思恩格斯选集》第 2 卷，第 28、29 页。
② 《马克思恩格斯选集》第 1 卷，第 73 页。
③ 《马克思恩格斯选集》第 1 卷，第 291 页。

是人的"本性",而"自由的首要条件是自我认识"①,"他自己的生活对他是对象。仅仅由于这一点,他的活动才是自由的活动"②。马克思主义认识论并不否定自我意识,相反,马克思主义认识论认为,与动物的生命活动不同,"人则使自己的生命活动本身变成自己的意志和意识的对象。他的生命活动是有意识的……有意识的生命活动把人同动物的生命活动直接区别开来"③。

从根源上看,人的"自我"之所以形成,人的意识之所以二重化为对象意识与自我意识,就在于实践活动本身的对象性与目的性。所谓实践活动的对象性,是指实践必须指向对象,实际地改变客观事物;实践活动的目的性则是指,实践是按"人的方式"来进行的,实践把人的需要转化为实践目的,而且在具体的实践活动实际开始之前已经以观念的形式形成了实践目的。换言之,在实践过程中既存在"物的方式",又存在"人的方式",而实践则是以"人的方式"来改造"物的方式",使"物的方式"服从于"人的方式"的活动。

从实践本身看,一方面,实践是主体意识到对象,是主体实际改变外部事物的活动,另一方面,实践又是主体意识到自身的活动,使自身的活动成为认识的对象;一方面,实践的目的必须服从客观的条件,为对象所制约,另一方面,实践的目的又规定着实践活动的方向、方式和方法,正如马克思所说,这个目的是实践者所知道的,"是作为规律决定着他的活动的方式和方法的,他必须使他的意志服从这个目的"④;一方面,实践的结果,即产品具有"物的方式",独立存在于人之外,另一方面,产品又必须满足人的某种需要,具有"人的方式"。

因此,实践内在地包含两个方面:对实践对象的了解和对实践者自我的了解,对物的控制和对自我的控制,既是指向外部的改造客观世界的活

---

① 《马克思恩格斯全集》第 1 卷,第 35 页。
② 《马克思恩格斯全集》第 42 卷,第 96 页。
③ 《马克思恩格斯全集》第 42 卷,第 96 页。
④ 《马克思恩格斯全集》第 23 卷,第 202 页。

动，又是指向内部的改造主观世界的活动。实践对物的改造、对客观世界的控制以及指向外部世界的活动，要求并形成着对象意识；反过来，实践对实践者自我的了解，对自我的控制以及对主观世界的改造，又要求并形成着自我意识。意识之所以发生对象意识与自我意识的二重化，归根结底，是实践本身结构的体现。

自我意识随着实践的发展而不断展示新的内容。人类历史越往前追溯，生产就越不发达，自我也就越不独立。马克思指出："我们越往前追溯历史，个人，从而也是进行生产的个人，就越表现为不独立，从属于一个较大的整体。"[1]只是在生产力和社会关系比较发达，以及脑力劳动与体力劳动分离之后，个体的"自我"才开始独立出来，此时，才有了严格意义上的"自我意识"，才会在"实存的自我"基础上形成"体验的自我""思维的自我"，才有笛卡儿的"我思故我在"、费尔巴哈的"我欲故我在"等。从根本上说，自我意识是在实践活动中产生，并随着实践的发展而发展的。"环境的改变和人的活动或自我改变的一致，只能被看作是并合理地理解为革命的实践。"[2]被唯心主义神秘化了的"自我意识"并不神秘，它就生成于实践活动中，通过对象性的存在表现出来，并随着对象性活动的发展而发展。

从结构上看，对象意识与自我意识的根本的区别是他反性与自反性，即对象意识是他反性结构，自我意识是自反性结构。

所谓对象意识的他反性，是指认识对象是他在的，是对自身之外的对象的反映。他反性结构决定了认识的路线必定是由自在客体、经验客体再到观念客体。对象意识使自在客体在意识中展开，通过各种抽象过程，形成简单的规定，进而形成观念中的具体。

所谓自我意识的自反性，是指认识对象是自己。如果说对象意识回答"物是什么"，那么，自我意识则要回答"我是什么"，而且必须由"我"来

---

[1]《马克思恩格斯全集》第 46 卷上，第 21 页。
[2]《马克思恩格斯选集》第 1 卷，第 55 页。

认识我。这似乎是一个自我循环式的思维：要回答"我是什么"必须由"我"来进行，而"我"必须由"我是什么"来定义。这一结构特点就是自反性，或者说，是以自我二重化为特征的。换言之，自反性认识以自身为认识对象，自反性结构必定是二重化结构。无论是个体对自我的认识，还是人类对自我的认识，都与对象意识有结构上的差异，这就是"我"要认识我，必须把我二重化，即形成"客体的我"和"主体的我"或者"被思的我"与"反思的我"。这就产生了与对象意识不同的自我意识的活动结构。

从结构上考察对象意识与自我意识，二者既有统一性，又有差异性。

对象意识与自我意识的统一性表现为，二者都有主体与客体的结构，都是对象性活动，因而都有一个信息输入、加工、输出的过程。

对象意识与自我意识的差异性表现为，对象意识以环境为客体，客体是外在的，而自我意识以自我为客体，把自我从"我"中分化出来，形成自反性结构。自我意识的自反性或者通过别人的自我反观自己的自我，或者通过自我的历史活动来认识自我，或者通过自己的对象性活动"在他所创造的世界中直观自身"。"人不仅象在意识中那样理智地复现自己，而且能动地、现实地复现自己，从而在他所创造的世界中直观自身。"①

不管如何，这里都存在着把自我二重化的过程。自我意识既可以是对自我的认识，也可以是对反映的反映，对思维的思维，这既取决于二重化对象的不同，又取决于对象意识的发展。但是，在这种变化中，自反性的二重化结构并没有改变。因此，要把握对象意识与自我意识的根本区别，就要抓住他反性与自反性这一本质区别。

对象意识与自我意识在意识活动中的作用就体现为二者的功能。对象意识与自我意识的功能的不同体现在两个方面。

一是指向性不同。一般来说，对象意识指向人的外部世界，而自我意识指向人的内部世界。认识总是要有对象存在的，但意识具体指向哪一部分信息，按照什么思维线路来把握信息，却是由自我意识来调节的。自

---

① 《马克思恩格斯全集》第 42 卷，第 97 页。

我意识使思维集中于同自我的需要、利益有关的事件和关系,使符合人们需要的意识得以广泛地传播,这就对意识的发展起到某种指向作用,从而规定着认识目标的确立。可见,自我意识与对象意识的功能是不同的,对象意识揭示"物的尺度",重在说明物的规律和特点;自我意识揭示人的"内在尺度",重在说明人应当怎样改变世界,人怎样赋予世界以"人化"的形式,世界在什么样的意义上成为人的世界。这两种指向性在实际改造世界的活动中统一起来。

二是体现在反映的等级性不同。从意识活动的等级性上看,对象意识是对客体的一级反映,而自我意识则是二级反映。人的心理不仅具有针对外部世界的方向性,而且具有针对自身的方向性,所以,它既能反映客体,又能反映这种反映客体的过程。换言之,由于人具有自我意识,所以,人不仅能够进行一级反映(第一序列的反映),而且能够进行二级反映(第二序列的反映)。所谓一级反映,是主体对客体的反映,是主体对客体信息进行处理、加工和"改造",然后输出认识结果的过程;二级反映则是对这一认识过程的反映,是主体把主体对客体的反映过程分化出来、独立出来,并对这一过程本身认识的过程。

自我意识就是主体对主体的存在方式和活动方式的意识,其职能在于揭示主体感觉、知觉时空、思维模式、内在尺度的特殊性。这就产生一个悖论,即客观性是指人的意识中"不依赖于主体、不依赖于人、不依赖于人类的内容",而自我意识的存在则表明,意识也依赖于主体,依赖于人,依赖于人类。换言之,自我意识与客观性这一悖论的特点就在于:既然客观性是人的意识中"不依赖于主体、不依赖于人、不依赖于人类的内容",那么,人类、主体就无法把握它;既然人只能从主体、从人类的角度来认识世界,那么,这一客观性必然依赖于主体。这的确是一个棘手的认识论问题。

现代科学表明,人的感觉、时空坐标、对客观事物的读数系统都是立足于三维的、宏观的系统。在三维宏观系统中,主体、客体、仪器具有天然的统一性。人对世界的认识是从闵可夫斯基四维时空流出发的,人的生存空间和知觉空间则是三维的,这是人的自我意识的天然尺度、天然坐标和天然背景,并成为人的自我中的固有特点和属性。但是,人的三维性、宏观系统又限制了人的意识,它使人不能直观宏观和微观系统。人的直接经验、直观层次是有界限的,但这又不是人的认识界限。正如爱因斯坦所说,在物理学上,人不能看到和直觉地想象第四维,可是在数学上,人能想象第四维。可见,只要自我意识到三维性、宏观性的特点,人就可以超出这种自我的限定,而进入更深的层次。

自我意识与客观性并不是相悖的。具体地说,自我意识对象的选择并不是一次完成的,而是在不断地与外界相互作用和反馈的过程中实现的,反馈、调节、纠正、过滤着主体选择过程,既检验选择是否正确,是否符合主体需要,又检验选择是否符合物的尺度。同时,既定的历史条件也规范着这种选择,选择总是在现实的社会关系和既定的历史条件下的选择。正如马克思所说,"历史不是作为'产生于精神的精神'消融在'自我意识'中而告终的,而是历史的每一阶段都遇到一定的物质结果,一定的生产力总和,人对自然以及个人之间历史地形成的关系"①。包括自我意识在内的人本身既是历史的"前提",又是历史的"产物和结果",而且人本身只有作为历史的"产物和结果",才能真正成为历史的"前提"。

但是,自我意识与客观性之间又确实存在着矛盾,这是因为,自我"从自己出发",而物按自己的规律运动,二者本身就是矛盾的。实际上,全部人类认识活动和实践活动都是为了解决人与世界的矛盾以及自我意识与客观性的矛盾,人类正是在解决这一矛盾的过程中发展起来的,同时,人类在每一时代只是在一定层次上、一定范围内解决这一矛盾。因此,承认这一矛盾并不是为了压抑自我意识的作用,相反,只有不断发挥自我意识的作用,才能不断解决这一矛盾。

由此产生一个难以回避的问题,即如何理解客观性。恩格斯曾详尽地谈到客观性的特点,至今具有经典意义。按照恩格斯的观点,要从实际

---

① 《马克思恩格斯选集》第 1 卷,第 92 页。

的认识过程来探索客观性,客观性就是认识中的普遍性、规律性:"一切真实的、穷尽的认识都只在于:我们在思想中把个别的东西从个别性提高到特殊性,然后再从特殊性提高到普遍性;我们从有限中找到无限,从暂时中找到永久,并且使之确立起来。""自然界中的普遍性的形式就是规律。"①所以,个别中的特殊、特殊中的普遍、有限中的无限,这就是以"规律"的形式出现在意识中的客观性。概而言之,客观性并不是"纯粹"的,它是反映在认识中,并在各种具体认识中具有普遍性、规律性的东西,它不依赖于人的意识而发生,同时,又具有相对性,即相对于人的意识活动而言。

要正确理解和把握自我意识与客观性的矛盾,就既不能片面强调自我以及自我意识的特殊性,也不能沉湎于客观性的"纯粹性"之中,而应从对象意识与自我意识的真实关系出发来解决这一矛盾。现代科学的发展更加突出了自我意识与客观性的矛盾,这就是:人们只有通过仪器才能观察宇观系统和微观系统,离开射电望远镜、光谱分析仪、电子加速器等,人根本无法经验它们;而通过仪器观察时,这一观察已经被仪器中介了,此时,人们已经把宇观系统和微观尺度转换为宏观尺度。这是一种"关系中的关系",即人们观察到的只是被仪器限定的关系,而且不同的仪器表现出不同的关系,如测不准、相对性、坐标性等说的都是同一个问题。正确解决这一问题,需要辩证的思维。

玻恩的"投影"与"不变量"的关系,实际上就是辩证思维在现代物理学中的运用。在玻恩看来,从宏观进入宇观、微观所发生的变化可以用"投影"与"不变量"关系来说明。

所谓"投影",是指每一次具体的相互关系,即物理的"一次观察或测量所涉及的并非自然现象本身,而是它在一个参考系中的面貌或射影"②。换言之,"投影"是主体、仪器、客体之间特定的相互作用的表现。之所以

---

① 《马克思恩格斯选集》第 4 卷,第 341 页。
② Max Born, *Physics in My Generation*, London:Pergamon Press, 1956, p. 190.

叫"投影",是因为自然现象只是通过这种关系个别地表现出来,它并非是自然现象本身,而是一种变形的、受到特定关系制约的表现形式。

所谓"不变量",是指各种不同投影中的共同规则,"在每个物理理论中,总有一种规则把同一物体在不同参考系中的射影联系起来:这规则叫作变换律,而所有这些变换具有构成一个群的性质,即接连进行两次变换的结果等于进行一次同类变换。不变量就是对任何参考系都具有同一数量的量,因此它们与变换无关"①。

显然,"投影"与"不变量"的关系就是辩证思维中现象与本质、关系与规律、个别与一般的关系。现象、关系、形式、个别是多变的,在一定条件下,只是曲折地表现内在的东西,只是相互作用的表现,这就是"投影";人的认识从个别进入一般,从关系进入规律,就把握了关系中内在的、本质的东西,这就是"不变量"。只不过玻恩用它们来解决人们由宏观系统进入微观系统、宇观系统所产生的认识矛盾,使之具有现代物理学意义罢了。

实际上,人的认识总是不断由"投影"深入到"不变量",然后,随着认识范围的扩大,原有的"不变量"又成为在新的更高层次下的"投影",认识由此向更深层次的本质运动。这一过程表现为由个别到特殊再到普遍,表现为由现象到本质、由一级本质进入到二级本质的运动。认识的这种运动不断解决着自我意识与客观性的矛盾。

三、认识的个体发生与种系发生

马克思主义认识论所理解的认识的发生,既包括认识的个体发生,也包括认识的种系发生。认识的个体发生是指,每一个个体的人在其出生以后,随着生理、心理的发育成熟,所经历的从儿童的认识水平发展到成人的认识水平的过程;认识的种系发生是指,随着人类摆脱动物的心理反

---

① Max Born, *Physics in My Generation*, London:Pergamon Press, 1956, p. 189.

映形式,形成专属于人的社会反映形式、认识得以发生的过程。认识的个体发生与认识的种系发生在受实践活动所制约和决定这一点上是一致的。同时,认识的个体发生与认识的种系发生又是一种"重演"关系,即个体认识的发生过程以浓缩的形式再现了人类认识的发生过程。"重演"是认识的个体发生与意识的种系发生之间的本质关系。

所谓重演,是指生物机体的个体发育与生物机体的种系进化在过程上的一种相似性、相关性或同构性。生物个体的发育过程在其展开方式、先后次序、发展阶段、动态模型、进化规律等方面,总是以一定方式、在一定程度上重演或再现着生物种系进化的历史过程,成为种系进化的重演或再现。所以,生物学家海克尔等把生物机体的个体发生对生物机体的种系发生的重演关系叫作"生物重演律"。重演律是生物机体生存、延续和发展过程中的普遍规律。

作为生命进化的最高形式,作为个体性与总体性、生物性与社会性、物质性与精神性相统一的运动过程,人类的个体发生与种系进化之间的重演关系格外突出,重演律的作用表现得尤为明显。更重要的是,这种重演关系、重演律不仅存在于、表现在人的机体发育方面,而且存在于和表现在人的智力发展、认识发生方面。正如恩格斯所说:"正如母体内的人的胚胎发展史,仅仅是我们的动物祖先以蠕虫为开端的几百万年的躯体发展史的一个缩影一样,孩童的精神发展则是我们的动物祖先、至少是比较晚些时候的动物祖先的智力发展的一个缩影,只不过更加压缩了。"[1]在评论黑格尔的"精神现象学"时,恩格斯又指出,精神现象学"也可以叫作同精神胚胎学和精神古生物学类似的学问,是对个人意识各个发展阶段的阐述,这些阶段可以看作人类意识在历史上所经过的各个阶段的缩影"[2]。

从历史上看,人类认识的种系发生是在无数原始个体认识发生的过

---

[1]《马克思恩格斯选集》第 4 卷,第 383 页。
[2]《马克思恩格斯选集》第 4 卷,第 219 页。

程中实现的。正是无数原始个体的心理、意识、思维的不断发生、发展和进化,构成了人类认识种系发生的过程,使人的意识逐步超越动物感觉和动物心理,从一种"动物式的意识"转变为"纯粹的意识",从而使人成为"有意识的类存在物","有意识的生命活动把人同动物的生命活动直接区别开来"①。在这个过程中,每一个个体认识的发生,都以一定方式重演着在他之前的人类认识的发生过程,二者之间存在着重演关系。正是这种关系使人类已有的认识能力和认识成果得以保存、延续和巩固;同时,个体的认识又会融入到人类认识的总体结构之中,对人类认识的总体进化起着推动作用。人类认识种系发生的历史过程,正是在无数原始个体认识发生的过程中实现的。

从现实上看,每一个个体认识的发生和发展过程,都以"缩影"的方式重演着人类认识种系发生和发展的过程。之所以有这种过程性的重演,从根本上说,就在于现实的个体认识的每次发生,都以人类认识种系发生所获得的结果为前提和基础。在这个过程中,作为人类种系延续和保存的链条,生物遗传基因和社会遗传要素及其统一预先规定了个体在机体结构与功能上所能达到的样式和水平,规定了个体达到这种样式和水平所必经的途径。因此,个体认识的发生和发展过程,必然以一定方式重演人类的精神发展史。

但是,认识的个体发生对认识的种系发生的重演,毕竟是在与原始发生过程不同的自然条件和社会条件下进行的,并且是以相对成熟和完善的结果为前提的,这就使现实的个体认识的发生以"缩影"的形式重演人类认识种系发生的漫长过程。这里,"缩影"具有重要的认识论意义。

在空间结构上,缩影具有浓缩、聚拢、收敛之意,是指人类的种系起源和认识的种系发生,以集中、浓缩的形式在个体机体的形成和认识的发生中得到集中的体现。相应地,通过对人类的个体机体形成和认识发生过

---

① 《马克思恩格斯全集》第 42 卷,第 96 页。

程的把握并加以放大,就可以进一步了解人类的种系起源和认识的种系发生。

在时间结构上,缩影具有加速、缩短之意,是指人类的种系起源和认识的种系发生所经历的漫长、渐进的历史过程,以简短的形式在个体机体的形成和认识的发生过程中得到再现。这就使人们能够在对这个简短过程的延长、拓展的意义上,去理解和把握人类的种系起源和认识种系发生的全过程。

在内容上,缩影具有概括、简略、精炼之意,是指人类的种系起源和认识的种系发生所经历的复杂过程、进化方式,以简化的方式在个体机体的形成和认识的发生过程中得以重演。"重演"并不是说个体机体的形成和认识的发生,重演人类的种系起源和认识的种系发生过程的一切细节、一切方面,而是指以简化方式再现人类的种系起源和认识的种系发生过程的主要方面、关键环节和基本阶段。这就使人们能够在对这个简化过程的把握上,去了解人类的种系起源和认识的种系发生过程的主要方面、关键环节和基本阶段。

实际上,人的认识是遗传因素与环境因素之间相互作用的产物。认识的发生既是内源性的,也是外源性的,人与环境的相互作用既改变了人的认识结构,促进了内部因素的组织化,也改变了外部材料,促进了外部材料的组织化。认识需要经由对外部材料的组织化和内部因素的组织化才能实现。据此,皮亚杰的发生认识论考察了儿童个体认识发生的过程,揭示出儿童认识的发生,是一个由儿童的操作性活动内化为认识图式和由认识图式外化并同化外部刺激的双重建构过程。从活动的内化和外化两个方面说明认识的个体发生无疑有其合理性,但问题在于,皮亚杰的发生认识论在很大程度上忽视了社会遗传在认识发生过程中的作用,不理解实践活动才是主体与客体分化以及认识发生的现实基础。

就直接的目的和功能而言,实践活动是以主体实际地改造、占有客体为目的的活动,认识活动是以主体观念地改造、占有客体为目的的活动,二者是两个不同的目的—功能系统。但是,认识活动与实践活动又具有同构性。具体地说,在实践活动中,实践的主体、客体以及连接二者的中介——工具,构成了实践活动的基本要素;在认识活动中,认识的主体、客体以及连接二者的中介——工具,也构成了认识活动的基本要素。主体、中介、客体既是实践活动的基本要素和总体框架,也是认识活动的基本要素和总体框架。同时,主体、中介、客体这三个要素的连接方式、运行方式也具有相似性,即无论是在认识活动,还是在实践活动中,都是主体运用一定的中介——工具作用于客体,主体与客体按一定方式实现相互作用。

认识活动与实践活动的同构性、相似性发生于认识活动与实践活动这两种活动的同源性和统一性。人类从其产生之日起就要解决主体与客体、人与世界的矛盾,正是在不断解决这一矛盾的过程中产生出实践与认识这两种基本的活动方式。但是,认识主体不可能脱离实践主体,而且二者本来就是同一个主体;认识客体与实践客体是一致的,实践指向的对象必然是认识指向的对象。同时,认识的工具起初也是和实践的工具合一的,只不过随着认识活动和实践活动功能的相对分化,认识工具才逐步从实践工具中分离出来,成为专门进行科学研究、科学探索的手段。

认识主体具有社会构成形式。同实践主体一样,认识主体既不是脱离社会的抽象的个人,也不是脱离个人的抽象的社会,而是个人与社会的有机统一。认识主体不可能脱离社会关系而产生和存在,它有自己的社会构成,具有三种形式,即人类主体、集团主体和个人主体。其中,每一种形式都按主体从事认识活动的组织方式、组织范围而相互区别,同时,又相互联系、相互依赖。人类的、群体的认识活动是由无数个人的认识活动构成的,而任何个人的认识活动又不能脱离社会,脱离人类的认识活动而单独进行,人的认识活动就是在个人与社会、个人与群体、个体与类的交互作用中发展的。

认识主体是一个知、情、意相统一的整体。在由各种意识要素所构成的认识结构中,直接担负认识功能的是主体的理性结构。这种认识结构是在主体的先前活动和社会化的基础上形成的,但它一旦形成就成为一种相对固定的框架或模式,构成人们从事认识活动的一种前提结构和准备状态。认识活动总是表现为把原有的认知模式延伸并运用于将要认识的客体,主体的认识结构决定着主体从不同的视角,在不同的层次上加工、整理客体的信息,并对客体的意义作出自己的解释。主体原有的认识结构不同,对客体的理解也就会出现差异。"仁者见仁,智者见智。"不同的人从同一事物中领悟出不同的意义,就是由主体认识结构的差异造成的。

认识客体与认识主体相互规定,纯粹的自在意义上的客观事物,当它没有同人发生认识与被认识的关系时,就不是认识的客体。只有进入人的认识领域的客观事物,才能成为认识的客体。实践的客体,即自然形式的客体、社会形式的客体和精神形式的客体同时就是认识的客体,它们构成了认识客体的结构。认识客体以自己的多种属性、层次和关系制约着主体对它的认识,不仅决定了主体对它进行认识的"程序"和"规则",而且决定了"认识是思维对客体的永远的、无止境的接近"①,由不知到知,由较肤浅、较片面的知到较深刻、较全面的知的无限发展过程。

如果仅有认识主体与认识客体,还不能进行现实的认识活动,在二者之间必须有一个把它们联系起来的中介。认识的中介就是以各种形式存在的认识工具,包括运用这些工具的程序和方法,它们决定着认识活动的基本方式。认识中介主要由物质工具、观念(知识)工具和作为感性符号系统的语言工具所组成。无论是物质工具、观念(知识)工具,还是语言工具,它们都既是人们活动的结果,同时,又是人们进一步认识客体的手段。这些工具越发达,主体观念地把握客体的能力也就越强。因此,认识中介是连接主体与客体,并在主体与客体之间往返流动的一个"变量"。认识的主体与客体通过认识的中介(工具)整合在一起,构成了一个动态发展的认识活动系统,从而不断实现主体能动地反映客体,并以观念方式把握客体的职能。

在认识活动中,主体实现对客体的能动的反映,并以观念方式把握客

---

① 《列宁全集》第 55 卷,第 165 页。

体,这就决定了认识活动中的主体与客体的相互作用不同于实践活动中主体与客体的相互作用。具体地说,在认识活动中,主体与客体的相互作用是以信息的相互作用为其本质特征的,即客体以信息的形式进入人的大脑转变为观念的形态,主体则通过这种形式从客体中获得了观念的内容。主体、客体、中介(工具)围绕着信息的相互作用形成一个统一的整体:客体是信息源,是信息的发出者,主体是信息的加工者,中介(工具)则是为了帮助主体促使客体释放信息,或帮助主体加工信息。在这种信息的相互作用中,主体与客体之间的作用是双向的:一方面,客体的存在、属性和规律的信息进入主体的大脑,被主体的意识所反映,这意味着客体对主体产生了影响和改造的作用;另一方面,主体在认识客体的同时观念地改造着客体,这不仅表现为主体总是把客体的信息改变为主体所特有的思维内容,而且表现为主体在加工信息的过程中形成改造客体的实践观念。因此,主体与客体在认识活动中是通过中介的作用以信息的形式相互影响、相互改造的。

认识的主体是人,但不是抽象的纯粹生物学意义上的人,而是处在一定社会关系中的人,是从事实践活动的人。认识主体首先是实践主体,人的认识能力是在实践中形成和发展起来的;认识客体同实践客体密切相关,绝大部分认识客体本身就是实践改造的对象,即实践客体,一些认识客体(如天文观测的对象等)尽管目前还未纳入实践活动的范围,但其作为人类活动指向或探索的对象,总是这样或那样地同人类总体实践活动相关联。

因此,主体与客体的认识关系并不是外在于主体与客体的实践关系的,相反,在主体与客体的双重关系中,实践关系是根本的和决定性的。主体与客体之间首先是改造和被改造的关系,然后才能形成认识和被认识的关系。主体与客体的认识关系,归根结底,是在主体与客体的实践关系中所产生,并最终受实践关系制约的。认识结构形成、演化与发展的秘密,就在人的实践活动中。正因为如此,认识结构与实践结构具有同构性。

以工具性、社会性为特征的人的实践活动是认识的现实基础和决定因素。这种活动一方面内化为主体的认识结构、认识图式；另一方面又使主体的认识成果外化，即对象化为人生活于其中的现实世界。正是通过包括工具、语言符号系统这些社会传递物在内的实践活动和认识活动，人使自己所取得的认识成果不会随着个体的消亡而丧失，相反，随着实践活动的不断重复和发展；更重要的是，人们的认识成果也以社会遗传进化方式一代又一代地传递和发展着，每一代人都以上一代人的认识成果和实践成果为起点，开始新的具有自身特点的认识活动和实践活动。

四、认识的本质及其社会性

如何理解和把握人的认识的本质，这是认识论的关键问题。围绕这一问题，不同的哲学派别展开了激烈的争论。马克思主义认识论把实践引入认识论，从认识与实践、主体与客体、思维与存在多重矛盾关系理解和把握认识活动及其成果的本质规定性，科学地解答了认识的本质问题，明确指出认识的本质是以实践为基础的主体对客体的能动反映。

反映或摹写是人类认识的基本规定性。所谓认识的反映性或摹写性，是指人的认识是以客观事物为原型的，在人的认识中必定含有反映或摹写某种客观事物的内容。由于主体观念地把握客体的认识活动是为主体实际地把握客体的实践活动作准备的，而实践活动只有遵循客观世界的规律才是有效的，因此，认识活动必须也必然要以观念的方式反映客观事物及其规律。认识是主体意识对客观存在的反映，这是一切唯物主义认识论的共同原则，是马克思主义认识论的理论前提。

同时，马克思主义认识论又揭示出认识所具有的能动性和创造性特征。人的反映活动不同于动物的反映活动，它是一种能动的、创造性的活动，是主体对客体的能动的、创造性的复现。人们为了从事实践活动，不仅要反映事物的现象，而且要透过现象反映事物的本质和规律。在客观世界中，现象与本质是浑然一体的，为了把握事物的本质与规律，就必须在实践的基础上进行"思维操作",在观念中分解、加工和改造对象,运用一系列方法进行创造性的思维活动。正如列宁所说:"认识是人对自然界的反映。但是,这并不是简单的、直接的、完整的反映,而是一系列的抽象过程,即概念、规律等等的构成、形成过程。"①在一系列的抽象过程中,认识主体的能动性、创造性得到鲜明的体现,认识活动的结果也不再是同直观客体直接对应的感性的形象,而是以抽象的概念、符号、公式、图形等形式出现的精神"建构"物。

更重要的是,人们为了从事实践活动,不仅要反映出事物的本质与规律,而且要基于这种反映塑造出符合主体需要的理想客体,这更是一种能动的、创造性的反映活动。人的认识活动的显著特点就在于,它不仅能够反映对象"本来如此"的状态,而且能够反映对象对于满足人的需要所"应当如此"的形态。人在实际改变自然物质的形态之前,就在头脑中把自然界对人来说所"应当如此"的形态创造出来了。"应当如此",就是目前在现实世界中还不存在的东西,是一种超前性、创造性的反映。这种反映属于观念世界、主观世界,它为人的实践活动实际地改造世界、创造世界提供了蓝图,并通过实践活动转变为现实世界、客观世界。这就是人的认识所具有的创造客观世界的功能。正是在这个意义上,列宁指出:"人的意识不仅反映客观世界,并且创造客观世界。"②

人的认识所具有的创造世界的功能,同人的认识所具有的反映世界的功能并不是截然对立的。实际上,创造离不开反映,"应当如此"离不开"本来如此",创造并不是一种无事实基础的纯主观的创造,而是以对客体"本来如此"状况的反映为基础,同时,结合主体自身的需要塑造出"应当如此"的理想客体。例如,自然界能飞翔的动物就是飞机的最初原型,人的需要+气体动力学规律+仿生学的构思,就是人的创造性的思维元素和思维来源。在人的认识活动中,反映、摹写的方面与能动、创造的方面是

---

① 《列宁全集》第 55 卷,第 152 页。
② 《列宁全集》第 55 卷,第 182 页。

不可分割的。反映和创造不是人类认识的两种不同的功能,而是同一功能的两个不同方面。反映离不开创造,反映过程是在创造过程中实现的;创造也离不开反映,创造是受反映对象的客观本性所制约的。

在认识活动中,人与世界的统一是通过人对世界的能动反映而实现的。作为能动反映的认识,既是人们观念地把握世界的方式,也是实践地改造世界的前提。

从总体上看,马克思之前的哲学家之所以没有揭示出认识是对客观事物的能动的反映,一方面是因为没有看到认识对象与改变对象的一致性,把认识等同于直观;另一方面是因为没有看到人的认识的社会性,把人的认识等同于动物个体的消极反映。认识的确发生在一个一个认识个体的大脑中,但认识活动在本质上是社会性的。人的本质,在其现实性上,是一切社会关系的总和。人的认识的本质是同人的社会本质密切相关的,具有社会性。

其一,人是社会存在物,是社会需要推动人们进行能动地反映客观世界的活动。认识的能动性首先体现为认识个体对未知事物、未知领域、未知世界的积极探索。这就是通常所说的"好奇心",好奇心的确对认识的发展起着推动作用。但是,在一定的时候为什么是这种事物,而不是那种事物成为人们好奇心关注的焦点,在不同的历史时期为什么人们的好奇心是不同的,则是由社会实践及其需要决定的,古代人不可能产生对纳米技术或基因技术的好奇心,现代人对钻木取火或打制石器也不会再产生好奇心。从根本上说,推动人们能动地探求未知世界的原因就是社会实践及其需要。"社会一旦有技术上的需要,这种需要就会比十所大学更能把科学推向前进。"①人是社会存在物,社会需要反映到个体的头脑中,才转化为个人的好奇心,成为个体认识活动的动力。

其二,人是社会存在物,是社会所提供的认识工具使人们能动地反映客观世界的活动得以顺利进行。人不是仅仅凭借肉体的感觉器官去认识

---

① 《马克思恩格斯选集》第4卷,第732页。

客观对象的，人眼只能接受 380 毫微米—770 毫微米的电磁波（光波），人耳只能接受 20 赫兹—20 000 赫兹频率范围内的振荡波（声波）……但是，人们可以借助射电望远镜观察到 100 亿光年以外的天体，可以使用电子显微镜把物体放大百万倍以上，电子计算机每秒上亿次的运算速度使人们对事物的认识变得更快、更准确……一个人不掌握和运用社会所提供的认识工具，就不可能从事能动地反映世界的活动；一个人一旦掌握和运用社会所提供的认识工具进行认识活动，这种认识活动就不再是纯粹个人的活动，而是社会活动了。

其三，人是社会的存在物，是社会所提供的前人和他人的知识使人类能动地反映世界的活动像滚雪球似的不断扩大和发展。动物所获得的只是生物遗传那一点"认识"，而且这种"认识"永远重复在同一水平上。与动物不同，作为社会的存在物，人是生物遗传和社会遗传的统一。这种社会遗传性充分体现在人的认识活动中，具体地说，人并不是仅仅以个体的有限的知识反映客观世界的，他的背后是社会所提供的巨大的知识库，人们对未知世界的反映能力同对这个知识库的吸收程度成正比。

在认识活动中，每一个认识个体，一方面同客体，即认识对象发生关系，不断进行着主体与客体的相互作用；另一方面又同其他认识主体发生相互作用，形成个体认识向社会开放和社会认识影响个体的双向运动。这种相互作用使人的认识活动成为社会活动。马克思指出："甚至当我从事科学之类的活动，即从事一种我只是在很少情况下才能同别人直接交往的活动的时候，我也是社会的，因为我是作为人活动的。不仅我的活动所需的材料，甚至思想家用来进行活动的语言本身，都是作为社会的产品给予我的，而且我本身的存在就是社会的活动。"[1]人的社会本质使每一个人的认识能够超越其个体，使每一代人的认识能够超越前一代人的水平，使人类能动地反映世界的活动及其成果像滚雪球似的不断扩大和发展。

---

[1]《马克思恩格斯全集》第 42 卷，第 122 页。

五、语言在认识活动中的作用

人的认识活动是凭借语言进行的。知识是语言的内容,语言是知识的载体。"'精神'从一开始就很倒霉,受到物质的'纠缠',物质在这里表现为振动着的空气层、声音,简言之,即语言。"①只有借助于语言,人们才能进行抽象和概括,从而反映事物的本质和规律。正如列宁所说,"任何词(言语)都已经是在概括"②,只有在语言的基础上,人们才能依据概念以及概念之间的关系,作出判断,进行推理,形成理论体系。语言是思维本身的要素,是认识活动本身的要素。正是在语言中,人们使自己的认识成果对象化、客观化,并把它作为观念客体进行研究和反思。

按照马克思的观点,劳动使人类的祖先越来越深入而广泛地接触到对象世界的属性和关系,形成以大脑为中心,以感觉器官为门户的统一的神经生理结构,这就为人摄取、加工、综合各种信息,实现主体对客体的相符性反映奠定了自然前提。同时,劳动一开始就是社会性的活动,劳动越发展,人们越需要交往,由此产生了语言。交往的扩大和语言的发展作为两个强大的推动力,使人的认识活动成为一种社会认知结构,形成了不同于生物遗传方式的社会遗传方式。这种社会认识结构和社会遗传方式是在人与对象的相互作用中,通过活动的"内化"逐步形成的。

具体地说,人在运用工具实际改造对象的过程中,逐步使外部的实际活动方式发生向内部的观念活动方式的转化,即内化,并使后者同前者保持一致,这就形成了人所特有的以逻辑形式固定和沉积下来的认识图式。在这个过程中,语言具有重要作用。语言使认识超出了个人体验的狭隘范围,使人们的思想获得了共同的表达方式;语言的运用使人们能够在观念中对客体进行加工和改造,从而使人对物质世界的观念把握成为可能,

---

① 《马克思恩格斯选集》第 1 卷,第 81 页。
② 《列宁全集》第 55 卷,第 233 页。

即使人的认识发生成为可能。

语言一旦产生便具有了相对独立性，并对认识活动发生影响，尤其是随着书面语言的发展，形成了波普尔所说的"客观知识世界"，即以各种形式表现出来的对象化、客观化的知识世界。"客观知识世界"的形成是人类文明得以保存、延续的根本保证。具体地说，人类的个体会死亡和消失，但个体所取得的认识成果则由于语言符号的记载而进入"客观知识世界"，从而得以保存、延续和发展。这就使得个人认识的成果不会随着个体的死亡而消失。

无疑，世界在人的思想之外存在。但是，人只能通过语言去理解世界和表达对世界的理解，人们掌握语言的多与寡，直接影响和制约着他们对世界理解的广度与深度。在这个意义上，语言的界限就是认识的界限。语言自始至终参与认识活动，语言符号是人们进行认识活动、表达认识成果、进行思维操作的感性工具。语言符号和认识活动具有同样长久的历史，具有共同的来源，并在相互作用中共同发展，成为不可分割的统一体。语言反映了思维与存在、主观与客观、主体与客体以至人与世界之间的矛盾关系。在一定意义上说，正确理解和把握语言是打开人与世界关系之门的钥匙。

正因为如此，分析哲学高度重视语言问题，并在哲学史上实现了"语言学转向"。维特根斯坦断言："全部哲学就是语言批判。"[1]罗素指出："逻辑是哲学的本质。"[2]从本质上看，"语言学转向"所体现的就是现代西方哲学对人与世界联结点或中介环节的寻求，显示的是现代西方哲学对思想、语言和世界三者关系的总体理解。这种总体理解就是，世界在人的思想之外，但人只能在语言中表达对世界的理解，所以，语言的界限就是世界的界限，我们只能谈论"我的世界"。

分析哲学的这一"分析"不无道理。人们关于世界的认识成果就积淀

---

[1] Ludwig Wittgenstein, *Tractatus Logico-Philosophicus*, London：Routledge, p. 44.

[2] Bertrand Russell, *Our Knowledge of the External World*, London：Routledge, p. 33.

并表现在语言中,从语言出发去研究世界,实际上就是从对人的关系中去理解和把握世界。但是,分析哲学毕竟走得太远了,在它那里,语言最终成了一个独立的王国,从根本上颠倒了语言与现实世界、语言与现实生活、语言与思想的关系。马克思仿佛预见到这种"语言学转向",明确指出:"正像哲学家们把思维变成一种独立的力量那样,他们也一定要把语言变成某种独立的特殊的王国。"但是,"哲学家们只要把自己的语言还原为它从中抽象出来的普通语言,就可以认清他们的语言是被歪曲了的现实世界的语言,就可以懂得,无论思想或语言都不能独自组成特殊的王国,它们只是现实生活的表现"。"语言是思想的直接现实。"①

"语言是一种实践的、既为别人存在因而也为我自身而存在的、现实的意识。语言也和意识一样,只是由于需要,由于和他人交往的迫切需要才产生的。"②从根本上说,语言是"现实生活的表现"和"现实世界的语言",语言结构是实践结构在人脑中的内化与升华。语言不是人与世界之间的根本联结点,实践才是人与世界关系的根本联结点;不是语言结构决定实践结构,而是实践结构决定语言结构。只有从实践出发,我们才能从根本上理解语言的形成、演化和发展,才能说明蕴含在语言中的思维与存在、主观与客观、主体与客体、人与世界的矛盾关系。

从语言与思维方式的关系看,语言影响思维方式,使用不同语言体系的民族往往具有不同的思维方式。当然,语言不是思维方式的决定性因素,但语言的确影响思维方式。词汇量的多少、语法的构造、句法的表示等,都以不同方式影响并制约着不同民族的思维方式;语言中的概念、范畴、指称的运用就是区分、整合、概括经验的过程,语言中的概念、范畴、指称排序的不同反映了不同民族对人与世界关系理解的不同。这种不同及其差异通过语言的频繁使用,又强化了认识结构的差异,从而使不同的民族形成了不同的思维方式、认识图式。

---

① 《马克思恩格斯全集》第 3 卷,第 525 页。
② 《马克思恩格斯选集》第 1 卷,第 81 页。

从语言与符号的关系看，语言本身就是一种符号形式。所谓符号，就是指表示事物以及事物之间关系的抽象标志或标记，是一种关于对象的人工指称物。例如，史前原始部族的图腾标记、现代国家的国旗等，属于象征符号，古代社会烽火台上的烽火、现代社会电台发射的电波等，属于信号符号，等等。语言是基本的符号形式，是其他各种类型符号形式的基础。只有理解了语言，我们才能理解其他各种类型的符号形式。

符号化的认识方式是来源于现实，又超越现实的认识方式。语言符号是一种意义符号，是各种抽象概念的物质载体，包括一系列的符号单元（符号元素），代表着客观事物的各种规定、各种关系。运用语言符号可以把具有许多规定的客观事物在思维中分解开来，以编码的方式对这些代表一定信息内容的语言符号进行思维操作，进而通过对符号单元的组合来实现对客观事物的反映。进一步说，人们根据符号的意义，按照一定的逻辑规则，对符号单元进行组合和再组合，建立起一种具有严密逻辑结构的符号系统，从而形成关于客观事物的知识体系或理论体系。

由语言符号所表达的各种概念、范畴是对事物共性的抽象和概括，它是人们进行逻辑思维的基本单元，就像人们运用数学上的科学符号抽象和推演出现实世界的数量关系一样，人们运用语言符号进行逻辑推演，就会使认识从感性认识上升到理性认识，从抽象规定上升到思维具体，从理论理性上升到实践理性，从而揭示出人与世界的关系。

六、感性存在、理性存在及其关系

主体对客体的观念把握是一个有规律的发展过程，并形成了认识的两种基本形式，即感性认识与理性认识，感性认识与理性认识标志着人对世界进行观念把握的不同水平。之所以把人的认识区分为感性直观与理性思维两种相互联系的认识形式，既有来自主体的依据，也有来自客体的依据，主体反映结构与对象自身结构的一致性是感性直观与理性思维相统一的客观基础。换言之，主体是感觉器官与思维大脑的统一，客体是外在现象与内在本质的统一,这两个系统的对应统一,决定了人的认识必然是感性直观与理性思维的对立统一。

从认识的主体来说,人要认识客观世界,首先就要通过感觉器官接触对象,获取对象的信息。然后,大脑对感觉器官传递过来的对象的信息进行思维加工和操作,形成理性思维的形式。人所具有的这种感官于外、大脑于内并相互联系的认识结构,不仅决定了人具有感性直观与理性思维这两种相互联系的反映形式,而且决定了认识的程序也必然是先有对客体的感性直观,然后才有对客体的理性思维。人的认识既表现为感性直观与理性思维两种形式的分化与统一,又表现为先感性直观后理性思维、从感性直观上升为理性思维的活动过程。

从认识的客体来说,任何一种对象都既有显露于外的形象和形态,也有深藏于内的本质和规律。其中,客体的外部形态直接和主体的感官相接,刺激主体的感官并引起主体的感觉,这是人们认识外部对象的起点。换言之,人们认识对象的最初形式必然是感性直观。但是,感性直观不能揭示事物的本质和规律,只有通过理性思维才能透过现象认识这种本质。换言之,客体的特性决定了人的认识方式必然是先现象后本质、从感性直观到理性思维的程序。

问题在于,人的感性不同于动物的感性,人的感性是有理性思维参与并渗透其中的感性。当人们感觉到一个对象的时候,这个感觉并不是动物式的纯粹的感觉,而是包含着理解的感觉,它始终受到理性思维的制约。你若"看"错了,你就会"想"错;你若"想"错了,你就会"看"错。这仿佛是一个矛盾。然而,却是一个客观存在的矛盾。荀子就认为,人的理性思维活动,即"心"对感觉器官的活动有支配作用,如果仅仅有感觉器官而"心不使焉",则"白黑在前而目不见,雷鼓在侧而耳不闻"。毛泽东指出:"感觉到了的东西,我们不能立刻理解它,只有理解了的东西才更深刻地感觉它。"[1]在现实生活中,有不同知识背景和思维能力的人,在对同一对

---

① 《毛泽东选集》第 1 卷,人民出版社 1991 年版,第 286 页。

象进行感性直观时，之所以得到不同的结果，一个重要原因，就是理性思维对感性直观的制约作用。同时，人的感性直观是有语言参与，并要用语言来表达和交流的，而语言是理性思维的元素，具有概括的功能，当人们用语词来表达感性直观时，感性直观就已经不知不觉地和理性思维纠缠在一起了。

更重要的是，作为一种初级的认识形式，感性直观同样具有社会性、历史性，人的"五官感觉的形成是以往全部世界历史的产物"①。人的感觉器官是把外部世界的信息传输给人脑的信息通道，但这个通道传输什么、不传输什么则取决于人们在社会中形成的感知能力。人的感性直观并不是被动地接受对象的全部信息，而是能动地选择和接受对象的某些信息，同时，又能动地"忽视"对象的某些信息，这就体现出社会历史的烙印。正如马克思所说："只有音乐才能激起人的音乐感；对于没有音乐感的耳朵说来，最美的音乐也毫无意义。""忧心忡忡的穷人甚至对最美丽的景色都没有什么感觉；贩卖矿物的商人只看到矿物的商业价值，而看不到矿物的美和特性；他没有矿物美的感觉。"②

之所以如此，是因为人是社会存在物。作为社会存在物，人具有自己的知觉定势和观察定势，而这种定势是在以往的社会经验的基础上形成的，并表现为对当下感知活动的一种预备或准备的状态。人与感知对象之间不断地、反复地相互作用，就会在人脑中形成一种对某类对象的感知定势、感知模式。当人们再感知某一新的对象时，就会把原有的模式运用和延伸到这个新的对象之上，使人在一瞬间就能从整体上感知和把握这个新的对象。这就是说，感知定势、感知模式对感觉材料的组织起着十分重要的作用，在一定意义上可以决定认识主体把对象感知成什么。这表明，人的感性直观并不是在一块"白板"上打上对象的烙印，而是一种包括观察工具在内的社会性的认识活动。一言以蔽之，认识的感性形式具有

---

① 《马克思恩格斯全集》第 42 卷，第 126 页。
② 《马克思恩格斯全集》第 42 卷，第 125—126 页。

社会性、历史性。

如前所述，人的感性直观是有理性思维参与并渗透其中的感性。同时，人的感性与理性之间又存在着矛盾。问题在于，感性与理性的矛盾是认识主体自身的矛盾。认识主体对任何事物的把握，以及在把握事物中所产生的各种矛盾，都根源于人是感性与理性的矛盾的存在。感性与理性的矛盾深切地展现了主体与客体之间的矛盾。作为认识主体，人既是一个感性的存在，又是一个理性的存在。在这个意义上，整个哲学史的全部矛盾，就蕴含在人的感性存在与理性存在的矛盾中。古今中外的哲学家，几乎都是自觉或不自觉地在人的感性与理性的矛盾当中发现了世界自身的矛盾，发现了人与世界的矛盾。

按照黑格尔的观点，哲学的真正开端是巴门尼德，因为巴门尼德提出了存在与非存在的问题。巴门尼德之所以能够把作为认识对象的世界理解为一个存在与非存在的矛盾，就是因为人本身存在着感性与理性的矛盾。在人的感性与理性的矛盾当中，经验的世界或作为认识对象的世界分裂了。

这就提出一个无法回避的问题：人的感性所把握的存在是对象的那种可观察的实体性的存在，而人的理性看不见这样的存在；反过来，人们的理性所把握的存在是关于对象的内在规定性的存在，是人们的感性把握不到的对象的本质。

由此，又产生一个无法回避的问题，即感性把握到的现象是真实的存在，还是理性把握到的本质是真实的存在；反过来，是感性把握到的现象是非真实的存在，还是理性把握到的本质是非真实的存在。一言以蔽之，由人的感性与理性的矛盾引起存在与非存在的矛盾。

感性与理性是人的认识活动的内在的矛盾，认识的主体既是感性的存在，又是理性的存在，所以，他把经验世界把握为存在与非存在的矛盾。对感性来说的存在，对理性来说是非存在；对理性来说的存在，对感性来说是非存在。正是对什么是存在、什么是非存在的探求，古代哲学形成了"本体"与"变体"这样一对范畴。哲学就始于对本体的寻求，寻求最真实的存在。

作为人的独特的存在方式,实践活动就是感性与理性矛盾的集中体现:一方面,实践是人的有目的、有意识的自觉活动;另一方面,实践又是人以自己的感性存在去改变感性世界的感性活动。在实践活动中,人的感性与理性是不可分割地融为一体的。以实践活动为基础的人类认识活动,则更为明显地体现为感性与理性的矛盾:一方面,人要以自己的感官去感知外部世界以及人自身的存在,形成关于人与世界关系的感觉经验;另一方面,人又要以自己的理性思维去把握事物的本质和规律,形成关于人与世界关系的规律性认识。

这就是说,无论是在人的实践活动中,还是在人的认识活动中,人的感性与理性总是处于矛盾状态之中。人的感觉经验把握到的只能是认识对象的现象;人的理性思维把握到的只能是认识对象的内在本质,由此构成了人的感觉经验与理性思维的矛盾:感性"看不见"本质,理性"看不见"现象,而人却既要"看见"现象,又要"看见"本质。因此,人的感性与理性的矛盾"无处不在""无时不有"。自觉到这种矛盾,并试图从理论上解释这种矛盾,便构成了哲学史上的经验主义与唯理主义的论争,以及试图弥合这种论争的种种哲学努力。

人的感性与理性的矛盾,使人能够把自己的全部对象都视为矛盾性的存在;反过来说,人的全部对象之所以能够被视为矛盾性的存在,就根源于人的感性与理性的矛盾。理解这个问题,对理解人与世界、思维与存在之间的关系是十分重要的。

世界上的一切事物都如其所是地那样存在着,对世界上的一切事物自身来说,它们本身并不存在现象与本质、个别与一般、偶然与必然等矛盾;反过来说,事物自身所具有的无限多样的矛盾,对事物自身来说,都不是作为矛盾而存在的。能够意识到事物的矛盾性存在,是以人的感性与理性的矛盾为前提的。在人的感性与理性的矛盾中,人的感性所"看到"的是对象的个别的、偶然的、现象的存在,人的理性所"想到"的则是对象的共性的、必然的、本质的存在。因此,在人的感性与理性的矛盾中,人的活动全部对象被把握为现象与本质、个别与一般、偶然与必然等矛盾性存在。

对人的感性来说,存在只能是表象的存在;对人的理性来说,存在则只能是一种概念性的存在。这就是由感性与理性的矛盾所构成的表象与概念的矛盾。

表象的存在构成的对象的现象的存在,被认识主体把握为一种个别的存在;概念性的存在构成的对象的本质的存在,被认识主体把握为一种一般的存在。任何现象的个别的存在都被认识主体把握为一种偶然的存在,而概念所把握的本质的一般的存在,则被认识主体把握为一种必然的存在。从人的感性与理性的矛盾去把握经验的对象,也就是把人的感性与理性的矛盾对象化给事物,从而把事物把握为现象与本质、个别与一般、偶然与必然等矛盾性的存在。所谓事物的现象与本质、个别与一般、偶然与必然等矛盾,是同人的感性与理性的矛盾密不可分的,只是对人来说才有意义的。

正是因为认识主体具有感性与理性,所以,当主体去把握或者说去认识它的对象,即客体时,就把客体把握为一种存在与非存在的矛盾的存在了。这是因为,对人的感性来说的对象的存在,对人的理性来说是非存在;反过来,对人的理性来说的存在,对人的感性来说也是非存在。感性只能把握到对象的形象的存在,从而构成关于对象的形象的表象;理性只能把握到对象的本质的存在,从而构成关于对象的本质的概念。这就是表象与概念的矛盾。正因为如此,对感性、表象来说的存在,对理性来说是非存在;对于理性、概念来说的存在,对感性来说是非存在。从总体上看,正是在人的感性与理性、表象与概念的矛盾中,人们把全部的经验对象,即客体都把握为一个存在与非存在的对立统一。

只有在人的感性与理性矛盾的意义上,人们才能够真实地去理解现象与本质、个别与一般、偶然与必然这样一些范畴。人的感性与理性的矛盾在人的认识活动以至全部活动中不是抽象的,而是表现为人的表象的存在与概念的存在之间的关系。感性的存在都表现为表象的存在,理性的存在都表现为概念的存在。在表象的存在中,所有事物的存在都是一种现象的、个别的、偶然的存在;在概念的存在中,全部存在都变成了一种本质的、一般的、必然的存在。

七、对象、表象与思想的矛盾运动

要真正理解表象与概念的矛盾关系,还需要正确理解对象与表象的关系。

人们看到、听到、嗅到、尝到、摸到的一切,都是人们看、听、嗅、尝、摸的对象,即外在于人们的意识的存在。人的意识的最基本功能,就在于它把看、听、嗅、尝、摸的对象变成人的脑海中的存在——感觉和知觉形象的存在。当我们说某种事物在脑海中"浮现"或在脑海中"萦绕"的时候,那种"浮现"或"萦绕"的事物已经不是当下看、听、嗅、尝、摸所构成的感觉和知觉形象,而是这种感知觉形象的再现——表象。

表象就是感知过的事物在头脑中的"再现"。这种"再现"具有直观性的特点,如在唤起视觉记忆表象时,就仿佛在脑中看到这种事物一样;同时,这种"再现"还具有概括性的特点,如能在头脑中再现"马"的形象、"牛"的形象,而不必是某匹马或某头牛的形象。表象的直观性和概括性,给人提供了超越时空的世界——脱离特定的时间、地点和条件而"浮现"或"萦绕"在人的"脑海"中的各种各样的表象的世界。

表象与对象的关系是以映像为中介的。如果说映像是把对象"移入人的头脑",那么,表象就是在人的脑海中不断地"唤醒"已经"移入人的头脑"的种种关于对象的映像。因此,要理解表象的超越性,需要探讨对象与映像的关系。

如果把世界上的一切存在区分为物质与意识两类基本的存在,那么,就可以把这两类基本的存在称作意识外的存在与意识内的存在。这样,就可以清楚地理解对象与映像的关系:其一,映像不是对象,对象是意识外的存在,而映像则是意识内的存在;其二,映像是关于对象的映像,是把意识外的存在变成意识内的存在。

由此产生两个问题：一是人的意识活动如何把意识外的存在变成意识内的存在；二是人的意识活动所构成的意识内的存在与意识外的存在的关系。关于第一个问题，即对象如何变成映像的问题，需要神经生理学、脑科学和心理学以及信息论等实证科学来回答；关于第二个问题，即映像与对象的关系问题，则是哲学关注的问题，对此，马克思有两句人们广为引证的名言：一是"意识在任何时候都只能是被意识到了的存在"①；二是"观念的东西不外是移入人的头脑并在人的头脑中改造过的物质的东西而已"②。

客观世界是不依赖于人的意识而存在的。"在我们之外有一个巨大的世界，它离开我们人类而独立存在。"③当客观世界中的事物尚未成为人的认识对象之前，它是纯粹的"自在之物"；当客观世界中的事物成为人的认识对象之后，它就构成了人的意识内的存在——映像。映像不是对象，而是"被意识到了"的对象、"在人的头脑中改造过"的对象。这就是说，作为意识内的存在，映像并不是纯粹客观的存在。所谓意识的内容是客观的，只是指映像来源于客观的对象，而不是说映像本身是客观的。

人的认识以映像和表象的方式使对象得以"映现"和"再现"为意识的内容，这首先在生理和心理的意义上体现了人类认识的超越性——把外在的对象变成了内在的映像和表象。进一步看，作为人的认识形式，感觉、知觉和表象又在社会遗传的意义上体现了认识的超越性——把自在的对象变成了人所理解的、具有文化内涵的映像和表象。表象既是再现映像的形式，又是再现在人的头脑中映像的内容，因而是再现映像的内容与形式的统一。

再现映像的表象，不仅是一般地超越特定的时间与空间而再现映像，而且以语词"呼唤""调遣"各种表象，以语词"重组""建构"各种表象，并

----

① 《马克思恩格斯选集》第 1 卷，第 72 页。
② 《马克思恩格斯全集》第 23 卷，第 24 页。
③ 《爱因斯坦文集》第 1 卷，许良英、范岱年编译，商务印书馆 1976 年版，第 2 页。

以语词"创造""建构"各种表象。语词，不仅对使用它的每个个体而言是超时空的，而且它还以"历史文化的水库"的形式实现其社会性的社会遗传。

人的认识活动不仅以语词"呼唤""调遣"表象，而且以语词"重组""建构"表象。"枯藤、老树、昏鸦，小桥、流水、人家，古道、西风、瘦马，断肠人在天涯"，这一个个相互独立的表象，在词人马致远的笔下，被组合为一种超越纯粹表象组合并表达人生状况的艺术意境。作为这首词的读者，如果只是孤零零地"再现"关于"枯藤""老树""昏鸦""小桥""流水""人家"的"映像"，就会造成一组互不相干、毫无意义、索然无味的"表象"。然而，正是语词以其文化的内涵"重组"了表象，照亮了表象，这一首由诸种表象构成的图景，才引发了人的情感的共鸣和无尽的遐想。语词使表象得以千变万化、千姿百态地"组合"与"重组"，也使表象获得"意义"与"意境"。正如陆机所说的那样："石韫玉而山辉，水怀珠而川媚。"语词使表象获得了远远大于表象、远远超出表象的文化内涵。正是凭借这种文化内涵，人的表象实现了自我超越——不仅仅是"再现"映像，而且是"创造"形象，从而使人给自己构成自己所要求的世界图景。

语词与表象的关系表明了概念与表象的关系。在人的认识活动中，人的感性机能使对象的感性存在变成头脑中的表象，人的理性机能则使对象的内在规定变成头脑中的思想。因此，在认识活动中，感性与理性的矛盾就呈现为表象与思想的矛盾运动；反过来说，表象与思想的矛盾运动，是感性与理性的矛盾在认识活动中的体现。

表象既是再现对象的感性形象的方式，又是对象的感性形象在人的头脑中再现的内容，因而是感性形式与感性内容的统一；同样，思想既是以概念、判断、推理等形式去表述对象内在本质的方式，又是对象的内在本质在人的头脑中再现的内容，因而是思想形式与思想内容的统一。认识过程中的表象与思想的矛盾不仅是认识形式之间的矛盾，更重要的，是认识内容的矛盾。

从现实性上看，认识主体总是以其已经具有的表象与思想进入具体的认识活动中,而不是以纯粹的感性与理性的认识形式去反映对象。认识过程中的矛盾运动,在一定的意义上,是已有的表象与思想同新形成的表象和思想的矛盾运动。离开人的表象与思想的矛盾运动,或者把人的感性与理性当作纯粹的认识形式,就会非历史地或超历史地看待人的认识活动,无法把握和解释人的现实的认识过程。

人的感性与理性不仅是两种认识机能,而且是文化的产物,都有文化内涵。不仅理性是文化的产物,被理性所规范的感性也是文化的产物,感觉、知觉、表象本身就是世界历史的产物。人是一种历史的存在。正如马克思所说,人既是历史的"前提",又是历史的"产物",人只有作为历史的"产物",才能够成为历史的"前提"。认识主体的感性与理性都是文化的产物、历史的产物,因此,人的认识过程及其感性与理性的矛盾,表现为表象与思想的矛盾运动。表象与思想的矛盾运动贯穿于认识过程的始终,而不是一先一后的关系。一旦把人理解为现实的人,理解为文化的人,理解为社会(历史)的存在的时候,就会发现,任何人的认识活动都是感性与理性、表象与思想的矛盾运动。

按照马克思的观点,人的认识大体上可以分为三个阶段:第一个阶段,形成关于事物的"混沌的表象""完整的表象";第二个阶段,形成"抽象的规定""简单的规范";第三个阶段,达到"许多规定的综合"和"多样性的统一"的"思想总体""思想具体"。这就是说,人的认识过程首先是形成感性的具体,理性的抽象规定,最终形成作为"许多规定的综合"和"多样性的统一"的"思想总体""思想具体"。因此,在人的认识活动中,表象与思想的矛盾运动,就主要表现为三个阶段:一是思想把握表象的矛盾运动,这是认识过程中的感性具体的阶段;二是思维"蒸发"表象的矛盾运动,这是认识过程中的理性抽象的阶段;三是思维重组表象的矛盾运动,这是认识过程中的"思想具体"的阶段。

在思想把握表象的矛盾运动中,虽然认识主体是以概念去把握表象的,但是,这里的概念还只能是把握表象名称,而没有展现概念自身的丰富的思想内涵,因而概念是围绕表象旋转的,由此形成的认识只是一种关于对象的"混沌的表象"。这就是认识过程中的"感性具体"的阶段。

"在一定意义上表象的确是比较低级的。实质在于:思维应当把握住运动着的全部'表象',为此,思维就必须是辩证的。表象比思维更接近于实在吗?又是又不是。表象不能把握整个运动,例如它不能把握秒速为30万公里的运动,而思维则把握而且应当把握。"①列宁的这一论述表明了感性具体中的表象与思想的矛盾:一是认识运动的实质是表象与思维的矛盾运动;二是思维能够把握到表象无法把握的整个运动;三是表象以感性具体表现实在,既比思维更接近实在,又没有思维更接近实在的实质。因此,认识主体要超越感性具体而达到对实在的思维把握,就必须使认识运动进展到思维抽象的阶段,并进而达到思想具体的阶段。

"具体之所以具体,因为它是许多规定的综合,因而是多样性的统一。因此它在思维中表现为综合的过程,表现为结果,而不是表现为起点,虽然它是现实的起点,因而也是直观和表象的起点。在第一条道路上,完整的表象蒸发为抽象的规定;在第二条道路上,抽象的规定在思维行程中导致具体的再现。"②马克思这里所说的"第一条道路",是由感性具体上升为理性抽象,即思维抽象的过程;"第二条道路"则是由理性抽象上升到理性具体,即思想具体的过程。经过这两条道路所实现的,是由感性具体达到理性具体。理性具体是"具体的再现",是"许多规定的综合"和"多样性的统一"。

就实质而言,由感性具体上升为理性抽象的过程是把"完整的表象蒸发为抽象的规定"。作为"完整的表象","感性具体"既是最具体的,又是最抽象的。这是因为,一方面,在思维把握表象的"感性具体"阶段,思维围绕着表象旋转,表象为认识主体呈现生动具体的感觉形象,因而是最具体的;另一方面,正因为感性具体阶段是思维围绕表象旋转,思维用以把握表象的概念还只不过是名称,还没有形成关于被表象的对象的任何规

---

① 《列宁全集》第 55 卷,第 197 页。

② 《马克思恩格斯选集》第 2 卷,第 18 页。

定性的认识,因而又是最抽象的。

由"完整的表象"而"蒸发"出的"抽象的规定",是关于对象的各种规定性,如"蒸发"掉桌子的表象,就在思想中形成了关于桌子的颜色、硬度、形态、结构、功能等规定性。但是,这些规定性"只能作为一个具体的、生动的既定整体的抽象的单方面的关系而存在"①。所以,必须以逻辑范畴(概念)的形式表现着对象的各种规定性,并以概念的逻辑运动的形式表现着事物的运动过程及其规律。正是在这个意义上,列宁提出,"当思维从具体的东西上升到抽象的东西时",它不是离开真理,而是"接近真理"。"物质的抽象,自然规律的抽象,价值的抽象等等,一句话,一切科学的(正确的、郑重的、不是荒唐的)抽象,都更深刻、更正确、更完全地反映自然。"正是在这个意义上,列宁得出结论:"从生动的直观到抽象的思维,并从抽象的思维到实践,这就是认识真理、认识客观实在的辩证途径。"②

"在最后的抽象(因为是抽象,而不是分析)中,一切事物都成为逻辑范畴,这用得着奇怪吗? 如果我们逐步抽掉构成某座房屋个性的一切,抽掉构成这座房屋的材料和这座房屋特有的形式,结果只剩下一个物体;如果把这一物体的界限也抽去,结果就只有空间了;如果再把这个空间的向度抽去,最后我们就只有纯粹的量这个逻辑范畴了,这用得着奇怪吗? 用这种方法抽去每一个主体的一切有生命的或无生命的所谓偶性,人或物,我们就有理由说,在最后的抽象中,作为实体的将是一些逻辑范畴。"③"正如我们通过抽象把一切事物变成逻辑范畴一样,我们只要抽去各种各样的运动的一切特征,就可得到抽象形态的运动,纯粹形式上的运动,运动的纯粹逻辑公式。"④这里,马克思深刻地说明了怎样理解抽象,怎样理解由抽象而构成的逻辑范畴(概念)和范畴的逻辑运动,换言之,深刻地说明了关于理性的抽象或"抽象的规定"及其表现形式——逻辑范畴和范畴

---

① 《马克思恩格斯选集》第 2 卷,第 19 页。
② 《列宁全集》第 55 卷,第 142 页。
③ 《马克思恩格斯选集》第 1 卷,第 138—139 页。
④ 《马克思恩格斯选集》第 1 卷,第 139 页。

的逻辑运动。

在表象与思想的矛盾运动中,思维把"完整的表象蒸发为抽象的规定",形成了关于对象的各种规定性的理性抽象。但是,由于这种理性抽象还"只能作为一个既定的、具体的、生动的整体的抽象的单方面的关系而存在",因此,还必须使"抽象的规定在思维行程中导致具体的再现"。①这个"再现"的具体就是理性具体,即作为"许多规定的综合"和"多样性的统一"的"思想总体""思想具体"。马克思从表象与思想的矛盾关系中对这种多样性统一的理性具体,即"思想总体""思想具体"作出了深刻的阐述:"具体总体作为思想总体、作为思想具体,事实上是思维的、理解的产物;但是,决不是处于直观和表象之外或驾于其上而思维着的、自我产生着的概念的产物,而是把直观和表象加工成概念这一过程的产物。"②

从表象与思想的矛盾运动来表达认识发展过程是非常重要的,它凸显了认识活动中的内容与形式、感性与理性的相互渗透、历史性与现实性的对立统一,以及认识过程中的由感性具体(肯定)到理性(思维)抽象(否定)再到理性(思想)具体(肯定)的否定之否定的辩证法。这一辩证法深刻地展现了人类认识是以表象与思想的矛盾运动而实现的超越,即由感性具体而超越性地发展为理性(思维)抽象,又由理性抽象而超越性地发展为理性(思想)具体。正是在"思想具体"中,人的认识达到了对认识对象的具体、总体把握。

总之,人的感性与理性是认识活动中的基本矛盾,这对矛盾表现为表象与思想的矛盾运动,而表象与思想的矛盾运动展现为思想把握表象的阶段,思维"蒸发"表象的阶段和思维创造表象,即形成"许多规定的综合和多样性的统一"的"思想总体""思想具体"的阶段,并展现出思维的建构性、反思性和辩证思维方式。

---

① 《马克思恩格斯全集》第 46 卷上,第 38 页。
② 《马克思恩格斯选集》第 2 卷,第 18、19 页。

第七章

思维建构、实践反思与辩证思维

马克思主义哲学不仅科学地解答了意识的本质、认识的发生与认识活动的内在矛盾问题，而且科学地解答了思维的建构及其与反映论的关系，明确提出认识是反映、反思与建构的统一，并创立了实践反思理论，明确提出对人类生活形式的理论思索和科学分析，总是从"事后"开始，从"发展过程的完成结果开始"，从"现在"到过去，逆向溯因。实践反思理论或"从后思索"法构成了马克思主义认识论的根本特征。不仅如此，马克思主义认识论还以巨大的超越性预见了知性思维向辩证思维的"复归"，明确提出现代科学的发展必将导致"回到辩证法"。现代科学的发展表明，随着经典科学向非经典科学转变，科学思维越来越具有辩证思维的特色，具体表现为：科学思维由否定"矛盾""悖论"到承认"矛盾""悖论"；由要求自身的"完全性""形式化"到承认"不完全性""非形式化"因素的存在；由片面的"拒斥形而上学"、要求贯彻完全的实证主义到历史主义。随着系统论、控制论、信念论等新理论的产生,随着"相对性原则""测不准原理""互补性原理"等新方法为科学思维所承认和运用,现代思维越来越凸显出辩证思维的特色,展现出一种新的辩证思维方式。

一、思维的建构性及其实质

在康德哲学产生之前,思维的建构性这一理论问题还没有凸显出来。人们只是把思维理解为简单的二维结构,而且在二维结构中只存在一个决定与被决定的关系。正如恩格斯所说,在这之前的科学家和哲学家们,"一个只知道自然界,另一个又只知道思想",他们或者用自然界来说明思想,或者用思想来说明自然界。众所周知,旧唯物主义走的是"自然界→思想"的道路,唯心主义走的则是"思想→自然界"的道路,一个决定,一个被决定,简单明了。

20世纪初,美国行为主义创始人华生把思维简单地归结为行为刺激→反应的两项式,这就是著名的S→R(刺激→反应)二项式结构。与此相反,现代认识论使S→R的二项式变为S→O→R的三项式结构,其中,出现了一个中项,即主体。由此,原来人们所理解的由自然界到思想或者由思想到自然界的模式被打破了,形成了这样的三项式,即自在客体→主体→观念客体。这里,主体及其思维结构成了自在客体与观念客体之间的"转换器",自在客体经过主体的转换形成了观念客体。

这个三项式结构实际上凸显了思维的建构性问题:一是观念客体的形成,一方面受到自在客体的决定,表现为输入系统,另一方面又受到主体的思维结构的决定,只有这两方面同时起作用,才有作为输出系统的观念客体;二是在这三项式中,主体是唯一的主动者,他以自己已经具有的思维结构去选择、处理输入系统,形成输出系统,从形式上和功能过程来考察,这仿佛是主体在建构着客体,即主体以自己的思维结构分解、过滤、转化着自在客体的信息,建构观念客体。

从哲学史上看,思维的建构性问题最初是由康德以"先天形式""图式""统觉""构造"等观点提出来的。按照康德的观点,"构造"一个概念,意即先天地提供出来与概念相应的直观,如构造等腰三角形,既不能"只追踪他在图形中已见到的东西",也不能"死盯着这个图形的单纯概念"。换言之,构造既不能只从经验出发,因为经验不能提供普遍有效性;也不能只从单纯概念出发,因为单纯概念不能提供扩充的知识。从根本上说,"构造"是"通过他自己按照概念先天地设想进去并予以展现的那种东西(通过作图),把图形的种种特性提取出来"①。

因此,"构造"是理性的创造物,它"按照概念先天地设想并予以展现",包含四个环节:一是构造不能从经验、概念出发,而要从理性出发,但它又不能离开经验、概念;二是构造是按概念来设想直观;三是这个直观既是理智预定的,又是有程序的;四是这个预定的直观的展开过程把内含于经验中的特性"提取出来"了。可以看出,康德的"构造"概念实际上就是思维的建构问题。

在康德哲学中,思维的建构就是思维在头脑中预先把规律设定出来,然后让自然来回答。用康德自己的话来说,就是"理性必须一只手拿着唯一能使种种符合一致的现象结合成为规律的那些原则,另一只手拿着它按上述原则设计出来的那样实验,走向自然,向自然请教"②。不难发现,康德的思维构造论就是他的"人为自然立法"和"图型"观点,它是"先天综合判断"基本思想的推广。

在康德看来,大陆唯理论主张的先天分析判断是宾词内含于主词中的判断,其缺点在于不能扩大知识;英国经验论主张后天综合判断,宾词超出了主词,扩大了知识,但它又不能说明知识的普遍有效性。普遍有效性"不可能从对于对象的直接认识中取得"。感觉从外界获得的杂乱无章的感性材料本身不构成知识,它首先要由感性的先验形式(时间、空间)整理,形成有时空确定性的表象,然后,由先验知性形式(范畴)综合,才具有

---

① 姜丕之、汝信主编:《康德黑格尔研究》第 2 辑,上海人民出版社 1986 年版,第 411 页。
② 姜丕之、汝信主编:《康德黑格尔研究》第 2 辑,第 412 页。

普遍有效性。因此,康德认为,对象就是被给予的直观杂多在其概念中被联结起来的东西,即先天综合判断是思维通过先天形式(范畴)对感性杂多联结起来的过程。这实际上就是思维的建构过程。

问题在于,康德的前提错了,所谓的"先天形式"——范畴并不是先天的,而是人类后天实践和认识的结晶。实际上,康德的先验时间和空间只是客观时间和空间相对独立性的表现,而他关于欧几里得几何是先天给予主体的这一观点早已为罗巴切夫斯基、波里亚和黎曼几何所否定。但是,康德的思维构造论又的确提出了一个富有解放意义的思想,这就是,理论、规律、必然性并不能从经验的重复中通过归纳而得到,这在以"我不作假设"为原则的牛顿经典力学占统治地位的近代,确实打响了通向现代科学的第一枪,并为现代心理学、认识论的发展所证明。20世纪认识论争论的热点之一,就是思维的建构性问题。思维建构性作为一个理论问题产生,标志着人们对认识结构认识的深化,即从认识的二维结构拓展到三维结构。

从根本上说,思维的建构性是指人对世界的反映过程,是人以主体的方式对世界进行概念把握的过程。具体地说,人们总是以自己的概念结构、思维模式来把握世界,并把世界纳入到自己的理解和解释系统之中;主体是一个特殊的转化系统,一切感性、知性的东西都在其中"变形",仿佛被建构起来。思维的建构性表明,认识是主体借助于中介系统(工具操作系统、概念逻辑系统)与客体相互作用的过程,反映是双重决定的:没有自在客体,当然不会有观念客体,这是认识的客观前提;没有主体的理解、创造过程,没有概念结构对自在客体的分解过程,也不会有观念客体,观念客体总是主体对自在客体特殊的理解和把握的产物,是思维构造的产物。

这里,产生了认识活动中对立的两个方面:一方面,自在客体决定着观念客体;另一方面,主体特有的生理的、心理的、经验的、知识的、社会的、实践的方式又决定着自在客体向观念客体转化的广度和深度。主体拥有对客体特定的选择、理解和解释方式,这就形成了思维建构的能动作用。思维的建构性是主体能动性的高度体现,是马克思的"从主体方面去理解""对象、现实、感性"这一思想最直接的体现。

人是通过概念、范畴、逻辑观念来反映世界的,这一过程通过思维对观念客体的建构表现出来。列宁指出:"认识是人对自然界的反映。但是,这并不是简单的、直接的、完整的反映,而是一系列的抽象过程,即概念、规律等等的构成、形成过程。""在人面前是自然现象之网。本能的人,即野蛮的人,没有把自己同自然界区分开来。自觉的人则区分开来了,范畴是区分过程中的梯级,即认识世界的过程中的梯级,是帮助我们认识和掌握自然现象之网的网上纽结。"①因此,范畴的产生和运用是人的认识活动的升华,标志着主体与客体的分化。同时,主体与客体的分化又是通过自在客体与观念客体分化的形式表现的,所谓观念客体也就是主体在观念中通过逻辑形式所把握的客体。人一旦把概念、范畴置于主体与客体之间,反映就具有了建构性的特点。

由此看来,思维的建构具有三重含义。

第一,思维的建构是指思维通过概念、范畴关系把自在客体转化为观念客体的过程。

在人的认识活动中,自在客体的转化过程是在观念中进行的,这就是人们运用逻辑结构或概念(范畴)结构对其理解和分解的过程,是概念结构对感性材料有序化的过程,即自在客体→逻辑结构→观念客体。正因为观念客体是经过逻辑结构的中介由自在客体转化而来,因而逻辑结构就成为自在客体与观念客体之间的转换器。逻辑结构不同,对自在客体的反映也就不同,具体表现为对信息输入的选择不同,加工角度和程度不同,信息被规范、被建构的方式不同,观念客体因此也就不同。以石块下落为例。从古代到现代,同样是石头从高空落下的事实,亚里士多德把它看作石块在寻找自己的天然位置,伽利略看到的是石头与天体一样作圆运动,牛顿悟出地心引力,爱因斯坦则看到石块在引力场中沿黎曼空间走最短的路程。这里,逻辑结构起到的是把自在客体转化为观念客体的建构作用。

―――――――

① 《列宁全集》第 55 卷,第 152、78 页。

从信息论的观点来看,思维的建构作用就是特定的逻辑结构或概念(范畴)结构对信息加工、转换的作用。信息是双向的,"信息这个名称的内容就是我们对外界进行调节并使我们的调节为外界所了解时而与外界交换来的东西"①。概念结构类似某种信息转换器,它把外界输入的信息转化为主体的思维要素,同时,又在一定程度上反映着外界的结构、属性、规律。这种转换过程固定下来就形成某种思维模式。一定的概念结构仅仅是对客体的一定程度的把握和转换,它不可能穷尽客体的一切信息、结构、属性。所以,主体及其思维的选择性既是能动性的体现,又是受动性的体现。选择一方面表明主体的自主性;另一方面又表明,主体只能在一定限度内,在其可理解、可选择的范围内活动。思维的选择性是被外在的客体与内在的概念结构双重制约了。思维的建构性恰恰体现了主体与客体以概念结构为中介的双向运动,主体以概念结构去分解自在客体,而自在客体也就在一定程度上转化为观念客体。因此,认识对自在客体的反映过程也就表现为思维对观念客体的建构过程。

第二,思维的建构是指思维通过从抽象到具体,并形成"先验的结构"的方式去把握世界。

在哲学史上,马克思明确而深刻地揭示了思维建构的特殊道路。按照马克思的观点,思维的建构过程是通过两条道路实现的:第一条道路,"完整的表象蒸发为抽象的规定";第二条道路,"抽象的规定在思维行程中导致具体的再现"。这就是思维的建构性,即从"混沌的表象""完整的表象"中抽象出一些"最简单的规定",然后,再把这些"最简单的规定""综合"起来形成"思想具体""思想总体"。"这点一旦做到,材料的生命一旦观念地反映出来,呈现在我们面前的就好象是一个先验的结构了。"②因此,思维建构的目的是形成一个仿佛是"先验的结构"。

思维不同于经验,它要对自在客体形成某种"规定"。所谓规定,也就

① [美] N. 维纳:《人有人的用处》,陈步译,商务印书馆 1978 年版,第 9 页。
② 《马克思恩格斯全集》第 23 卷,第 23—24 页。

是把某一方面"纯化",这种抽象过程只能在思维中进行。"最简单的规定",如欧氏几何中没有面积的点、没有宽度的线、没有厚度的面,以及由点的运动构成线,由线的运动构成面,由面的运动构成立体,都是思维建构的产物,是一种"纯化"了的思维抽象物;在这些抽象基础上形成的整体,是一种"纯化"了的整体,因而仿佛是一个"先验的结构"。实际上,这一过程就是思维的建构过程。

第三,思维的建构是指定型化了的"客观的思维形式"。

思维的建构不仅仅是主体的,它最终总是以某种"客观的思维形式"表现出来的。当思维的某一建构形式,即特定的范畴结构被人们所接受,成为社会"共识"之后,就具有了某种"社会效力",形成了某种固定的模式。马克思认为,相对于资本主义的生产关系来说,资产阶级经济学范畴"是有社会效力的、因而是客观的思维形式"①。范畴及其关系会转化为"客观的思维形式",实际上就是思维的建构客观化、定型化、模式化的过程。本来,范畴结构只是特定"生产关系""实践关系"的产物,但它一旦"客观化"了,也就形成了某种"惯性运动",形成一种仿佛是范畴结构决定思维结构的现象,并产生了"神秘性"和"魔法妖术"。但是,只要我们以特定的生产方式为基础,用历史主义和发生学的观点来考察它,这种"神秘性"和"魔法妖术"就立刻消失了。

这就是说,思维的建构性在各个不同时代都有客观性,但它同时又具有历史性。任何思维的建构——理论都是历史的,换句话说,思维的建构本身也是被建构的,也要被新的概念结构、理论体系所代替。要自觉地理解和把握这一点,不陷入思维建构的某一特定形式中,就要进一步理解和把握思维的反思性。

二、思维的反思性及其作用

从哲学史上看,笛卡儿第一次提出了反思性思维的任务。笛卡儿把

---

① 《马克思恩格斯全集》第23卷,第93页。

思维分为两个部分：一是思维从"清楚""明白"的前提出发，像欧几里得几何一样，演绎出整个知识体系，这一部分类似建构性思维；二是"普遍怀疑"，思维通过"普遍怀疑"来审视自身，扫除一切思维的偏见和思想障碍，这一部分类似反思性思维。笛卡儿力图把二者统一起来，形成统一的思维过程，即思维通过怀疑寻找到无可怀疑的思维出发点，然后，以演绎法建构知识体系。显然，"普遍怀疑"在这里起着与演绎思维不同的作用，即对思维进行反思。反思性思维与建构性思维在笛卡儿哲学中已经朦朦胧胧地区别开来了。

康德则以"独断的思维"和"批判的思维"这两个概念进一步表达了建构性思维与反思性思维的区别。在康德那里，反思突破了笛卡儿的"普遍怀疑"并与批判等同起来了，建构性思维则被看成是"独断的思维"。"批判并不反对理性在它的那种作为科学的纯粹知识里使用独断的做法，因为这种知识在任何时候都必定是独断的，就是说，都必定可以依据先天的可靠原则进行严格证明，但是，批判反对独断主义。""独断主义就是纯粹理性不先批判自己能力的那种独断做法。"①康德把批判（反思）作为防止独断主义，同时又是使思维能够正确进行"独断"的思维。换言之，"独断"这一"严格证明"的思维过程，必须由批判来保证自己避免独断主义的错误。康德正是以三个批判，即《纯粹理性批判》《实践理性批判》《判断力批判》构成其哲学特色的。在黑格尔哲学中，反思则具有更高的地位，具有自身相对独立的意义。

实际上，思维的反思是思维本身发展的产物。在近代，人们并没有重视思维的反思。欧几里得几何学把空间及其关系解释得如此完美，以至于成为人们从来没有怀疑过的唯一空间。牛顿力学则认为，它已经把世界的基本框架、宇宙的宏观殿堂一劳永逸地建构好了，剩下的事情只是对一些次要的问题进行计算。然而，现代非欧几里得学的创立，法拉第"场"概念的制定，电子、放射性元素的发现，使近代科学大厦动摇了。人们发

---

① 姜丕之、汝信主编：《康德黑格尔研究》第2辑，第425页。

现,原来以为绝对完整的思维只是在一定条件下的思维,只是思维自己犯了错误,把一定条件下的思维当作了唯一的思维了。这时,人们才发现,任何思维都有特定角度、坐标和层次,都是在一定的特殊层次上把握世界的,思维的前提和层次随着实践的发展而发展。

这样一来,所谓思维的直接前提,判断、推理的出发点,都成为相对地、有条件地、历史地变动着的。于是,对思维的前提进行审思,对思维的各个环节进行批判,就成为人类思维的一个环节;怀疑、批判、否定、对思维本身的思维,就成为思维活动的一个不可或缺的方面。反思作为独立的思维形式,不仅有它存在的客观依据,而且有它自己特定的对象、功能和方法;更重要的是,反思充分体现出现代思维的特点,即不仅要把思维当作认识过程来认识,而且要把思维本身当作独立的对象,作为"知识客体"来分析。反思思维由此成为一种现代思维形式,并获得了独立性。

首先,物质世界本身的层次性是产生反思思维的客观基础。

物质世界本身存在着相互联系的不同层次,人类对客观世界的认识可以从 10^{-10} 厘米到 10^{23} 厘米,横跨了 44 个数量级。从基本粒子、原子核、原子、分子到物体、恒星、星系,都具有自己相应的时空尺度、质量和能量、相应的结构和运动方式、特有的信息交流方式。物质世界就是由这些不同的层次构成的一个多层次的巨系统,而这些层次又互相交叉,形成了新的运动,如宏观向微观的运动,历史凝积于现实的运动。世界本身运动的层次性,以及它们之间的交叉性,要求思维具有反思性。这就是说,世界本身的层次性是反思思维的客观基础。

之所以如此,是因为人们不可能同时全面把握世界的各个层次,相反,总是一个层次一个层次地推进。当人们还没有认识到新的层次之前,总是用旧的层次去说明新的层次,这就产生了所谓思维中的"悖论"。近代形而上学世界观的根本错误就在于,它们把世界的机械层次绝对化,用机械层次去说明其他一切层次。消除这一错误的思维,就要进行反思,即批判地对待机械性,使机械性只说明世界本身的机械层次。这样,反思就起到了对思维的批判功能,而这一批判功能之所以能够实现,其根源就在于世界本身的层次。

其次,思维与存在转化的特殊性是产生反思思维的特殊原因。

反思思维之所以存在,原因还在于思维把握存在是一个特殊的矛盾运动过程。列宁指出:"如果不把不间断的东西割断,不使活生生的东西简单化、粗陋化,不加以划分,不使之僵化,那么我们就不能想象、表达、测量、描述运动。"[①]这是思维本性中的矛盾。必须把复杂的东西简单化,运动的东西静止化,不间断的东西间断化,思维才能运动起来,才能使这些"不间断的东西""活生生的东西"具有可表述、可定量、可描述的现实性。

思维这一过程展现为有限与无限、静止与运动、现象与本质、形式与内容、间断与连续等的矛盾,存在着把思维的曲线直线化的可能性和现实性。由于思维不得不从有限进入无限,由静止进入运动,由间断进入连续,这就要求思维"自己认识自己"。如果说思维的建构性表明认识"自己构成自己",那么,思维的反思性则表明认识"自己认识自己"。正是在这个建构和反思的过程中,人的认识不断实现自我否定、自我发展。这是产生反思思维的特殊原因。

再次,思维内在的逻辑与非逻辑的矛盾是反思思维产生的直接原因。

反思思维产生的直接原因是思维自身活动的逻辑与非逻辑的矛盾。思维是在一定的概念基础上,以一定的概念结构和逻辑规则发散出去的判断、推理过程。在这个过程中,思维按照一定的逻辑规则运行,形成了自己的"思维框架""思维定式""思维圈",在这些"框架""圈"内,按照逻辑规则运行的思维形成了思维的建构性;"思维定式"本身又产生了排他性,拒斥不符合自身要求的信息,从而形成了"思维圈";思维在自己的"圈"内无法打破自己,因而在面对新的信息时,就产生了"思维盲区"。马克思指出:"由于某种判断的盲目,甚至最杰出的人物也会根本看不到眼前的事物。后来,到了一定的时候,人们就惊奇地发现,从前没有看到的

---

① 《列宁全集》第 55 卷,第 219 页。

东西现在到处都露出自己的痕迹。"①这种"判断的盲目",就是由思维前提的局限性、推理的程式化造成的。也就是说,一旦陷入特定的"思维圈",就会产生"思维盲区",从而产生某种"判断的盲目","看不到眼前的事物",即无法正确理解新的信息。

"思维框架""思维定式""思维圈"是一个相互联系的过程。"思维框架"这一概念由恩格斯首次提出,指思维运行的空间,它像脚手架一样,规定着思维的视野、思维的深度、思维的容量。按照恩格斯的观点,任何思维都是在一定的框架中进行的,"思维框架"规定着"思维界限",这种思维的界限也就是我们现在所说的"思维圈";从"思维框架"到"思维圈"经过"思维定式"的中介。所谓思维定式,是指在一定的"思维框架"内产生的思维必然如此运动的过程。"思维定式"的形成标志着"思维圈"的形成以及思维方式的定型化。

正是由于思维运行的这些特点,思维本身的发展必然要求反思思维。反思的重要性就在于,它批判、否定着原有的"思维框架""思维定式""思维圈",并形成新的"思维框架""思维定式""思维圈"。反思产生于"无知境界"和"问题"。按照恩格斯的观点,由于思维具有历史性,因此,思维总有一天要打破、超出原有的框架,而此时原有的思维方式就会对超出自己框架的问题而陷入"不可解决"之中,这就是"无知境界"和"问题"形成的客观条件。实际上,"无知境界"本身并不是"无知"的,它只是相对于原有的"思维圈"来说是"无知"的。它是新"知"的开始。

从这种无知到知,就要发动思维的批判性,批判原有的"思维框架""思维定式",超越原有的"思维圈",从而真正理解为什么出现"无知境界"。由"无知境界"到"问题"是反思性思维的运动过程。"无知"类似一种简单的否定,"问题"则把矛盾剥离出来,使反思思维沿着"问题"展开,从而形成新的思维的建构。这里,已经显示出反思在思维活动中的重要性。黑格尔把反思称为思维自我运动和生命力内部搏动的否定性,认为

---

① 《马克思恩格斯选集》第4卷,第579页。

反思是思维的"绝对积极的环节",没有反思,也就没有思维的自我运动,这一思想确实是极其深刻的。当然,黑格尔哲学又使反思笼罩着凝重的神秘主义色彩。

三、实践反思与思维活动

马克思主义哲学打破了反思的神秘性,使其从纯思辨的王国回到人类的社会活动,并创立了实践反思理论。

马克思主义哲学视野中的反思是在自我批判基础上的批判。在马克思看来,真正的反思是在"自我批判"基础上进行的批判。"历史发展总是建立在这样的基础上的:最后的形式总是把过去的形式看成是向着自己发展的各个阶段,并且因为它很少而且只是在特定条件下才能够进行自我批判,——这里当然不是指作为崩溃时期出现的那样的历史时期,——所以总是对过去的形式作片面的理解。基督教只有在它的自我批判在一定程度上,可说是在可能范围内完成时,才有助于对早期神话作客观的理解。同样,资产阶级经济学只有在资产阶级社会的自我批判已经开始时,才能理解封建的、古代的和东方的经济。"①这就是说,反思是实践和主体发展到一定程度后,在"自我批判"的基础上进行的一种批判形式,只有这种反思才具有"客观的理解"的意义。把反思置于实践活动和主体发展的基础上考察,创立实践反思理论,这是马克思主义哲学的深刻之处。

这里,可以通过考察马克思对亚里士多德"劳动"范畴的分析,来说明马克思实践反思理论的总体特征。

亚里士多德是最早对价值形式作分析的思想家,他正确地看到"五张床=一间屋"可以转化为"五张床=若干货币"。然而,亚里士多德到此却停步不前了在亚里士多德看来,没有等同性,就不能交换,但问题在于,没有这种可以公约的性质。所以,亚里士多德一方面认识到"五张床=一间

----

① 《马克思恩格斯选集》第 2 卷,第 23—24 页。

屋"存在着"等同关系",另一方面又认为,这样不同种的物是不能"公约"的。造成这一结果的直接原因,是亚里士多德缺乏价值概念。亚里士多德生活于以奴隶劳动为基础的希腊社会,这种社会实践的片面形式使他不能形成相等的劳动概念,只能产生劳动不平等的观念。所以,马克思指出:"亚里士多德在商品的价值表现中发现了等同关系,正是在这里闪耀出他的天才的光辉。只是他所处的社会的历史限制,使他不能发现这种等同关系'实际上'是什么。"①

片面的实践形式产生片面的观念,即使亚里士多德这样的思想家也在所难免。"如果这些个人的现实关系的有意识的表现是虚幻的,如果他们在自己的观念中把自己的现实颠倒过来,那么这又是由他们狭隘的物质活动方式以及由此而来的他们狭隘的社会关系造成的。"②可见,实践的形式决定反思的形式,反思的局限性导源于实践活动方式以及社会关系的局限性,因此,思维的反思永远是必要的。

通过对"劳动"这一范畴历史理解形式的分析,马克思深刻阐明了反思是实践基础上的反思。按照马克思的观点,劳动本身是古老的,但真正把握劳动的意义却是在现代社会。这一过程大致有五个阶段:一是货币主义把财富看成完全客观的东西,看成存在于货币中的物;二是重工主义、重商主义把财富的源泉从客体转到主体活动,即工业劳动与商业劳动中,但又仅仅停留于这两种活动本身;三是重农学派则把作为劳动一定形式的农业劳动看作创造财富的唯一的劳动形式;四是亚当·斯密作出进一步抽象,"干脆就是劳动,既不是工业劳动,又不是商业劳动,也不是农业劳动,而既是这种劳动,又是那种劳动"③,从而抽象出"劳动一般"这一概念,确立了劳动价值论;五是马克思本人在劳动价值论的基础上第一次对"劳动"与"劳动力"这两个概念作出区分,指出劳动是劳动力在生产过程中的使用,而劳动力则是存在于人体中的智力与体力,从而揭示出资本

①《马克思恩格斯全集》第23卷,第75页。
②《马克思恩格斯选集》第1卷,第72页。
③《马克思恩格斯选集》第2卷,第21页。

的存在是使劳动力成为商品为前提的,这就为剩余价值学说奠定了科学的基础。

就劳动与价值的关系而言,存在着抽象发展的五个层次:纯客体→主体活动→某种形式的劳动→劳动一般→劳动与劳动力的分离、剩余价值。这五个层次实际上体现着实践发展的五个阶段,体现着对劳动认识的五个阶段,其中,后者总是对前者形成的抽象进行批判,即重工主义、重商主义对货币主义的批判,重农主义对重工主义、重商主义的批判,亚当·斯密对重农主义的批判,马克思对亚当·斯密的批判。在这个过程中,实践的发展始终是批判得以进行的前提和基础。正如马克思所说:"最一般的抽象总只是产生在最丰富的具体发展的场合,在那里,一种东西为许多东西所共有,为一切所共有。这样一来,它就不再只是在特殊形式上才能加以思考了。"①

这里,马克思实际上指出了实践反思的总体特征:其一,"最一般的抽象"是由实践决定的,即被抽象的对象已经具有"最丰富的具体的发展";其二,在作出"最一般的抽象"之前,人们已经在"特殊形式"上思考这一对象,作出"最一般的抽象"的过程就是从"特殊形式"升到"普遍形式"的过程,换言之,也就是对已经定型的思维方式进行批判的过程。因此,马克思不仅把亚当·斯密的劳动价值论看作对重农主义批判的产物,而且看作社会实践的产物。

按照马克思的观点,只有在下列条件下才能对"劳动一般"作出抽象:一是"对任何种类劳动的同样看待,以各种现实劳动组成的一个十分发达的总体为前提,在这些劳动中,任何一种劳动都不再是支配一切的劳动"②;二是"对任何种类劳动的同样看待,适合于这样一种社会形式,在这种社会形式中,个人很容易从一种劳动转到另一种劳动,一定种类的劳动对他们说来是偶然的,因而是无差别的"③。因此,劳动作为"一种古老

---

① 《马克思恩格斯选集》第 2 卷,第 22 页。
② 《马克思恩格斯选集》第 2 卷,第 22 页。
③ 《马克思恩格斯选集》第 2 卷,第 22 页。

而适用于一切社会形式的关系的最简单的抽象,只有作为最现代的社会的范畴,才在这种抽象中表现为实际上真实的东西"①。这就是说,只有在劳动形式全面展开的现代社会,才能作出"劳动一般"的抽象。这就是问题的本质。

但是,马克思并不是直线地看待实践与思维关系的。按照马克思的观点,思维随着实践的发展而发展,但由于思维运动的特殊性,又产生了一个思维的反向运动,即思维从高级阶段反过来认识低级阶段,立足于展开了的具体范畴把握简单范畴。马克思指出:"简单范畴是这样一些关系的表现,在这些关系中,较不发展的具体可以已经实现,而那些通过较具体的范畴在精神上表现出来的较多方面的联系或关系还没有产生,而比较发展的具体则把这个范畴当作一种从属关系保存下来。""比较简单的范畴可以表现一个比较不发展的整体的处于支配地位的关系或者一个比较发展的整体的从属关系,这些关系在整体向着以一个比较具体的范畴表现出来的方面发展之前,在历史上已经存在。"②

这里,出现了六个范畴:(1)简单范畴;(2)不发展的具体(整体);(3)比较简单的范畴;(4)比较不发展的具体(整体);(5)比较具体的范畴;(6)比较发展的具体(整体)。这六个范畴之间存在着横向对应关系,即简单范畴——不发展的整体;比较简单的范畴——比较不发展的整体;比较具体的范畴——比较发展的整体。同时,这六个范畴之间在纵向上又存在着从独立到"从属"的关系,即简单范畴→比较简单的范畴→比较具体的范畴;不发展的整体→比较不发展的整体→比较发展的整体。马克思认为:"在这个限度内,从最简单上升到复杂这个抽象思维的进程符合现实的历史过程。"③

问题在于,社会发展是从过去到现在,从低级到高级。但是,历史已经过去,在认识历史的活动中,认识主体不可能直接面对认识客体,人们

①《马克思恩格斯选集》第2卷,第22页。
②《马克思恩格斯选集》第2卷,第20页。
③《马克思恩格斯选集》第2卷,第20页。

也无法通过实验室方法模拟过去的历史,因而对历史的认识也就不能从过去到现在,从低级到高级;更重要的是,历史中的各种因素和关系,只有在其充分发展、充分展现后才能被充分认识,而这些充分发展的因素和关系既包含着过去的、低级的因素和关系,又转化为高级的东西了。所以,考察过去的、低级的社会形式反而要以现实的、高级的社会形式为参照系。

"人体解剖对于猴体解剖是一把钥匙。"低等动物身上表露的高等动物的征兆,反而只有在高等动物已被认识之后才能理解。在马克思看来,在人类历史上存在着和古生物学中一样的情形。"资产阶级社会是最发达的和最多样性的历史的生产组织。因此,那些表现它的各种关系的范畴以及对于它的结构的理解,同时也能使我们透视一切已经覆灭的社会形式的结构和生产关系。"①由此,马克思提出了"从后思索"法,即"对人类生活形式的思索,从而对它的科学分析,总是采取同实际发展相反的道路。这种思索是从事后开始的,就是说,是从发展过程的完成的结果开始的"。②

认识、思维之所以要从"事后",从"发展过程的完成的结果"开始,是因为"后面"已经不同于"前面","结果"不同于"开始",这里,已经发生了结构、层次、阶段性上的飞跃;而从"前面""开始"出发,就会局限于"前面""开始"所遵循的"简单范畴"与"不发展的整体"之内,思维在这一"思维圈"内无法自身上升到"比较具体的范畴"。所以,思维的行程要"倒过来",从"后面",从"发展过程完成的结果"开始。此时,思维立足于"比较具体的范畴"和"比较发展的整体"进行反思,就会形成一种批判功能。

马克思实践反思理论的重要意义就在于:它揭示了反思成为思维中"绝对的积极的环节"的真正原因,同时,又揭示了思维活动"反过来思"的过程,即通过建立高级的范畴体系对原有的范畴体系进行批判。"问题不在于各种经济关系在不同社会形式的相继更替的序列中在历史上占有什么地位,更不在于它们在'观念上'……的顺序。而在于它们在现代资产

---

① 《马克思恩格斯选集》第 2 卷,第 23 页。
② 《马克思恩格斯全集》第 23 卷,第 92 页。

阶级社会内部的结构。"①"不懂资本便不能懂地租。不懂地租却完全可以懂资本。资本是资产阶级社会的支配一切的经济权力。它必须成为起点又成为终点，必须放在土地所有制之前来说明。"所以，"把经济范畴按它们在历史上起决定作用的先后次序来排列是不行的，错误的。它们的次序倒是由它们在现代资产阶级社会中的相互关系决定的，这种关系同表现出来的它们的自然次序或者符合历史发展的次序恰好相反"。②

这表明，思维的反思活动绝不是一种绝对自由的精神搏动，而是"改变了的经济事实"③与原有概念结构、范畴体系或理论体系矛盾的产物。当实践展现自身的新形式以及"改变了的经济事实"大量产生时，原有的理论体系就会出现"危机"。但是，由于理论体系是由初始概念或范畴按照一定逻辑原则建构起来的，是一种定型的理论结构，所以，要使"改变了的经济事实"产生相应的理论，就要反思原有的理论体系，改变它们的结构，这就产生了思维的反思活动。因此，反思就其本质而言，是由于"改变了的经济事实"而造成的人们对原有理论体系的再思考。实际上，社会科学和自然科学的发展都是如此。例如，发展是从欧几里得几何学到非欧几里得几何学，从牛顿经典力学到现代非经典力学，但更深刻地认识欧几里得几何学、牛顿经典力学则是在非欧几里得几何学、非经典力学产生之后。只是在这个时候，人们才把其中的"关系"反思出来，认识到欧几里得几何学、牛顿经典力学的成功与不足、长处与短处。这里，始终存在着"反过来思"的过程。从一定意义上说，反思是对反映的反映。

四、思维反映存在的形式

从词源看，反映一词有反射、反照等不同含义。把人对客观事物的反映理解为照镜子式的，认为认识是纯客观的反映，这只是近代机械唯物主

---

① 《马克思恩格斯选集》第 2 卷，第 23、25 页。
② 《马克思恩格斯全集》第 46 卷上，第 45 页。
③ 《马克思恩格斯选集》第 4 卷，第 727 页。

义的特殊理解,而且这一机械反映论已经为现代科学和现代哲学所否定。马克思指出:"不仅五官感觉,而且所谓精神感觉、实践感觉(意志、爱等等),一句话,人的感觉、感觉的人性,都只是由于它的对象的存在,由于人化的自然界,才产生出来的。五官感觉的形成是以往全部世界历史的产物。"①否定机械反映论,这是新唯物主义认识论与旧唯物主义认识论的重要区别,也是新唯物主义哲学,即马克思主义哲学的历史性贡献。

马克思主义哲学不仅确认思维是对存在的反映,而且科学地解答了思维如何反映存在的问题。思维反映存在揭示的是思维的内容,思维如何反映存在揭示的则是思维反映存在的方式、尺度、取向,是指思维与存在从什么角度,在什么层次、范围,通过什么形式、途径,达到二者统一。按照马克思主义认识论的观点,思维对存在的反映不仅通过实践及其主体与客体的相互作用,而且通过思维"自己构成自己"的形式来进行。毛泽东指出:"人的概念的每一差异,都应把它看作是客观矛盾的反映。客观矛盾反映入主观的思想,组成了概念的矛盾运动,推动了思想的发展,不断地解决了人们的思想问题。"②

显然,这里存在着两个层次的问题:一是主观矛盾是客观矛盾的反映;二是主观矛盾又具有相对独立性,即"组成了概念的矛盾运动","推动了思想的发展"。因此,实践对认识的关系又要通过"概念的矛盾运动"表现出来。这正是思维"自己构成自己"的过程。

的确,马克思、恩格斯"忽略"了思维"自己构成自己"的问题。正如恩格斯所说,"对问题的这一方面……我觉得我们大家都过分地忽略了。这是一个老问题:起初总是为了内容而忽略形式"。"这一点在马克思和我的著作中通常也强调得不够,在这方面我们大家都有同样的过错。这就是说,我们大家首先是把重点放在从基本经济事实中引出政治的、法的和其他意识形态的观念以及以这些观念为中介的行动,而且必须这样做。

---

① 《马克思恩格斯全集》第 42 卷,第 126 页。
② 《毛泽东选集》第 1 卷,第 306 页。

但是我们这样做的时候为了内容方面而忽略了形式方面，即这些观念等等是由什么样的方式和方法产生的。"①列宁在《哲学笔记》中充分认识到这一问题的重要性，并重新解释了黑格尔的思维"自己构成自己"的思想，重新改造了黑格尔的"思维在概念中的纯粹运动"的观点，从而为我们探索这一方面的问题指明了方向。

现代哲学非常关注思维"自己构成自己"的问题。胡克指出："理智对一切的存在物的研究过程既是一个发现过程，也是一个创造和重新建造的过程。"②列维·斯特劳斯认为，语言结构决定人的认识活动。按照皮亚杰的观点，认知图式决定人的认识活动。罗素、维特根斯坦、卡尔纳普则把思维与存在的关系看作是逻辑构成与语言构成问题。哲学关注的焦点由此从思维与存在的一般关系进入具体关系，从语言结构、认知结构、逻辑结构、经验结构等某一个方面、某一种形式透视思维与存在的关系。

这里，存在着两方面的问题：一方面，把思维与存在的关系仅仅归结为某一方面当然是片面的；另一方面，仅仅停留于思维与存在的一般关系也是不行的，思维与存在的同一总是通过特殊的形式表现出来，形式有其相对的独立性。因此，一方面，思维对存在的反映必定要通过思维"自己构成自己"的矛盾过程表现出来；另一方面，思维"自己构成自己"又只是思维对存在反映的历史的表现形式，二者是矛盾的统一。

其一，不仅思维"自己构成自己"是思维对存在反映的矛盾性的表现形式，而且思维的选择、建构也是反映的形式和特点，是主体自组织过程的体现。现代人类学、发生认识论、儿童心理学以及人工智能的研究表明，思维确实是"自己构成自己"的，它有着自身特殊的矛盾、发展逻辑。从行为思维到神话思维再到概念思维，是一个有序的发展过程；概念结构的转换，也是一个有序的发展过程。我们一方面要从实践的发展来揭示思维的发展；另一方面，也要从思维内在矛盾的展开来研究思维。换言

① 《马克思恩格斯选集》第 4 卷，第 727、726 页。
② 洪谦主编：《西方现代资产阶级哲学论著选辑》，商务印书馆 1964 年版，第 209 页。

之,要从对实践认识的第一层次的研究跨入对思维内在矛盾运动的第二层次的研究,并把这两个层次的研究结合起来。应该说,这是现代实践、科学和哲学本身的发展向认识论提出的更高的要求。

其二,思维对存在的反映是通过特定的主体坐标系来进行的。思维对存在的反映是有方向的,换言之,人们总是从特定角度、特定坐标出发去追求思维与存在的同一性。思维与存在的同一是有特定角度的矛盾的同一。不同的主体对客体的理解和解释都受到自己独特的知识背景、认识图式、思维框架、概念结构的制约,因而都有自己特殊的思维坐标。

人们认识自然并不仅仅是为了认识自然的机械的、物理的、化学的、生物的特点,认识的目的是支配、控制和占有自然界,使其从"自在之物"转变为"为我之物"。马克思指出:"只有当物按人的方式同人发生关系时,我才能在实践上按人的方式同物发生关系。"①所谓使"物按人的方式同人发生关系",是指物成为人的对象性活动的对象;所谓"在实践上按人的方式同物发生关系",是指人通过对象性活动占有对象。这一过程也就是人从自己的内在尺度出发去改造物,使物具有属人的性质,使"自在自然"转化为"人化自然"。

这里,存在着两种尺度——外在的"物的尺度"和人的"内在尺度"。其中,人的"内在尺度"是"自在自然"转化为"人化自然"、"自在之物"转化为"为我之物"的坐标系,而对"物的尺度"的把握程度则是人的"内在尺度"发挥作用的客观基础。这表明,思维对存在的反映是有特定的主体坐标系的。马克思提出的把"对象、现实、感性""当作感性的人的活动,当作实践去理解","从主体方面去理解",指的就是思维对存在反映的主体坐标系。

其三,思维对存在的反映是通过实践反思的形式不断发展的。如前所述,对人类生活形式的理论思考和科学分析,总是采取同实际发展相反的道路,即这种思考和分析是从"事后"开始的,是从"发展过程的完成的

---

① 《马克思恩格斯全集》第 42 卷,第 124 页。

结果"开始的。实践反思规律是思维发展的根本规律。实践从根本上决定着思维的发展,思维结构与实践结构具有同构性,思维活动的逻辑本质上是实践活动的逻辑在人脑中的"内化"和"升华"。从根本上说,思维的行程是立足于现实实践,对历史形成的概念结构进行反思、重建的过程。所以,马克思认为,把经济范畴按它们在历史上起决定作用的先后次序来排列是错误的,它们的次序倒是由它们在现代社会中的相互关系决定的,这种关系同它们的自然次序或符合历史发展的次序是相反的。

由此可见,要使思维与存在的关系的问题得到一个合理的解决,就要把反映划分为两个层次。

一是思维反映存在。这里,反映表明了认识的本质,即认识不论是正确的,还是错误的,不论是形象的,还是逻辑的,都有其客观内容。反映的基础就在于,无论什么认识、什么样的认识形式,都是在反映这一基础上形成的。具体地说,反映是在主体与客体相互作用的过程中,客体的部分信息被主体接受,主体依据自己的反映形式对之进行加工的信息"变形"过程。问题在于,反映的内容与被反映的客体的属性既有联系,又有区别,换言之,反映的内容与反映的对象并不是完全同一的,反映中的内容可以脱离被反映的客体属性而相对独立。正是反映的这种相对独立,使概念、逻辑,包括认知图式、概念结构的产生成为可能。所有这些都是立足于反映的内容既是对象、又不是对象这一根本特点上的。

二是思维如何反映存在。这里,不仅包含着"从主体方面去理解",而且首先要从主体的实践需要去理解,换言之,思维如何反映存在首先是由实践需要定向的,选择、建构都是由实践需要规范的。正是实践的需要,使反映沿着一条特殊的道路而不断发展。因此,马克思主义哲学把实践看作是反映的生命,强调了实践对认识的决定作用通过"反过来思"这一中介环节才能实现。只有马克思的实践反思理论才既说明了实践是思维发展的根本动力,又说明了思维的具体行程是"倒过来"的,即走着一条"同实际发展相反的道路"。

思维发展的历史告诉我们,不仅要从思维与存在、实践与认识的角度来考察思维,而且要从思维"自己构成自己",从主体发展的角度来考察思维,现代思维是凝聚并凸显着人类主体性的思维。从总体上看,在马克思主义认识论中主体性原则包含三方面的内容。

其一,主体是现实的人,没有抽象的人。人当然是自然界长期发展的产物,其活动也要遵循自然规律,从这一方面看,人是受动的;另一方面,人又具有能动性,能够把世界上一切事物作为自己的认识对象和改造对象,而人正是在改造世界的实践活动中才成为现实的人,成为主体的。同时,不应脱离现实的个人来抽象地谈论思维的发展。"人的思维又是在完全有限地思维着的个人中实现的。"[①]可见,人类思维的发展必须以每个人的发展为条件和前提。

其二,对象是被人占有的对象,没有抽象的对象。从主体占有对象的角度考察对象,也就是把"对象、现实、感性"当作"感性的人的活动"加以理解,从人的内在尺度加以说明。人是在实践中,通过对物的占有的活动来把握事物的,并从自己的内在尺度出发来占有对象。对象若"被抽象地孤立地理解",或者说,"被固定为与人分离的自然界,对人说来也是无"[②],是"不存在"的存在。

其三,意识是在人的占有对象的活动中生成的,没有抽象的意识。意识是人们占有对象的活动的"必然升华物",是社会的产物,而社会也是在主体占有对象的活动中生成的,社会结构是人的实践活动的对象化,没有抽象的社会。只有在人的对象性活动中,才有被认识的自然界,才能形成"我对我的环境的关系是我的意识"[③]。因此,不存在抽象的意识。

这就是说,在认识论中贯彻主体性原则就要从人的实践活动、主体的发展来考察主体与客体、思维与存在关系,不仅把自然界当作人的认识对象,而且当作人的改造对象。正是在改造对象的活动中,人把自己的本质力量注入到自然界,使自然界"对人生成",成为属人的自然界,即使人占

---

① 《马克思恩格斯选集》第 3 卷,第 427 页。
② 《马克思恩格斯全集》第 42 卷,第 178 页。
③ 《马克思恩格斯选集》第 1 卷,第 81 页。

有自然界。马克思指出："人以一种全面的方式，也就是说，作为一个完整的人，占有自己的全面的本质。人同世界的任何一种人的关系——视觉、听觉、嗅觉、味觉、触觉、思维、直观、感觉、愿望、活动、爱，——总之，他的个体的一切器官，正象在形式上直接是社会的器官的那些器官一样，通过自己的对象性关系，即通过自己同对象的关系而占有对象。"①

在认识论中贯彻主体性原则，就要把主体全面占有对象和占有自己的全面本质这一根本特点贯彻到一切领域中。因此，应立足于主体活动，从主体活动的三个层次来理解现代思维的发展。

第一个层次，主体对象性活动的层次。在这一层次，由于主体的活动，形成了主体客体化与客体主体化双向运动。一方面，主体客体化：一是思维的客体化，即主体的思维层次转化为客观的知识层次，形成科学、文化的积累；二是主体的观念存在外化为客观存在，这就是科学的物化、逻辑的物化、人的"内在尺度"的物化，对象世界因此成为属人世界。另一方面，客体主体化：一是客体转化为主体的思维，即客观规律转化为主体思维中的概念、公式、规则；二是客体转化为主体的实际占有物，成为人的"无机的身体"。在这个过程中，人的活动方式"内化"为人的思维方式，即实践的"式"通过思维的"概括化""简缩化"，"内化"为主体思维中的"式"。

第二个层次，反思与自我意识的层次。在这个层次，主体通过反思与自我意识的形式，把主体客体化与客体主体化的过程对象化，也就是把实践过程、思维过程对象化，转化为认识对象。这样，第一个层次中的主体对象性活动过程，到了第二个层次又变成主体反思和自我意识的客体。第二个层次的产生是人认识自己，认识自己对象性活动的必要条件。在马克思看来，在这一活动过程中"人则使自己的生命活动本身变成自己的意志和意识的对象"，"他自己的生活对他是对象。仅仅由于这一点，他的

———————

① 《马克思恩格斯全集》第 42 卷，第 123—124 页。

活动才是自由的活动"①。正因为如此,人的意识二重化为对象意识与自我意识。

第三个层次,自我批判的层次。只有经过这一层次,人才能对自身的对象性活动、思维活动达到"客观的理解"。马克思指出:"基督教只有在它的自我批判在一定程度上,可说是在可能范围内完成时,才有助于对早期神话作客观的理解。同样,资产阶级经济学只有在资产阶级社会的自我批判已经开始时,才能理解封建的、古代的和东方的经济。"②只有在"自我批判"的基础上,人们才能达到对客体以及主体自身的"客观的理解",才能合理地实现其"内在尺度"与外在的"物的尺度"的统一。

现代思维就是在这三个层次中活动着的思维,它本身就体现着辩证思维方式。

五、"拒斥形而上学"与可证实性

19世纪与20世纪之交,恩格斯指出,当自然科学积累了庞大数量的经验知识后,为了确立知识材料之间的内在联系,必然产生一个"回到辩证法"③,即"复归"辩证思维的运动。20世纪与21世纪之交的科学和哲学发展证实了恩格斯这一观点的真理性、预见性,

现代思维发展的一个显著特征,就是知性思维通过自身的内在矛盾向辩证思维复归,科学思维跳出了近代知性思维的框架,具有了新的形式。这样一条复归道路的实现是充满矛盾的:起初,人们"拒斥形而上学",要求贯彻完全的实证主义或证伪主义原则,但后来人们认识到,形而上学不可能完全拒斥,实证主义或证伪主义也不可能达到"完全"。历史的事实是,从前门拒斥出去的形而上学问题,又从后门变形地回来了;实证论遇到了自己的反面,即否证论,更新为历史主义与科学实在论的新

①《马克思恩格斯全集》第42卷,第96页。
②《马克思恩格斯选集》第2卷,第24页。
③《马克思恩格斯选集》第4卷,第259页。

潮流。

我在这里所说的"形而上学",不是指与辩证法相对立意义上的思维方式,而是指一种以追溯整个世界的"终极存在"为目标、关于超验存在之本性的哲学形态。现代西方哲学所"拒斥"的形而上学正是这种哲学形态。石里克指出:"过去时代最严重的错误之一,是认为哲学命题的真正意义和最后内容可以再用陈述来表达,即可以用知识来阐明;这就是'形而上学'的错误。"①卡尔纳普认为:"我想指称为形而上学的那种性质的命题可以最容易地以下述几个例子来说清楚,如泰利士说'世界的本质和本原是水';赫拉克利特说,'是火';阿拉克西曼德说,'是无限者';毕达哥拉斯说,'是数'。'一切事物都只不过是永恒理念的影子,而永恒理念本身是存在于无时间性和空间性的领域中',这是柏拉图的理论。"②

在卡尔纳普等人看来,古代对本体论的讨论是形而上学,没有意义,而近代对认识论的讨论,也属于形而上学,同样没有意义,认识应该局限于经验、知识,局限于可证实的范围之内。卡尔纳普等人"拒斥形而上学"有其合理因素。马克思早就指出,随着"实证科学脱离了形而上学,给自己划定了单独的活动范围",随着"尘世的事物开始把人们的全部注意力集中到自己身上的时候,形而上学的全部财富只剩下想象的本质和神灵的事物了"。③ 在科学非经典化的现代,哲学仍然去追求某种一成不变的本体论,去研究所谓的"终极存在""原初物质",当然是不可取的。问题在于,卡尔纳普等人把这些合理的因素溶解于不合理的理解之中了,不理解个别中的一般、有限中的无限、不能脱离部分的整体,这些并不是应该"拒斥"的问题,而是现实的实践和认识的问题,是应在更高的层次上思考的问题。

实际上,要"拒斥"对世界作整体思考是不可能的。恩格斯早就指出,"自然研究家相信:他们只要不理睬哲学或羞辱哲学,才能从哲学中解放

---

① 洪谦主编:《逻辑经验主义》上,商务印书馆 1982 年版,第 9 页。
② 引自[美] M.怀特编著:《分析的时代——二十世纪的哲学家》,杜任之译,商务印书馆 1981 年版,第 215 页。
③ 《马克思恩格斯全集》第 2 卷,第 161、161—162 页。

出来。但是,因为他们离开了思维便不能前进,而且要思维就必须有逻辑规定",所以,问题的实质在于,"他们是愿意受某种蹩脚的时髦哲学的支配,还是愿意受某种以认识思维的历史及其成就为基础的理论思维形式的支配"①。说到底,科学不可能完全脱离哲学,这是因为,科学本身就是思维的结晶,科学家的思维必然要涉及思维的过程、形式、方法以及思维与存在的关系问题等,而所有这些因素都是在哲学的"综合"下定型的。因此,科学的思考自觉不自觉地必然涉及"形而上"问题;科学家的思维并不能完全停留在事实上,总是要上升到更高的层次,形成某种"抽象",而科学与科学之间的交叉又要求进行"综合",这种抽象和综合离不开"形而上"的思考,因此,科学思考无法"拒斥"哲学思维。

在经过了石里克、卡尔纳普的逻辑经验主义之后,科学哲学从证实走向证伪,产生了波普尔、拉卡托斯的批判理性主义;由于证实、证伪本身的困难,科学哲学又产生了库恩的科学历史主义。到这里,形而上学中的一些问题又成为现实的问题而被现代西方哲学家重新思考了。按照科学历史主义哲学家瓦托夫斯基的观点,科学思维必须运用概念框架,"概念框架是一种我们用以理性地整理我们知识的方式"②。这是其一。

其二,"哲学在(1)形而上学、(2)认识论、(3)逻辑的一般标题下,已经以各式各样的方式介入了上述这些问题"。因此,科学家并不能完全"拒斥形而上学",只不过自发地"把早期的形而上学、认识论和逻辑形式化的影响带入到他的工作中"。笛卡儿、牛顿、莱布尼茨、普朗克、爱因斯坦"这些人都不仅曾帮助科学概念框架的重新形成,也帮助哲学基本概念的重新形成"③。

不难发现,瓦托夫斯基的观点与恩格斯的观点具有相同性。但是,这种相同并不是一种历史的巧合:恩格斯是在深入考察思维发展历史

----

① 《马克思恩格斯选集》第4卷,第308页。
② [美]M. W.瓦托夫斯基:《科学思想的概念基础——科学哲学导论(新校译本)》,范岱年译,求实出版社1989年版,第10页。
③ [美]M. W.瓦托夫斯基:《科学思想的概念基础——科学哲学导论(新校译本)》,第14、25、25页。

的基础上，早在一百多年前就预见到的；瓦托夫斯基则是反思科学在20世纪的发展历程后才认识到的。这是两条认识道路，然而，认识的结果却天然地一致。这表明，这一问题在认识上具有"不可回避""不可抗拒"的特点。

可证实性与"拒斥形而上学"问题是联系在一起的。逻辑经验主义认为，问题是否有意义，取决于关于问题的理论可否证实或证伪，如果一个问题既不能证实，也不能证伪，那么，这就是一个无意义的问题，亦即形而上学的问题。石里克最早提出证实与意义的问题，并把可证实性区分为"经验的可能性"与"逻辑的可能性"。艾耶尔进一步把可证实性区分为"实践的可证实性"与"原则的可证实性"。

问题在于，可证实性本身遇到了逻辑上的困难。实际上，由于认识、科学、实践在不断发展，完全的证实与完全的证伪都是不可能的。所以，卡尔纳普又提出"确证"，并对"确证"与"证实"、"可检验性"与"可确实性"，以及意义原则与证实原则作出区分，并认为"证实"是"决定性地、最后地确定为真"①，而"确证"只是现阶段得到确定，并不保证以后也确定。"理论上永远存在着把检验性观察的序列继续下去的可能性。所以在这里任何完全的证实也不是可能的，却只是一个逐渐增强确证的过程。"②

可证实原则遭到来自批判理性主义证伪原则的毁灭性打击。波普尔首先批判了归纳法，认为归纳只能总结历史，不能预告未来，不能给予人们关于未来以必然性甚至偶然性的知识，因此，归纳法不能算作一种科学的方法。在批判归纳法的基础上，波普尔提出了批判理性主义的证伪原则，即科学命题都是普遍命题、全称命题，而任何证实都是个别的，个别又不能经归纳上升到一般，所以，科学理论不能证实，但可以通过证伪个别命题而证伪科学的普遍命题。正因为如此，波普尔指出"科学进步并不在

---

① 洪谦主编：《逻辑经验主义》上，第69页。
② 洪谦主编：《逻辑经验主义》上，第75页。

于观察的累积，而是在于推翻不那么好的理论并且用更好的理论，尤其是内容更丰富的理论代替它们"①，并认为没有可以"证实"的理论，只有现在被"验证"的理论；即使现在被"验证"的理论，也总有一天被证伪，任何理论都必然地最后被证伪。

历史的发展是奇特的。逻辑实证主义"拒斥形而上学"，要求可证实性，其片面性的要求被批判理性主义的证伪性所否定。其实，离开"形而上"的思考，完全局限于证实或证伪都是不可能的，因为要弄清证实或证伪这一问题必须进行"形而上"的思考。马克思主义哲学既不完全否定证伪性，也不完全否定证实性，相反，它强调"经验的观察"的重要性，并指出"应当根据经验来揭示社会结构和政治结构同生产的联系"。正是在这个意义上，马克思把唯物主义历史观称为"真正实证的科学"②。

从根本上说，马克思主义哲学把实践检验看作一个历史过程，看作既有整体性，又有方面性，既有绝对性，又有相对性，既有直接性，又有间接性的复杂过程；在这一过程中，既要看到证实或证伪过程的确定性、重复性，又要看到证实或证伪的不确定性、相对性；只有看到并承认这种证实或证伪的确定性，思维才有坚实的基础，只有看到这种证实或证伪的不确定性，思维才有不断的发展性。可以说，只有立足于实践活动，我们才能超越逻辑实证主义的证实原则与批判理性主义的证伪主义原则，超越什么都可以的"无政府主义"原则。

六、"悖论"与无矛盾性

现代科学和哲学的发展表明，科学思维已经成为一种新的辩证思维形式，它本身包含着"悖论""相对性""测不准性""人择性"等原理，并启示我们不能在原来的知性思维的层次上来理解科学思维了。

---

① ［英］卡尔·波普尔：《无穷的探索——思想自传》，邱仁宗、段娟译，福建人民出版社1984年版，第82页。
② 《马克思恩格斯全集》第3卷，第29、31页。

知性思维与辩证思维的形成，本身就是思维内在矛盾的产物。现代思维的发展表明，任何思维和论断中都存在着矛盾，而且现代思维本身就是从思维的矛盾本性中生长出来的，它自觉地承认矛盾，并把这一矛盾作为自身活动的原则。例如，现代科学思维中的不完全性定理、测不准原理、相对性原理、人择性原理等从各个方面体现出思维的矛盾性：不完全性定理体现着整体与非整体的矛盾，测不准原理体现着绝对与相对的矛盾，人择性原理体现着主体与客体的矛盾……现代科学发展中的一系列"悖论"的出现，一方面说明，思维发展中的"受阻"及其行程的曲折性，另一方面表明，实证性思维与辩证性思维的形成本身就是思维内在矛盾发展的产物。

我不能同意这样一种观点，即矛盾概念导源于对"力"的理解，只是对作用力与反作用力的逻辑抽象，而现代系统论已经扬弃了"矛盾"观念。这种观点把近代思维对矛盾的理解绝对化了，其片面性在于三个方面：一是矛盾概念的产生并不是对"力"的抽象，在牛顿力学产生之前，矛盾概念已经在直观的、经验的形态上形成了；二是从"力"的两极化抽象出的矛盾概念，仅仅是近代机械论思维的反映，只是对矛盾的一种特定的历史的理解；三是现代系统论扬弃的只是近代机械论的矛盾观，没有也不可能扬弃辩证法的矛盾论，相反，现代系统论本身就体现着认识的深层矛盾，本身就是整体与部分、方面与要素、结构与功能矛盾的产物，而"系统悖论"的提出，本身就表明系统论本身也无法回避矛盾。系统论并没有否定矛盾，而是深化了矛盾论的内涵，展开了矛盾的新层次，体现现代科学对矛盾的深层理解。

"辩证法本来是人类的全部认识所固有的"[①]，矛盾是认识活动内在的、固有的因素。只要人在思维着，运用着语言、符号、逻辑就必然产生矛盾。矛盾是思维的本质，这是由主观与客观、连续与间断等诸多关系决定的。

---

① 《列宁全集》第 55 卷，第 308 页。

从主观与客观的关系看,思维是主体的活动过程,它必然具有主体的坐标、角度、方位,具有人的"内在尺度",因而主观与客观永远不可能达到完全的同一,二者的统一总是历史的、具体的、有矛盾的统一。每一代人的思维所能达到的广度和深度总是有限的。然而,无限性总是要通过有限性表现出来,绝对性存在于无穷的相对性之中,这本身就是矛盾,而这些矛盾又转化为思维与存在、主观与客观、主体与客体的既同一、又不同一的矛盾。这表明,人的认识不可能是纯客观的。

从连续与间断的关系看,思维要表述事物,就要把连续的东西间断化,把运动的东西静止化,把思维对象从整体中抽象出来,暂时割断它与其他事物的联系。问题在于,把连续的东西间断化,把运动的东西静止化,这本身就包含着全部形式化、符号化思维的矛盾。就最简单的 $1+1=2$ 而言,这在逻辑上是不言自明的,但实际上,$1+1$ 永远不等于 2。这不仅在于世界上不存在两个完全相等的、具体的"1",而且在于"1"本身只是思维的合理的抽象,实际生活中的具体的 1 永远处于运动变化之中。因此,即使在 $1+1=2$ 这一运算中,已经把连续的东西间断化了,把运动的东西静止化,它本身已经是矛盾的过程了。再以最简单的语词"这"为例。"这"就是此事此刻,它既可以代表着具体的"这件事""这个人""这本书",即表示着"个别",又可代表"这件事""这个人""这本书"中的共同的"这"。所以,"这"本身就是矛盾,个别与一般的矛盾贯穿于"这"的使用中。

最简单的关系和语词中已经包含着辩证法的萌芽,高级的推理和创造性思维必然依靠矛盾的运用。即使系统论也只是把握了事物的某些方面,如结构方面、功能方面、相关性方面、输入—输出方面等。全方位思维的"全方位"只是相对的,"方位"永远不可能绝对"全",要使"方位"绝对"全",就必须使运动停止下来。然而,这是不可能的。只要世界在运动,就永远有新的方面、新的方位产生出来。因此,思维的全面性本身只存在于思维的全面与方面的矛盾中,是在全面与方面的矛盾运动中不断向全面本身逼近的历史过程。"全方位"思维也只是"方位"不断增多的思维运动而已。

现代思维本身是一种辩证的思维,它摆脱了纯客观主义、绝对主义的思维方式,扬弃了主观主义、相对主义的思维方式,从而在主观与客观、绝对与相对、可能与选择、整体与部分、完全与不完全、确定与不确定的诸多矛盾中运动。因此,不懂得矛盾,也就不理解现代思维的本质。现代思维的本质特征,就是使矛盾观念进入知性思维领域中,思维从千方百计地排除"悖论"到承认"悖论"的合理存在,从追求某种"完全性""确定性"到确认"不完全性""不确定性"。这一事实表明,知性思维自觉地趋向辩证思维,越来越具有辩证的特色。换言之,"悖论"的现代形态,以及"相对性""测不准性""人择性"原理的提出,使知性思维与辩证思维第一次有了"共同语言"。这正是科学"回到辩证法",即向辩证法"复归"的体现。

　　"悖论"是一个古老的问题,它的直接含义是指:从一个本来被认为是正确的理论出发却得出两个互相矛盾的结论。从古代到现代,已经产生了无数"悖论",比较典型的有"毕达哥拉斯悖论""芝诺悖论""贝克莱悖论""罗素悖论""语义学悖论"等。其中,"毕达哥拉斯悖论""贝克莱悖论""罗素悖论"引起了西方数学发展史上的三次危机,其结果是导致数学理论的三次大发展。

　　从总体上看,可把"悖论"分为两类:一类是由前提错误导致的"悖论",另一类则是前提无错误而形成的"悖论"。

　　"毕达哥拉斯悖论"属于前提错误的"悖论"。毕达哥拉斯学派坚持这样一个信念,即一切事物都可以归结为整数与整数之比,然而,他们发现正方形的对角线与边长的比是$\sqrt{2}$,它们之间不能表现为整数之比。正是$\sqrt{2}$的正确性否定了他们关于一切事物都可以归之于整数与整数之比的信念,因而引起数学史上的第一次危机。实际上,这场危机只是一场"虚惊",危机的实质是人们对世界认识界限的超越,是对错误前提的否定。

　　"贝克莱悖论""罗素悖论"属于前提无错误的"悖论"。"贝克莱悖论"产生于微积分的无穷小分析这一问题。贝克莱证明了无穷小量在实际应用中,既是0,又不是0。这本来是正确的思想,但由于这一思想与形式逻辑发生矛盾，导致了数学史上的第二次危机。"罗素悖论"是著名的"集合悖论"，即任何一个集合都可以通过谓词"不属于自身"构成一个新的集合，这一集合本身由所有不属于自身的集合构成，但任何集合又可看作是属于自身的集合。因此，由某集合"属于自身"可以得到某集合"不属于自身"，由某集合"不属于自身"又可推出某集合"属于自身"。这样，对"某集合是否属于自身"的问题可以得到两个等价的互相对立的结论。

显然，"贝克莱悖论""罗素悖论"已经不同于"毕达哥拉斯悖论"。对于"毕达哥拉斯悖论"，只要说明前提是错误的就能解决问题，但我们不能从前提、逻辑推理的角度去解决"贝克莱悖论"，特别是"罗素悖论"的问题，因为二者的前提、逻辑推理不存在错误。所以，这两个"悖论"在逻辑上是合理的。换言之，"悖论"的前提、逻辑推理全然没有问题，但结论却是互相对立的、矛盾的，并且等价为真。

"合理的背理""符合逻辑的悖论"也就等于"正确的错误"。所以，"罗素悖论"如同山崩海啸一样，引起了各方面的连续反应，引出了"福蒂悖论""康托尔悖论""理查德悖论""培里悖论""格里林悖论"，出现了"悖论群""悖论网""悖论系列"，从而猛烈地冲击着知性思维的原有框架，引起了数学家们的惶惶不安。大数学家希尔伯特由此认为："必须承认，在这些悖论面前，我们所处的这种状况是不能长期忍受下去的。试想：在数学这个号称可靠性和真理性的典范里，每一个人所学的、教的和应用的那些最普通的概念结构和推理方法竟会导致荒谬。如果连数学也失灵的话，那末我们应该到哪里去寻找可靠性和真理呢？"[1]

其实，问题并不复杂。复杂的是希尔伯特等伟大的数学家所固守的无矛盾性、纯客观的"可靠性"和"真理性"的观念，而只要坚守无矛盾思维就必然引起更深刻的矛盾，引起人们的苦恼和震惊。实际上，"悖论"是认识中的一种正常现象，黑格尔早就提出，有多少概念发生，就可以提出多少"二律背反"。从本质上看，"悖论"是对"无矛盾"思维的"背理"，因为

---

[1] 林夏水主编：《数学哲学译文集》，知识出版社1986年版，第402页。

"无矛盾"本身就是一个"背理",只要坚持"无矛盾"思维,那么,无论哪一方面、哪一个角度,都毫无例外地会出现"悖论"。

在我看来,应该震惊的不是"悖论"和"悖论的合理性",应该震惊的是对"悖论"和"悖论的合理性"的"震惊"。我们应该接受这样一个事实,即"悖论"是合理的,因为矛盾是无法排除的。在"悖论"面前,科学家们申诉着自己学科的"可靠性"和"真理性",其实,对这种"可靠性"和"真理性"的理解也只是相应于他们所处的历史条件。每一历史时代总是有局限性的,绝对的"可靠性"和"真理性",永恒不变的"确定性",本身就是不存在的。恩格斯早就指出:"每一个时代的理论思维,从而我们时代的理论思维,都是一种历史的产物,它在不同的时代具有完全不同的形式,同时具有完全不同的内容。因此,关于思维的科学,也和其他各门科学一样,是一种历史的科学,是关于人的思维的历史发展的科学。这一点对于思维在经验领域中的实际运用也是重要的。"①

从根本上说,"悖论"的实质是世界的无限性与认识的有限性、事物的多样性与逻辑的直线性矛盾的体现。列宁指出:"如果不把不间断的东西割断,不使活生生的东西简单化、粗陋化,不加以划分,不使之僵化,那么我们就不能想象、表达、测量、描述运动。思想对运动的描述,总是粗陋化、僵化。不仅思想是这样,而且感觉也是这样;不仅对运动是这样,而且对任何概念也都是这样。"②"悖论"的产生正是源于思维如何"想象""表达""测量""描述"运动,思维总是包含着"僵化""简单化""直线化"的因素。

"悖论"产生的原因并不在于思维的不严格性,恰恰相反,而是由于知性思维本身要求太严格、太规范化了。"悖论"是人类思维中不可避免的东西。现代科学思维的发展扭转了人们对"无矛盾"思维的偏好,扭转了把"悖论"等同于"错误"的观念,从而承认了"悖论"存在的合理性。如果

---

① 《马克思恩格斯选集》第 4 卷,第 284 页。
② 《列宁全集》第 55 卷,第 219 页。

说历史上的知性思维是以排除"悖论"、追求无矛盾性为自己的特点,那么,随着对"悖论"合理性的承认,现代知性思维开始自觉地承认矛盾,并把矛盾作为自己思维的起点。这是知性思维向辩证思维"复归"的关键一步。

七、形式化与非形式化、系统与非系统

知性思维向辩证思维现代"复归"的又一表现就是,它在逻辑上彻底解决了形式化问题。哥德尔的不完全性定理埋葬了希尔伯特的形式主义理想,揭示出不完全性、非形式化在逻辑上存在的合理性。

所谓形式,就是事物的结构、有序性、量的比例性。形式化就是试图从结构、有序性、量的比例来全面地表征事物的本质。形式方法在古代就已经运用了。欧几里得几何学、形式逻辑都是形式方法的具体化。随着非欧几里得几何学对欧几里得几何学的突破,形式方法的研究进入一个新的层次。希尔伯特在 20 世纪初提出了形式主义理论,认为古代的形式化只是从直观对象出发,然后归纳出公理,并在公理的基础上进行演绎,而现代的形式系统应该排除明显的直观性,建立一种"假设—演绎系统"。因此,问题倒过来了,重要的并不在于研究什么样的对象,而在于设定什么样的前提和关系,即设定"论域",不同的"论域"就会展现出不同方面。

希尔伯特以这种前提和关系的形式消除了欧几里得几何学的直观性,同时,又力图证明欧几里得几何学。希尔伯特提出五种关系,即"在……之上"——联结关系,"介于……之间"——次序关系,"合同于"——合同关系,"平行于"——平行关系,"连续"——连续关系,并力图通过对这五种关系的推演,证明欧几里得几何学。显然,希尔伯特的形式主义方法比欧几里得几何公理方法更为普遍,并提出一个形式系统应该包含无矛盾性、完备性和公理的独立性。形式主义方法使数学的对象发生了变化,即在某种意义上,数学可以不以客观世界中的"量"和"形"为

对象,而是可以以符号系列为对象。人们经过定义,赋予符号系列以各种"规定""模式"。这些符号系列、形式系统虽然是抽象的,但它们都表征着事物的结构。

希尔伯特的形式主义理论是深刻的,但是,这一彻底的形式主义并没有得到实现,相反,这一彻底的形式主义受到哥德尔不完全性定理、车赤尔不可判定性定理的毁灭性打击。希尔伯特形式主义理论的核心概念就是"完备性"或"完全性"。完全性就是指在一个完备的形式系统内,所有普遍有效的命题可以在这个系统中得到证明。如果在这一形式系统内存在着得不到证明的普遍有效的命题,那么,这一形式系统就是没有完成、不完全的。哥德尔的不完全性定理和车赤尔的不可判定性定理从根本上颠覆了这一完全性理论。

1931年,哥德尔提出了一个振聋发聩的思想,这就是不完全性定理。不完全性定理表明:如果在一个包括初等数论的形式系统中,一切命题都是真的,那它就是有矛盾的;如果这个形式系统是无矛盾的,那它就是不完备、不完全的。如果说一个简单的包含形式算术的系统都会产生不完全性,那么,比这种包含自然数系列、算术关系更高级的所谓的完全系统就更不完全了,它们都包含着自身系统无法自证的命题,即这种证明不能在本系统内完成,要证明这些命题,就必须把这一系统置入更大的系统中;要证明更大系统对这一系统的证明是正确的,又必须把更大的系统置入更大更大的系统之中。实际上,这一过程不可能完成。不断地置入"更大更大的系统"是一个无穷量,我们必须无限地进行这项工作,因而这是永远也不能完成的工作。

1936年,车赤尔提出不可判定性定理,这就是,包括形式算术系统在内的任何形式系统如果是一致的,那么,就是不可判定的,不存在任何一个程序能判定任何一个公式是否可证。车赤尔还证明了一阶谓词演算是不可判定的,这就把问题又向前推进一步,即原来认为一阶谓词演算的普遍有效是可证的,但现在既然没有程序能判定它们是否普遍有效,当然也就无法断定任何一个公式是否可证。

所有这些,都要求人们在逻辑上必须承认,在任何一个形式系统中,不可能同时既是无矛盾的,又是完全的,无矛盾必然不完备,完备必然有矛盾。换言之,形式主义理论既要符合无矛盾,又要符合绝对的完全性是不可能的。这就从根本上摧毁了希尔伯特形式系统的三大支柱,即"无矛盾性""完备性""公理的独立性",从而给予希尔伯特的形式主义理论毁灭性打击。

完全性与不完全性以及哥德尔的不完全性定理实际上涉及人的思维的至上性与非至上性的问题。恩格斯指出:"人的思维是至上的,同样又是不至上的,它的认识能力是无限的,同样又是有限的。按它的本性、使命、可能和历史的终极目的来说,是至上的和无限的;按它的个别实现情况和每次的现实来说,又是不至上的和有限的。"如果存在绝对的完全性、无条件的真理权,那么,也就等于"实现了可以计数的数不尽的数这一著名的奇迹"①。这就是说,知性思维向辩证思维的"复归"是在符合确定性的原则下产生的,是符合确定性的对确定性的否定过程,而不是采取理性思维对知性思维局限性否定的单一形式,相反,这种"复归"是在知性思维的范围内产生的。这才是真正意义上的"复归"。

同形式化与非形式化、完全性与非完全性相联系的是系统与非系统。

系统论是现代科学和哲学发展的产物。恩格斯在总结 19 世纪自然科学的发展时指出,由于自然科学的重大发展,我们已经"能够依靠经验自然科学本身所提供的事实,以近乎系统的形式描绘出一幅自然界联系的清晰图画"②。"关于自然界所有过程都处在一种系统联系中的认识,推动科学从个别部分和整体上到处去证明这种系统联系。"③现代系统论的创立扬弃了近代机械论的思维方式。问题在于,当系统论扬弃机械论之后,现代思维又自觉地意识到非系统的存在:无意识理论、振荡理论、无序理论、测不准原理、不完全性定理、相对性原理、主体性原则、非组织理

---

① 《马克思恩格斯选集》第 3 卷,第 427 页。
② 《马克思恩格斯选集》第 4 卷,第 246 页。
③ 《马克思恩格斯选集》第 3 卷,第 376 页。

论等,并从各个领域、各个方面揭示出一个与系统联系具有不同规范、不同类型的世界,即非系统联系。

非系统观念的产生,本身是对系统内在矛盾反思的产物,因为要真正认识系统,就必须认识非系统。非系统的内涵较为复杂,"非"本身包含不同于系统、不能归结为系统、与系统对立三重含义。在一般意义上,非系统指没有系统,或者失去了系统联系,或者使系统的破缺口扩大而不能形成系统,或者本身就是系统的对立面,即混乱、混沌、模糊。非系统与系统是相互联系的,就其同一性而言,二者是联系范畴的引申、分化和发展。按照辩证法的联系观点,一物可以失去某一"系统",但不可能失去与他物的"联系"。在这个意义上,非系统是联系的一种特殊的表现形式。

和系统相比,非系统具有自己独特的运动过程。

其一,非系统是物质本身的一种具有方向性的(下向的)运动过程,它与整体化、有序化、自组织化和多样化所构成的系统化方向(上向的)相反,是一种混乱、无序化和无系统化的方向。

其二,非系统是物质运动的一个方面,即与有序方面对立的无序方面,从思维发展来说,它是与理性对立的非理性方面,是与逻辑对立的非逻辑方面。

其三,非系统是物质运动的一种状态(阶段),相对于系统而言,它属于一种混乱、混沌、振荡状态,与系统状态分属于不同的类型。

其四,非系统又表现为与系统原则不同的另一种思维原则,即非系统原则。这种思维原则的特点是不让系统成形、完成,或者对既成的系统进行否定,如相对性原则、不完全性原则、测不准原则等,现代思维若不包含这些非系统原则,就会出现思维"缺环"的现象。

作为物质运动中的一种状态、阶段,非系统首先表现为混沌、混乱状态。人们通常从系统的角度考察问题,把混乱、混沌仅仅归结为系统度极低的状态。实际上,这是一种片面的观点。玻尔兹曼自由能公式表明,混乱作为独立状态在理论上可以成立。自由能公式是: $F = E - TS$,其中,F 是自由能,E 是内能,S 是系统的熵,T 是绝对温度。这一公式的正确性已被科学和实践所证明,并能够得出两个结论:一是如果 T 是绝对零度,那么,TS(熵)就应等于零,此时,信息量无限大,事物处于标准的绝对有序状态,即 F-E(TS 为 0);二是如果 T 是无限的高温,那么,TS 就会无限大,此时,信息量等于零,事物处于标准的绝对混乱状态。因此,在理论上,我们可以确认系统与非系统两极对立的状态。

非系统的根本特点是系统"破缺"。系统之所以是系统,是由要素的相关作用形成了整体性,因而系统成为系统质、关系质的体现者。但是,系统的产生也就形成了"系统悖论",即任何系统本身必须成为一个整体,这才有系统可言;同时,任何整体又是更大系统中的要素,是一个无穷量,它表明系统永远不能完成,在这个意义上,系统不是系统。这样一来,所谓系统,只是相对于本身的要素而言,一旦跨入更大的系统,本身又转化为要素。由此可见,系统本身就是一个"悖论",系统本身不能成为"系统",系统一旦"系统"化,就把事物的相互联系、相互作用切断了。

可以说,任何系统都存在着三种非系统的作用力。

一是系统内部自发存在的"熵增加"破坏着系统的存在,系统要存在下去,就必须与外界进行物质、能量、信息的交换,吃进"负熵流",以克服"熵增加"。

二是高级系统总是把低级系统纳入自己的运行范围内,使低级系统服从高级系统,因而事物的发展表现为高级系统的系统化以低级系统的非系统化为前提,这就构成了系统化与非系统化的两极运动。

三是系统与系统之间又存在着相互作用,一个系统必然存在于不同系统构成的横向网络中,这一横向网络使系统本身发生变形。所以,系统总是相对的,总是存在着某种"破缺"、不完全。

现代思维的发展揭示了系统的"破缺"和不完全性,从而把非系统作为系统的对立物。知性思维向辩证思维的转变导致"是"与"非"之间的变化,"非"成为"是"的界限,"非"已经成为某种类似"熵"的东西,它是"是"的反面。申农信息量公式与热力学第二定律的熵公式形式上完全一致,但符号完全相反,即一是负值,一是正值,二者之间构成了一种奇特的统一。所以,信息只是被消除的熵。在这个意义上,信息也就是负熵。现代思维对"非"的观念的变革是知性思维向辩证思维"复归"的一个中介,形式与非形式、系统与非系统由此成为衡量思维广度与深度的尺度。

第八章

真正批判的世界观与真正实证的科学

批判性是马克思主义哲学的本质特征。早在马克思主义哲学创立之初，马克思就明确提出，"对现存的一切进行无情的批判"，从而"在批判旧世界中发现新世界"。① 后在《资本论》中，马克思又明确指出："辩证法不崇拜任何东西，按其本质来说，它是批判的和革命的。"② 正因为如此，马克思把自己的哲学称为"批判的哲学"③。作为一种"批判的哲学"，马克思主义哲学是价值批判与科学批判、哲学批判与政治批判、社会批判与资本批判相统一的新唯物主义哲学。从马克思主义哲学史看，马克思正是通过从人本唯物主义向历史唯物主义的转变，通过资本批判，获得了批判资本主义社会的坚实的理论基础，从而创立了科学的批判理论的。

---

① 《马克思恩格斯全集》第 1 卷，第 416 页。
② 《马克思恩格斯全集》第 23 卷，第 24 页。
③ 《马克思恩格斯全集》第 1 卷，第 418 页。

一、马克思批判理论的转向

批判理论是马克思主义哲学的重要内容。然而,长期以来,在国内马克思主义研究中,这一重要内容没有得到应有的重视;在西方马克思主义那里,这一重要内容又变成了从人本主义出发的价值批判理论。西方马克思主义没有看到,也不理解马克思从伦理的价值批判理论到科学的社会批判理论的逻辑转换。然而,问题的关键就在于,不理解这一逻辑转换,就无法真正理解马克思主义批判理论的科学内涵。

1932年,马克思的《1844年经济学哲学手稿》发表之后,在西方马克思主义阵营中形成了一股把马克思主义哲学人本主义化的思潮,并运用马克思早期的人本主义异化史观阐发一种人本主义的批判理论。

以弗洛姆、马尔库塞为代表的人本主义批判理论的直接文本依据就是《1844年经济学哲学手稿》,尤其是其中的异化劳动理论。同时,弗洛姆、马尔库塞又借用弗洛伊德的精神分析学说,把马克思的异化劳动理论同精神分析学说相结合,分析意识形态与社会心理,揭示出资本主义社会的消费对主体的支配现象,并认为正是在这一支配过程中,主体自觉地与现实同化,从而造成了主体的自我异化。弗洛姆、马尔库塞力图以此来批判资本主义社会的异化现象,并力图通过文化与心理的解放,实现人的解放。

以霍克海默、阿多诺为代表的法兰克福学派批判理论使西方马克思主义的批判理论从对资本主义社会的文化批判延伸到对西方文明的总体性批判。按照霍克海默、阿多诺的观点,从古希腊神话开始,西方文明就处于"工具理性"的统治之下,逻辑的同一性就是西方强权统治的思想根源。阿多诺甚至认为,即使卢卡奇的人学主体论、总体性理论以及物化理论也是同一性理论的表现形态,只有用"力场"与"星丛"理论来反对一切同一性的奴役,才能走出西方文明的困境。

阿多诺对资本主义的批判可谓鞭辟入里,理论反思也相当深刻,但问题在于,阿多诺仍然是仅仅站在文化立场上批判资本主义的,并反对对现实进行"物质"改造。可是,如果对资本主义的批判仅仅限于文化、文明批判,如果仅仅从"纯粹"价值角度对资本主义进行所谓的总体批判,如果没有真正触动现实的物质生产过程这一社会的现实基础,那么,对资本主义的批判只能是苍白无力的,对社会的未来展望就只能以一种新的形式重归乌托邦。

从理论根基上说,这种从文化批判或价值批判出发的哲学批判正是马克思早期思想的重要特征。问题在于,这一理论逻辑后来被马克思"扬弃"了,并被从生产实践出发的科学的社会批判理论所代替。可以说,西方马克思主义从马克思早期思想中生发出来的价值批判理论,恰恰是马克思后来"扬弃"的理论环节。这就决定了西方马克思主义所弘扬的批判理论,没有也不可能真正绽现马克思主义批判理论的深刻内涵。

马克思早期的价值批判理论,集中体现在《1844 年经济学哲学手稿》中,具体地说,集中体现在以异化劳动理论为核心的人本主义异化史观中。通过异化劳动理论,马克思揭示出资本主义社会的"非人"本质,并认为应该以"自由自觉的劳动"来代替异化劳动,以共产主义社会代替资本主义社会。"共产主义是私有财产即人的自我异化的积极的扬弃,因而是通过人并且为了人而对人的本质的真正占有;因此,它是人向自身、向社会的(即人的)人的复归,这种复归是完全的、自觉的而且保存了以往发展的全部财富的。"①正是在这一过程中,马克思以一种人本主义的异化史观实现了对资本主义的初次批判。

马克思早期的批判理论之所以是一种价值批判理论,是因为从人本主义异化史观出发的哲学批判,本质上是以"应该"这一价值悬设为理论基点的。在异化劳动理论中,马克思预设了"自由自觉的劳动"这一先验规定,对资本主义的批判正是以"应该"的这一价值悬设为理论前提的。换言之,马克思此时所说的"自由自觉的劳动"既缺乏现实的基础,又缺乏

①《马克思恩格斯全集》第 42 卷,第 120 页。

现实的内容。这就决定了马克思此时所设想的"自由自觉的劳动"具有强烈的理想性内涵，具有明显的"道德律"特征。这种从"道德律"出发的批判，决定了马克思此时对资本主义的批判只能是一种外在的价值批判。无论是从理论自身的逻辑看，还是从理论与现实的关系看，马克思的异化劳动理论都存在着内在的不可解决的矛盾。

从马克思早期思想的演变看，马克思最初是从黑格尔哲学的"理性"出发的，认为社会的发展取决于理性的进步，理性的最高表现是在民主制的国家理性之中。但是，在林木盗窃案与摩塞尔地区贫困问题的争论中，马克思又看到，财产所有者恰恰是运用国家理性为自己牟取私利的。这就提出了一个无法回避的问题，即体现自由、公正的国家理性究竟表现在哪里？正是基于对这一问题的思考，马克思开始了对黑格尔法哲学的批判。"为了解决使我苦恼的疑问，我写的第一部著作是对黑格尔法哲学的批判性的分析。"[①]

经过克罗茨纳赫时期的历史研究，马克思接受了费尔巴哈的人本唯物主义原则，实现了对黑格尔哲学的第一次"颠倒"，即提出不是国家决定市民社会，而是市民社会决定国家。在《黑格尔法哲学批判》中，马克思明确指出："家庭和市民社会是国家的前提，它们才是真正的活动者；而思辨的思维却把这一切头足倒置。""政治国家没有家庭的天然基础和市民社会的人为基础就不可能存在。"政治国家对私有财产的支配权实际上"是私有财产本身的权力，是私有财产的已经得到实现的本质"，"国家制度在这里就成了私有财产的国家制度"。[②]

黑格尔哲学是被"颠倒"了，但问题并没有真正解决。这是因为，如果是市民社会决定国家，那么，在以牟取私利为特征的市民社会，财产所有者以国家来为自己牟取私利就是一种合理的行为。这就是说，马克思此时并没有真正解决"颠倒"黑格尔哲学之前所遇到的问题，即体现自由、公

---

① 《马克思恩格斯选集》第 2 卷，第 32 页。
② 《马克思恩格斯全集》第 1 卷，第 250—251、252、369、380 页。

正的国家理性在哪里？要真正解决这一问题,就必须对市民社会进行批判。

对市民社会的批判有两条思路:一是从哲学人本学出发批判市民社会;二是从经济学出发批判市民社会。"关于市民社会的科学,也就是政治经济学。"①因此,"对市民社会的解剖应该到政治经济学中去寻求"②。然而,问题在于,马克思此时的经济学研究水平还不能完成这一理论任务,还不可能走第一条批判道路。于是,马克思走向另一条批判思路,即从现实出发,以"应该"的价值悬设为思维坐标,以一种人本主义异化史观的逻辑批判市民社会,并得出一个结论:以牟取私利为特征的市民社会是一种人与人相异化的"非人"的社会,是应该加以批判和"扬弃"的社会。由此,马克思实现了对资本主义社会的初次批判。

可以看出,马克思此时的思想中潜在地存在着两条逻辑思路的对立:一是从客观现实出发的分析逻辑;二是从人本主义出发的分析逻辑,并占据着话语的支配地位。这一理论逻辑的内在矛盾,决定了马克思此时理论运行中的内在对立。从总体的理论逻辑看,马克思的人本主义异化史观以"自由自觉的劳动"为思维坐标批判现实的异化劳动;在具体的理论运行中,马克思通过对劳动的对象化与异化的区分批判资本主义社会,并认为黑格尔没有看到对象化与异化的区别。

区分对象化与异化被许多学者认为是马克思超越黑格尔的地方,实际上,马克思此时关于对象化与异化的区分,恰恰没有达到黑格尔的高度。在资本主义社会,商品是劳动的对象化存在,作为劳动对象化的商品,只有通过交换才能实现自身的价值,商品的价值只有通过同其他商品的交换才能实现。这就是说,劳动的对象化与异化恰恰是同一个过程,没有劳动的异化(交换),劳动的对象化(商品)就不是现实的存在。谙熟斯密、李嘉图经济学著作的黑格尔实际上看到了资本主义社会生产与交换一体化的特征,他所讲的劳动的对象化就是异化,恰恰真实地反映了资本

————————

① 《马克思恩格斯全集》第 16 卷,人民出版社 1964 年版,第 409 页。
② 《马克思恩格斯选集》第 2 卷,第 32 页。

主义的现实生活过程。在这一点上，马克思当时并没有达到黑格尔的高度。更重要的是，对现实的劳动过程的否定，使马克思无法承认劳动价值论；不承认劳动价值论，又使马克思无法正确评判古典经济学，无法达到对现实劳动和现实社会的科学分析，因而只能对资本主义进行道德批判。

两条逻辑思路的对立，导致马克思在批判资本主义时又存在着理论与现实的脱节。马克思之所以接受人本主义异化史观，是为了批判资本主义，为无产阶级和人类解放提供理论依据。问题在于，马克思当时对资本主义的所有批判都是以"自由自觉的劳动"为理论支撑点的。从内涵上看，"自由自觉的劳动"概念直接来自赫斯的"自由自觉的活动"这一概念，而赫斯的这一概念在内涵上带有典型的伦理特征："精神的自由行动，是现代一切企图出发和归宿的核心。因此，有必要去研究它的规律、组织和后果。自由行动的基础，就是斯宾诺莎的伦理学，而现在的行动的哲学将只是这个伦理学的一个新发展。费希特为这个演进奠定了第一块基石；但德国哲学本身并未能摆脱唯心主义。为了实现社会主义，在德国对于旧的社会组织还理应有一个康德，正如在思想方面它曾经有一个康德那样。"①"自由就是道德，因而就是生命规律和精神活动的完成以及对这一事实的明显意识；因此，这不是通过自然的必然性或者自然的偶然性，像以往任何创造物的生活所发生的那样，而是自我决定。"②

显然，运用这种伦理范畴批判资本主义，不可能达到对资本主义彻底的、科学的批判。换言之，尽管马克思以自己的人本主义异化史观系统地批判了资本主义，并且通过人——非人——人的逻辑论证了无产阶级革命的合理性，但由于这是从人本主义的价值批判出发、以"自由自觉的劳动"这一价值悬设为思维坐标的对现实社会的外在"干预"，因而必然存在着理论与现实的脱节，马克思因此也无法实现自己的理论意图。

矛盾引导思想发展。正是通过对人本主义异化史观的内在逻辑矛

---

① 北京图书馆马列著作研究室编：《马恩列斯研究资料汇编（1981）》，书目文献出版社1985年版，第442页。
② 北京图书馆马列著作研究室编：《马恩列斯研究资料汇编（1981）》，第445页。

盾、理论与现实的矛盾的解决,马克思扬弃了人本主义异化史观,达到了对资本主义的科学批判,即从外在的价值批判到内在的科学批判。为此,马克思解决了两个相互关联的问题,即如何实现从"应该"到"是"的逻辑转换和从"是"到"应该"的逻辑转换。

"应该"与"是"的分离,是马克思早期价值批判的特征。这种"应该"与"是"的分离,实际上是把现实消解在思想之中,这就注定马克思早期的价值批判无法真正地介入社会;而马克思后期的科学批判理论是从现实出发对思想重新归位,从而实现了哲学提问方式的变革,即实现从"应该"到"是"的逻辑转换。

在《关于费尔巴哈的提纲》《德意志意识形态》中,马克思的哲学提问方式发生了根本性的转换。在《关于费尔巴哈的提纲》中,马克思以"实践"范畴来概括社会的本质;在《德意志意识形态》中,马克思通过"物质生产"来描述社会的发展,通过对现实生活过程的科学分析,揭示了意识的产生过程,通过对意识形态的重新归位,揭示出意识的现实基础和社会内涵,从而打破了传统哲学仅仅用纯粹思想来解决问题的神话。用现代西方哲学的话语来说就是,冲破了"逻辑同一性"的牢笼,打破了思想中心论。可以说,只是在这时,马克思才实现了从"应该"到"是"的逻辑转换。这是马克思批判理论发展过程中的历史性转折。这是一方面。

另一方面,如果停留于"是"的逻辑分析,仅仅追求社会发展规律,把社会理解为一个仅仅受客观规律所支配、无主体的"自然历史过程",人就会变成消极的受动者。因此,如果停留于"是"的逻辑就不可能完全解决理论的深层问题,达到科学的批判理论。要解决理论的深层问题,建构科学的批判理论,还必须实现从"是"到"应该"的逻辑转换。但是,这里的"应该"已经不是从外在的价值批判出发的"道德律",而是从现实社会中生长出来的可能性,而发现这种可能性是以现实社会的自我批判为前提的。

资本主义社会自我批判的内在驱动力源于资本主义社会的内在矛盾。按照马克思的观点,资本主义社会的总体性矛盾体现在两个方面:一是经济生活的内在矛盾,主要是生产社会化与生产资料私有制的矛盾,在资本主义社会,要获取更大的剩余价值,就必须提高社会生产率,而提高劳动生产率,又必然同生产资料私有制发生冲突;二是社会生活的内在矛盾,即由于生产资料私有制的存在,既产生了阶级与阶级之间的冲突,又形成了阶级内部个体之间的冲突,从而导致社会生活中的私人利益与公共利益的对立。由此,马克思揭示出资本主义社会的自我否定是"是"自身的自我否定,并由此导致"资本主义社会的自我批判":"基督教只有在它的自我批判在一定程度上,可说是在可能范围内完成时,才有助于对早期神话作客观的理解。同样,资产阶级经济学只有在资产阶级社会的自我批判已经开始时,才能理解封建的、古代的和东方的经济。"[①]马克思的批判理论就是"资本主义社会的自我批判"的产物。

由此,马克思对资本主义社会的异化现象进行了深刻分析,强调资本主义社会的内在矛盾是通过对主体的"物役性"形态表现出来的。按照马克思的观点,在资本主义社会,由于生产资料私有制和雇佣劳动的存在,在生产领域,是以"死劳动",即资本对"活劳动"的奴役来完成生产总体性过程的,这既是以"物"的形态表现出来的资本对无产阶级的奴役,更是"人格化"的资本,即资本家对无产阶级的奴役。由于资本家以获取最大限度的剩余价值为其生产目的,而且这一目的只有通过商品流通才能实现;由于在资本主义社会,流通具有时空分离特性,货币成为流通是否成功的尺度,成为剩余价值实现的表现形式,这就导致了商品拜物教、货币拜物教和资本拜物教的产生。这种"拜物教"是资本奴役的外在表现形态,体现了资本主义社会全面的"物役性"特征。

因此,资本主义社会的自我批判通过无产阶级的主体意识表现出来,体现为"是"与"应该"具体的、历史的统一。正是在这一哲学视界中,马克思揭示出资本主义本身就是一种历史性的存在,揭示出资本主义的社会关系在主体层面的"物役性"表现,揭示出概念本身不过是现实历史的映

[①]《马克思恩格斯选集》第2卷,第24页。

现,实现了"是"与"应该"的具体的、历史的统一。正是在这种统一中,马克思解决了如何实现从"应该"到"是"的逻辑转换和"是"到"应该"的逻辑转换,扬弃了对社会的外在的价值批判,达到了对社会的内在的科学批判。

二、马克思批判理论的科学视界

马克思后期的批判理论既没有用早期的人本主义思想统摄批判话语,也没有抛弃早期的人本主义批判的理论意图——实现人类解放,而是在新的理论基础上形成了科学的理论视界。这种科学的理论视界体现为对价值批判的现实定位、对概念的历史性理解和对资本主义社会关系的矛盾分析。正是在这一全新的科学视界中,马克思主义哲学表现出震撼人心的批判力量。

从马克思主义哲学史来看,马克思主义哲学是从批判黑格尔哲学开始自己的形成过程的,马克思创立唯物主义哲学从一开始就是针对黑格尔哲学的"思想中心论"发问的。在《德意志意识形态》中,马克思就谈到青年黑格尔派离开现实空谈思想的错误:"德国的批判,直至它最近所作的种种努力,都没有离开过哲学的基地。这个批判虽然没有研究过自己的一般哲学前提,但是它谈到的全部问题终究是在一定的哲学体系即黑格尔体系的基地上产生的。不仅是它的回答,而且连它所提出的问题本身,都包含着神秘主义。对黑格尔的这种依赖关系正好说明了为什么在这些新出现的批判家中甚至没有一个人试图对黑格尔体系进行全面的批判。""这些哲学家没有一个想到要提出德国哲学和德国现实之间的联系问题,关于他们所作的批判和他们自身的物质环境之间的联系问题。"①

马克思的观点是:人类社会存在的第一个前提,人类的第一个历史活动,就是物质生产,这是人与动物的根本区别;思想、观念、意识都是人们

---

① 《马克思恩格斯选集》第 1 卷,第 64、66 页。

物质生产的产物,语言也是在人们的物质生产中和交往活动过程中生成和发展的;意识是对人们的存在,即人们的现实生活过程的反映,意识的相对独立发展源自社会分工的发展。"分工只是从物质劳动和精神劳动分离的时候起才真正成为分工。从这时候起意识才能现实地想象:它是和现存实践的意识不同的某种东西;它不用想象某种现实的东西就能现实地想象某种东西。从这时候起,意识才能摆脱世界而去构造'纯粹的'理论、神学、哲学、道德等等。"①

因此,马克思主义哲学"从直接生活的物质生产出发阐述现实的生产过程,把同这种生产方式相联系的、它所产生的交往形式即各个不同阶段上的市民社会理解为整个历史的基础,从市民社会作为国家的活动描述市民社会,同时从市民社会出发阐明意识的所有各种不同理论的产物和形式,如宗教、哲学、道德等等,而且追溯它们产生的过程"②。这就打破了黑格尔哲学的"思想中心论","扬弃"了从"应该"出发的哲学批判,这是哲学视角的一次根本性的转换。只有实现了这一视角转换,才能科学地理解社会生活,才能科学地剖析资本主义社会,才能实现从"应该"到"是"的逻辑转换。这是一切科学批判的理论前提,也是马克思后期的批判理论同其早期的批判理论的不同之处。

此时,马克思自觉地意识到,仅仅从价值悬设出发的批判概念实际上都是非批判的;以这样一些非批判的概念来批判资本主义,最多像青年黑格尔派那样,只能完成对资本主义的另一种解释。"既然根据青年黑格尔派的设想,人们之间的关系、他们的一切举止行为、他们受到的束缚和限制,都是他们意识的产物,那么青年黑格尔派完全合乎逻辑地向人们提出一种道德要求,要用人的、批判的或利己的意识来代替他们现在的意识,从而消除束缚他们的限制。这种改变意识的要求,就是要求用另一种方式来解释存在的东西,也就是说,借助于另外的解释来承认它。"③

----

① 《马克思恩格斯选集》第 1 卷,第 82 页。
② 《马克思恩格斯选集》第 1 卷,第 92 页。
③ 《马克思恩格斯选集》第 1 卷,第 65—66 页。

在谈到人与物的关系时,马克思指出:"个人现在受抽象统治,而他们以前是互相依赖的。但是,抽象或观念,无非是那些统治个人的物质关系的理论表现。"①正是由于看不到这一点,青年黑格尔派才认为,只要在"纯粹的思想领域"中进行"理性造反",进行"反对词句的斗争",进行"宗教观念的批判",就可以实现人的解放和自由个性。"关系当然只能表现在观念中,因此哲学家们认为新时代的特征就是新时代受观念统治,从而把推翻这种观念统治同创造自由个性看成一回事。从意识形态角度来看更容易犯这种错误,因为上述关系的统治(上述物的依赖关系,不用说,又会转变为摆脱一切幻想的、一定的、人的依赖关系)在个人本身的意识中表现为观念的统治,而关于这种观念的永恒性即上述物的依赖关系的永恒性的信念,统治阶级自然会千方百计地来加强、扶植和灌输。"②

打破"思想中心论",并不意味着不再运用概念进行哲学思考。在黑格尔哲学中,每一个概念都是流动的、发展的,每一个概念在其最初出现时都体现出简单的直接的同一性,随着意识的自我绽现,每一个概念都从直接的同一性走向具体的同一性,这就使黑格尔哲学的概念具有强烈的历史感。但是,黑格尔的理论前提错了,这一前提就是"绝对精神"。在马克思哲学中,每一个概念都是流动的、发展的,每一个概念都从直接的同一性走向具体的同一性,这就使马克思哲学对概念的运用也贯穿着历史性原则。但是,马克思的理论前提是对的,这一前提就是现实社会,正如马克思所说,"就是在理论方法上,主体,即社会,也必须始终作为前提浮现在表象面前"③。概念本身的历史定位使马克思主义哲学具有特定的批判功能和强大的批判力量。

在马克思主义哲学中,概念的历史定位主要体现在两个方面。

一是概念的总体性特征。按照马克思的观点,古典经济学"从实在和具体开始",从表象中的具体达到"越来越稀薄的抽象",直到达到一些"最

---

①《马克思恩格斯全集》第 46 卷上,第 111 页。
②《马克思恩格斯全集》第 46 卷上,第 111 页。
③《马克思恩格斯选集》第 2 卷,第 19 页。

简单的规定"。但是,由于这些抽象是从孤立的事实出发的,因而无法真正理解具体的事实。例如,在经济学上,从作为全部社会生产的基础和主体的人口开始,"似乎是正确的",但仔细考察,"这是错误的"①。这是因为,如果抛开阶级,人口就是一个抽象;如果不知道这些阶级所依据的因素,如雇佣劳动、资本等,阶级又成为一句空话,而这些因素又是以交换、分工、价格等为前提的。这就是说,资本主义社会的每一个问题都隐藏着其他问题的内容,这是资本主义社会总体性特征的重要表现。

这就决定了对资本主义社会的每一个问题的研究,都必须以其他问题的"非在场"的"在场"性为依据,马克思主义哲学"总体性"概念的意义就在这里。因此,在马克思主义哲学中,概念的辩证法体现为从抽象上升到具体的方法,使抽象的规定在思维行程中导致具有"许多规定的综合""多样性的统一"的具体再现,从而以"思想具体"再现现实具体,以"思想总体"再现现实总体。马克思认为,只有这种方法才是"科学上正确的方法";只有这种"科学上正确的方法"才能实现概念的总体性定位,才能达到对现实的科学理解。

二是概念的历史性内涵。以劳动概念为例。劳动在每一个社会都存在,但是,一直到英国古典经济学才达到对"劳动一般"的理解和把握。这一过程体现出"劳动"这一概念的历史性内涵。具体地说,货币主义者把财富看成是外在于人的活动的货币,重工主义或重商主义把财富的源泉从客体转移到主体性活动——工业劳动或商业劳动,这体现了当时社会的主要活动方式,但重工主义或重商主义仍然把这种活动本身局限于获取货币的活动;重农主义认为,只有农业劳动才能创造"纯产品",这反映了农业劳动在当时占有独特的社会地位,但无论是重工主义,还是重农主义,都是把财富理解为一定形式的劳动;亚当·斯密则抛开了创造财富的活动的一切具体规定性,认为就是劳动创造财富。"有了创造财富的活动的抽象一般性,也就有了被规定为财富的对象的一般性,这就是产品一

---

① 《马克思恩格斯选集》第2卷,第17、18页。

般,或者说又是劳动一般。"①

"对任何种类劳动的同样看待,以各种现实劳动组成的一个十分发达的总体为前提,在这些劳动中,任何一种劳动都不再是支配一切的劳动。所以,最一般的抽象总是产生在最丰富的具体发展的场合,在那里,一种东西为许多东西所共有,为一切所共有。这样一来,它就不再只是在特殊形式上才能加以思考了。"②这就是说,"劳动一般"这个抽象是一种特定的社会形式的产物。正如马克思所说:"对任何种类劳动的同样看待,适合于这样一种社会形式,在这种社会形式中,个人很容易从一种劳动转到另一种劳动……这里,劳动不仅在范畴上,而且在现实中都成了创造财富一般的手段,它不再是同具有某种特殊性的个人结合在一起的规定了。""所以,在这里,'劳动'、'劳动一般'、直截了当的劳动这个范畴的抽象,这个现代经济学的起点,才成为实际上真实的东西。所以,这个被现代经济学提到首位的,表现出一种古老而适用于一切社会形式的关系的最简单的抽象,只有作为最现代的社会的范畴,才在这种抽象中表现为实际上真实的东西。"③这表明,哪怕是最抽象的规定、最抽象的范畴,也是特定的社会形式的产物,而且只有在这种社会形式中才具有充分发展的意义。因此,概念具有历史性内涵。

对概念的这种历史性定位,使马克思打破了德国古典哲学、英国古典经济学对资本主义的非历史的思维方式,并表明对资本主义本身必须以历史性的方式对之加以提问,从而保持一种批判的理论态势。同时,对概念的这种历史性定位,使马克思在分析资本主义时,看到了资产阶级理论家所看不到的东西。具体地说,资产阶级理论家由于从概念的永恒性出发,把现实置于概念之光中,处于概念之外的东西就被舍弃了,而马克思则从概念的历史性出发,把概念置于特定的社会关系之中,则把概念产生的现实基础展现出来了,从而"解读"抽象概念所不能直接绽现的现实内

---

① 《马克思恩格斯选集》第 2 卷,第 21—22 页。
② 《马克思恩格斯选集》第 2 卷,第 22 页。
③ 《马克思恩格斯选集》第 2 卷,第 22 页。

容。这样,马克思就彻底地打破了"思想中心论",使概念的矛盾运动成为现实的矛盾运动的逻辑绽现。

以此为前提,马克思进一步分析了资本主义生产方式的内在矛盾,分析了资本主义社会关系的双重矛盾性,实现了对资本主义社会的总体批判。

资本主义生产方式的内在矛盾就是生产社会化与生产资料资本家私人占有制的矛盾。在《资本论》中,马克思对这一矛盾作了深刻的分析,揭示了资本主义社会生产、交换、分配、消费过程中的"二律背反":要扩大剩余价值,就必须促进生产力的发展;生产力的高度发展又会导致生产资料资本家私人占有的崩溃。打破这一"二律背反"的唯一途径,就是通过无产阶级革命消除生产资料私有制。这一分析成为马克思主义批判理论的主导线索。

资本主义社会关系的双重矛盾就是,一方面是阶级的剧烈分化,另一方面是阶级内部个体的尖锐冲突。马克思自觉地意识到,"正是由于特殊利益和共同利益之间的这种矛盾,共同利益才采取国家这种与实际的单个利益和全体利益相脱离的独立形式,同时采取虚幻的共同体的形式"①,并认为"国家内部的一切斗争——民主政体、贵族政体和君主政体相互之间的斗争,争取选举权的斗争等等,不过是一些虚幻的形式"②;同时,"统治阶级的思想在每一时代都是占统治地位的思想",而在资本主义社会,"占统治地位的将是越来越抽象的思想,即越来越具有普遍性形式的思想"③,意识形态正是以这样一种虚幻的"普遍性"形式成为资本主义社会的"黏合剂",为人们提供理性的价值追求。这就揭示出资本主义社会个体与整体相冲突的文化矛盾。

通过对资本主义社会总体矛盾的分析,马克思引发出对资本主义社会的科学批判,即此时的批判已不是从社会外部价值悬设出发的抽象批

---

① 《马克思恩格斯选集》第 1 卷,第 84 页。
② 《马克思恩格斯选集》第 1 卷,第 84 页。
③ 《马克思恩格斯选集》第 1 卷,第 98、100 页。

判,而是以社会内部矛盾为基础的具体批判,是社会发展过程内在矛盾所导致的社会的自我批判,是以资本批判为核心的社会批判。

三、马克思批判理论的核心:资本批判

对资本主义的批判存在着三种思路:一是从人的欲望的角度来分析资本主义社会,把资本主义社会的兴起与发展归结为人的自然欲望的结果,并认为资本主义社会的问题只是在于过度的欲望,因而只需从道德角度对资本主义社会中人们的自然欲望进行限制,这实际上是人本主义思路;二是从理性的角度来分析资本主义社会,把市场经济归结为一种理性经济,其中,经验理性主义强调个人的自由理性对经济发展的促进作用,思辨理性主义则强调国家理性对社会的总体控制作用;三是从经济的角度来分析资本主义社会,对经济规律的强调、对劳动价值论的分析都体现了这些要求,但是,在马克思之前,这一思路在理论的深层依据上强调的仍然是理性的作用,对人性的追问与界定构成这一思路的哲学前提。

马克思同样强调从经济的角度分析资本主义社会的重要性,但是,与斯密、李嘉图等人不同,马克思强调对资本主义的批判必须回到资本主义社会本身,回到资本主义生产方式。在《资本论》中,马克思明确指出:"我要在本书研究的,是资本主义生产方式以及和它相适应的生产关系和交换关系。""问题本身并不在于资本主义生产的自然规律所引起的社会对抗的发展程度的高低。问题在于这些规律本身,在于这些以铁的必然性发生作用并且正在实现的趋势。"[1]正是在这一研究过程中,"资本是资产阶级社会的支配一切的经济权力"[2]这一根本点被揭示出来了,资本逻辑呈现出来了,资本批判因此成为马克思主义批判理论的核心和标志。

马克思指出:"资本不是物,而是一定的、社会的、属于一定历史社会

---

[1] 《马克思恩格斯全集》第 23 卷,第 8 页。
[2] 《马克思恩格斯选集》第 2 卷,第 25 页。

形态的生产关系,它体现在一个物上,并赋予这个物以特有的社会性质。"①这就是说,资本不是物本身,但又是通过物并在物中而存在的;同时,作为一种特定的社会生产关系,资本又赋予物以特有的社会性质。资本自在自为地运动着,创造了资本主义社会:"如果说以资本为基础的生产,一方面创造出一个普遍的劳动体系,——即剩余劳动,创造价值的劳动,——那么,另一方面也创造出一个普遍利用自然属性和人的属性的体系,创造出一个普遍有用性的体系,甚至科学也同人的一切物质的和精神的属性一样,表现为这个普遍有用性体系的体现者,而且再也没有什么东西在这个社会生产和交换的范围之外表现为自在的更高的东西,表现为自为的合理的东西。因此,只有资本才创造出资产阶级社会,并创造出社会成员对自然界和社会联系本身的普遍占有。由此产生了资本的伟大的文明作用;它创造了这样一个社会阶段,与这个社会阶段相比,以前的一切社会阶段都只表现为人类的地方性发展和对自然的崇拜。只有在资本主义制度下自然界才不过是人的对象,不过是有用物;它不再被认为是自为的力量;而对自然界的独立规律的理论认识本身不过表现为狡猾,其目的是使自然界(不管是作为消费品,还是作为生产资料)服从人的需要。资本按照自己的这种趋势,既要克服民族界限和民族偏见,又要克服把自然神化的现象,克服流传下来的、在一定界限内闭关自守地满足于现有需要和重复旧生活方式的状况。资本破坏这一切并使之不断革命化,摧毁一切阻碍发展生产力、扩大需要、使生产多样化、利用和交换自然力量和精神力量的限制。"②马克思的这一精彩论述表明,在资本主义社会,资本具有支配一切的权力。

资本不仅是人与物的关系,而且是人与人的关系,更重要的是,人与人的关系在这里"采取了一种物的形式,以致人和人在他们的劳动中的关系倒表现为物与物彼此之间的和物与人的关系"③。人与人的关系由此变

---

① 《马克思恩格斯全集》第25卷,第920页。
② 《马克思恩格斯全集》第46卷上,第392—393页。
③ 《马克思恩格斯全集》第13卷,人民出版社1962年版,第23页。

成了以物为中介、基础和表现形式的关系，"物"取得了统治地位。"活动的社会性，正如产品的社会形式以及个人对生产的参与，在这里表现为对于个人是异己的东西，表现为物的东西；不是表现为个人互相间的关系，而是表现为他们从属于这样一些关系，这些关系是不以个人为转移而存在的，并且是从毫不相干的个人互相冲突中产生出来的。"①由于人与人关系的消隐，物与物的关系直接呈现在人们面前，由此产生了商品拜物教、货币拜物教和资本拜物教。

资本不仅改变了人与自然的关系，而且改变了人与人的关系，资本家不过是资本的人格化，而雇佣工人只是资本自我增殖的工具；资本不仅改变了与人相关的自然界的存在属性，而且改变了人类社会的存在形态，创造了社会因素占优势的资本主义社会，正如马克思所说，"在土地所有制处于支配地位的一切社会形式中，自然联系还占优势。在资本处于支配地位的社会形式中，社会、历史所创造的因素占优势"②；更重要的是，资本"这种有机体制本身作为一个总体有自己的各种前提，而它向总体的发展过程就在于：使社会的一切要素从属于自己，或者把自己还缺乏的器官从社会中创造出来"③。这就是说，正是资本使资本主义社会总体化了。

由此可见，资本本身就是一种独特的社会存在。在资本主义社会，资本是最基本和最高的社会存在，它自在自为地运动着，构成了资本主义社会的根本规定、建构原则和基本建制。

只是到了这个时候，即展开资本批判的时候，马克思才真正走向历史的深处，并形成了透视资本主义社会的科学逻辑，建构了科学的批判理论。因此，马克思以商品为起点范畴，以资本为核心范畴展开的对资本主义社会的批判，本质上是一种存在论或本体论意义上的批判。正是在这种批判过程中，马克思扬弃了抽象的存在，发现了现实的社会存在，发现了资本主义社会得以产生、存在和发展的秘密，"只有当生产资料和生活

① 《马克思恩格斯全集》第 46 卷上，第 103 页。
② 《马克思恩格斯全集》第 46 卷上，第 45 页。
③ 《马克思恩格斯全集》第 46 卷上，第 235—236 页。

资料的占有者在市场上找到出卖自己劳动力的自由工人的时候,资本才产生;而单是这一历史条件就包含着一部世界史。因此,资本一出现,就标志着社会生产过程的一个新时代"①;发现了人与人的关系以物化方式而存在的秘密,并透视出人的自我异化的逻辑,"人本身的活动对人说来就成为一种异己的、与他对立的力量,这种力量驱使着人,而不是人驾驭着这种力量"②。这样,马克思主义哲学便把本体论与人间的苦难和幸福结合起来了,开辟了从本体论认识现实的道路,使无产阶级和人类解放得到了本体论证明。

马克思对资本主义的批判同时意味着对现代性的批判。从历史上看,现代性是在现代化运动中生成的,而现代化运动正是资产阶级启动的,现代文明、现代社会是资产阶级创造的,到目前为止,已经实现现代化的国家都是资本主义国家,因此,现代化与资本主义化具有历史重合性,现代性与资本主义"本性"具有历史重合性。所以,利奥塔认为:"资本主义是现代性的名称之一。"③资本是现代文明、现代社会的本质特征和存在根据。所谓现代文明、现代社会,从本质上看,就是由资本为其奠定基础并制定方向的。不仅如此,资本的权力还依其本性、内在逻辑把自身的原则贯彻到整个世界及其最遥远的边缘,从而确立其对现代世界的普遍统治:它迫使一切民族采用以资本为中轴的现代生产方式,迫使这些民族在自己那里推行以资本为原则的现代文明,"一句话,它按照自己的面貌为自己创造出一个世界"④。毋庸置疑,资本构成现代社会、现代世界的主导原则和引导力量,即构成现代性的基础和支柱之一。

研读马克思的著作可以看出,马克思所说的"现代文明""现代社会"指的就是资本主义文明、资本主义社会。在这个意义上,马克思对资本主义的批判,即资本批判也就是对现代性的批判,并构成了对资本这一现代

---

① 《马克思恩格斯选集》第 2 卷,第 172 页。
② 《马克思恩格斯全集》第 3 卷,第 37 页。
③ [法] 利奥塔:《后现代性与公正游戏:利奥塔访谈、书信录》,第 147 页。
④ 《马克思恩格斯选集》第 1 卷,第 276 页。

性原则的本质批判。

没有一个以抨击现代性原则而闻名的思想家像马克思那样，对"资本的文明一面"，对资本的历史意义和"革命的作用"给予过如此高度的肯定和如此积极的评价：资产阶级第一个证明了，人的活动能够取得什么样的成就，它"创造了完全不同于埃及金字塔、罗马水道和哥特式教堂的奇迹；它完成了完全不同于民族大迁徙和十字军征讨的远征"；"资产阶级在它的不到一百年的阶级统治中所创造的生产力，比过去一切世代创造的全部生产力还要多，还要大"；"资产阶级在它已经取得了统治的地方把一切封建的、宗法的和田园诗般的关系都破坏了"；"资产阶级，由于开拓了世界市场，使一切国家的生产和消费都成为世界性的了"；"资产阶级，由于一切生产工具的迅速改进，由于交通的极其便利，把一切民族甚至最野蛮的民族都卷到文明中来了"。[1]

但是，马克思并不因此对资本就是无批判的，是"无批判的实证主义"。恰恰相反，在马克思看来，资本的前提和界限必将在历史—实践中绽露出来并因而被扬弃。在《资本论》中，马克思概括了以资本为原则的生产方式一开始就具有的两个基本特征：一是它所进行的是高度发展的商品生产；二是它的全部目的服从于资本的增殖，这是因为，"资产阶级生存和统治的根本条件，是财富在私人手里的积累，是资本的形成和增殖"[2]。就前者而言，"它生产的产品是商品。使它和其他生产方式相区别的，不在于生产商品，而在于，成为商品是它的产品的占统治地位的、决定的性质"；就后者而言，"资本本质上是生产资本的，但只有生产剩余价值，它才生产资本"[3]。

现代社会的真正开端恰恰是由资本为其奠定基础并制定方向的。尽管占主导地位的资本的形式随着时代的变迁而发生变化，而其权力贯彻的方式也随之发生相应变化，但是，资本本身对现代社会的统治却未从根

① 《马克思恩格斯选集》第 1 卷，第 275、277、274、276、276 页。
② 《马克思恩格斯选集》第 1 卷，第 284 页。
③ 《马克思恩格斯全集》第 25 卷，第 996 页。

本上改变。毋宁说,资本形式的变迁倒是服从并适应于资本这一现代性原则的统治目的,从而使这种统治能够持续存在并不断地普遍化和深化。"马歇尔主义"或"边际革命"预告了消费主义时代的来临,意味着整个经济生活开始围绕着需求—欲望这一枢轴而旋转,意味着资本增殖过程重心的转移,就像历史上曾经发生过的由商业资本向产业资本的重心转移一样。但是,问题的关键在于,这里真正起作用的仍然是资本原则,是资本原则以变化了的形式在整个经济生活中的进一步贯彻,全部问题继续汇聚于资本本身的增殖过程。

正因为如此,马克思依据资本而对"现代社会"的命名意味着把资本原则理解为现代性的支柱之一;只要现代性未曾瓦解,资本原则就必然继续构成这个时代的本质根据。"文明的一切进步,或者换句话说,社会生产力(也可以说劳动本身的生产力)的任何增长,——例如科学、发明、劳动的分工和结合、交通工具的改善、世界市场的开辟、机器等等,——都不会使工人致富,而只会使资本致富,也就是只会使支配劳动的权力更加增大,只会使资本的生产力增长。因为资本是工人的对立面,所以文明的进步只会增大支配劳动的客观权力。"①当代的世界市场体系、国际政治结构和主流意识形态,都证明了马克思这一观点的真理性及其深刻性、超前性,并表明我们仍处在资本支配一切的时代。

在当代,无论是对科学技术、价值观念和政治制度的分析,还是对个人存在方式、社会生产方式、国际交往方式的分析,我们都必须明白,资本仍然是当代社会的主导原则和基本建制,建构马克思主义批判理论的当代形态,必须以马克思的资本批判理论为基础,否则,任何理论"创新"都是无根的浮萍。同时,我们又必须明白,资本的形态处在历史性的变化之中。因此,随着资本的历史性变化,我们应当具体分析资本形态的变化及其在每一历史阶段的特征。换言之,马克思主义批判理论也必须历史性地建构。从卢卡奇的物化理论到法兰克福学派的批判理论,实际上已经

① 《马克思恩格斯全集》第46卷上,第268页。

意识到了资本逻辑从自由资本主义到组织化资本主义的转变,从而将马克思的"政治经济学批判"从生产领域推进到文化领域,而鲍德里亚甚至以资本主义社会的符号生产为中轴,写出了《符号政治经济学批判》。

四、马克思批判理论:哲学批判、政治批判与资本批判的高度统一

批判性是马克思主义的本质特征。早在马克思主义创立之初,马克思就明确提出,"对现存的一切进行无情的批判","在批判旧世界中发现新世界"。① 当代世界的发展表明,马克思的批判性仍然具有重大的现实意义。德里达指出,"求助于某种马克思主义的批判精神仍然是当务之急,而且将必定是无限期地必要的",并认为忠实于马克思主义的批判精神是一种"义不容辞的责任",只要我们继承马克思主义的批判精神,并使"马克思主义的批判适应新的条件,不论是新的生产方式、经济和科学技术的力量与知识的占有,还是国内法或国际法的话语与实践的司法程序,或公民资格和国籍的种种新问题等等,那么这种马克思主义的批判就仍然能够结出硕果"。②

但是,马克思主义的批判性并不是一种"纯粹"的道德批判,而是一种同科学性高度统一的批判。马克思以社会发展规律为对象,从"经验的观察"出发,"根据经验来揭示社会结构和政治结构同生产的联系"③,深刻地揭示了研究对象的规律性。正是在这个意义上,马克思把马克思主义的批判称为"实证的批判",把马克思主义称为"真正实证的科学",即"在现实生活面前,正是描述人们的实践活动和实际发展过程的真正实证的科学"④。这就是说,马克思主义是"真正批判的世界观"⑤和"真正实证的

---

① 《马克思恩格斯全集》第 1 卷,第 416 页。
② 〔法〕雅克·德里达:《马克思的幽灵——债务国家、哀悼活动和新国际》,何一译,中国人民大学出版社 1999 年版,第 122 页。
③ 《马克思恩格斯全集》第 3 卷,第 29 页。
④ 《马克思恩格斯全集》第 3 卷,第 30—31 页。
⑤ 《马克思恩格斯全集》第 3 卷,第 261 页。

科学"的高度统一。马克思主义的批判性是革命性和科学性的高度统一,不存在两个各自独立的"批判的马克思主义"与"科学的马克思主义"。正如列宁所说:"马克思认为他的理论的全部价值在于这个理论'按其本质来说,它是批判的和革命的'……这一理论对世界各国社会主义者所具有的不可遏止的吸引力,就在于它把严格的和高度的科学性(它是社会科学的最新成就)同革命性结合起来,并且不仅仅是因为学说的创始人兼有学者和革命家的品质而偶然地结合起来,而是把二者内在地和不可分割地结合在这个理论本身中。"①

马克思主义的批判性又是批判和自我批判的高度统一,即马克思主义不仅以批判精神对待其他社会思潮、理论体系,而且以批判精神对待自己,它总是在同现实世界的相互作用中反观自己,总是在同其他社会思潮、理论体系的相互作用中反思自己,并在这种自我批判的过程中不断地修正、深化、发展自己。马克思高度重视自我批判,明确指出:"所说的历史发展总是建立在这样的基础上的:最后的形式总是把过去的形式看成是向着自己发展的各个阶段,并且因为它很少而且只是在特定条件下才能够进行自我批判……所以总是对过去的形式作片面的理解。基督教只有在它的自我批判在一定程度上,可说是在可能范围内完成时,才有助于对早期神话作客观的理解。同样,资产阶级经济学只有在资产阶级社会的自我批判已经开始时,才能理解封建的、古代的和东方的经济。"②

正因为马克思高度重视自我批判,马克思主义是批判和自我批判高度统一的批判理论,所以,马克思主义始终保持着旺盛的生命力,至今仍然是具有重大国际影响的思想体系、话语体系。德里达看到这一点,并明确指出:"要想继续从马克思主义的精神中汲取灵感,就必须忠实于总是在原则上构成马克思主义而且首要地是构成马克思主义的一种激进的批判的东西,那就是一种随时准备进行自我批判的步骤。这种批判在原则

---

① 《列宁全集》第 1 卷,第 291 页。
② 《马克思恩格斯选集》第 2 卷,第 23—24 页。

上显然是自愿接受它自身的变革、价值重估和自我阐释的。"①应该说，德里达的这一见解正确而深刻。

马克思曾把自己的哲学称为"批判的哲学"②，但是，马克思的批判哲学不同于康德的批判哲学，或者说，马克思的哲学批判不同于康德的哲学批判。康德的哲学批判是"纯粹"的哲学批判，马克思的哲学批判从一开始就是和政治批判结合在一起的："彼岸世界的真理消逝以后，历史的任务就是确立此岸世界的真理。人的自我异化的神圣形象被揭穿以后，揭露非神圣形象中的自我异化，就成了为历史服务的哲学的迫切任务。于是对天国的批判就变成对尘世的批判，对宗教的批判就变成对法的批判，对神学的批判就变成对政治的批判。"③马克思哲学批判的一个显著特征，就是哲学批判和政治批判高度统一甚至融为一体，其针芒所向就是资本主义社会。"辩证法，在其合理形态上，引起资产阶级及其夸夸其谈的代言人的恼怒和恐怖，因为辩证法在对现存事物的肯定的理解中同时包含对现存事物的否定的理解，即对现存事物的必然灭亡的理解；辩证法对每一种既成的形式都是从不断的运动中，因而也是从它的暂时性方面去理解；辩证法不崇拜任何东西，按其本质来说，它是批判的和革命的。"④社会主义必然代替资本主义，首先就是马克思哲学批判的政治结论。马克思哲学批判的政治内涵使其产生巨大的政治效应，马克思主义哲学与时代的统一性首先就是通过这种政治效应实现的。

正因为如此，马克思对时代课题的解答，即对"人类解放何以可能"和人类历史"向何处去"的探讨始终贯穿着哲学批判："黑格尔法哲学批判""对黑格尔的辩证法和整个哲学的批判""对批判的批判所作的批判""对费尔巴哈、布·鲍威尔和施蒂纳所代表的现代德国哲学的批判"……哲学批判和政治批判的高度统一，使马克思对政治以及哲学本身有了更透彻

---

① ［法］雅克·德里达：《马克思的幽灵——债务国家、哀悼活动和新国际》，第 124 页。
② 《马克思恩格斯全集》第 1 卷，第 418 页。
③ 《马克思恩格斯全集》第 1 卷，第 453 页。
④ 《马克思恩格斯全集》第 23 卷，第 24 页。

的理解,对现实的社会矛盾有了更深刻的认识,从而科学地解答了时代课题。"正像古代各族是在幻想中、神话中经历了自己的史前时期一样,我们德意志人是在思想中、哲学中经历自己的未来的历史的。我们是本世纪的哲学同时代人,而不是本世纪的历史同时代人。德国的哲学是德国历史在观念上的继续。因此,当我们不去批判我们现实历史的 oeuvres incomplètes〔未完成的著作〕,而来批判我们观念历史的 oeuvres posthumes〔遗著〕——哲学的时候,我们的批判恰恰接触到了本世纪所谓的 that is the question!〔问题所在!〕的那些问题的中心。在先进国家是同现代国家制度的实际脱离,在甚至还没有这种制度的德国,首先却是同这种制度的哲学反映的批判脱离。"①马克思的哲学批判本质上是"唯物主义的批判","只有这种批判才是科学的批判,这种批判就是把政治、法律、社会和习俗等等方面的事实拿来同经济、生产关系体系,以及在一切对抗性社会关系基础上必然形成的各个阶级的利益加以对照"。② 正是在这种批判中,马克思使唯物主义转变为"批判的唯物主义"③。

马克思的哲学批判并没有停留在"纯粹"哲学的层面上,而是把哲学批判延伸到对现实生活过程的批判。这是因为,"意识在任何时候都只能是被意识到了的存在,而人们的存在就是他们的现实生活过程。如果在全部意识形态中,人们和他们的关系就像在照相机中一样是倒立呈像的,那么这种现象也是从人们生活的历史过程中产生的,正如物体在视网膜上的倒影是直接从人们生活的生理过程中产生的一样"④。在马克思的时代,对现实生活过程的批判就是对资本主义生产方式的批判,也就是资本批判。正是在这种批判中,马克思发现,传统哲学,即"形而上学"中的"抽象存在"与资本主义社会中的"抽象统治"具有同一性,在资本主义社会,个人受"抽象统治",而"抽象或观念,无非是那些统治个人的物质关系的

---

① 《马克思恩格斯全集》第 1 卷,第 458 页。
② 《列宁全集》第 1 卷,第 291 页。
③ 《列宁全集》第 1 卷,第 368 页。
④ 《马克思恩格斯选集》第 1 卷,第 72 页。

理论表现"①。这就是说,资本主义社会中"抽象关系"的统治和形而上学中"抽象存在"的统治具有必然的关联性及其同一性。用阿多诺的话来说就是,形而上学中的同一性原则与资本主义社会中的同一性原则不仅对应,而且同源,正是在商品交换中,同一性原则获得了它的社会形式,离开了同一性原则,这种社会形式便不能存在。实际上,这种同一性的根源就是资本。

正是在资本批判中,马克思不仅发现了资本是一种生产关系,是一种"自在自为"运动着的存在,是资本主义社会最基本和最高的社会存在,从而扬弃了抽象的存在,发现了现实的社会存在及其秘密,而且"透视"出前资本主义社会的生产关系,"资产阶级社会是历史上最发达的和最复杂的生产组织。因此,那些表现它的各种关系的范畴以及对于它的结构的理解,同时也能使我们透视一切已经覆灭的社会形式的结构和生产关系"②。正因为如此,通过资本批判,马克思不仅发现了资本主义生产方式的运动规律,而且发现了人类社会发展的一般规律。

这表明,马克思的资本批判理论不仅具有重大的经济学意义,而且具有深刻的哲学内涵;不仅存在着哲学的维度,而且意味着"政治经济学理论的严格表述所不可缺少的理论(哲学)概念的产生"③。正因为如此,阿尔都塞指出:"我们可以读到马克思真正哲学的地方是它的主要著作《资本论》。"④我们既不能从西方传统哲学、"学院哲学"的视角去认识马克思的资本批判,也不能从西方传统经济学、"学院经济学"的视角去认识马克思的资本批判。实际上,马克思的资本批判已经超出了经济学的边界,越过了政治学的领土,而到达了哲学的"首府"——存在论或本体论。

这就是说,马克思哲学的意义只有在同马克思资本批判的关联中才

---

① 《马克思恩格斯全集》第 46 卷上,第 111 页。
② 《马克思恩格斯全集》第 46 卷上,第 43 页。
③ [法]路易·阿尔都塞、艾蒂尔·巴里巴尔:《读〈资本论〉》,李其庆、冯文光译,中央编译出版社 2001 年版,第 215 页。
④ [法]路易·阿尔都塞、艾蒂尔·巴里巴尔:《读〈资本论〉》,第 24 页。

能显示出来;反之,马克思的资本批判只有在马克思哲学这一更大的概念背景中才能得到真正理解。阿尔都塞因此指出:"不借助马克思主义哲学就不能真正阅读《资本论》,而我们同时也应该在《资本论》中读出马克思主义哲学。如果这种双重的阅读,也就是不断从科学的阅读回复到哲学的阅读,再从哲学的阅读回复到科学的阅读是必要的和有效的,那么我们就有可能在这种阅读中认识到马克思的科学发现所包含的这一哲学革命的本质:一次开创了全新的哲学思维方式的革命。"①而无论是马克思的哲学批判,还是马克思的资本批判,都只有在无产阶级和人类解放这一更大的政治背景中才能得到真正理解。正如马克思所说:"就这种批判代表一个阶级而论,它能代表的只是这样一个阶级,这个阶级的历史使命是推翻资本主义生产方式和最后消灭阶级。这个阶级就是无产阶级。"②哲学批判、政治批判和资本批判的统一,这是马克思的独特的思维方式,是马克思主义哲学的独特的存在方式。由此,我们才能真正理解和把握马克思主义批判理论的科学所在、力量所在和魅力所在。

五、马克思的批判理论:形而上学批判、意识形态批判与"拜物教"批判的高度统一

就哲学本身而言,马克思的哲学批判就是形而上学批判。所谓"形而上学就是一种超出存在者之外的追问,以求回过头来获得对存在者之为存在者以及存在者整体的理解"③。"形而上学是包含人类认识所把握的东西之最基本根据的科学。"④海德格尔的这一见解正确而深刻。作为一种哲学形态,"形而上学"形成之初,研究的就是"存在的存在",力图把握的就是"最基本根据"和"不动变的本体"。这就是说,形而上学一开始就

---

① 〔法〕路易·阿尔都塞、艾蒂尔·巴里巴尔:《读〈资本论〉》,第80—81页。
② 《马克思恩格斯全集》第23卷,第18页。
③ 〔德〕海德格尔:《路标》,孙周兴译,商务印书馆2000年版,第137页。
④ 〔德〕海德格尔:《海德格尔选集》上,第84页。

与本体论密切相关,或者说,作为"论述各种关于'有'的抽象的、完全普遍的哲学范畴",本体论"就是抽象的形而上学"。①

从历史上看,形而上学形成于亚里士多德的《形而上学》。按照亚里士多德的观点,形而上学就是关于"存在之存在"的学说,或者说,是研究超感觉的、经验之外的对象的学说,它所追求的就是在一切实在对象背后的那个"终极存在"。形而上学在对世界的"终极存在"的探究中确立了一种严格的逻辑规则,即从公理、定理出发,按照推理规则得出必然结论。这无疑具有积极意义,标志着作为理论形态的哲学的形成。然而,哲学家们又把形而上学中的存在日益引向脱离了现实的人及其活动的存在,从而使存在成为一种抽象的存在。无论是近代唯心主义哲学中的"绝对理念",还是近代唯物主义哲学中的"抽象物质",从根本上说都是一种与现实的人和现实的社会无关的抽象本体。因此,马克思明确提出"反对一切形而上学"②,并认为反对形而上学之后,哲学应趋向现存世界和人的存在,对人的异化了的生存状态给予深刻批判,对人的解放和全面发展给予深切关注。

与形而上学这种哲学形态不同,马克思主义哲学关注的不是所谓的世界的"终极存在",而是"对象、现实、感性"何以成为这样的存在,人的存在何以异化为这样的状态,如何消除人的异化,实现人类解放。形而上学以一种抽象的、超时空的方式去理解和把握存在,而马克思主义哲学从实践出发去理解和把握人的存在,从人的存在,即社会存在出发去解读存在的意义。这样,马克思便"颠倒"了形而上学,使哲学的理论主题从"世界何以可能"转换为"人类解放何以可能",并因此从抽象的宇宙本体转向人的生存和现存世界的本体。以此为前提和基础,马克思展开了对形而上学的批判。

按照马克思的观点,随着"实证科学脱离了形而上学,给自己划定了

---

① [德]黑格尔:《哲学史讲演录》第 4 卷,贺麟、王太庆译,商务印书馆 1978 年版,第 189 页。
② 《马克思恩格斯全集》第 2 卷,第 159 页。

单独的活动范围",随着社会发展促使哲学"趋向于直接的现实,趋向于尘世的享乐和尘世的利益,趋向于尘世的世界",并"把人们全部注意力集中到自己身上",①随着法国启蒙哲学,尤其是法国唯物主义对形而上学的批判,形而上学不仅"在实践上已经威信扫地",而且"在理论上威信扫地"。② 然而,法国启蒙哲学、法国唯物主义并没有完成批判形而上学的任务,或者说,没有从根本上摧毁形而上学。所以,形而上学后来在19世纪初又重新登上哲学的王座,黑格尔建立起一个庞大的、包罗万象的思辨的形而上学体系。正如马克思所说,"黑格尔天才地把17世纪的形而上学同后来的一切形而上学及德国唯心主义结合起来并建立了一个形而上学的包罗万象的王国",从而使形而上学"在德国哲学中,特别是在19世纪的德国思辨哲学中,曾有过胜利的和富有内容的复辟"。③

形而上学的这次"复辟"之所以是一次"胜利的复辟",是因为黑格尔的形而上学体系"以最宏伟的方式概括了哲学的全部发展",产生了巨大而深远的影响。正如恩格斯所说:"这是一次胜利进军,它延续了几十年,而且决没有随着黑格尔的逝世而停止。相反,正是从1830年到1840年,'黑格尔主义'取得了独占的统治。"④即使费尔巴哈也只是巧妙地"拟定"了批判黑格尔形而上学的"基本要点",但费尔巴哈并没有完成这一批判任务,并没有从根基上摧毁黑格尔的形而上学王国。

形而上学的这次"复辟"之所以是一次"富有内容的复辟",是因为黑格尔把形而上学与概念辩证法融为一体了,把辩证法、认识论、逻辑高度统一起来了,并创建了"作为推动原则和创造原则的否定性的辩证法"。"黑格尔的《现象学》及其最后成果——作为推动原则和创造原则的否定性的辩证法——的伟大之处首先在于,黑格尔把人的自我产生看作一个过程,把对象化看作失去对象,看作外化和这种外化的扬弃;因而,他抓住

---

① 《马克思恩格斯全集》第2卷,第161、161、161—162页。
② 《马克思恩格斯全集》第2卷,第161、162页。
③ 《马克思恩格斯全集》第2卷,第159页。
④ 《马克思恩格斯选集》第4卷,第220页。

了劳动的本质,把对象性的人、现实的因而是真正的人理解为他自己的劳动的结果。"①马克思的这一评价准确而深刻。大约 100 年后,海德格尔说出了和马克思几乎相同的真知灼见:"劳动的新时代的形而上学的本质在黑格尔的《精神现象学》中已预先被思为无条件的制造之自己安排自己的过程,这就是通过作主观性来体会的人来把现实的东西对象化的过程。"②

　　然而,黑格尔只是在形式上肯定了人及其活动的能动性,由于它把人仅仅看作"绝对精神"自我实现的工具,只不过是"活的工具",因而在实际上彻底剥夺了人的能动性、创造性和主体性。在黑格尔的形而上学中,"绝对精神"不仅成为实体,而且成为主体,成为脱离了现实的人和现实事物的绝对本体。这就是说,在黑格尔的形而上学中,不仅本体成为一种抽象的存在,人也成为一种抽象的存在,人和人的主体性失落了。因此,到了 19 世纪中叶,西方哲学再次掀起反对形而上学的浪潮。"对思辨的形而上学和一切形而上学的进攻,就像在 18 世纪那样,又跟对神学的进攻再次配合起来。"③"费尔巴哈把形而上学的绝对精神归结为'以自然为基础的现实的人',从而完成了对宗教的批判。同时也巧妙地拟定了对黑格尔的思辨以及一切形而上学的批判的基本要点。"④孔德和马克思则从根本上摧毁了形而上学。具体地说。孔德从自然科学的可证实原则出发彻底批判了形而上学;马克思则从人的存在方式和现存世界的基础——实践出发彻底批判了形而上学,并认为"这种形而上学将永远屈服于现在为思辨本身的活动所完善化并和人道主义相吻合的唯物主义"⑤

　　马克思的形而上学批判是同意识形态批判结合在一起甚至融为一体的。"哲学只有通过作用于现存的一整套矛盾着的意识形态之上,作用于阶级斗争及其历史能动性的背景之上,才能获得自我满足。"⑥哲学总是以

①《马克思恩格斯全集》第 42 卷,第 163 页。
②［德］海德格尔:《海德格尔选集》上,第 383—384 页。
③《马克思恩格斯全集》第 2 卷,第 159 页。
④《马克思恩格斯全集》第 2 卷,第 177 页。
⑤《马克思恩格斯全集》第 2 卷,第 159—160 页。
⑥ 陈越编:《哲学与政治:阿尔都塞读本》,吉林人民出版社 2003 年版,第 238 页。

抽象的概念运动反映着现实的社会运动,体现着特定阶级的利益和价值诉求。"统治阶级的思想在每一时代都是占统治地位的思想。这就是说,一个阶级是社会上占统治地位的物质力量,同时也是社会上占统治地位的精神力量。支配着物质生产资料的阶级,同时也支配着精神生产资料,因此,那些没有精神生产资料的人的思想,一般地是隶属于这个阶级的。占统治地位的思想不过是占统治地位的物质关系在观念上的表现,不过是以思想的形式表现出来的占统治地位的物质关系;因而,这就是那些使某一个阶级成为统治阶级的关系在观念上的表现,因而这也就是这个阶级的统治的思想。"①马克思已经自觉而清醒地意识到这一点。所以,在马克思那里,形而上学批判进行到一定程度必然展开意识形态批判。在这种双重批判中建立起来的马克思主义哲学,不仅是客观认知某种规律的知识体系,更重要的,是批判资本主义的意识形态。我们不能从西方传统哲学、"学院哲学"的视角去理解马克思主义哲学,而应从形而上学批判与意识形态批判双重批判的视野去理解马克思主义哲学。马克思"留给马克思主义哲学家的任务就是去创造新的哲学干预的形式,以加速资产阶级意识形态领导权的终结"②。

也正因为如此,马克思对资本主义的批判,不仅是对资本的批判,而且是对形而上学、意识形态的批判。之所以如此,是因为资本、形而上学、意识形态三者共同构成了资本主义社会的支柱,三者彼此支撑、彼此拱卫,构成了"铁三角"。如果说资本构成形而上学、意识形态的世俗基础和强大动力,那么,形而上学、意识形态则构成了资本的观念领域和理论纲领,并构成了资本的"唯灵论的荣誉"。一句话,资本与形而上学、意识形态有着本质的联系,或者说,有着本质的"共谋"关系。在这个意义上,对形而上学、意识形态批判的高度制约着对资本批判的高度,对资本批判的高度制约着对形而上学批判、意识形态批判的高度。

---

① 《马克思恩格斯选集》第 1 卷,第 98 页。
② 陈越编:《哲学与政治:阿尔都塞读本》,第 248 页。

正是由于深刻把握了资本与形而上学、意识形态的关系，所以，马克思对资本的批判同时就是对形而上学、意识形态的批判，就像马克思对形而上学、意识形态的批判最终深入到对资本的批判一样。由此，我们也就不难理解，马克思对资本的批判为什么一开始就是并且始终是"政治经济学批判"，马克思的"政治经济学批判"为什么一开始就同对黑格尔哲学的批判结合在一起，并始终伴随着对形而上学、意识形态持续不断的批判。

在《德意志意识形态》中，马克思为自己的意识形态批判奠定了立足点："意识[das Bewutsein]在任何时候都只能是被意识到了的存在[dasbewute Sein]，而人们的存在就是他们的现实生活过程。如果在全部意识形态中，人们和他们的关系就像在照相机中一样是倒立呈像的，那么这种现象也是从人们生活的历史过程中产生的，正如物体在视网膜上的倒影是直接从人们生活的生理过程中产生的一样。"①马克思的意识形态批判就是要揭示出资本主义意识形态"倒立呈像"，即"颠倒"的现实原因及其形成过程。马克思对资产阶级意识形态的批判鲜明而集中体现在对"拜物教"，即商品拜物教、货币拜物教和资本拜物教的批判上，而这一意识形态批判又是通过对社会生活的"颠倒"和日常观念的"颠倒"的双重批判完成的。

马克思对社会生活本身"颠倒"的批判是通过两个步骤实现的。

其一，分析物质生产（劳动）过程的"颠倒"性。从资本主义生产过程看，生产的社会化程度越来越高，但生产资料却被资本家私人所占有。本来，生产资料所有制关系必须适应生产力的发展，这是社会发展过程的正常状况。然而，在资本主义社会，这种正常的状况却被"颠倒"了，即生产资料私人占有关系成为支配、抑制生产力的主导力量，这是社会发展内在关系的"颠倒"。这种"颠倒"体现为资本支配劳动，"死劳动"支配"活劳动"，不劳而获的资产阶级支配劳动着的无产阶级，这是劳动过程本身的"颠倒"，是现实生活中无产阶级的自我颠倒。在资本主义社会，"社会生产力（也可以说劳动本身的生产力）的任何增长……都不会使工人致富，

---

① 《马克思恩格斯选集》第 1 卷，第 72 页。

而只会使资本致富,也就是只会使支配劳动的权力更加增大"①。

其二,分析商品交换的"颠倒"性。作为劳动的产品,商品本是以其使用价值满足人们的需求,交换只是满足需求的手段。然而,在资本主义社会,生产却成为手段,交换成为目的本身,资本家真正关心的并不是使用价值,而是交换价值,使用价值只是作为交换价值的实现载体进入资本家视野的。正是在这一过程中,人与人的关系"采取了一种物的形式,以致人和人在他们的劳动中的关系倒表现为物与物彼此之间的和物与人的关系"②;同时,人与人之间的关系通过抽象的物——货币以量化的形式表现出来,不是人支配物,而是物支配人,人被货币这个抽象的物所支配,而这正是由商品交换过程的"颠倒"性所决定的。

这种社会生活过程中的"颠倒",带来了日常生活过程中观念的"颠倒"性反映,这就是"拜物教",即商品拜物教、货币拜物教和资本拜物教。拜物教意识正是资本主义现实生活过程的真实反映。"商品形式和它借以得到表现的劳动产品的价值关系,是同劳动产品的物理性质以及由此产生的物的关系完全无关的。这只是人们自己的一定的社会关系,但它在人们面前采取了物与物的关系的虚幻形式。因此,要找一个比喻,我们就得逃到宗教世界的幻境中去。在那里,人脑的产物表现为赋有生命的、彼此发生关系并同人发生关系的独立存在的东西。在商品世界里,人手的产物也是这样。我把这叫做拜物教。劳动产品一旦作为商品来生产,就带上拜物教性质,因此拜物教是同商品生产分不开的。"③

从商品拜物教来看,在资本主义社会中,个人的规定性是同商品交换联系在一起的,工人如果不能把自己的劳动力作为商品交换出去,就无法生存;个人要想满足自己的需求,实现自己的尊严,就只能以商品为载体,商品因此成为物质生产的直接目的。这就使商品生产过程蒙上了一层神秘的面纱。"人们在自己的社会生产过程中的单纯原子般的关系,从而,

---

① 《马克思恩格斯全集》第46卷上,第268页。
② 《马克思恩格斯全集》第13卷,第23页。
③ 《马克思恩格斯全集》第23卷,第89页。

人们自己的生产关系的不受他们控制和不以他们有意识的个人活动为转移的物的形式,首先就是通过他们的劳动产品普遍采取商品形式这一点而表现出来。"①商品生产由此成为现实生活中一个先在的前提。本来,在现实生产过程中,商品生产使人与人的关系转化为物与物的关系,这本身就是一种"颠倒",而商品拜物教则把这种"颠倒"当作一种合理的现实,因而这是对现实生产过程的又一次"颠倒"性反映,是"颠倒"的"二次方"。这就使资本主义现实在日常观念中成为支配性力量。

商品拜物教必然导致货币拜物教,或者说,货币拜物教是商品拜物教的明显的表现形式。"货币拜物教的谜就是商品拜物教的谜,只不过变得明显了,耀眼了。"②商品的生产是以货币的观念形态为先导的,但观念形态的货币还不是真正的货币,只有实现商品交换,个人才能占有货币;货币又是财富的一般形式,"交换价值构成货币实体,交换价值就是财富。因此,另一方面,货币又是物体化的财富形式,而与构成财富的一切特殊实体相对立"。"财富(既作为总体又作为抽象的交换价值)只是在其他一切商品被排斥之后,才作为个体化在金银上的财富而存在,作为个别的可以捉摸的对象而存在。因此,货币是商品中的上帝。"③从流通的总体来看,"货币虽然存在于流通的一个环节中,却消失在流通环节的总体中;货币对一切商品来说仅仅是价格的代表,或仅仅充当商品按照相等的价格进行交换的手段"④。这就是说,作为手段,货币只需要观念地表现出来,而同它的材料是无关的。正因为如此,流通的过程不见了,只有作为结果的货币;货币本身的特性不再重要了,重要的是货币的观念形态,货币的"魔术"由此而来。

货币体现了财富的一般形式,但货币并不是财富的现实实体,要真正占有作为财富的特殊实体,货币必须进入流通。"货币加入流通这一行为

---

① 《马克思恩格斯全集》第 23 卷,第 111 页。
② 《马克思恩格斯全集》第 23 卷,第 111 页。
③ 《马克思恩格斯全集》第 46 卷上,第 170、170—171 页。
④ 《马克思恩格斯全集》第 46 卷上,第 161—162 页。

本身必然是保持其原状的一个要素,而它要保持原状必然要加入流通。也就是说,货币作为已经实现的交换价值,必须同时表现为交换价值借以实现的过程。货币同时就是作为纯粹物的形式的自身的否定,是作为对个人来说是外在的和偶然的财富形式的自身的否定。不如说,货币必须表现为财富的生产,而财富必须表现为个人在生产中的相互关系的结果。"①这就决定了货币必须成为资本,才能保证成为财富的真实存在,因为只有资本才能完成价值增殖过程。在资产阶级经济学家的视野中,资本的增殖被看成是资本本身的自行增殖,更重要的是,"资本被理解为物,而没有被理解为关系"。实际上,资本是关系,"而且只能是生产关系"②。但是,在资产阶级经济学中,资本却被抽掉了现实的社会关系,仅仅被看作"物",从而造成了资本拜物教。资本拜物教一旦形成,便成为整个拜物教意识的核心,从而完成了对资本主义制度合理性在日常观念层面的论证。由于资本的惯性运转,这种拜物教意识被不断地生产出来,并从根本上制约着资本主义意识形态的生产。

问题的关键就在于,一旦商品、货币作为资本被加以使用时,资本拜物教也就形成了。正如马克思所说,"在资本—利润(或者,更好的形式是资本—利息),土地—地租,劳动—工资中,在这个表示价值和一般财富的各个组成部分同财富的各种源泉的联系的经济三位一体中,资本主义生产方式的神秘化,社会关系的物化,物质生产关系和它的历史社会规定性直接融合在一起的现象已经完成:这是一个着了魔的、颠倒的、倒立着的世界。在这个世界里,资本先生和土地太太,作为社会的人物,同时又直接作为单纯的物,在兴妖作怪",而"在生息资本上,资本关系取得了最表面、最富有拜物教性质的形式"③。

在资本主义社会,社会的物质生活过程是一个自然的"颠倒"过程,人们的日常生活观念层面的拜物教意识是这一"颠倒"过程的自发反映,而

① 《马克思恩格斯全集》第 46 卷上,第 186 页。
② 《马克思恩格斯全集》第 46 卷上,第 212、518 页。
③ 《马克思恩格斯全集》第 25 卷,第 938、440 页。

资产阶级意识形态则是对这一"颠倒"过程的自觉反映。这一"自发反映"从潜意识层面论证了资本主义制度的合理性，而"自觉反映"则从思想体系层面论证了资本主义制度的合理性。因此，马克思主义哲学始终立足于"物质实践""现实的社会关系"解释观念的形成，阐明意识的理论形式，进行意识形态批判，并由此得出结论："意识的一切形式和产物不是可以通过精神的批判来消灭的，不是可以通过把它们消融在'自我意识'中或化为'幽灵'、'怪影'、'怪想'等等来消灭的，而只有通过实际地推翻这一切唯心主义谬论所由产生的现实的社会关系，才能把它们消灭。"①

---

① 《马克思恩格斯选集》第 1 卷，第 92 页。

第九章

价值的本质与价值评价的特征

人们认识世界的目的在于改造世界,改造世界则是为了满足人自身的需要。这就在追求真理的基础上提出了价值问题。价值是引导人们从事实践活动的动力因素和内在尺度。在实践活动中,人们不仅认识真理,而且创造价值。所谓价值,是指主体与客体之间的意义关系,而价值评价是一种特殊的认识形式,是人们对某种事物能否满足自己需要的一种认识。追求真理与创造价值是人类活动的基本内容,真理原则与价值原则因此构成了人类活动的两个基本原则。马克思主义哲学不仅科学地解答了真理问题,而且科学地解答了价值问题。实际上,马克思主义哲学本身就是科学的真理观与价值观的统一。

一、价值:主体与客体的意义关系

在人的实践活动中,主体总是根据自己的需要而掌握和占有客体,利用客体的属性和功能满足自己的需要。

这就是说,在主体与客体的相互作用中,存在着一种主体按其需要对客体的属性和功能进行选择、利用和改造的关系,或者说,客体的属性、功能对主体需要满足的关系。这种关系就是价值关系,即人们通常所说的意义关系。

"使用价值表示物和人之间的自然关系,实际上是表示物为人而存在。"①使用价值"这种语言上的名称,只是作为概念反映出……一定的外界物是为了满足已经生活在一定的社会联系中的人的需要服务的"②。马克思在这里对使用价值所下的定义,既有经济学内涵,又有哲学意义,这就是,价值观念所反映的是物与人之间的关系,所表示的是物与人之间关系的特殊性质,即"物为人而存在","物是为满足人的需要服务的"。

作为哲学范畴,价值就是指主体与客体之间的一种特殊关系,即事物能够满足人的需要,对个人、群体、社会具有积极意义的关系。一种事物能够满足人的某种需要,对人的存在和发展具有积极意义,就有价值;不能满足甚至妨碍人的需要的满足,对人的存在和发展具有否定作用,就没有意义,即没有价值。一种事物对人的需要满足的程度越大,其价值就越大;一种事物对人的需要满足的程度越小,其价值就越小,以至无价值。从根本上说,价值的大小就是客体对主体意义的大小,更重要的是,判断一种事物,即客体价值的大小,不仅要考虑客体满足主体需要的程度,而且要考虑被满足的主体需要的社会性质。正如马克思所说,使用价值这个概念是表示一定的外界物是为了满足"已经生活在一定的社会联系中的人的需要""服务"的。

要深刻理解、把握价值的内涵和特征,就需要理解、把握主体与客体的相互作用。所谓相互作用,就是指双方各以自己的本性和方式去制约、影响、改变对方并承受对方的作用。主体与客体相互作用的结果使主体与客体之间出现相互转化和相互渗透的特征,即主体客体化与客体主体

①《马克思恩格斯全集》第 26 卷Ⅲ,第 326 页。
②《马克思恩格斯全集》第 19 卷,第 405 页。

化。客体主体化的实质,就是客体的存在、特征和作用越来越具有主体所赋予的内容,越来越同主体的需要及其发展相接近、相一致,这就是客体对主体的价值。换言之,价值就是客体主体化的结果及其意义,即主体与客体之间通过相互作用所产生的、同主体的生存和发展相联系的结果及其意义。一言以蔽之,价值就是主体与客体之间的意义关系。

在价值本质的问题上,存在着客观主义与主观主义两种对立的观点。客观主义价值论只是从客体自身的属性和功能来规定价值,认为价值是事物本身所固有的某种东西,与人无关,与主体无关;主观主义价值论则认为,价值就是人的兴趣、欲望、情感的表达,与事物无关,与客体无关。这两种观点都是片面的。价值不是实体,不能仅仅归结为客体自身的属性,也不能仅仅归结为主体的兴趣、欲望和情感。价值是一种关系,是主体与客体的一种特殊关系,即意义关系。主体与客体都是价值关系的承担者。

主体及其需要是价值关系形成的根据。价值是相对于主体而言的,只有人才是价值主体,才是价值的创造者、实现者和享有者。在人类出现之前,在人的活动之外,世界不过是按照自然规律运行的自在之物,本身并无美与丑、好与坏、有用与无用之分。只是因为有了人和人的活动,才形成了物与人之间的价值关系,才产生了自然界原本不具有的价值现象。所谓环境危机实际上是对人的危机,环境友好是对人的友好。益虫与害虫、水利与水灾等,莫不如此。世界万事万物的价值及其等级次序,都是由作为主体的人按照自己需要的尺度排列的。

客体及其属性是价值关系形成的又一根据。价值总是一定的客体对主体的价值。没有客体,就无所谓主体与客体的关系,也就没有价值关系。客体本身的属性和功能影响着客体能否对主体有意义以及意义的大小。正是由于客体具有满足人的某种需要的属性和功能,它才对人具有积极意义,成为对人的生存、享受和发展有益的东西。正如马克思所说:"一物之所以是使用价值,因而对人来说是财富的要素,正是由于它本身的属性。如果去掉使葡萄成为葡萄的那些属性,那末它作为葡萄对人的使用价值就消失了。"

实践是主体与客体之间价值关系形成的基础。

主体及其需要是在实践中重塑和变化的。人是实践存在物,实践使人成为现实的主体。人的需要不是纯粹的动物式的需要,而是"从社会生产和交换中产生的需要"①。随着实践水平的不断提高、满足需要手段的不断丰富、社会关系的不断变化,人的需要也在不断地变化和发展。正如马克思所说:"已经得到满足的第一个需要本身、满足需要的活动和已经获得的为满足需要而用的工具又引起新的需要。"②"人以其需要的无限性和广泛性区别于其他一切动物。"③

更重要的是,人的需要本身也不是同一的。在阶级社会中,剥削者与被剥削者、统治阶级与被统治阶级的需要甚至迥然不同。马克思指出,在资本主义社会,"一方面所发生的需要和满足需要的资料的精致化,在另一方面产生着需要的牲畜般的野蛮化和最彻底、粗糙的、抽象的简单化"④。这就是说,尽管人人都有需要,但不是每个人的正常需要都能得到满足。需要的内容及其满足方式、满足程度,取决个人在社会关系中的地位。正如马克思所说:"我们的需要和享受是由社会产生的;因此,我们在衡量需要和享受时是以社会为尺度,而不是以满足它们的物品为尺度的。"⑤需要和享受具有社会性质,需要的内容和满足就是利益。从根本上说,为利益而斗争,就是为了满足需要而斗争。在这个意义上,价值关系的核心是利益,价值关系本质上是利益关系。

客体及其属性是在实践中被发现和改造的。客体是进入人的活动范围的事物。人在需要的推动下从事实践活动,把自身之外的事物变成自己活动的对象,变成自己的客体。事物能否成为现实的客体,不仅依赖于客体自身的属性,而且取决于主体的实践能力和实践水平。正是在实践

① 《马克思恩格斯全集》第 46 卷下,第 19 页。
② 《马克思恩格斯选集》第 1 卷,第 79 页。
③ 《马克思恩格斯全集》第 49 卷,人民出版社 1982 年版,第 130 页。
④ 《马克思恩格斯全集》第 42 卷,第 133 页。
⑤ 《马克思恩格斯选集》第 1 卷,第 350 页。

过程中,人们不断地发现、选择、利用、改造客体的属性以满足自己的需要。换言之,客体及其属性是在人的实践过程中被发现和改造的。"对象如何对他说来成为他的对象,这取决于对象的性质以及与之相适应的本质力量的性质……每一种本质力量的独特性,恰好就是这种本质力量的独特的本质。"①

事物对于人的价值只有在人的活动中才能成为现实。只有当人们意识到某物的用处并实际地利用某物时,某物"服务"于人的功能才能得以实现。在这种功能实现的过程中,作为价值对象的物获得了适合人的需要的形态,从而成为能够满足主体需要的物。因此,价值是在主体与客体的相互作用中生成的,是作为人的活动的对象产生的,并且是作为能够满足主体需要的物而实现的。

概而言之,主体与客体的价值关系是在实践中形成和实现的。没有人的实践活动,就没有主体与客体的存在,就没有主体与客体之间的价值关系。正是通过实践活动,一方面,主体按照自身的需要改造客体,使客体发生结构和形式上的变化;另一方面,客体从客观对象的存在形式转化为主体生命结构的因素或主体本质力量的因素,变成主体的一部分。实践在改变客体存在形式的同时,实现了主体的预期目的,满足了主体的需要,使主体与客体的价值关系由潜在成为现实。

二、价值的客观前提与主体性特征

价值不是实体,而是主体与客体之间一种特定的关系,即客体以其属性满足主体需要和主体需要被客体满足的效益关系。这就是说,价值涉及两个方面:一方面是人,即主体的需要和要求;另一方面是事物,即客体的性质和属性。价值既离不开主体,也离不开客体。作为主体与客体之间的意义关系,价值是在主体与客体的实践关系中发生和发展的,既有其

---

① 《马克思恩格斯全集》第 42 卷,第 125 页。

主体性特征,又有其客观前提。

在马克思主义哲学中,主观、主观性是指人的意识、意志所特有的状态和属性;客观、客观性则是指不依赖人的意识、意志而存在的状态和性质。所谓价值的客观性,是指价值本身不依赖于主体的主观性,并且独立于人们对它的认识和评价。价值之所以是客观的,首先在于价值形成的前提是客观的,不依主体的主观意识、意志、评价为转移。价值同人的需要相关,但它并不是由人的需要单方面决定的,价值有其产生的客观前提。

价值关系中的客体及其属性是价值的第一个客观前提。某物对人是否有价值,首先取决于该物本身是否有某种特定的客观属性。"珍珠或金刚石所以有价值,是因为它们是珍珠或金刚石,也就是由于它们的属性。"①一种事物只要内在地具有某种特定的属性,也就潜在地具有某种价值,一旦它被人发现和利用,就会成为有价值的东西。所以,满足主体需要的价值首先取决于客体所具有的客观属性。

客体满足人的需要的程度和方式受到物质生产方式的制约,这是价值的又一个客观前提。人是双重存在物:一方面,人直接地是自然存在物;另一方面,人又是社会存在物。正是这种社会特质,使人作为主体在自己的活动中同客体发生价值关系。价值总是具有社会性质,总是同人们的社会活动联系在一起的。因此,人的需要在本质上是社会性的需要,这种社会性的需要归根到底受物质生产方式制约。物质生产方式不仅决定人的需要的内容和满足需要的方式,而且决定人的需要的变化。

所谓价值的主体性,是指价值的性质、特征及其变化同价值关系中的主体的特征直接联系,并随着主体的不同而不同。价值的特性反映人的主体性的内容。

价值的主体性体现为,价值通过主体的创造性体现出来。与动物不同,人不是靠自然物的直接的、现成的形态满足自己需要的。同时,自然

---

① 《马克思恩格斯全集》第26卷Ⅲ,第176页。

物的属性对人有何用,自然物本身不会自动显示出来;即使自然物能显示出对于人的某种有用性,但在人们没有发现和掌握使用方法时,这种有用性对人仍不具有现实的价值。因此,主体与客体之间的价值关系不是自然的、现成的关系,也不是主体需要与客体属性随机形成的关系,而是主体在实践活动中创造、确立的同客体之间的一种特殊的关系。无论是主体发现客体的潜在价值,还是发明实际掌握客体的方式乃至最后改造客体,实现自己的价值目标,都贯穿着主体的创造性活动。在这个意义上,价值体现的是主体的创造性本质。

价值的主体性体现为,在价值关系中,不是人趋近物,而是物趋近人。主体的现实需要是某物是否有价值以及价值大小的尺度。尽管价值体现在具有某种属性的物上,但物的属性本身并不是价值。某物对人是否有价值以及有多大价值,不是以某物自身的属性为尺度,而是以人的现实需要为尺度。主体的现实需要是某物是否具有价值以及这种价值大小的内在尺度。具有客观需要的现实的主体是价值关系的中心。

价值的主体性体现为,价值具有时效性。价值的时效性当然与客体有关。客体的属性会随着时间的流逝而变化,因而它对主体的价值也会发生变化,甚至从有价值变成无价值。但是,就价值本身来说,其时效性如何,归根到底取决于主体的需要。任何客体对同一主体来说,有无价值和有什么样的价值,不会因客体本身未变而保持不变,而是随着主体需要的变化而变化。随着主体需要的变化,特定的事物对主体的价值也会发生变化,甚至从有价值变成无价值。如前所述,人的需要处在不断变化之中,因此,价值的时效性归根到底取决于人的需要的变化。日常生活中,人们对"雪中送炭"的赞许和"雨后送伞"的调侃,实际上表达了价值时效性的意识。人的需要具有不断变化的特点,每一种需要的满足都会引发新的需要;对尚未被满足的新的需要来说,过去能满足需要的事物就不再具有价值了,这就必然使具体的价值显示出时间上的有效性。因此,价值的时效性本质上属于价值的主体性。

价值的主体性还体现为,价值具有相对性,即同一事物或客体对于不同的主体具有不同的价值。价值的相对性归根到底是由主体的需要决定的,现实的人在需要上的差异,造成了价值与特定主体的相关性。这就是说,不同的主体有不同的需要,因而同客体之间形成不同的价值关系。从总体上看,价值的相对性是由两种情况造成的。

其一,在具体的历史条件下,人们对某种事物及其属性的认识是有限的、相对的,因而对于某物究竟能在多大范围和程度上满足人的需要,即对客体实际价值的认识和把握是有限的、相对的,使物对人的价值表现出相对性。正因为如此,马克思认为,发现事物的不同属性,"从而发现物的多种使用方式,是历史的事情"①。随着科学技术的进步、生产方式的发展、生活方式以及价值观念的变化,过去许多未被发现的事物及其属性,现在被发现和利用了;过去被认为对人无益甚至有害的事物及其属性,现在成为对人有用甚至是必需之物了。人与世界的价值关系不断更新着内容。

其二,受具体的历史条件的制约,具体的人的需要也是具体的、有限的,他们对价值客体的选择和利用也是具体的、有限的,从而使物对不同的人所具有的价值表现出相对性,即具有不同的价值。一般说来,客观事物都有多种属性和功能,"每一种这样的物都是许多属性的总和,因此可以在不同的方面有用"②。多种客体及其多种属性与多种主体及其多种需要之间必然形成多样的价值关系。在多样的价值关系中,同一事物或客体对不同主体必然具有不同的价值甚至无价值。正如马克思所说,"忧心忡忡的穷人甚至对最美丽的景色都没有什么感觉;贩卖矿物的商人只看到矿物的商业价值,而看不到矿物的美和特性";"对于没有音乐感的耳朵说来,最美的音乐也毫无意义"。③

价值的主体性并不排斥价值的客观性,相反,价值的主体性以价值的客观性为存在前提。价值的主体性只是表明,在价值这种主体与客体的

---

① 《马克思恩格斯全集》第 23 卷,第 48 页。
② 《马克思恩格斯全集》第 23 卷,第 48 页。
③ 《马克思恩格斯全集》第 42 卷,第 126 页。

特定关系中,人是物趋向的中心;没有人的创造性活动,物就不会实现对于人的价值。

三、人的价值:创造价值的价值

人是社会的人,人在社会生活中的价值或意义,就是人的价值。从根本上说,人的价值就是创造价值的价值。就个人而言,个人的价值可以分为个人的社会价值与个人的自我价值,即个人对社会的价值和对自己的价值。个人对自己的价值也就是个人的自我价值。

人是历史的"剧中人",又是历史的"剧作者"。人既依赖于社会,又创造着社会。因此,个人的价值首先是指个人的社会价值,即个人的创造活动对社会的贡献和对社会需要的满足。一个人对社会的贡献越大,他的社会价值就越大;反之,其社会价值就越小。对社会不承担任何责任,不作任何贡献的人,也就是没有社会价值的人。全部社会生活在本质上是实践的,社会的存在和发展,人本身的存在和发展都依赖于实践活动。从根本上说,一部人类历史就是人的实践活动在时间中的展开,历史不过是追求着自己目的的人的活动过程,个人的活动创造个人的社会价值。在这个意义上,一个人的活动贡献、创造成果的大小标志着其社会价值的大小。

个人的社会价值的实现有赖于其能力,在"心有余而力不足"时,其社会价值难以实现。但是,个人的社会价值并不是简单地取决于其能力的大小,重要的是,取决于这种能力发挥的程度。因此,根据个人的能力的发挥程度,而不是根据其能力大小来判断个人的社会价值,具有重要的意义。评价个人的社会价值,就是要看他的活动及其结果是否满足了社会需要,以及在何种程度上满足了社会需要。个人是通过对社会的贡献来显示自己的人生意义和社会价值的,因此,个人应该在对社会的贡献中实现和表现自己的社会价值。实际上,这是对个人的价值评价的社会尺度。

价值是作为主体的人的活动的产物,物对人的意义实际上是人的活动对人自身的意义。个人的自我价值就是个人的活动对自身的意义,是个人通过自己的活动来满足自己的需要。一个人越是通过自己的活动来满足自己的需要,他的个人价值就越大;反之,则越小。个人的自我实现也就是一种个人价值,当个人以自身为目的来创造价值时,这种活动就是实现个人的自我价值的活动。个人只有通过参加生产活动、政治活动、科学研究和艺术创造等社会活动才能满足自己的需要,实现自己的个人价值。一个公平、正义的社会对个人尊严的重视,归根到底,是组成社会的个人对自己的自我价值的肯定。

个人的自我价值的最高表现,是个人的自我实现和个人的全面发展。马斯洛从心理学角度论证了个人自我实现的需要,论证了个人从自我实现中肯定自我价值的必要性,并认为所有人都向往自我实现,或者说,都有自我实现的倾向。这无疑具有合理性。但是,马斯洛所说的自我实现与自我发展属于心理学范畴,与马克思所说的个人在实践活动中实现自我并得到全面发展具有本质的区别。

个人自我价值的实现是一个不断发展的过程。不断实现个人的自我价值根源于人具有一种不断超越自身的理想的追求。人既是一种现实性的存在,又是一种追求理想的存在。个人的理想性特征决定了个人自我价值的实现和确认总是面向未来的,个人的自我改变、自我发展总是以"新我"为目标的。正是在自我的不断超越中,个人才能感受到自己的生命存在的意义和价值。

社会价值与个人价值是个人价值的两个方面。个人的社会价值是个人对社会的意义,个人的自我价值则是个人对自身的意义。毫无疑问,个人应当实现自己的自我价值。但是,个人的自我价值的实现离不开社会。不管个人是否承认或是否意识到,个人的自我价值或希望自身具有的价值,归根到底,都是在他与社会的关系中所体现出来的价值或意义,是对社会的意义。个人的自我价值总是与社会价值相联系,并从属于社会价值的。不存在离开社会关系的孤立的个人和个人价值,现实存在的只是和社会价值联系在一起的个人价值。

个人自我价值的实现不是纯粹内省式的心理修养过程，而是实践过程。人的实践活动是在社会关系中进行的，是社会的活动。个人在实现自我价值的过程中，看起来似乎只是个人的东西，实际上总是与他人有关，具有社会的性质。马克思指出："甚至当我从事科学之类的活动，即从事一种我只是在很少情况下才能同别人直接交往的活动的时候，我也是社会的，因为我是作为人活动的。不仅我的活动所需的材料，甚至思想家用来进行活动的语言本身，都是作为社会的产品给予我的，而且我本身的存在就是社会的活动；因此，我从自身所做出的东西，是我从自身为社会做出的，并且意识到我自己是社会的存在物。"①任何个人都是在社会中生存和生活的，不可能脱离社会而实现个人的自我价值。"一个人的发展取决于和他直接或间接进行交往的其他一切人的发展。"②离开社会而高谈"我就是我"，实际上是貌似高深的无意义的废话。

个人只有在社会中，并且只有通过社会才能实现自我价值。换言之，个人只有在推动社会发展的过程中才能求得个人发展，实现自我价值。"个人是社会存在物。因此，他的生命表现，即使不采取共同的、同其他人一起完成的生命表现这种直接形式，也是社会生活的表现和确证。"③人与社会的关系决定了个人只有在社会中，并且只有通过社会才能实现个人的自我价值。"人们只有为同时代人的完美、为他们的幸福而工作，才能使自己也达到完美。""如果我们选择了最能为人类福利而劳动的职业，那么，重担就不能把我们压倒，因为这是为大家而献身；那时我们所感到的就不是可怜的、有限的、自私的乐趣，我们的幸福将属于千百万人，我们的事业将默默地、但是永恒发挥作用地存在下去，而面对我们的骨灰，高尚的人们将洒下热泪。"④个人的自我价值的实现离不开其对社会的贡献，即离不开其社会价值的实现。

---

① 《马克思恩格斯全集》第 42 卷，第 122 页。
② 《马克思恩格斯全集》第 3 卷，第 515 页。
③ 《马克思恩格斯全集》第 42 卷，第 122—123 页。
④ 《马克思恩格斯全集》第 40 卷，第 7 页。

所谓自我,是对人作为主体的肯定,是指个人作为主体具有自我的特性;所谓自我实现,是指人的一切都是由人来实现的,而不是指凡人所做的一切都源于自我。人仅凭自我,什么也实现不了,"巧妇难为无米之炊"。实际上,人要实现什么,首先就要获得什么。一个画家创作一幅画,并不是他实现了自我的绘画才能,而是他把自己在学习和实践中获得的绘画才能实现出来了。一个人的价值是在他的对象活动中确证的。人具有能动性和创造性,能够把客观存在的可能性转化为自己的需求和目的,然后,通过实践这种对象化活动实现自己的目的。这才是真正的个人的自我价值的实现。

个人的自我存在、自我发展与社会存在、社会发展互为前提。没有个人的存在,也就没有社会的存在,反过来说,没有社会的存在,也就没有个人的存在;个人的发展离不开社会的发展,社会发展是个人发展的现实基础,同时,社会发展也离不开个人的发展,社会发展是无数个人发展的结果。因此,个人的社会价值与自我价值在本质上是统一的。个人的自我价值与社会价值的统一,意味着每一代人、每一个人都具有自己的使命。"作为确定的人,现实的人,你就有规定,就有使命,就有任务,至于你是否意识到这一点,那都是无所谓的。这个任务是由于你的需要及其与现存世界的联系而产生的。"①人应该有使命意识。"天下兴亡,匹夫有责"体现的就是一种使命意识。

四、价值评价:认识的特殊形式

价值是在人的实践活动中生成和发展的。实践的突出特点就在于它的目的性,在于它具有将"现有"的事物改造成"应有"的事物的意图。在实践活动中,主体意识不仅包含着对现存事物的认识,而且包含着对自己目的和要求的认识;不仅提出了"存在什么"或"存在是什么"的问题,而且提出了"这种存在对于主体来说是什么"的问题。人的这种自我意识是在

---

① 《马克思恩格斯全集》第 3 卷,第 329 页。

价值评价中实现的。价值评价是一种特殊的认识活动，人们正是通过价值评价来揭示和把握价值的。

现存事物既是人们认识的对象，又是人们评价的对象。人们通过认识现存事物而真实地面对现实，通过评价现存事物进而合目的地改造现实，从而创造和实现更大的价值。所谓评价，就是主体在对客体属性、本质和规律认识的基础上，把自身需要的内在尺度运用于客体，对主体与客体之间的价值关系进行评判。这种评判是人的意识对主体与客体之间价值关系的反映，即主体需要与客体属性之间关系的反映。作为主体观念活动的结果，价值评价表现为主体对具体的客体是否具有满足主体需要的属性所作的肯定或否定的判断。正是在这个意义上，价值评价也被称作价值判断。

主体对自身与客体之间价值关系的评价，就其属于主体对客体的观念把握而言，仍然是一种认识活动。但是，评价不同于主体对客体的一般的认识，而是主体对客体能否满足自己需要的一种特殊的认识。价值评价的特殊性就在于，它是对某种事物能否满足人的需要的一种认识，是对客体"应当是什么"的认识，其着眼点是主体与客体之间的效用关系。因此，价值评价必须考虑主体的需要和利益。也就是说，在评价活动中，必须把主体的需要和利益作为内在尺度运用于被评价的客体。如果说事实性认识追求的是对客体"是什么"和"怎么样"的认识，那么，评价性认识追求的就是对客体"应该怎样"和"不应该怎样"的认识，表达的是主体肯定什么或否定什么的价值追求。

评价与知识不同。如果不涉及主体价值立场，仅仅是认识客体本身，那么，这种认识就不是评价，而是认知，提供的仅仅是知识。如果历史学家仅仅考察秦始皇修长城这个历史事件本身，而不涉及修长城给中华民族带来什么利或害，那么，这就是认知活动，提供的仅仅是历史知识，而不是价值评价。这同天文学研究两个天体之间的相互作用没有本质的不同。但是，如果历史学家不仅考察了秦始皇修长城这个历史事件，而且指出了修长城对中华民族带来什么利或害时，这就是评价了。评价与知识的区别,不在于认识的客体,而在于主体自身。因此,价值评价是主体对客体对主体的生存和发展有什么作用的反映,并通过主体的态度、情感、愿景等主观形式表现出来。

评价与事实不同。事实属于客观存在,评价属于关于事实价值的主体判断。从来都不存在一个没有立场、观点和利益的价值评价。价值评价总是因评价者的立场、观点和利益的不同而不同,价值评价的主体总是自觉不自觉地代表着或体现了某个民族、阶级、阶层的某种利益。价值评价具有差异性,而且这种差异性是无法排除的。每个个体、群体都是以自己的方式来进行评价的,问题的关键就在于,这种评价方式受制于他们的立场和观点,归根到底,受制于他们的利益,而不同的主体有不同的利益。因此,价值评价必然具有多元性、多样化。中国有句古话,"人心都有一杆秤",说的就是这个意思。面对同一个客体,不同的主体从不同的需要和利益、意向和愿望出发,必然会得出不同的价值评价。

在价值评价中,我们尤其需要注意对历史事件、历史人物的评价。对同一个历史事件,历史人物的评价出现多样性甚至矛盾性,这当然有不同主体的知识结构和学术水平的因素,但更多的是知识结构和学术水平背后的利益关系以及政治立场。在评价活动中,现实的利益关系以及政治立场犹如一只"看不见的手",牵引着不同主体的价值评价活动,从而使不同的主体对同一个历史事件、历史人物形成了不同的价值评价,如对太平天国的不同评价,对曾国藩的不同评价。所有的历史学家都宣称自己是客观的、公正的,但这并不能保证他们对历史事件、历史人物的评价是客观的、公正的。历史学家如何评价历史事件、历史人物,形式上是自主的,实际上是被他们的政治立场、利益关系决定的。"利益是如此强大有力,以至顺利地征服了马拉的笔、恐怖党的断头台、拿破仑的剑,以及教会的十字架和波旁王朝的纯血统。"[①]

由于对价值评价必然引进主体尺度,因此,在评价性认识中不能不含

---

① 《马克思恩格斯全集》第 2 卷,第 103 页。

有主体的意向、愿望和要求。面对同一客体,不同的主体从不同的利益出发,必然会得出不同的价值评价。但是,这并不是说所有的价值评价都是合理的。要使价值评价具有合理性,应当符合两项基本要求:一是对客体实际状况的正确认识,二是对主体实际需要的正确认识。

对客体实际状况及其发展趋势的正确认识,是形成合理的价值评价的基本要求。只有尽可能正确、深刻和全面地认识客观事物,才能确保价值评价的合理性、深刻性和全面性。每一事物的属性等都不是单一的,而是复合的。往往出现这样一种情况,即当我们利用事物的某种属性满足人的某种需要时,事物的另一些属性可能给人类带来不利甚至有害的后果,反之亦然。许多物质客体和精神客体在历史发展中往往表现出利与害、好与坏交织的复杂情况。这就要求我们全面认识客观事物的属性,对其价值的正与负、大与小加以历史的考察和全面的分析。否则,就会危害主体长远的、根本的利益。

对主体实际需要及其发展趋势的正确认识,是形成合理的价值评价的又一基本要求。如果人们没有真正了解自己的实际需要,往往就会以暂时的、局部的需要的满足损害长远的、整体的利益。恩格斯在考察和分析人们改造自然的成果时,就提出了"较近或较远的后果""较远的自然影响"与"较远的社会影响"的问题,并指出:"我们不要过分陶醉于我们人类对自然界的胜利。对于每一次这样的胜利,自然界都对我们进行报复。每一次胜利,起初确实取得了我们预期的结果,但是往后和再往后却发生完全不同的、出乎预料的影响,常常把最初的结果又消除了。"因此,我们应当"学会认识我们对自然界的习常过程所作的干预所引起的较近或较远的后果",尤其是"较远的社会影响"。① 恩格斯在这里所表达的,实际上就是形成合理的价值评价的基本要求,即对客体的实际状况及其发展趋势和主体的实际需要及其发展趋势进行全面的、历史的分析,形成对二者的正确认识。因此,为了形成合理的价值评价,主体在正确认识对象实

①《马克思恩格斯选集》第 4 卷,第 383、384 页。

际状况及其发展趋势的同时,需要正确认识自身的实际需要及其发展趋势。

价值评价的标准,归根到底,是主体需要。主体有个人、群体、社会等不同形式,主体需要因此有个人需要、群体需要、社会需要等不同形式。因此,当判断某一事物有价值,还是无价值时,首先就要明确的是,"对谁的价值","以谁的需要为标准"。问题还在于,个人利益与群体利益、个人利益与社会利益并非总是一致的,正如马克思所说:"随着分工的发展也产生了单个人的利益或单个家庭的利益与所有互相交往的个人的共同利益之间的矛盾。"①因此,我们只有正确认识主体需要实际状况及其发展趋势,包括正确认识个人需要、群体需要、社会需要之间关系,才能确立合理的评价标准。我们既不能脱离社会需要、社会整体利益而抽象地谈论个人需要、个人利益,也不能脱离具体的个人需要、个人利益而抽象地谈论社会需要、社会整体利益。"任何一种东西,必须使人民群众得到真实的利益,才是好的东西。"②

任何一个主体,要想自觉地建立自己的评价标准,并使它可靠、有效,就必须找到客观的价值标准。只有真正理解主体需要什么、能够接受什么,才能确切无误地判断客体对主体的价值,这是评价活动的基本原则。马克思指出,要"根据效用原则来评价人的一切行为、运动和关系等等,就首先要研究人的一般本性,然后要研究在每个时代历史地发生了变化的人的本性"③,而"需要即他们的本性"④。马克思在这里所说的"根据效用原则来评价",是指判断事物以及人本身的活动对人的价值;"人的本性",即需要,是指判断的客观标准;"历史地发生变化的人的本性",是指评价标准不是一成不变的,而是具有历史性。评价历史事件、历史人物更是如此。"历史是最公正的审判官""千秋功罪,谁人曾与评说?"讲的就是这个

---

① 《马克思恩格斯选集》第 1 卷,第 84 页。

② 《毛泽东选集》第 3 卷,人民出版社 1991 年版,第 864—865 页。

③ 《马克思恩格斯全集》第 23 卷,第 669 页。

④ 《马克思恩格斯全集》第 3 卷,第 514 页。

意思。只有确立客观的价值标准,主体才能准确地评价客体的价值。这对一切评价都是适用的。

作为认识的特殊形式,价值评价与价值观密切相关。价值观涉及社会生活各个领域:在人与自然的关系中,有对实践活动和认识活动成果的评价;在人与社会的关系中,有对社会活动和社会制度的评价;在人与自我的关系中,有对个人的自我价值和社会价值的评价,如此等等。从总体上看,价值观主要包含三方面的内容。

其一,价值原则。任何一种价值评价,都有自己特殊的标准和基本原则。就内容而言,价值观的根本就是价值原则,即关于什么是价值的基本观点。有什么样的价值原则,就有什么样的价值规范和价值理想。一般来说,价值原则规定价值观的性质。基督教的价值观以上帝为最高原则,并将之作为衡量一切价值的标准;个人主义价值观以个人利益为价值原则,并将之作为判断其他一切价值的根据;马克思主义价值观以个人利益与社会利益统一为价值原则,以每个人的全面而自由发展为最高价值。

其二,价值规范。价值原则总是渗透在价值规范中。规范的本意就是规则、标准或尺度,明确规定人应该怎样,不应该怎样。价值规范包括风俗习惯、伦理道德、政治法律等。任何价值观只有通过价值规范,具体化为在具体的情景中如何行动的规范,才能具体引导人们的活动。一个社会有什么样的价值观,就会有什么样的价值规范。

其三,价值理想。确定的价值原则、价值规范必然导致确定的价值理想。价值理想是人们所追求的、具有现实可能性并合乎自己愿望的目标,它以对未来的应然状态的把握和规定为内容,具有强烈的感召力和凝聚力。价值信念、价值信仰是和价值理想同一序列的范畴。价值信念是关于价值理想的信念,是人们对价值理想抱有深刻信任感的精神状态;价值信仰不仅表示人们对价值理想的认同和确信,还意味着感情的皈依、真诚的信奉,表现为主体的最高价值追求。正是在这个意义上,价值观是价值关系应然状态的展示和期盼。

价值观与价值关系既有联系,又有区别。价值关系是客观的社会关系,是人与物、人与人之间的实际的利益关系,利与弊、好与坏等都不是单纯的主体感受,而是主体需要与客体特性之间的客观关系;价值观则是主观的观念形态,是人们对客观的价值关系的观念把握,人们正是在对客观的价值关系进行判断、反思、概括和整合的过程中,才形成了不同的价值观。价值观总是和特定的主体相联系,是一定主体的价值观。无论是个体的价值观,还是群体的价值观,都不是先天固有、主观自生的,而是在一定的实践活动、历史传统、社会环境中逐步形成的,是特定的主体对社会存在、社会生活和客观历史的观念把握。

不同的人具有不同的价值观,而不同的人之所以具有不同的价值观,主要取决于其社会地位,这种社会地位实际上就是他在社会价值关系中的地位。当然,社会地位相同,价值观不一定就相同。同样是处在被统治、被剥削、被奴役地位的奴隶,有起来反抗奴隶制度的奴隶,有满足自己被奴役地位的奴隶,也有赞美奴隶制度的奴才,他们社会地位相同,但价值观念不同。在阶级社会中,被统治者、被剥削者、被奴役者接受统治阶级的价值观的现象并不罕见;在某种社会制度中,利益受损的人反而赞美这种制度的现象也不罕见。之所以如此,是因为价值观与价值关系既有联系也有区别,价值观的形成是包括传统文化熏陶、社会教育积淀在内的复杂的精神活动过程,是因为"统治阶级的思想在每一时代都是占统治地位的思想。这就是说,一个阶级是社会上占统治地位的物质力量,同时也是社会上占统治地位的精神力量。支配着物质生产资料的阶级,同时也支配着精神生产资料,因此,那些没有精神生产资料的人的思想,一般地是隶属于这个阶级的"。[①]

价值观具有时代性、民族性、阶级性,每个时代有每个时代的价值观,每个民族有每个民族的价值观,每个阶级有每个阶级的价值观。恩格斯指出:"善恶观念从一个民族到另一个民族、从一个时代到另一个时代变更得这样厉害,以致它们常常是互相直接矛盾的。""而社会直到

---

① 《马克思恩格斯选集》第 1 卷,第 98 页。

现在是在阶级对立中运动的,所以道德始终是阶级的道德;它或者为统治阶级的统治和利益辩护,或者当被压迫阶级变得足够强大时,代表被压迫者对这个统治的反抗和他们的未来利益。"①所以,在同一个民族或国家中,并不是只存在一种价值观,而是多种价值观并存,并往往产生冲突。价值观的多样性及其冲突,往往带来价值失序的问题。因此,任何一个社会都需要积极进行核心价值观、共同价值观的建设。

任何一个社会都有自己的核心价值观,任何社会的核心价值观体现的都是这个社会的本质特征和核心利益。中国封建社会的核心价值观,就是儒家的忠孝仁爱、礼义廉耻。资本主义社会的核心价值观,就是私有财产神圣不可侵犯,以及以此为基础的个人本位。维护资本主义私有制,既是资本主义国家机器、法律体系的核心,也是资本主义价值观的核心。正因为如此,社会形态的变化同时就是核心价值的变化。由资本主义向社会主义的转变是社会形态的根本变革,这一根本变革在价值观上的标志,就是核心价值的变革。这就是说,培育社会主义核心价值观,既不能移用西方资本主义社会的核心价值观,也不能套用中国封建社会的核心价值观,因为它们都不能体现社会主义社会的本质特征和核心利益。社会主义核心价值观应该也必须体现社会主义社会的本质特征和核心利益。

在社会活动和日常生活中,价值观构成了个人的心理定式。所以,任何一个社会总是通过核心价值观告诉人们应该做什么,不应该做什么,从而为人们的社会活动、日常生活提供准则、标准和模式。通过核心价值观,特定的国家不仅为社会提供了价值理想和奋斗目标,引领社会发展的方向,而且影响个人的价值取向,引导个人的价值选择和活动方向。在一个存在多种价值观的社会,必须培育一个同经济基础以及政治结构相适应,并能促成社会共识的核心价值观,并使这种核心价值观转化为社会成员的个人价值观,转化为社会的共同价值观,从而形成一种社会力量,形

---

① 《马克思恩格斯选集》第 3 卷,第 433—434、435 页。

成人们共同的价值追求。

五、真理原则与价值原则：人类活动的两个基本原则

人类活动以追求、发现真理和追求、创造价值为基本内容，真理原则与价值原则因此构成了人类活动的两个基本原则。真理原则与价值原则这两个原则根源于人类活动的两个尺度，即外在的物的尺度与人自身的内在尺度。马克思指出："动物只是按照它所属的那个种的尺度和需要来建造，而人却懂得按照任何一个种的尺度来进行生产，并且懂得怎样处处都把内在的尺度运用到对象上去。"①马克思在这里所说的尺度，是指规定性、规律性。"任何一个种的尺度"是指外在的对象、客体的规定和规律；"内在的尺度"则是指人、主体自身的规定和规律。

如前所述，人不仅具有对象意识，能够认识、把握对象的本质和规律，即外在的物的尺度，而且具有自我意识，能够认识、把握自身的本质和规律，即自身的内在尺度。"动物和它的生命活动是直接同一的。动物不把自己同自己的生命活动区别开来。它就是这种生命活动。人则使自己的生命活动本身变成自己意志的和意识的对象。他的生命活动是有意识的……有意识的生命活动把人同动物的生命活动直接区别开来。"②人之所以不同于并高于动物，就是因为人不仅具有对象意识，能够认识、把握对象的本质和规律，而且具有自我意识，能够认识、把握自身的本质和规律，从而在行动中把外在的物的尺度和自身的内在尺度这两个尺度自觉地结合起来。从根本上说，人的实践就是以"人的方式"改造"物的方式"，并使"物的方式"具有"人的方式"内涵的活动。

真理原则与价值原则就是客体尺度与主体尺度，即外在的物的尺度与人自身的内在尺度在人的活动中的体现。其中，真理原则建立在对客

---

① 《马克思恩格斯全集》第 42 卷，第 97 页。
② 《马克思恩格斯全集》第 42 卷，第 96 页。

体尺度及其作用的认识和把握的基础上,人们追求真理、服从真理,就是为了认识和把握客体的本质和规律,以使自己的活动取得成功;价值原则建立在对主体尺度及其作用的认识和把握的基础上,是人们自身的内在尺度在活动中的体现,是对客体主体化方向和结果的肯定。人是实践的主体,一方面,主体必须认识客体,把握、服从客体的规律,这就是外在的物的尺度;另一方面,主体又要改变客体,重建客体,使客体为主体的需要和目的服务,这又必须把握主体自身的规律,这就是人自身的内在尺度。实践使客体与主体相互影响、相互渗透、相互适应,这就是客体主体化与主体客体化。这两方面的规定和规律在人的观念中越来越明确,并贯彻到行为规则中去,就构成了人类活动的真理原则与价值原则,成为人类活动必须遵循的规范和准则。

人类活动中的真理原则与价值原则的形成有一个从不自觉到自觉的过程。在人类社会早期,"真理"与"价值"这样的意识尚未形成,当然也就不存在真理原则与价值原则的意识。但是,物的尺度与人的尺度及其作用在人类社会生活中却是自始至终客观存在的。恩格斯曾这样描述过远古时代人类意识的发展过程:"随着手的发展,头脑也一步一步地发展起来,首先产生了对影响某些个别的实际效益的条件的意识,而后来在处境较好的民族中间,则由此产生了对制约着这些条件的自然规律的理解。"①恩格斯在这里所说的关于"实际效益"的意识和关于制约效益的规律的意识,就是人类的价值意识与真理意识的最初形态。随着人的意识的不断发展,关于真理原则与价值原则的意识才得以发生并逐渐明确下来。从一定意义上说,人类实践与认识形成、发展的历史,就是价值原则与真理原则形成、发展的历史。具体体现真理原则的思维形式是科学,具体体现价值原则的思维形式是作为观念形态的文化。

在人的活动中,真理原则与价值原则各有其作用,承担着不同的功能。真理原则是客体性原则,要求主体的认识"提供在必然性中、在全面

---

① 《马克思恩格斯选集》第 4 卷,第 274 页。

关系中、在自在自为的矛盾运动中的客体"①,要求人们的思想和行动要高度地符合客观对象的规律,即按客体的尺度来规定主体的活动;价值原则是主体性原则,要求人们的思想和行为应从人的需要和利益出发去改造客观事物,即按照主体的内在尺度规定主体的活动,创造同人的内在尺度相一致的新的外在的事物。这是其一。

其二,真理原则表明人的活动中的客观制约性,即真理所包含的客观对象的规律是制约主体活动的前提和条件,一旦违背真理所包含的规律,主体的任何活动都不可能成功;价值原则表明人的活动中的主观目的性,即人们的一切活动都以创造一定的价值为目的,正是出于这个目的,人们进行认识世界和改造世界的活动。在这个意义上,价值原则是标志人的活动的动机和动力的原则。

其三,真理原则是社会活动中的统一性原则,真理是一元的,只有具有真理性的认识才能成立,只有符合真理的行动才能成功,真理原则的作用就在于,使不同主体的不同活动最终服从统一的真理,使具有不同动机、目的的不同主体的活动最终有一个统一的结果和结论;价值原则是社会活动中的多样化原则,价值是多元的,不同的主体有不同的需要、不同的价值要求和价值选择,价值原则的作用是同主体的个体性、阶级性、民族性等联系在一起的。

真理原则与价值原则的差异和矛盾,说明追求真理与创造价值之间具有矛盾性。这种矛盾性,一方面给人的活动、社会生活造成了困难,另一方面,这个矛盾的不断解决又不断地推动着人本身的发展和社会的进步。人们总是不断地从价值走向真理,从真理走向价值。真理从被发现到进一步具体化和完善化,是朝着更深刻、更全面地认识人的生活条件和价值取向的方向发展的,这表明真理的发展趋向于价值,人们获得了新的真理,就会提出新的价值目标。反过来,人们对价值的不断追求,必然引发对制约"实际效益"的客观条件和规律的新的探索,从价值走向真理,这

---

① 《列宁全集》第 55 卷,第 181 页。

是实践和认识发展的重要途径。

真理原则与价值原则统一的根据就在人的实践活动之中。尽管人们的具体活动不一定都能实现真理原则与价值原则的统一，特别是在阶级社会中，真理原则与价值原则的背离更是时常发生。但是，人们又能通过认识活动和实践活动的不断发展而不断地解决真理原则与价值原则的矛盾和冲突，并以某种方式使二者达到某种程度的统一。这也就是说，真理原则与价值原则在总体上的统一性，是在人们的具体的历史活动中实现的，真理原则与价值原则的统一因而是具体的、历史的。

真理原则与价值原则的统一是通过实践证明的。实践不仅是真理的标准和价值的标准，而且是真理原则与价值原则是否统一的标准。"作为真理的标准，也作为事物同人所需要它的那一点的联系的实际确定者"①，实践是真理与价值的共同的检验标准。正是在实践活动中，不仅认识的真理性得到检验和确定，而且主体与客体之间的价值关系及其评价也得到检验和确定。实践对真理的验证往往是同对其价值的验证结合在一起进行的，即检验某一认识是否是真理，就是看这一认识在实践中能否实现，就是看在这一认识指导下的实践活动是否成功。所谓成功，就是指一定的价值效果的实现；所谓价值效果，或者是指一定"实际效益"，或者是指科学认识的"效力"。而无论是"实际效益"，还是科学认识的"效力"，都是一定价值的实现。正因为如此，真理的验证与价值的验证在人的现实活动中是分不开的。

从一定意义上说，人类社会发展史就是真理原则与价值原则矛盾运动的历史。人们一方面以真理为基础创造价值，另一方面以价值为动力去寻求真理。正是在真理原则与价值原则的相互引导、相互作用的过程中，人类社会和人本身都处在不断的发展过程中。

---

① 《列宁选集》第 4 卷，第 419 页。

第十章

人的发展与人类解放

人是社会的主体。人们所追求的社会发展归根到底在于人本身的发展,最高目标是实现每个人的全面而自由的发展。社会发展与人的发展相互依赖、相互作用、相互促进。人的发展依赖于社会发展,又促进着社会发展;社会发展依赖于人的发展,又促进着人的发展。从总体上看,社会发展及其趋势在社会形态上表现为原始社会、奴隶社会、封建社会、资本主义社会、社会主义社会的更替;在人的形态上表现为"人的依赖关系""以物的依赖性为基础的人的独立性""自由个性"的发展。

一、社会发展过程中的人的发展

从根本上说,社会发展主要取决于社会生产力的发展、人的需要和利益的驱动、人的能动的创造活动。只有生产力的发展,才能从根本上引发社会关系的更新和社会形态的更替,才能不断提高人们的物质生活和精神生活水平;生产力的不断发展又是由人的需要、利益所驱动,由人的能动的创造活动推动的,同时,推动社会发展的目的是实现人本身的发展,社会发展的实质是人的发展。

这就是说,社会发展与人的发展是同一个过程的两个方面。社会发展依赖于人的发展,内含着人的发展,并为人的进一步发展创造条件,开辟新的可能性空间;人的发展又向社会发展提出更高的要求,并以更强的主体能力和主体实践推动社会发展,没有人的持续而全面的发展,就没有社会持续而全面的发展。所以,马克思主义哲学把人的解放和社会革命、人的全面发展和社会的全面发展紧紧结合在一起,并把每个人的全面而自由的发展作为推动社会发展的"最高目标"。确立"有个性的个人",实现每个人的全面而自由的发展,这是马克思主义哲学基本原则和最高命题。

在人与物的关系上,马克思主义哲学突出了人的主体地位,强调"物为人而存在"①。旧唯物主义仅仅从客体的角度理解"物",并认为物质是"一切变化的主体","人和自然都服从于同样的规律",从而抹杀了人的主体性。正是在这个意义上,马克思认为,唯物主义发展到了霍布斯那里,变得"敌视人"②了。作为新唯物主义,马克思主义哲学确认人的主体性,并从"主体方面",即从人的实践活动出发理解"对象、现实、感性"何以成为这样的存在,强调"物为人而存在",物与人的关系是"为我而存在"的关系③。

在人的活动中,马克思主义哲学突出了实践活动,并强调"全部社会生活在本质上是实践的","环境的改变和人的活动或自我改变的一致,只能被看作是并合理地理解为革命的实践"。④ 正因为如此,马克思主义哲学既是关于社会历史发展一般规律的科学,又是"关于现实的人及其历史

---

① 《马克思恩格斯全集》第 26 卷Ⅲ,第 326 页。
② 《马克思恩格斯全集》第 2 卷,第 164 页。
③ 《马克思恩格斯选集》第 1 卷,第 81 页。
④ 《马克思恩格斯选集》第 1 卷,第 56、55 页。

发展的科学"①。这两种表述具有内在的一致性。社会历史本质上是人的实践活动在时间中的展开,历史规律是在人的实践活动中生成的客观规律,而现实的人总是"从事活动的,进行物质生产的,因而是在一定的物质的、不受他们任意支配的界限、前提和条件下活动着的"②。马克思主义哲学正是通过对现实的人及其历史发展的研究,发现了社会生活的本质、社会历史的规律;反过来,通过对社会生活的本质、社会历史规律的研究,把握了现实的人及其历史发展的规律。

同时,在人的活动中,马克思主义哲学突出了价值追求,并强调实现人的"自由个性"这一"终极价值"目标。人的活动的目的不仅包含着主体对客体的认识关系,而且包含着主体对客体的价值关系;人的活动要合理,就既要合规律,又要合目的。恩格斯指出:"推动人去从事活动的一切,都要通过人的头脑……外部世界对人的影响表现在人的头脑中,反映在人的头脑中,成为感觉、思想、动机、意志,总之,成为'理想的意图',并且以这种形态变成'理想的力量'。"③恩格斯在这里所说的"理想的意图"就是人的活动的目的,它反映了主体对客体的价值诉求。正是在这种"理想的意图"的支配下,人们把自己的知识、能力、激情转变为"理想的力量",从而进行社会活动,以实现自身的价值。对马克思主义哲学来说,重要的,就是确立有"个性的个人"。无产阶级之所以"要消灭他们至今所面临的生存条件,消灭这个同时也是整个旧社会的生存条件",就是为了"使自己作为个性的个人确立下来"④,实现人的"自由个性"。

马克思主义哲学对人的价值追求,并不仅仅是一种对人的异化的"抗议",并不是仅仅出于一种"道德愤怒",并不是仅仅出于对无产者、劳动者的同情,而是在深刻把握客观尺度与主观尺度、真理原则与价值原则关系的基础上,对无产阶级和人类解放的追求,对每个人的全面而自由发展的

---

① 《马克思恩格斯选集》第 4 卷,第 241 页。
② 《马克思恩格斯选集》第 1 卷,第 72 页。
③ 《马克思恩格斯选集》第 4 卷,第 232 页。
④ 《马克思恩格斯全集》第 3 卷,第 87 页。

追求。马克思不是心怀济世的救世主,而是无产阶级革命家;马克思主义哲学不是劝世箴言,而是科学性与革命性、知识体系与价值观念、高度统一的理论。马克思对无产者、劳动者当然怀有最真挚的同情,但马克思主义哲学以至整个马克思主义并不是以此作为立论的依据,正像妙手回春的圣医,并不以对病人的同情代替诊断而开出药方一样。马克思主义哲学对人的价值追求的依据就是社会历史发展的规律。抽掉了无产阶级和人类解放这一理论主题,"马克思主义哲学"就会成为无魂的躯壳;抛弃了社会发展规律这一理论基础,"马克思主义"哲学就会成为无根的浮萍。

二、人的发展的历史形态

人通过实践活动,在改造世界、创造对象世界的同时,也在改造人自身,创造人自身。根据社会关系,尤其是社会经济形态的发展和人的发展的内在联系,马克思把人的发展过程概括为三个历史形态,即人的依赖关系、人的独立性和人的自由个性:"人的依赖关系(起初完全是自然发生的),是最初的社会形态,在这种形态下,人的生产能力只是在狭窄的范围内和孤立的地点上发展着。以物的依赖性为基础的人的独立性,是第二大形态,在这种形态下,才形成普遍的社会物质变换,全面的关系,多方面的需求以及全面的能力的体系。建立在个人全面发展和他们共同的社会生产能力成为他们的社会财富这一基础上的自由个性,是第三个阶段。"①

人的依赖关系占统治地位,这是人的发展的第一个历史阶段、第一种历史形态。人的发展的这种历史形态是同社会发展中的自然经济形态相联系的,这一历史阶段包括封建社会、奴隶社会和原始社会。"我们越往前追溯历史,个人,从而也是进行生产的个人,就越表现为不独立,从属于一个较大的整体:最初还是十分自然地在家庭和扩大成为氏族的家庭中;

---

① 《马克思恩格斯全集》第 46 卷上,第 104 页。

后来是在由氏族间的冲突和融合而产生的各种形式的公社中。"①在这一历史阶段，个人没有独立性，直接依附于一定的社会共同体，尤其是血缘共同体。人们之间的社会联系仅限于共同体内部，只是在孤立的地点和狭窄的范围内发生地方性联系。在这种社会关系中，"无论个人还是社会，都不能想象会有自由而充分的发展，因为这样的发展是同［个人和社会之间的］原始关系相矛盾的"②。这就是人的发展的第一个历史形态。

在这一历史阶段的初期，人们的一切活动都是紧紧围绕着满足自己最基本的生存需要进行的，社会生产力水平低下，没有明确的社会分工，人们的各种活动天然融合在一起，每个有活动能力的成员都必须参与获取生存资料的活动。由于所有活动都需要人们协同合作来进行，因而每个社会成员都必须参加多种活动，拥有刚刚超出动物式本能的多种能力。这是人的能力"原始的丰富性"。即使在封建社会，劳动者仍然停留于自给自足的自然经济状态，主要靠自己生产所需要的生活资料和生产工具。为此，劳动者必须熟悉生产的全过程并通晓多种劳动技能。"每一个想当师傅的人都必须全盘掌握本行手艺。正因为如此，中世纪的手工业者对于本行专业劳动和熟练技巧还是有兴趣的，这种兴趣可以达到某种有限的艺术感。"③

自然经济及其低下的生产力水平，决定了人对自然界狭隘的、严重的依赖关系。对人而言，自然界仅仅是满足自己肉体生存需要的对象。自然物外显的有用性，即使用价值成为人的索取的唯一对象。由于不能发现对象的丰富的属性，人也就不能发展和确证自身的丰富的属性。更重要的是，人对自然界狭隘的、严重的依赖关系决定了人与人之间狭隘的、严重的依赖关系。由于在自然面前软弱无力，人们只有结成某种共同体才能生存下去。最初是以血缘联系为基础的原始共同体，如原始社会的氏族、部落等；随着分工和交换的发展，出现了地域共同体，如奴隶社会、

---

① 《马克思恩格斯全集》第 46 卷上，第 21 页。
② 《马克思恩格斯全集》第 46 卷上，第 485 页。
③ 《马克思恩格斯选集》第 1 卷，第 107 页。

封建社会的农村公社和城市公社。在这种共同体内部，"人都是互相依赖的：农奴和领主，陪臣和诸侯，俗人和牧师。物质生产的社会关系以及建立在这种生产的基础上的生活领域，都是以人身依附为特征的"①。

在人的发展的第一个历史阶段，人们对自然界的狭隘的、严重的依赖关系决定了人们之间的狭隘的、严重的依赖关系；反过来，人们之间的狭隘的、严重的依赖关系又决定了人们对自然界的狭隘的、严重的依赖关系。这种双重狭隘的、严重的依赖关系"使人屈服于外界环境，而不是把人提高为环境的主宰；它们把自动发展的社会状态变成了一成不变的自然命运，因而造成了对自然的野蛮的崇拜"；"使人的头脑局限在极小的范围内，成为迷信的驯服工具，成为传统规则的奴隶，表现不出任何伟大的作为和历史首创精神"。②

以物的依赖性为基础的人的独立性，这是人的发展的第二个历史阶段、第二种历史形态。人的发展的这一历史形态是同社会发展中的商品经济形态相适应的，主要是指资本主义社会。在这一历史阶段中，"生产表现为人的目的，而财富则表现为生产的目的"③，不是人支配物，而是物支配人，社会关系以异己的物的关系的形式同个人相对立，造成了人和人的活动的异化；同时，社会又形成了普遍的物质交换、全面的关系、多方面的要求以及整体能力的体系，"在产生出个人同自己和同别人的普遍异化的同时，也产生出个人关系和个人能力的普遍性和全面性"④。

随着自然经济转变为商品经济，个人作为商品生产者和交换者，摆脱了自然发生的联系，摆脱了对共同体的直接的隶属或依赖，获得了形式上的独立性。形式上的个人独立性是商品经济的人格化表现。商品经济按其性质来说是平等和自由的。如果说商品生产确立了人们经济职能的平等，那么，商品交换则确立了人们经济行为的自由。商品交换以独立的所

---

① 《马克思恩格斯全集》第 23 卷，第 94 页。

① 《马克思恩格斯全集》第 23 卷，第 94 页。
② 《马克思恩格斯选集》第 1 卷，第 766、765 页。
③ 《马克思恩格斯全集》第 46 卷上，第 486 页。
④ 《马克思恩格斯全集》第 46 卷上，第 109 页。

有权为前提,以自由竞争为条件,要求人们的经济职能平等和经济行为自由。正是在这种平等和自由的基础上,形成了个人的相对独立性。在商品经济关系中,个人和个人利益是整个社会生活运行的轴心,个人的独立性得到社会的承认,并以政治、法律的形式固定下来。"只有到十八世纪,在'市民社会'中,社会联系的各种形式,对个人说来,才只是表现为达到他私人目的的手段,才表现为外在的必然性。但是,产生这种孤立个人的观点的时代,正是具有迄今为止最发达的社会关系(从这种观点看来是一般关系)的时代。"①

问题在于,个人的这种独立性仅仅是形式上的,而不是实质上的,因为这种独立性是建立在人对物的依赖性基础上的。人对物的依赖性或依赖关系,在外观上表现为社会关系的物化,人受物的统治,其实质是以商品交换的形式表现出来的劳动的社会关系。在商品经济形态中,人与人的关系"采取了一种物的形式,以致人和人在他们的劳动中的关系倒表现为物与物彼此之间的和物与人的关系"②。"在交换价值上,人的社会关系转化为物的社会关系","每个个人以物的形式占有社会权力"。③

在这种社会关系中,个人的生产活动只是作为社会的生产活动的一个环节而存在,生产的产品不是为了满足生产者自身的需要,而是为了满足其他社会成员的需要;商品生产者自身需要的满足,又依赖于其他商品生产者的生产。个别劳动只有实现其交换价值,才能取得社会性质,成为社会所需要的有用劳动,而个别劳动所创造的商品要转化为货币,又必须在商品交换过程中才能实现。交换价值作为整个生产制度的客观基础,从一开始就包含着对个人的强制,个人只有作为交换价值的生产者或所有者才能存在。"每个个人行使支配别人的活动或支配社会财富的权力,就在于他是交换价值或货币的所有者。"④

---

① 《马克思恩格斯全集》第 46 卷上,第 21 页。
② 《马克思恩格斯全集》第 13 卷,第 23 页。
③ 《马克思恩格斯全集》第 46 卷上,第 103、104 页。
④ 《马克思恩格斯全集》第 46 卷上,第 103 页。

因此,在商品经济形态、资本主义社会形态中,人的独立性只是形式上的,货币、资本犹如一只"看不见的手"摆布着人的命运。在资本主义社会,资本具有支配一切的经济权力,它破坏了一切自然的、宗法的和田园诗般的关系,抹去了一切受人尊崇和令人敬畏的职业的神圣光环,把医生、律师、教士、诗人和学者变成了它出钱招雇的雇佣劳动者,甚至把人的尊严也变成了交换价值。因此,在资本主义社会这个典型的商品经济社会中,"资本具有独立性和个性,而活动着的个人却没有独立性和个性"①,人和人的活动都异化了,不是人支配物,而是物支配人。所谓的人的独立性,是建立在物的依赖性的基础上的、形式上的独立性。正如马克思所说:"活动的社会性,正如产品的社会形式以及个人对生产的参与,在这里表现为对于个人是异己的东西,表现为物的东西;不是表现为个人互相间的关系,而是表现为他们从属于这样一些关系,这些关系是不以个人为转移而存在的,并且是从毫不相干的个人互相冲突中产生出来的。活动和产品的普遍交换已成为每一单个人的生存条件,这种普遍交换,他们的互相联系,表现为对他们本身来说是异己的、无关的东西,表现为一种物。"②

建立在个人全面发展和他们的生产能力成为社会财富这一基础上的自由个性,这是人的发展的第三个历史阶段、第三种历史形态。人的发展的这一历史形态是同社会发展中的时间经济相适应的,主要指未来的共产主义社会。在这一历史阶段,不是物支配人,而是人支配物,生产力、社会关系不再作为异己的力量支配人,而是置于人们的共同控制之下。每个人将在全面的社会关系中获得全面的发展,成为具有自由个性的人。"代替那存在着阶级和阶级对立的资产阶级旧社会的,将是这样一个联合体,在那里,每个人的自由发展是一切人的自由发展的条件。"③这同时表明,马克思主义哲学关于每个人的全面而自由发展的理想不是指纯粹的

---

① 《马克思恩格斯选集》第 1 卷,第 287 页。
② 《马克思恩格斯全集》第 46 卷上,第 103 页。
③ 《马克思恩格斯选集》第 1 卷,第 294 页。

个人修养,而是指一种社会理想和社会形式。共产主义就是"以每个人的全面而自由的发展为基本原则的社会形式"①。

三、时间:人的发展空间

人总是生活在特定的时间和空间中。人类越发展越需要更多的自由时间和更大的社会空间。每个人的全面而自由发展需要充分的自由时间,并且需要人们能够支配这种自由时间。正因为如此,马克思主义哲学高度重视劳动时间、自由时间和发展时间问题,并认为"时间实际上是人的积极存在,它不仅是人的生命尺度,而且是人的发展的空间"②。

时间是人的生命尺度,表现为人的生命价值的生成。在生物学中,人与动物往往被作为"同类"的生命现象进行考察。实际上,人的生命现象与动物的生命现象具有本质的不同:"动物和它的生命活动是直接同一的。动物不把自己同自己的生命活动区别开来。它就是这种生命活动。人则使自己的生命活动本身变成自己的意志和意识的对象。他的生命活动是有意识的……有意识的生命活动把人同动物的生命活动直接区别开来。"③

具体地说,动物的本质和它的生命活动是直接同一的,动物个体在获得生命的同时,就具备了它们的本质。动物的种的特性是自然赋予的先天规定性,同动物个体的后天活动没有直接关系。人的本质和他的生命活动不是直接同一的,人类个体在获得生命的同时,并不具备人的现实本质。人的本质是在实践活动中生成的,在现实性上是社会关系的总和,实践因此构成人的独特的生命活动。正如马克思所说:"通过实践创造对象世界,即改造无机界,证明了人是有意识的类存在物。"④

① 《马克思恩格斯全集》第 23 卷,第 649 页。
② 《马克思恩格斯全集》第 47 卷,人民出版社 1979 年版,第 532 页。
③ 《马克思恩格斯全集》第 42 卷,第 96 页。
④ 《马克思恩格斯全集》第 42 卷,第 96 页。

正是在实践这种"有意识的生命活动"中,产生了人的生命尺度,即人的生命活动的价值问题。马克思之所以强调"动物只是按照它所属的那个种的尺度和需要来建造,而人却懂得按照任何一个种的尺度来进行生产","按照美的规律来建造",①就是为了说明,人只有使自己的生命活动具有价值,即获得了"价值生命",才能超越自然生命,彰显出人的生命活动的意义。应当注意的是,时间是人的生命"尺度",并不等于时间是人的生命"长度"。把时间理解为人的生命"长度"的根本缺陷就在于,没有意识到人的生命活动与动物的生命活动的本质区别,只是从物的本性去理解人的本性,从前定的、给予的、绝对不变的视角去理解人的本质,实际上是把人理解为动物。

时间之所以能够成为人的生命尺度,是因为时间能够体现人的生命活动的特点和生命的价值。具体地说,人能够按照自身的标准减少不能体现自己生命意义的活动时间,增加能够体现自己生命意义的活动时间,从而为实现自己的生命价值创造条件。"劳动时间本身只是作为主体存在着,只是以活动的形式存在着。"②这种活动就是人的实践活动。正是实践活动构成了人的独特的生命活动;正是这种独特的生命活动不断开辟人的新的活动领域,从而不断开辟出人的新的发展空间。

人的发展空间的大小与自由时间的多少直接相关,自由时间的多少直接决定着人的发展空间的大小。所谓自由时间,是指在必要劳动时间之外、可以供人支配的时间,是个人得到自由发展的时间。从时间上划分人的生命活动,总的说来可以分为劳动时间和自由时间两大部分。自由时间在量上直接取决于剩余劳动时间。"剩余劳动一方面是社会的自由时间的基础,从而另一方面是整个社会发展和全部文化的物质基础。"③发展生产力,提高劳动生产率,实际上就是缩短必要劳动时间,增加自由时间,扩大人的发展空间。对个人来说,增加自由时间实际上就是提供了一

---

① 《马克思恩格斯全集》第42卷,第97页。
② 《马克思恩格斯全集》第46卷上,第118页。
③ 《马克思恩格斯全集》第47卷,第257页。

个活动舞台,舞台越大,发展的空间也就越大,发展的可能性也就越多;就人类而言,整个人类的发展就是对自由时间的运用,只有不断增加自由时间,才能不断扩大发展空间,才能不断发展自身的本质力量。"整个人类的发展,就其超出对人的自然存在直接需要的发展来说,无非是对这种自由时间的运用,并且整个人类发展的前提就是把这种自由时间的运用作为必要的基础。"①

"正象单个人的情况一样,社会发展、社会享用和社会活动的全面性,都取决于时间的节省。一切节约归根到底都是时间的节约。"②因此,时间节约规律便成为调节社会活动的"首要的经济规律"。这个规律不会因为社会制度的改变而被消除,能够改变的只是这一规律实现的社会形式。"社会必须合理地分配自己的时间,才能实现符合社会全部需要的生产。因此,时间的节约,以及劳动时间在不同的生产部门之间有计划的分配,在共同生产的基础上仍然是首要的经济规律。"③

"社会发展、社会享用和社会活动的全面性"集中并最终体现在人的发展上。因此,时间节约规律既是社会发展的"首要的经济规律",也是人的发展的"首要的活动规律"。提高劳动生产率,节约劳动时间,实际上就是增加自由时间;自由时间的增加意味着人们有更多的时间从事新的活动;新的活动领域的拓展又标志着人的发展空间的扩大、人的本质力量的提高。正是在这个意义上,马克思认为,时间是"人的积极存在"。

在原始社会,由于生产力水平极其低下,人们不得不把更多的时间花费在物质生活资料的生产上,自由时间极其有限,人的发展的空间因此也极其有限。在阶级社会,自由时间的创造与占有并不是一致的,相反,二者处在矛盾乃至背离之中。具体地说,少数人通过凭借占有生产资料而占有剩余劳动,他们占有了剩余劳动,也就是占有了社会的自由时间并支配自由时间;多数人被迫承担整个社会的劳动重负,他们创造了自由时

---

① 《马克思恩格斯全集》第47卷,第216页。
② 《马克思恩格斯全集》第46卷上,第120页。
③ 《马克思恩格斯全集》第46卷上,第120页。

间,却不能占有和支配自由时间。"社会的自由时间的产生是靠非自由时间的产生,是靠工人超出维持他们本身的生存所需要的劳动时间而延长的劳动时间的产生。同一方的自由时间相应的是另一方的被奴役的时间。"①统治阶级、剥削者由于独占了自由时间而把持了人类发展的垄断权,被统治阶级、劳动者则因此"丧失了精神发展所必需的空间,因为时间就是这种空间"②。这就是说,在阶级社会中,少数人的发展是以剥夺多数人的自由时间为前提的,或者说,少数人的发展是以多数人的不发展或片面的发展为代价的。

这种自由时间的创造与占有的分离、劳动时间与自由时间的对立,在资本主义社会达到了完全的、典型的形式。资本在追求剩余价值的角逐中提高了社会生产力,缩短了工人的必要劳动时间,为社会创造了大量的自由时间。但是,资本的本性决定了它必然要把社会的自由时间变成它本身增殖的时间,不允许工人占有这种自由时间去获得自由发展。这就是说,在资本主义社会,工人的剩余劳动生产出剩余劳动时间、社会的自由时间,但这种自由时间却被不劳动阶级,即资本家所占有和支配。"在资本方面表现为剩余价值的东西,正好在工人方面表现为超过他作为工人的需要,即超过他维持生命力的直接需要而形成的剩余劳动。"③

"剩余产品把时间游离出来,给不劳动阶级提供了发展其他能力的自由支配的时间。因此,在一方产生剩余劳动时间,同时在另一方产生自由时间。"④在发达的资本主义国家中,随着科学技术的进步和劳动生产率的提高,社会的劳动时间与自由时间的比例有了明显的变化,即劳动时间在缩短,自由时间在增加,人们的闲暇时间在增多。同时,生产过程日益科学化,对劳动者的素质提出了新的要求,因而社会的自由时间不得不越来越多地用于发展劳动者的能力。但是,这种发展仍然服从于资本的目的,

---

① 《马克思恩格斯全集》第47卷,第216—217页。
② 《马克思恩格斯全集》第47卷,第344页。
③ 《马克思恩格斯全集》第46卷上,第287页。
④ 《马克思恩格斯全集》第47卷,第216页

服从于发展资本主义生产的需要。劳动时间与自由时间的对立并没有消失，只是采取了新的形式。

"时间是人类发展的空间。一个人如果没有自己处置的自由时间，一生中除睡眠饮食等纯生理上必需的间断以外，都是替资本家服务，那么……他不过是一架为别人生产财富的机器，身体垮了，心智也狂野了。现代工业的全部历史还表明，如果不对资本加以限制，它就会不顾一切和毫不留情地把整个工人阶级投入这种极端退化的境地。"①消除生产资料私有制，实现无产阶级和人类解放，就是为了使每个人具有"自己处置的自由时间"，以实现每个人的全面而自由的发展。

四、从必然王国向自由王国的转变

对人来说，外在的制约性主要是客观必然性。客观必然性对人的活动具有强制性，因而始终支配着人的活动。同时，人又始终追求自由。人是追求自由的能动的主体。自由就是在对必然的认识，并依据这种认识对世界进行改造的基础上所实现的人的发展的一种状态。人总是在实践中不断地认识必然，争取自由。自由与必然的关系贯穿于人类历史的始终，二者的矛盾关系构成了人类存在的本原性结构和发展的永恒性矛盾。

自由与必然的矛盾关系之所以构成人类存在的本原性结构和发展的永恒性矛盾，是由人所特有的存在方式决定的。"全部人类历史的第一个前提无疑是有生命的个人的存在。因此，第一个需要确认的事实就是这些个人的肉体组织以及由此产生的个人对其他自然的关系。"②这就是说，人的存在首先是生命存在，但人的生命存在并非仅仅是自然存在，而是自然存在和社会存在相统一的双重存在。作为自然存在和社会存在的双重存在，人的活动受到自然必然性与社会(历史)必然性双重必然性的制约。

---

① 《马克思恩格斯选集》第 2 卷，第 90 页。
② 《马克思恩格斯选集》第 1 卷，第 67 页。

但是，人又不会满足现有的生存条件，不愿屈从于现有的自然条件与社会条件的制约，更不愿意受自然必然性与历史必然性的摆布。相反，人们力求获得活动的自由，并不断实现自身的发展。人既不能摆脱自然必然性与历史必然性的制约，又不能没有自我实现和自我发展，不能没有思想自由和行为自由，这就不能不产生自由与必然的矛盾。只要人存在，这一矛盾就存在。

这就是说，自由与必然的矛盾并不会随着人们实践水平和认识水平的提高而消除，相反，这一矛盾只会随着人们活动的发展而不断产生新的形式。随着人们的实践水平和认识水平的不断提高，人们会在更大范围和更高水平上获得更多的自由，与此同时，又会在新的领域遇到新的必然性。自由与必然的矛盾是同人的活动不可分割、紧紧地交织在一起的，它构成了人的存在和发展的永恒性矛盾，因而也构成了人的活动发展的永恒的动力。人们正是在不断解决自由与必然矛盾的过程中不断实现自我发展、推动社会发展的。从一定意义上说，社会发展过程是人类不断从必然王国向自由王国迈进的过程。

马克思把物质生产领域看作是人类的"必然王国"，并认为人们在物质生产领域内所能获得到的自由只能是："社会化的人，联合起来的生产者，将合理地调节他们和自然之间的物质变换，把它置于他们的共同控制之下，而不让它作为盲目的力量来统治自己；靠消耗最小的力量，在最无愧于和最适合于他们的人类本性的条件下来进行这种物质变换。但是不管怎样，这个领域始终是一个必然王国。""自由王国只是在由必需和外在目的规定要做的劳动终止的地方才开始；因而按照事物的本性来说，它存在于真正物质生产领域的彼岸。""在这个必然王国的彼岸，作为目的本身的人类能力的发展，真正的自由王国，就开始了。但是，这个自由王国只有建立在必然王国的基础上，才能繁荣起来。"①这里，马克思以人的活动目的为尺度，把社会生活划分为两个不同的领域：一是以获得谋生手段为

①《马克思恩格斯全集》第25卷，第926—927、926、927页。

目的的物质生产领域,这是维持人类生存的必然王国;二是以人的发展为目的的自由活动领域,这是实现一切人的自由发展的自由王国。

　以维持人的生存为目的的物质生产领域之所以被称为必然王国,首先是因为人要维持和再生产自己的生命,必须进行物质生活资料的生产,这是人类无法摆脱的自然必然性。正如马克思所说:"劳动作为使用价值的创造者,作为有用劳动,是不以一切社会形式为转移的人类生存条件,是人和自然之间的物质变换即人类生活得以实现的永恒的自然必然性。"①在这个领域内,人的自由只是相对自然必然性的自由。由于资本主义社会以及此前的社会历史是被自然必然性与经济必然性所奴役的历史时期,在这个特定的意义上,马克思认为,从原始社会到资本主义社会都属于"人类社会的史前时期"②。在这个"史前时期",人们不可能获得真正的自由,相反,人类社会处在被外部力量强制性支配的必然王国中。

　在人的发展的第一个历史阶段,自然经济乃是自然必然性的王国。在原始社会,人类还处在为满足生存需要而进行的近乎动物式的本能的生产活动时期。在这种全面依存自然界的生存情境中,人们是不可能自由的。在奴隶制、封建制的社会形态中,人们的实践和认识能力有了较大的发展,但其生产劳动始终未超出对土地的依赖,而人的依赖关系,即对血缘的、地域的共同体的依赖,本质上也是由人对自然的依赖关系决定的。正如马克思所说:"在土地所有制处于支配地位的一切社会形式中,自然联系还占优势。"③

　在人的发展的第二个历史阶段,自然经济被商品经济取代,自然必然性王国开始被超越。资本主义"创造了这样一个社会阶段,与这个社会阶段相比,以前的一切社会阶段都只表现为人类的地方性发展和对自然的崇拜。只有在资本主义制度下自然界才不过是人的对象,不过是有

---

① 《马克思恩格斯全集》第23卷,第56页。
② 《马克思恩格斯选集》第2卷,第33页。
③ 《马克思恩格斯全集》第46卷上,第45页。

用物;它不再被认为是自为的力量;而对自然界的独立规律的理论认识本身不过表现为狡猾,其目的是使自然界(不管是作为消费品,还是作为生产资料)服从于人的需要"①。这里,出现了人对自然关系上的自由,同时,人类也开始生产人自身和社会的全面性,发现、创造和满足由社会产生的需要。这就是商品经济、工业社会创造的新的经济必然性王国。在这种情况下,一种由社会、历史形成的需要扬弃了自然的需要。正如马克思所说:"在资本处于支配地位的社会形式中,社会、历史所创造的因素占优势。"②在这种社会形式中,一切关系都是由社会所决定,而不是由自然决定的。个人从原来的依附关系中解放出来,获得了人身自由,商品交换中的自由。

正是在人类自己创造的经济王国中,马克思发现,人们在面对自然力量时获得了自由、创造出更好的生存条件的同时,又在一个更深的层次上失去了主体性,受到他们的活动所形成的经济必然性的奴役,因而又失去了自由,资本主义创造的自由并不是人的真正的自由,而只是资本的自由。"资本是资产阶级社会的支配一切的经济权力。"③"在资产阶级社会里,资本具有独立性和个性,而活动着的个人却没有独立性和个性。"④资本的自由彻底排斥了个人的自由,使个人完全屈从于以资本为存在形式和建构原则的社会关系。在资本主义社会,人与物的关系是颠倒的,即不是人支配物,而是物支配人,而且物的世界的增值同人的世界的贬值成正比。

主体与客体关系的这种颠倒具有历史必然性,但绝不具有永恒的必然性。凡是在历史中产生的都要在历史中消亡。资本主义制度不可能永恒存在,因而人的发展也不会永远处于这种主体与客体关系颠倒的状态中。正如马克思所说:"这种颠倒的过程不过是历史的必然性,不过是从

---

① 《马克思恩格斯全集》第 46 卷上,第 393 页。
② 《马克思恩格斯全集》第 46 卷上,第 45 页。
③ 《马克思恩格斯全集》第 46 卷上,第 45 页。
④ 《马克思恩格斯选集》第 1 卷,第 287 页。

一定的历史出发点或基础出发的生产力发展的必然性,但决不是生产的某种绝对必然性,倒是一种暂时的必然性,而这一过程的结果和目的(内在的)是扬弃这个基础本身以及过程的这种形式。"①"扬弃"这种"暂时的必然性",将走向自由王国。所谓自由王国,是指人的活动的目的就在人自身,人的发展成为目的,人类劳动和其他一切活动都是为了实现人自身的发展。人既是手段,又是目的,人的活动本身就体现了目的与手段、价值创造与价值占有的统一。这就是人类活动的自由王国,它的实质性内容就是人本身的发展成为目的。

在这种新的历史条件下,以往人被外部力量支配的物役性被消除了,人们通过认识和利用客观必然性,把经济发展中的"看不见的手"变成了"看得见的手",即实现了社会全体成员对社会生产条件和过程的共同控制。社会发展由此过渡到人们完全自觉创造历史的过程。恩格斯在描述人类发展的这一远景时指出:"一旦社会占有了生产资料,商品生产就将被消除,而产品对生产者的统治也将随之消除。社会生产内部的无政府状态将为有计划的自觉的组织所代替。个体生存斗争停止了。于是,人在一定意义上才最终地脱离了动物界,从动物的生存条件进入真正人的生存条件。人们周围的、至今统治着人们的生活条件,现在受人们的支配和控制,人们第一次成为自然界的自觉的和真正的主人,因为他们已经成为自身的社会结合的主人了。人们自己的社会行动的规律,这些一直作为异己的、支配着人们的自然规律而同人们相对立的规律,那时就将被人们熟练地运用,因而将听从人们的支配。人们自身的社会结合一直是作为自然界和历史强加于他们的东西而同他们相对立的,现在则变成他们自己的自由行动了。至今一直统治着历史的客观的异己的力量,现在处于人们自己的控制之下了。只是从这时起,人们才完全自觉地自己创造自己的历史;只是从这时起,由人们使之起作用的社会原因才大部分并且越来越多地达到他们所预期的结果。这是人类从必然王国进入自由王国

---

① 《马克思恩格斯全集》第 46 卷下,第 361 页。

的飞跃。"①

人类从必然王国进入自由王国,绝不意味着人类不再需要物质生产这个基础,而是说人获得了在社会发展中的主导性的支配地位;人的活动的目的不再是仅仅为了获得生活资料,而是为了人自身的发展,"发展人类的生产力,也就是发展人类天性的财富这种目的本身"②。物质生产领域始终是一个必然王国,始终是人类社会存在和发展的永恒的基础,自由王国只能建立在必然王国的基础上。"象野蛮人为了满足自己的需要,为了维持和再生产自己的生命,必须与自然进行斗争一样,文明人也必须这样做;而且在一切社会形态中,在一切可能的生产方式中,他都必须这样做。这个自然必然性的王国会随着人的发展而扩大,因为需要会扩大。"③人类社会从必然王国向自由王国的转变,需要实现生产力的高度发展和巨大增长,同时,需要消除资本主义的物役性,"扬弃"人和人的活动的异化,实现从"片面的人"到"全面的人"的转变。

五、人的异化及其扬弃:每个人的全面而自由的发展

"异化"的基本含义,是指人所创造的事物同人这个创造者相脱离,并反过来同人相对立,成为支配、奴役人的异己力量。从词源上看,异化一词来自希腊文,意为分离、疏远、陌生化。首先把异化提升为一个哲学概念并加以运用的是黑格尔。在黑格尔哲学中,"异化"被用来描述"绝对精神"的外化,自我意识的对象化。"人的本质,人,在黑格尔看来是和自我意识等同的。因此,人的本质的一切异化都不过是自我意识的异化。自我意识的异化没有被看作人的本质的现实异化的表现,即在知识和思维中反映出来的这种异化的表现。相反地,现实的即真实地出现的异化,就其潜藏在内部最深处的——并且只有哲学才能揭示出来的——本质说

---

① 《马克思恩格斯选集》第3卷,第633—634页。
② 《马克思恩格斯全集》第26卷Ⅱ,人民出版社1973年版,第124页。
③ 《马克思恩格斯全集》第25卷,第926页。

来,不过是真正的、人的本质即自我意识的异化的现象。"①在费尔巴哈哲学中,"异化"的含义被引申了:主体所产生的对象物、客体,不仅同主体本身相分离,成为主体的异在,而且反过来束缚、支配乃至压抑主体。在费尔巴哈看来,这是一个双重对象化的过程,即主体将自己的本质对象化,同时,主体又沦为这一对象化的对象。

马克思对异化问题的论述是从国家问题开始的。在《黑格尔法哲学批判》中,马克思指出:"政治国家的彼岸存在无非就是要确定它们这些特殊领域的异化。"②

在《论犹太人问题》中,马克思从政治异化开始转向经济异化,并认为:"钱是一切事物的普遍价值,是一种独立的东西。因此它剥夺了整个世界——人类世界和自然界——本身的价值。钱是从人异化出来的人的劳动和存在的本质;这个外在本质却统治了人,人却向它膜拜。"③

在《1844年经济学哲学手稿》中,马克思深入探讨,充分论述了异化劳动理论,同时,马克思特别注意异化与对象化的区别,认为劳动产品就是固定在某个对象中、物化为对象的劳动,劳动的实现就是劳动对象化;异化则意味着"对象化表现为对象的丧失和被对象奴役"④。因此,对象化是人类社会存在的共同基础,而异化只是特定历史阶段存在的现象。这就是说,异化是一个历史范畴。

显然,从历史观来说,异化就是指人们活动的产物和结果变成了统治人并与人相敌对的力量,包括作为人的活动产品的"物"对人的支配,作为一个阶级对另一个阶级统治的政治力量——国家,人的精神力量并变成超自然、超社会的力量,科学技术向着压抑人本身的方向发展,等等。"只要分工还不是出于自愿,而是自然形成的,那么人本身的活动对人来说就成为一种异己的、同他对立的力量,这种力量压迫着人,而不是人驾驭着

---

① 《马克思恩格斯全集》第42卷,第165页。
② 《马克思恩格斯全集》第1卷,第283页。
③ 《马克思恩格斯全集》第1卷,第448页。
④ 《马克思恩格斯全集》第42卷,第91页。

这种力量。"①从根本上说，分工、私有制和以此为基础形成的社会关系的片面发展，导致人与物、人与人关系的异化。其结果是，物的世界的增值与人的世界的贬值成正比，社会财富越多，人的存在也就越微不足道。"异化既表现为我的生活资料属于别人，我所希望的东西是我不能得到的、别人的所有物；也表现为每个事物本身都是不同于它本身的另一个东西，我的活动是另一个东西，而最后，——这也适用于资本家，——则表现为一种非人的力量统治一切。"②

在资本主义社会，人与人之间的关系变成了商品关系，货币成了人与人之间进行商品交换的媒介，人与人之间的关系由此物化为货币关系。换言之，个人劳动的直接目的是得到货币，个人的需求必须依靠货币购买商品才能得到满足，人与人之间的依赖性由此转化为对货币的依赖性，货币成为人们社会关系的物化形态。这种物化的社会关系本来是人们交往活动的产物，但它一旦形成又反过来作为一种"外在的强制力量"支配着人及其活动，每个人都受到这种物化的社会关系的统治，受到资本这种社会关系的支配。这就是人的普遍异化的历史阶段。

在人的普遍异化的历史阶段，人的发展也出现了普遍的片面化，每个人都成为"片面的人"，即"单向度的人"。私有制和强制性分工使每个人的活动范围都固定化了，个人能力的发展也因此片面化了。"当分工一出现之后，任何人都有自己一定的特殊的活动范围，这个范围是强加于他的，他不能超出这个范围：他是一个猎人、渔夫或牧人，或者是一个批判的批判者，只要他不想失去生活资料，他就始终应该是这样的人。"③而机器的普遍使用使人的发展更加片面化甚至畸形化了。"自动工具在许多情况下只有通过工人的肉体的和精神的真正的畸形发展才达到完善的程度。大工业的机器使工人从一台机器下降为机器的单纯附属物。"④不仅

① 《马克思恩格斯选集》第 1 卷，第 85 页。
② 《马克思恩格斯全集》第 42 卷，第 141 页。
③ 《马克思恩格斯选集》第 1 卷，第 85 页。
④ 《马克思恩格斯选集》第 3 卷，第 642 页。

如此,人与人之间的关系被片面化为"纯粹的金钱关系",人的活动的目的被片面化为单纯追求金钱。如前所述,在资本主义社会,"钱是一切事物的普遍价值",是从人异化出来的人的劳动和存在的本质;这个外在本质却统治了人。由此,人的需求也片面化了,人的全部感觉变成了单纯拥有钱、占有物的感觉,人成了"单向度的人"。人的异化必然导致人的发展片面化,或者说,人的异化与人的片面化是同一过程的两个方面。

在资本主义社会的各种异化现象中,劳动的异化是根本性的异化。异化劳动最初产生于人们的自发分工,并与私有制处在一种相互作用、互为因果的关系中:异化劳动强化着私有制,私有制又强化着异化劳动。在资本主义这个最后的,也是最发达的私有制社会中,异化劳动达到了顶峰。换言之,资本主义制度是雇佣劳动制度,雇佣劳动是最典型的、充分发展的异化劳动。

其一,劳动产品与劳动者的异化。在劳动过程中,劳动者把自己的劳动物化为产品,使劳动对象化。然而,劳动对象化的结果却表现为劳动者所创造的产品的"丧失",即劳动产品不仅不属于劳动者,反而成为一种异己的、独立的力量,并"作为敌对的和相异的东西同他相对立"①。由于这种异化,劳动者所创造的产品越多,他所受到的剥削也就越重;劳动者所创造的产品越多,劳动力也就越成为廉价的商品;劳动者创造的社会财富越多,他也就越是相对贫穷。

其二,劳动本身与劳动者的异化。劳动产品的异化与劳动本身的异化密切相关,是劳动本身异化的必然结果。具体地说,作为被雇佣者,劳动者把自己的劳动力出卖给雇佣者,即资本家后,他的劳动过程便不再属于他自己了,而成为属于别人、受别人支配的过程。因此,对劳动者来说,劳动本身不是自觉的、自由的活动,而是被迫的、被强制的活动。也正因为如此,劳动者"在自己的劳动中不是肯定自己,而是否定自己,不是感到幸福,而是感到不幸,不是自由地发挥自己的体力和智力,而是使自己的

---

① 《马克思恩格斯选集》第 1 卷,第 42 页。

肉体受折磨、精神遭摧残"①。

其三,人的本质与人相异化。劳动使人与动物从根本上区别开来。从根本上说,人的本质是在劳动中形成的。正是通过劳动改造对象世界,人证明了自己是有意识的"类存在物"。因此,劳动的对象化就是人的本质的对象化。既然异化劳动从劳动者那里剥夺他所生产的对象,那么,也就剥夺了他的本质。换言之,劳动异化导致了人的本质与人的异化。

其四,人与人相异化。劳动产品、劳动本身、人的本质的异化所造成的直接结果,就是人与人相异化。既然劳动者的劳动产品、劳动本身成为与自己相对立的异己的力量,不为劳动者所占有和支配,那么,他们就必然由另外的力量所占有和支配。这个力量既不属于"神",也不属于自然界,而是属于另外一些人,即资本家。"通过异化的、外化的劳动,工人生产出一个跟劳动格格不入的、站在劳动之外的人同这个劳动的关系。工人同劳动的关系,生产出资本家(或者不管人们给雇主起个什么别的名字)同这个劳动的关系。"②在异化劳动中,劳动者所失去的一切,恰恰是不劳动者,即资本家所占有的一切。因此,劳动异化必然导致人与人的异化。劳动产品的异化、劳动本身的异化、社会生活的异化,最终都通过人与人的异化表现出来。

"整个人类奴役制就包含在工人同生产的关系中,而一切奴役关系只不过是这种关系的变形和后果罢了。"③劳动的异化必然导致整个社会生活和全部社会关系的异化,并不断地再生产和强化生产资料私有制;私有制的存在又必然导致并强化劳动的异化。在现实中,生产资料私有制是劳动异化的根源。因此,要扬弃异化劳动以至整个异化现象,就要消除劳动资料私有制。"私有财产的运动——生产和消费——是以往全部生产的运动的感性表现,也就是说,是人的实现或现实。宗教、家庭、国家、法、道德、科学、艺术等等,都不过是生产的一些特殊的方式,并且受生产的普

---

① 《马克思恩格斯全集》第42卷,第93页。
② 《马克思恩格斯全集》第42卷,第100页。
③ 《马克思恩格斯全集》第42卷,第101页。

遍规律的支配。因此,私有财产的积极的扬弃,作为对人的生命的占有,是一切异化的积极的扬弃,从而是人从宗教、家庭、国家等等向自己的人的即社会的存在的复归。"①

无论是劳动异化,还是生产资料私有制,都具有历史必然性,但这种必然性只是"暂时的必然性",而不是"绝对的必然性",即永恒的必然性。劳动与资本的对立必然导致消除私有制,扬弃异化劳动和人的异化的共产主义革命。"共产主义是私有财产即人的自我异化的积极的扬弃,因而是通过人并且为了人而对人的本质的真正占有;因此,它是人向自身、向社会的(即人的)人的复归,这种复归是完全的、自觉的而且保存了以往发展的全部财富的。这种共产主义……是人和自然界之间、人和人之间的矛盾的真正解决,是存在和本质、对象化和自我确证、自由和必然、个体和类之间的斗争的真正解决。"②"真正解决"了这多重矛盾、"扬弃"了人的自我异化的社会就是共产主义社会。

需要指出的是,人的异化并不是人的原有的全面性的丧失,不是由人向"非人"的转化,而是由于人们此时还没有创造出全面的社会关系,没有把社会关系置于自己的自觉控制之下,人的异化本质上是以生产资料私有制为基础的社会关系的表现;人向全面性方向的发展并不是什么人的全面本质的"失而复得",而是通过创造全面的社会关系创造自己的全面本质。人们在生产活动和交往活动不断发展的基础上创造着越来越全面的社会关系;这种越来越全面的社会关系又反过来塑造全面发展的人。换言之,人从这种越来越全面的社会关系中获得了越来越全面的社会规定性,从而成为越来越具有全面性的人。这就是说,社会关系的全面性决定了人的发展的全面性。正如马克思所说:"个人的全面性不是想象的或设想的全面性,而是他的现实关系和观念关系的全面性。"③

这种全面的社会关系不可能形成于"自然联系还占优势"的原始社

---

① 《马克思恩格斯全集》第 42 卷,第 121 页。
② 《马克思恩格斯全集》第 42 卷,第 120 页。
③ 《马克思恩格斯全集》第 46 卷下,第 36 页。

会、奴隶社会、封建社会，也不可能产生在"社会、历史所创造的因素占优势"，但社会关系仍建立在生产资料私有制基础上的资本主义社会。这是因为，生产资料私有制必然造成阶级对立、社会分裂，即必然形成对抗性的社会关系。资本主义生产关系是社会生产过程的最后一个对抗形式。"这里所说的对抗，不是指个人的对抗，而是指从个人的社会生活条件中生长出来的对抗。"①这就是说，全面的社会关系以及以此为基础而形成的全面而自由发展的人，只能产生在消除了生产资料私有制、阶级对抗的社会形式中。这种社会形式就是共产主义，共产主义就是以"每个人的全面而自由发展为基本原则的社会形式"②。

每个人的全面而自由的发展，是指消除了由于旧式社会分工使人们不能按自己的天赋或愿望选择活动方式的状态，使每个人通过"自主活动"，自主地选择自己的活动方式，发展自己的全部特性，并"使自己的个性得以实现"③，而这又是以社会发展的"可能性空间"不断扩展，即可供人们选择的生产、生活的形式日益多样化为前提的。这表明，"个人"全面而自由的发展不仅具有个体的意义，而且具有社会的意义。马克思指出："只有在共同体中，个人才能获得全面发展其才能的手段，也就是说，只有在共同体中才可能有个人自由。在过去的种种冒充的共同体中，如在国家等等中，个人自由只是对那些在统治阶级范围内发展的个人来说是存在的，他们之所以有个人自由，只是因为他们是这一阶级的个人。从前各个人联合而成的虚假的共同体，总是相对于各个人而独立的；由于这种共同体是一个阶级反对另一个阶级的联合，因此对于被统治的阶级来说，它不仅是完全虚幻的共同体，而且是新的桎梏。在真正的共同体的条件下，各个人在自己的联合中并通过这种联合获得自己的自由。"④

在马克思主义哲学中，"自由"与"解放"与是同等程度的概念，"无产

---

① 《马克思恩格斯选集》第2卷，第33页。
② 《马克思恩格斯全集》第23卷，第649页。
③ 《马克思恩格斯选集》第1卷，第121页。
④ 《马克思恩格斯选集》第1卷，第119页。

阶级和人类解放"与"每个人的全面而自由的发展"是内涵一致的命题。人的解放意味着摆脱异己力量的束缚，获得自由。"'解放'是一种历史活动，不是思想活动，'解放'是由历史的关系，是由工业状况、商业状况、农业状况、交往状况促成的。"①马克思主义哲学所追求的社会发展的目标，就是通过"彻底的革命"，"推翻那些使人成为被侮辱、被奴役、被遗弃和被蔑视的东西的一切关系"，实现"全人类的解放"。②人的解放是人的发展的前提。马克思主义哲学所说的人类解放，就是指人们摆脱了以生产资料私有制为基础的社会关系的束缚，摆脱了异己的力量的控制，"成为自己的社会结合的主人，从而也就成为自然界的主人，成为自己本身的主人——由自的人"③，从而使"每个人"都得到"全面而自由的发展"。马克思、恩格斯在《共产党宣言》中庄严宣告："代替那存在着阶级和阶级对立的资产阶级旧社会的，将是这样一个联合体，在那里，每个人的自由发展是一切人的自由发展的条件。"④

---

① 《马克思恩格斯选集》第 1 卷，第 74—75 页。
② 《马克思恩格斯选集》第 1 卷，第 11、10、12 页。
③ 《马克思恩格斯全集》第 19 卷，第 247 页。
④ 《马克思恩格斯选集》第 1 卷，第 294 页。

附录一

历史唯物主义的对象、性质和职能研究：概述与反思

任何一门学科、一种学说在自己的发展过程中,除了要研究新问题外,往往还要不断回过头去重新研究自己的对象、性质和职能这样一些对学科、学说的发展具有根本性、方向性的问题。哲学以及历史唯物主义更是如此。同时,由于种种历史原因,历史唯物主义创始人又未对历史唯物主义的对象、性质和职能作出集中、专门的论述,而是在不同场合,从不同侧面论述了历史唯物主义的对象、性质和职能。正因为如此,后辈学者对历史唯物主义对象、性质和职能的理解不很一致甚至很不一致,并产生旷日持久的争论。本文拟就当代学者对历史唯物主义对象、性质和职能的研究作一概述、反思和评论,以期深化我们对历史唯物主义的研究。

一、苏联、中国学者对历史唯物主义研究的对象与逻辑起点的理解

在《德意志意识形态》这一公认的历史唯物主义经典

著作中,马克思并未提出、使用"历史唯物主义"这一概念,甚至没有提出、使用"唯物主义历史观"这一概念。在《德意志意识形态》中,马克思是通过"历史科学""这种历史观""实践的唯物主义""共产主义的唯物主义"这四个概念表述历史唯物主义的对象和任务的。马克思指出,"我们仅仅知道一门唯一的科学,即历史科学。历史可以从两方面来考察,可以把它划分为自然史和人类史。但这两方面是密切相联的;只要有人存在,自然史和人类史就彼此相互制约。自然史,即所谓自然科学,我们在这里不谈;我们所需要研究的是人类史";这种"历史科学""正是描述人们的实践活动和实际发展过程的真正实证的科学","是从对人类历史发展的观察中抽象出来的最一般结果的综合"。① 这是其一。

其二,"这种历史观就在于:从直接生活的物质生产出发来考察现实的生产过程",研究"整个历史的基础",阐明意识形态的产生,从而完整地描述社会发展全部过程,"描述这个过程的各个不同方面之间的相互作用";"这种历史观和唯心主义历史观不同,它不是在每个时代中寻找某种范围,而是始终站在现实历史的基础上,不是从观念出发来解释实践,而是从物质实践出发来解释观念",并认为"意识在任何时候都只能是被意识到了的存在,而人们的存在就是他们的实际生活过程"。②

其三,"共产主义的唯物主义"就是要"改造工业和社会制度",就是要改变现存世界,从而使在费尔巴哈的唯物主义中"彼此完全脱离"的"唯物主义和历史"结合起来。"对实践的唯物主义者,即共产主义者说来,全部问题都在于使现存世界革命化,实际地反对和改变事物的现状"③,从而实现无产阶级和人类解放,确立"有个性的个人"④。

可以看出,马克思在《德意志意识形态》中所说的"历史科学""这种历史观""实践的唯物主义""共产主义的唯物主义"实际上就是历史唯

---

① 《马克思恩格斯全集》第 3 卷,第 20、31 页。
② 《马克思恩格斯全集》第 3 卷,第 42、43、29 页。
③ 《马克思恩格斯全集》第 3 卷,第 51、48 页。
④ 《马克思恩格斯全集》第 3 卷,第 87 页。

物主义。具体地说,历史唯物主义的研究对象是人类历史,其任务就是解答意识与存在、观念与实践的关系问题,探寻人类历史发展的最一般规律;其宗旨就是改变现存世界,实现无产阶级和人类解放,确立"有个性的个人"。

在马克思主义的历史上,恩格斯首次明确提出"历史唯物主义"这一概念,并在不同的场合阐述了历史唯物主义的研究对象和任务。

一是具体阐释了"历史唯物主义"的含义。1890 年 8 月 5 日,恩格斯在致康·施米特的信中第一次提出"历史唯物主义"这一概念。恩格斯指出:"我们的历史观首先是进行研究工作的指南,并不是按照黑格尔学派的方式构造体系的方法。必须重新研究全部历史,必须详细研究各种社会形态存在的条件,然后设法从这些条件中找出相应的政治、私法、美学、哲学、宗教等等的观点……但是,许多年轻的德国人却不是这样,他们只是用历史唯物主义的套语(一切都可能变成套语)来把自己的相当贫乏的历史知识(经济史还处在襁褓之中呢!)尽速构成体系。"①可以看出,恩格斯是把"历史唯物主义"和"我们的历史观"以及在这封信中提到的"唯物史观"②作为同一概念使用的。

1892 年,恩格斯在《社会主义从空想到科学的发展》英文版导言中,对"历史唯物主义"一词作出解释,即"用'历史唯物主义'这个名词来表达一种关于历史过程的观点,这种观点认为一切重要历史事件的终极原因和伟大动力是社会的经济发展、生产方式和交换方式的改变、由此产生的社会之划分为不同的阶级,以及这些阶级彼此之间的斗争"③。恩格斯在这里所说的"一切重要历史事件的终极原因和伟大动力",实际上是指人类历史发展的一般规律。

---

① 《马克思恩格斯全集》第 37 卷,人民出版社 1971 年版,第 432—433 页。
② 《马克思恩格斯全集》第 37 卷,第 48 页。"唯物主义历史观"这一概念是恩格斯在 1859 年的《卡尔·马克思〈政治经济学批判〉》中首次明确提出的。按照恩格斯的观点,唯物主义历史观的"要点"在马克思 1859 年的《〈政治经济学批判〉序言》中"已经作了扼要的阐述"(《马克思恩格斯全集》第 13 卷,人民出版社 1962 年版,第 526 页)。
③ 《马克思恩格斯选集》第 3 卷,第 704—705 页。

二是明确了历史唯物主义中"历史"的内涵,即包含社会在内的历史。恩格斯指出:"历史在这里只是政治的、法律的、哲学的、神学的——总之,一切属于社会而不仅仅属于自然界的领域的集合名词。"①"凡不是自然科学的科学都是历史科学。"②这就是说,历史唯物主义是通过剖析社会结构研究人类历史。从认识论的视角看,历史是已经逝去的存在,同时,历史上的各种因素、关系或者以"发展"的形式,或者以"浓缩"的形式,或者以"萎缩"的形式,或者以"残片"的形式,存在于现实社会中。因此,人们只有认识现实社会的结构,才能真正把握历史的规律。正是在这个意义上,恩格斯认为,历史唯物主义既是关于社会的理论,又是关于历史的理论,是社会理论和历史理论的统一。列宁干脆就说:"社会的(或历史的)唯物主义。"③

三是提出了历史唯物主义的任务,即揭示人类历史的"一般运动规律"。在《反杜林论》中,恩格斯指出,"现代唯物主义把历史看作人类的发展过程,而它的任务就在于发现这个过程的运动规律","思维现在的任务就在于……揭示这一过程的内在规律性"。④ 在《路德维希·费尔巴哈和德国古典哲学的终结》中,恩格斯指出,历史唯物主义的"任务,归根到底,就是要发现那些作为支配规律在人类社会的历史上起作用的一般运动规律"⑤。

但是,"历史唯物主义"这一概念的内涵在恩格斯这里又有一定程度的不确定性,或者说,具有多义性。1890 年 9 月 21 日,恩格斯在致约·布洛赫的信中指出,"我的《欧根·杜林先生在科学中实行的变革》和《路德维希·费尔巴哈和德国古典哲学的终结》……对历史唯物主义作了就我所知是目前最为详尽的阐述"⑥,而且"这一阐述包括了相当多

---

① 《马克思恩格斯全集》第 39 卷,第 95 页。
② 《马克思恩格斯选集》第 2 卷,第 738 页。
③ 《列宁全集》第 2 卷,第 469 页。
④ 《马克思恩格斯选集》第 3 卷,第 364、363 页。
⑤ 《马克思恩格斯选集》第 4 卷,第 247 页。
⑥ 《马克思恩格斯选集》第 4 卷,第 697—698 页。

的领域"①,即不仅包括哲学、伦理学,而且包括政治经济学的对象与方法、社会主义的历史与理论。这就是说,历史唯物主义不仅是历史观,而且是包括科学社会主义在内的社会历史理论。正因为如此,1895 年,恩格斯以"论历史唯物主义"为题,在《新时代》杂志上发表了《社会主义从空想到科学的发展》英文版导言。

正因为马克思没有专门、直接阐述历史唯物主义的对象、性质和职能,恩格斯所阐述的"历史唯物主义"具有多义性,所以,后辈学者对历史唯物主义的对象、性质和职能的理解并不一致。

在马克思主义的历史上,首先集中、专门且深入探讨历史唯物主义研究对象的,是苏联学者。拉祖莫夫斯基在 1924 年出版的《历史唯物主义理论教程》中提出,历史唯物主义的研究对象是社会发展的"最一般的规律",历史唯物主义就是关于社会发展最一般规律的科学。这是苏联学者关于历史唯物主义对象的最初定义。这一定义一直影响苏联学者对历史唯物主义对象的理解,后来的任何一个新定义都没有从根本上推翻或取代这个最初的定义。以康斯坦丁诺夫主编、1954 年出版的《历史唯物主义》和 1982 年出版的《马克思列宁主义哲学原理》(第 6 版)这两部苏联马克思主义哲学权威著作作为例。

《历史唯物主义》指出,"历史唯物主义是关于社会发展一般规律的科学",它研究整个社会发展的规律,研究社会生活一切方面的相互作用,回答什么决定社会制度的性质,决定一种社会制度向另一种社会制度过渡,决定社会发展。因此,"历史唯物主义研究历史过程的一般规律","对社会科学的最一般、最根本的理论问题和方法论问题提供唯一正确和唯一科学的解答"②。把这些论述概括起来就是,历史唯物主义是关于社会发展最一般规律的科学。

《马克思列宁主义哲学原理》则明确地指出,"现代唯物主义的最高形

① 《马克思恩格斯选集》第 3 卷,第 347 页。
② [苏]康士坦丁诺夫主编:《历史唯物主义》,刘丕坤等译,人民出版社 1955 年版,第 9 页。

式是辩证唯物主义和历史唯物主义"：辩证唯物主义是关于自然界、社会和思维的发展的"最一般规律"的科学；历史唯物主义"首先而且主要是研究社会发展的最一般的规律，即社会经济形态产生和存在的规律以及发展的动力"，"提供了社会发展最一般的规律和动力的知识，因而它是科学的一般社会学理论"。①

无须多言就可以看出，拉祖莫夫斯基关于历史唯物主义是关于社会发展最一般规律的科学这一最初定义，以有所变化的形式一直在苏联哲学界占据主导地位。即使由苏联科学院哲学教研室集体编写、1982 年出版的《历史唯物主义概论》，也没有从根本上改变拉祖莫夫斯基的这一最初定义。《历史唯物主义概论》指出："历史唯物主义应更准确地定义为：是作为整体的社会发挥功能和发展规律的科学，是这些规律起作用的机制的科学，是关于社会在其历史发展中的动力和结构的科学。""历史唯物主义具有发达的范畴体系，这些范畴反映作为整个的有机体的最一般的和最本质的特征。"②"动力"构成规律，"最一般的和最本质的特征"展开就是规律，规律就是本质的联系。因此，研究"社会及其历史发展的动力"实际上就是研究社会发展的"最一般的规律"，反映社会有机体的"最一般的和最本质的特征"，实际上就是从理论上再现社会有机体发展的"最一般的规律"。

但是，如何理解作为历史唯物主义研究对象的社会发展的"最一般规律"，苏联学者却有不同的看法。

第一种观点认为，作为历史唯物主义对象的社会发展的最一般规律，形成并存在于社会生活的各个方面、各种关系、各种过程及其相互作用中。相互作用是事物发展的"终极原因"，社会中的各种因素、各种关系、各种过程的相互作用生成着社会发展的最一般规律。

① ［苏联］费·瓦·康斯坦丁诺夫主编：《马克思列宁主义哲学原理》，李光谟等译，人民出版社 1985 年版，第 11、218 页。
② ［苏联］苏联科学院哲学研究室：《历史唯物主义概论》，易杰雄、康天意译，河北人民出版社 1987 年版，第 8 页。

第二种观点认为,作为历史唯物主义对象的社会发展的最一般规律,是具有双重意义的最一般规律:一是这一规律能在一切或者至少是在一系列社会形态中起作用;二是这一规律能够反映作为完整机体的社会生活不同方面之间的相互关系。最一般规律的本质属性体现在社会生活结构的、功能的和动力的整体性上,体现在历史上的普遍联系上;最一般规律在任何一个具体社会都必然会再生产出来,而不管该社会具有什么样的性质和特征。

第三种观点认为,应当从四个方面理解作为历史唯物主义对象的社会发展的最一般规律:一是在整个人类历史中,在历史发展的一切阶段都起作用;二是在不同国家会不断"重复"出现;三是能够反映社会的整体性,社会生活的一切领域都要受其支配;四是能够反映社会生活的最深刻本质。

第四种观点把社会存在与社会意识的关系纳入历史唯物主义的对象,并认为社会存在与社会意识的关系是通过社会发展最一般规律的作用而得到阐发和揭示的。换言之,历史唯物主义的对象并非一方面是社会存在与社会意识的关系,另一方面是社会发展的最一般规律,而是在对社会发展最一般规律的认识中体现出社会存在与社会意识的关系。"我们可以把历史唯物主义的对象定义如下:历史唯物主义是一门关于社会存在与社会意识的相互关系,关于社会的结构、发展和发挥功能的最一般规律和关于社会动力的科学。历史唯物主义的基本原则和最重要目的是辩证唯物主义地解决针对社会而言的哲学基本问题和揭示社会的整体性。"①

持这种观点的学者强调思维与存在的关系问题和社会发展最一般规律问题的关联性,强调只有和社会存在与社会意识的关系联系在一起的那些社会发展规律才能是社会发展的最一般规律,才能成为作为哲学学科的历

---

① [苏联] B. C. 巴鲁林:《当代历史唯物主义发展趋势》,李树柏、段合珊、董晓阳译,社会科学文献出版社 1987 年版,第 81 页。

史唯物主义的对象。这种观点旨在强调历史唯物主义的哲学性质,有其合理因素。历史唯物主义当然要研究人类历史发展的一般规律。但是,历史唯物主义并不是对历史规律的客观描述,而是从哲学基本问题,即思维与存在关系的视角来研究历史发展的一般规律。确定一门学说是否具有哲学性质,其标准就在于它所研究的问题是否与哲学基本问题具有直接联系。既然历史唯物主义要解决意识与社会存在的关系问题,那么,历史唯物主义就必然具有哲学性质,是"为历史服务的哲学"①。

就历史唯物主义研究对象的理解而言,中国学者与苏联学者既有相同之处,又有不同之点。具体地说,中国学者也认为历史唯物主义要揭示人类历史发展的一般规律,但历史唯物主义的研究对象并非仅仅局限于人类历史发展的一般规律,并形成了四种不同的观点。

其一,历史唯物主义的对象是社会结构及其发展的一般规律。其理由是:历史已经过去,呈现在人们面前的是现实社会;现实社会是历史的延伸,并以浓缩的形式包含着历史。从认识过程看,人们只有首先认识社会结构,然后才能发现历史规律,前者为后者提供了认识的基础和前提。历史唯物主义的经典形态——《〈政治经济学批判〉序言》就是首先剖析了社会结构,然后论述了历史规律和历史进程。把历史唯物主义的研究对象规定为人类历史的一般规律,缩小了历史唯物主义的研究范围。

其二,历史唯物主义的对象是现实的人。其理由是:人是历史的主体,是社会存在的"第一个前提",历史本质上是人类自身发展的历史,只有把人作为历史唯物主义的对象,才能发现历史运动的内在规律;人是思维与存在的统一体,只有把人作为对象,才能正确解答历史观的基本问题,即社会存在与社会意识的关系问题。所以,恩格斯认为,历史唯物主义是"关于现实的人及其历史发展的科学"②。

其三,历史唯物主义的对象是历史主体与客体的关系。其理由是:历

①《马克思恩格斯选集》第1卷,第2页。
②《马克思恩格斯选集》第4卷,第247页。

史的总体活动包含三种基本关系,即人与自然的关系、人与社会的关系、人与意识的关系;历史的进程始终表现为三种因素,即"人""物""意"的相互作用。这三种因素、三种关系实质上就是历史主体与客体的关系。历史主体与客体的相互作用形成了历史规律,只有以历史主体与客体的关系为对象,历史唯物主义才能完成揭示人类历史发展一般规律的任务,才能科学解答历史观的基本问题,即社会意识与社会存在的关系问题。

其四,历史唯物主义的对象是社会有机体。其理由是:把人类历史发展的一般规律作为历史唯物主义的对象,从抽象的意义讲是正确的。然而,只要深入这一命题所蕴含的实际内容,从具体性上思考这一命题,问题就会随之产生,即历史是社会发展在时间中的展开,要真正理解历史,首先就要正确理解社会本身。社会本质上是一个有机体,社会有机体体现着全部社会生活的总体性,它既是表象具体,又是思维具体,是历史唯物主义的真正研究对象。历史唯物主义不仅研究社会有机体的横向结构,而且研究社会有机体的纵向演变;不仅研究社会有机体的外在形式,而且研究社会有机体的内容本身;不仅研究社会有机体质的变化规律,而且研究社会有机体量的变化规律;不仅研究社会有机体的宏观整体,而且研究社会有机体的微观要素。

与历史唯物主义的对象与任务相关的问题是历史唯物主义的逻辑起点,即出发点范畴问题。从20世纪30年代到60年代,苏联哲学界一直秉持历史唯物主义是辩证唯物主义在社会历史领域的"推广"与"应用"的观点,几乎没有论及历史唯物主义的"始初范畴"问题。1974年,卡冈出版了《人的活动》一书,提出人的活动不仅保证人类生存,而且保证有目的的社会过程。由此,引发苏联哲学界对历史唯物主义出发点范畴的讨论。在讨论中,占主导地位的观点是人的活动(劳动)是历史唯物主义的出发点范畴,即"始初范畴"。

持这种观点的苏联学者认为,要科学地确定历史唯物主义的"始初范畴",就要按照马克思在《〈政治经济学批判〉导言》中提出的从抽象上升到具体的方法,找到社会生活"细胞"。作为历史唯物主义出发点范畴的社会生活"细胞"应具备三个特点：一是能够体现社会历史不同于自然历史的特点；二是在社会生活中大量的、常见的、不断重复出现的社会现象；三是生成着一切社会关系、社会矛盾，以胚胎、缩影的形式体现着社会生活的本质和整体性。具有这三个特点的社会生活"细胞"就是人的活动。因此，"活动"构成了历史唯物主义的"始初范畴"，即逻辑起点。"社会生活'细胞'与人类活动内在地联系在一起，首先并且主要是与劳动这样的活动形式联系在一起。但活动范畴作为劳动范畴的类概念，并不表明这种'细胞'本身，而是证实它的这种性质。正是由于这样，活动范畴的定义与历史唯物主义的任何其他范畴都不相关，所以它才取得了历史唯物主义始初范畴的地位，从而成为在理论上描述历史过程的最基本的出发点。"①

就中国学者对历史唯物主义逻辑起点的理解而言，占主导地位的观点是认为，人是历史唯物主义的逻辑起点。其理由是：人的本质是社会关系的总和，从这个意义上说，"人"是社会的"抽象的规定"；人是历史的主体，是历史的创造者，人的活动贯穿历史的各个方面，只有从人出发，才能理解历史规律；人类历史的第一个前提就是"有生命的个人的存在"，而"有生命的个人"是在实践活动中得以存在的。因此，马克思指出："我们的出发点是从事实际活动的人。"②

中国学者和苏联学者的历史唯物主义逻辑起点的理解侧重点不同，但本质上是一致的。研读马克思的著作可以看出，在历史唯物主义中，"现实的人"与"人的活动"这两个范畴具有内在的关联性和本质上的一致性。马克思多次指出历史的"前提"是"现实的人"。但是，马克思在谈到现实的人时，总是把现实的人和人的活动联系在一起。在《德意志意识形态》中，马克思指出：我们要谈的前提是"现实的前提"，"这是一些现实的个人，是他们的活动和他们的物质生活条件，包括他们得到的现成的和由

---

① 贾泽林、周国平、王克千、苏国勋等编著：《苏联当代哲学（1945—1982）》，人民出版社1986年版，第197页。
② 《马克思恩格斯全集》第3卷，第30页。

他们自己的活动所创造出来的物质生活条件",现实的人就是"从事活动的,进行物质生产的"人。① 人类历史本质上是人的实践活动在时间中的展开,"历史不过是追求着自己目的的人的活动"②。因此,要真正理解历史的前提,即现实的人,首先就要理解人的"第一个历史活动",即物质生产活动。因此,"任何历史记载都应当从这些自然基础以及它们在历史进程中由于人们的活动而发生的变更出发"③。

物质生产,即物质实践不仅是人类的"第一个历史活动",而且是人们为了能够生活每日每时都必须进行的基本活动。而"以一定的方式进行生产活动的一定的个人,发生一定的社会关系和政治关系"④,并生成着自己的意识,整个现存世界也是在人的实践活动中生成和发展的。实践不仅构成了人的存在方式,而且构成了社会生活的本质和现实世界的基础,实践生成着并以缩影的形式映现着人与自然和人与社会,即人与世界的关系。

这就是说,无论是在人类历史上,还是在现实社会、现实世界中,人的活动,准确地说,实践或劳动构成了起点,因而应当作为历史唯物主义的逻辑起点,即出发点范畴,并由此推进、展开构成历史唯物主义的范畴体系、理论体系。"在形式上,叙述方法必须与研究方法不同。研究必须充分地占有材料,分析它的各种发展形式,探寻这些形式的内在联系。只有这项工作完成以后,现实的运动才能适当地叙述出来。这点一旦做到,材料的生命一旦观念地反映出来,呈现在我们面前的就好象是一个先验的结构了"⑤。这种"适当"的叙述方法就是从"抽象规定"到"思想总体、思想具体"。

按照马克思的观点,思维活动有两条先后衔接的道路:"在第一条道路上,完整的表象蒸发为抽象的规定;在第二条道路上,抽象的规定在思

---

① 《马克思恩格斯全集》第 3 卷,第 23、29 页。
② 《马克思恩格斯全集》第 2 卷,第 118—119 页。
③ 《马克思恩格斯全集》第 3 卷,第 23—24 页。
④ 《马克思恩格斯全集》第 3 卷,第 28—29 页。
⑤ 《马克思恩格斯全集》第 23 卷,第 23—24 页。

维行程中导致具体的再现。"①"第一条道路"属于"研究方法","第二条道路"属于"叙述方法"。对叙述方法而言,从抽象规定到思想总体、思想具体"显然是科学上正确的方法"②。因此,"抽象规定"就是"叙述方法"的逻辑起点,即出发点范畴。

对马克思的政治经济学来说,作为逻辑起点的"抽象规定"就是商品,正如列宁所说,"马克思在《资本论》中首先分析资产阶级社会(商品社会)里最简单、最普通、最基本、最常见、最平凡、碰到过亿万次的关系:商品交换。这一分析从这个最简单的现象中(从资产阶级社会的这个'细胞'中)揭示出现代社会的一切矛盾(或一切矛盾的萌芽)。往后的叙述向我们表明这些矛盾和这个社会——在这个社会的各个部分的总和中、从这个社会的开始到终结——的发展(既是生长又是运动)"③;对历史唯物主义来说,作为逻辑起点的"抽象规定"就是实践或劳动,这是因为,实践既是人类的"第一个历史活动",又是现实社会中的基本活动,它构成了人的存在方式、社会生活的本质和社会历史的基础,是一切社会关系"由此产生"的源泉;它是人类面临的一切矛盾的总根源,包含着一切社会矛盾的胚芽,是整个社会历史的"缩影",正因为如此,历史唯物主义"在劳动发展史中找到了理解全部社会史的锁钥"④。

作为历史唯物主义的逻辑起点的实践不是历史中的实践,而是现实的实践活动。"最一般的抽象总只是产生在最丰富的具体发展的地方,在那里,一种东西为许多东西所共有,为一切所共有。这样一来,它就不再只是在特殊形式上才能加以思考了。"⑤就实践或劳动而言,"劳动"或"劳动一般"这个抽象范畴的真实意义只有在现代社会,即资本主义社会中才能凸显出来。这是因为,"对任何种类劳动的同样看待,适合于这样一种

① 《马克思恩格斯全集》第 46 卷上,第 38 页。
② 《马克思恩格斯全集》第 46 卷上,第 38 页。
③ 《列宁全集》第 55 卷,第 307 页。
④ 《马克思恩格斯选集》第 4 卷,第 258 页。
⑤ 《马克思恩格斯全集》第 46 卷上,第 42 页。

社会形式,在这种社会形式中,个人很容易从一种劳动转到另一种劳动,一定种类的劳动对他们说来是偶然的,因而是无差别的"①。正因为如此,"'劳动'、'劳动一般'、直截了当的劳动这个范畴的抽象,这个现代经济学的起点,才成为实际真实的东西。所以,这个被现代经济学提到首位的、表现出一种古老而适用于一切社会形式的关系的最简单的抽象,只有作为最现代的社会的范畴,才在这种抽象中表现为实际真实的东西"②。

由此,马克思不仅为历史唯物主义确定了逻辑起点,而且为确定这种逻辑起点提供了科学方法,这就是实践反思法。所谓实践反思法,就是从"感性的人的活动",即实践出发去理解和说明"对象、现实、感性"何以成为这样的存在,从现实社会出发去理解过去历史,即"对人类生活形式的思索,从而对它的科学分析,总是采取同实际发展相反的道路。这种思索是从事后开始的,就是说,是从发展过程的完成的结果开始的"③。

之所以如此,是因为人体解剖对于猴体解剖是一把钥匙,低等动物身上表露的是高等动物的征兆,只有在高等动物本身被认识之后才能被理解。在马克思看来,在人类历史上存在着和古生物学一样的情况。"基督教只有在它的自我批判在一定程度上,可说是在可能范围内准备好时,才有助于对早期神话作客观的理解。同样,资产阶级经济只有在资产阶级社会的自我批判已经开始时,才能理解封建的、古代的和东方的经济。"因此,通过资本主义社会的社会结构和生产关系以及对它的正确理解,我们就能"透视一切已经覆灭的社会形式的结构和生产关系"④,从而发现和把握人类历史发展的一般规律。由此可以看出,历史唯物主义不仅仅是一种历史观,更重要的,是本体论(存在论)和认识论独特而高度统一的哲学学说。

"问题不在于有没有运动,而在于如何用概念的逻辑来表述它。"⑤作

---

① 《马克思恩格斯全集》第46卷上,第42页。
② 《马克思恩格斯全集》第46卷上,第42页。
③ 《马克思恩格斯全集》第23卷,第92页。
④ 《马克思恩格斯全集》第46卷上,第44、43页。
⑤ 《列宁全集》第55卷,第216页。

为本体论和认识论相统一的哲学学说,历史唯物主义正是以"实践"为出发点范畴,通过"概念的逻辑"、范畴的运动来反映、再现特定的社会关系和真实的历史运动。"正如从简单范畴的辩证运动中产生群一样,从群的辩证运动中产生系列,从系列的辩证运动中又产生整个体系。"①正是以"实践"为出发点范畴,通过"概念的逻辑""范畴的辩证运动",历史唯物主义展现为一个"思想总体",从而在理论上反映了自己的研究对象,完成了自己的理论任务,即通过研究人与自然和人与社会,即人与世界的关系揭示出社会发展的一般规律。

二、苏联、中国学者对历史唯物主义性质的理解与建构现代历史唯物主义

在苏联(俄国)马克思主义以至整个马克思主义的历史上,对历史唯物主义作了集中、专门、深入而全面研究的,应首推普列汉诺夫。列宁高度评价普列汉诺夫的《论一元论历史观之发展》和《唯物主义史论丛》,认为前者"培养了整整一代俄国马克思主义者"②,后者"对辩证唯物主义作了极其完美的有价值的阐述"③。

按照普列汉诺夫的观点,"'辩证唯物主义'这一术语,它是唯一能够正确说明马克思的哲学的术语"④。这就是说,辩证唯物主义就是马克思主义哲学,即马克思和恩格斯的世界观;"马克思和恩格斯的唯物主义世界观……既包括自然界,也包括历史。无论是在自然界或是在历史方面,这种世界观'都是本质上辩证性的'。但因为辩证唯物主义涉及到历史,所以恩格斯有时将它叫作历史的。这个形容语不是说明唯物主义的特征,而只表明应用它去解释的那些领域之一"⑤,这就是说,"辩证唯物主

① 《马克思恩格斯全集》第 4 卷,人民出版社 1958 年版,第 142—143 页。
② 《列宁全集》第 19 卷,人民出版社 1989 年版,第 308 页。
③ 《列宁全集》第 4 卷,人民出版社 1984 年版,第 67 页。
④ [俄] 普列汉诺夫:《论一元论历史观之发展》,博古译,生活·读书·新知三联书店 1961 年版,第 198 页。
⑤ 《普列汉诺夫哲学著作选集》第 2 卷,第 311 页。

义"体现的是马克思主义哲学的本质特征,"历史唯物主义"反映的是马克思主义哲学的研究领域之一。

一言以蔽之,历史唯物主义是"说明人类历史的唯物主义哲学"①,即"马克思的历史哲学"。普列汉诺夫多次把历史唯物主义称为"马克思的历史哲学",并认为,《〈政治经济学批判〉序言》"叙述着马克思的历史哲学理论"②。在普列汉诺夫的视野中,历史唯物主义,即唯物主义历史观就是马克思的历史哲学,其理论性质属于马克思主义哲学,学科性质属于哲学。

在列宁看来,普列汉诺夫是"最通晓马克思主义哲学的社会党人"③。所以,无论是对历史唯物主义性质的阐述,还是对历史唯物主义与辩证唯物主义关系的阐述,列宁都继承了普列汉诺夫的观点,同时,又"修正"了普列汉诺夫的观点。在马克思主义的历史上,列宁对历史唯物主义的阐述留下的痕迹最深、影响最大的观点,就是明确提出历史唯物主义是"哲学唯物主义"或"一般唯物主义"在社会历史领域中的"推广运用"。在《马克思主义三个来源和三个组成部分》中,列宁指出:"马克思加深和发展了哲学唯物主义,而且把它贯彻到底,把它对自然界的认识推广到对人类社会的认识。马克思的历史唯物主义是科学思想中的最大成果。"④在《卡尔·马克思》中,列宁指出:"发现唯物主义历史观,或者更确切地说,把唯物主义贯彻和推广运用于社会现象领域,消除了以往的历史理论的两个主要缺点。"⑤

这里,从"哲学唯物主义"或"一般唯物主义""推广运用"出"历史唯物主义"的逻辑是:"既然唯物主义总是用存在解释意识而不是相反,那么应用于人类社会生活时,唯物主义就要求用社会存在解释社会意识"⑥;

---

① 《普列汉诺夫哲学著作选集》第 2 卷,第 510 页。
② [俄]普列汉诺夫:《论一元论历史观之发展》,第 214 页。
③ 《列宁全集》第 23 卷,人民出版社 1990 年版,第 153 页。
④ 《列宁选集》第 2 卷,第 311 页。
⑤ 《列宁选集》第 2 卷,第 425 页。
⑥ 《列宁选集》第 2 卷,第 423 页。

"一般唯物主义认为客观真实的存在(物质)不依赖于人类的意识、感觉、经验等等。历史唯物主义认为社会存在不依赖于人类的社会意识"①。在列宁看来,这是马克思主义哲学的两个"基本前提"、两个"重要部分",所以,"马克思和恩格斯在他们的著作中特别强调的是**辩证**唯物主义,而不是辩证**唯物主义**,特别坚持的是**历史**唯物主义,而不是历史**唯物主义**"②。但是,在马克思主义哲学体系中,"基础,即哲学唯物主义"③,"马克思主义哲学即辩证唯物主义"④,历史唯物主义则是具有"应用"性质的历史观。

斯大林把列宁的"推广运用"说发挥到了极致,明确提出历史唯物主义是辩证唯物主义在社会生活、社会领域中的"推广"与"应用",而辩证唯物主义"所以叫作辩证唯物主义,是因为它对自然界现象的看法、它研究自然界现象的方法、它认识这些现象的方法是辩证的,而它对自然界现象的解释、它对自然界现象的了解、它的理论是唯物主义的"。⑤ 斯大林的这一观点深刻而持久地影响了苏联学者对历史唯物主义的理解,并在相当长的时间内影响着中国学者对历史唯物主义性质的理解。

同时,我们应当注意列宁的另外一个观点,即历史唯物主义(唯物主义历史观)是"社会学"中的"唯物主义思想"。在《什么是"人民之友"以及他们如何攻击社会民主党人?》中,列宁在分析《资本论》《〈政治经济学批判〉序言》的基本思想,分析以往的社会学家思想的根本缺陷,批判米海洛夫斯基的社会学思想后提出,历史唯物主义是"社会学"中的"唯物主义思想",并认为正是历史唯物主义把"重复性这个一般科学标准""应用到社会学上"来了,从而"第一次把社会学提高到科学的水平","第一次使科学的社会学的出现成为可能"。⑥ 列宁的上述论述又潜蕴着历史唯物主义是马克思主义社会学的思想。

① 《列宁全集》第 18 卷,人民出版社 1988 年版,第 341 页。
② 《列宁全集》第 18 卷,第 345 页。
③ 《列宁全集》第 18 卷,第 341、346 页。
④ 《列宁全集》第 18 卷,第 11 页。
⑤ 《斯大林选集》下卷,人民出版社 1979 年版,第 424 页。
⑥ 《列宁选集》第 1 卷,第 7、8、14 页。

布哈林则使列宁的这一潜蕴的思想凸显出来，并发挥到极致。在《历史唯物主义理论——马克思主义社会学通俗教材》中，布哈林明确提出，"历史唯物主义理论是马克思主义的社会学"，"是关于社会及其发展规律的一般学说"①。同时，历史唯物主义还"包括为数不少的所谓'一般世界观'的问题"②。

可以看出，普列汉诺夫、列宁、斯大林、布哈林等人对历史唯物主义性质的理解并不一致，而国内学者对普列汉诺夫、列宁、斯大林、布哈林等人观点的理解又不一致。由此，导致苏联学者、中国学者对历史唯物主义的性质及其与马克思主义哲学关系的认识产生了较大的分歧。

就历史唯物主义的性质而言，在苏联哲学界占主导地位的观点是，历史唯物主义属于马克思主义哲学。无论是"本体论派"，还是"认识论派"，都认为历史唯物主义和辩证唯物主义一起构成了马克思主义哲学。不同的是：

"本体论派"认为，辩证唯物主义有自己的关于存在的学说，研究的是外部世界运动和发展的一般规律，历史唯物主义是辩证唯物主义在社会历史领域的"推广"与"应用"，是对社会存在与社会意识关系问题的"辩证唯物主义的解答"，其本质特征就是从本体论的视角单独研究社会存在本身，以及社会发展的一般规律。

"认识论派"则认为，思维与存在的关系问题是辩证唯物主义的出发点和贯穿始终的基本线索，辩证唯物主义的全部范畴，既是本体论范畴，又是认识论范畴，辩证唯物主义力图认识存在，但"它不是直接地研究存在及其形式，而是把它们看作人的感性的、物质的、革命批判的实践活动的客体，所以它也研究社会发展的规律，因此它同时也是历史唯物主义"③。这

---

① ［苏联］尼·布哈林：《历史唯物主义理论——马克思主义社会学通俗教材》，李光谟译，人民出版社1983年版，第7页。
② ［苏联］尼·布哈林：《历史唯物主义理论——马克思主义社会学通俗教材》，序言，第1页。
③ ［苏联］巴·瓦·科普宁：《马克思主义认识论导论》，马迅、章云译，求实出版社1982年版，第36页。

就是说,在"认识论派"看来,辩证唯物主义就是历史唯物主义,历史唯物主义就是辩证唯物主义,在认识论的意义上,二者是同一哲学理论,即马克思主义哲学的不同表述。

对历史唯物主义性质的理解,除了"本体论派"与"认识论派"的观点外,还有一种观点值得注意。这种观点认为,历史唯物主义是社会哲学理论,是马克思主义的社会哲学,具有双重属性,即"哲学—社会学"。这就是说,历史唯物主义既是马克思主义哲学的组成部分,又是马克思主义社会学,即关于社会发展的一般社会学理论。"历史唯物主义就其对象和内容而言,是分析人类社会的两个方面(哲学和社会学方面)的有机统一。历史唯物主义是哲学科学,因为它从社会运用的角度来解决哲学的基本问题。历史唯物主义是社会学科学,因为它揭示出作为特殊社会整体的社会的功能和发展的一般规律。但二者缺一不可。如果不解决社会存在和社会意识的相互关系问题,就不能揭示社会发挥功能和发展的内部联系和规律性。"①持这种观点的学者认为,在历史唯物主义中存在着两个系列的范畴,即"哲学范畴"与"社会学范畴",历史唯物主义之所以既是马克思主义哲学,又是马克思主义社会学,就是因为在历史唯物主义中存在着哲学范畴与社会学范畴这两个不同系列的范畴。

20 世纪 30—50 年代,苏联理论界一直用历史唯物主义取代社会学,并认为整个社会运动都是历史唯物主义的对象,历史唯物主义就是马克思主义社会学。20 世纪 30 年代苏联的权威辞典——《辩证法唯物论辞典》明确指出:"社会学是关于社会发展一般法则之学。资产阶级社会学所创立和研究的社会发展法则体系是永久不变的。马克思主义社会学就是历史唯物主义。"②1957 年,原东德学者库钦斯基在苏联《哲学问题》上发表了《关于社会学的规律》一文,明确提出:"当考察整个社会领域与自

---

① [苏联] 弗·伊·拉津主编:《历史唯物主义是社会哲学理论》,徐小英、王淑秋、李昭时译,求实出版社 1988 年版,第 11 页。

② [苏联] 米定·易希金柯编著:《辩证法唯物论辞典》,平生、执之、乃刚等译,读书出版社 1949 年版,第 143 页。

然界和思维领域之间的关系时,我们和历史唯物主义的规律发生关系。当我们考察社会领域的各个部分与那两个领域之中的一个之间的关系或社会领域的各个部分之间的关系时,那么,我认为这些关系的规律应该叫做社会学的规律。"①库钦斯基的这一观点实际上是把历史唯物主义归入研究自然、社会、思维关系及其规律的哲学,从而与专门研究社会内部关系及其规律的社会学区别开来。库钦斯基的这篇文章在苏联拉开了关于历史唯物主义与马克思主义社会学关系问题旷日持久讨论的序幕。

在中国哲学界,除了坚持历史唯物主义就是马克思主义的历史观,即唯物主义历史观这一观点外,还有三种观点。

第一种观点认为,历史唯物主义是马克思主义的历史哲学,属于交叉学科。其理由是:从历史唯物主义概念的内涵看,历史唯物主义是说明人类历史的唯物主义哲学,属于历史哲学范畴;从历史唯物主义理论的内容看,历史唯物主义是从思维与存在关系的视角来揭示历史发展的一般规律,而确定历史唯物主义哲学性质的标准,就在于它所研究的问题与哲学基本问题,即思维与存在的关系问题的联系之中,凡是探讨"由有组织的和系统化的历史研究之存在而造成的哲学问题——可以正当地要求历史哲学的称号"②;从历史唯物主义的形成史看,它是近代哲学和历史(社会)科学发展的必然产物,是哲学和历史学这两门学科共同研究一个对象,解决共同问题,正是在二者的交叉点或"共振带"上产生了历史唯物主义。

第二种观点认为,历史唯物主义就是马克思主义哲学。其理由是:从马克思主义哲学的形成看,马克思主义哲学的研究宗旨就是"关于现实的人及其历史发展",马克思的全部著作都是探讨历史问题的,涉及某些自然科学,也是从属于对历史问题的探讨,历史唯物主义的创立是马克思的哲学实现哲学革命的枢纽和焦点;从马克思主义哲学的内容看,马克思主

---

① 贾泽林、周国平、王克千、苏国勋等:《苏联当代哲学(1945—1982)》,第177页。
② 张文杰等:《现代西方历史哲学译文集》,上海译文出版社1984年版,第159页。

义哲学的总题目就是历史唯物主义,是以社会实践为基础来解决思维与存在关系问题这一哲学基本问题的,在历史唯物主义之外不存在辩证唯物主义,马克思创立的是"一体化"的历史唯物主义哲学。

第三种观点认为,历史唯物主义既是世界观,又是认识论,具有认识论的职能。其理由是:马克思的唯物主义世界观同时就是唯物主义认识论,是包含历史认识论在内的认识论,以实践为基础,历史唯物主义对认识主体与客体的关系以及认识的本质特征作出了科学的说明;实践既是人类历史的基础,也是人类认识的基础,唯物主义历史观与唯物主义认识论具有内在的统一性,历史唯物主义本身就具有认识论职能,其理论职能就是本体论和认识论的统一。

第四种观点认为,历史唯物主义是理论社会学,或者说,是马克思主义社会学。其理由是:历史唯物主义与社会学的研究对象完全相同,即都研究社会发展的一般规律,二者的关系是学科与学说的关系,即社会学是学科,历史唯物主义是其中的一种学说;以往的哲学包含历史观是当时实践、科学和哲学发展的结果,而现在已经形成了以整个世界为研究对象的辩证唯物主义,因此,如果再把作为历史观的历史唯物主义包括在马克思主义哲学之中,就会妨碍二者的各自发展;辩证唯物主义与历史唯物主义研究对象不同,不可能在同一个体系内并存,从哲学和科学的发展趋势看,历史唯物主义必然要从马克思主义哲学中分化出去。

从总体上看,苏联学者、中国学者对历史唯物主义性质理解和阐述的主要理论依据,是恩格斯、列宁、斯大林以及布哈林对这一问题的直接论述,但忽视了马克思对这一问题的间接论述。在《德意志意识形态》中,马克思在说明"历史科学"时明确指出,"我们所需要研究的是人类史";同时,马克思又明确指出,"只要有人存在,自然史和人类史就彼此相互制约"。[1] 具体地说,人与人的社会关系制约着人与自然的关系,并使人与自然的关系具有了社会关系的内涵,使自然成为"历史的自然";

---

① 《马克思恩格斯全集》第 3 卷,第 20 页。

同时,人与自然的关系又制约着人与人的社会关系,人与自然之间的物质变化构成社会存在和发展的基础,使历史成为"自然的历史"。正因为如此,"把人对自然界的关系从历史中排除出去",就必然造成自然与历史对立的"神话",就"只能在历史上看到元首和国家的丰功伟绩,看到宗教的、一般理论的斗争,而且在每次描述某一历史时代的时候,它都不得不赞同这一时代的幻想"①。一言以蔽之,把人与自然的关系从历史中排除出去,只能走向唯心主义历史观。

马克思高出一筹的地方就在于:从人与自然的关系、人与人的社会的关系这双重关系中去研究人类历史,从而发现了社会发展的一般规律,创立了历史唯物主义。人与自然的关系和人与人的社会关系这双重关系构成了人与世界的关系,而对人与世界关系的总体理解就是世界观。这就是说,历史唯物主义不仅是"唯物主义历史观",而且是"唯物主义世界观";不仅如此,历史唯物主义本身就是一种"批判的哲学",它以确立"有个性的人"为思维坐标,"对现存的一切进行无情的批判","在批判旧世界中发现新世界",从而"对当代的斗争和愿望作出当代的自我阐明"②;更重要的是,历史唯物主义的批判是一种"前提"批判。在《〈黑格尔法哲学批判〉导言》中,马克思就指出:无产阶级不是同现实的社会制度的"后果"发生"片面矛盾",而是同现实的社会制度的"前提"发生"全面矛盾"③。因此,批判必须是前提批判。从根本上说,历史唯物主义对现实社会、现存世界的批判,就是"前提"批判。正因为如此,历史唯物主义是"真正批判的世界观"④。

这种"真正批判的世界观"又是在批判"费尔巴哈的总的世界观"过程中形成的。按照马克思的观点,费尔巴哈"致力于把宗教世界归结于它的世俗基础。但是,世俗的基础使自己和自己本身分离,并在云霄中为自己

---

① 《马克思恩格斯全集》第 3 卷,第 44 页。
② 《马克思恩格斯全集》第 1 卷,第 418、416、418 页。
③ 《马克思恩格斯全集》第 1 卷,第 466 页。
④ 《马克思恩格斯全集》第 3 卷,第 261 页。

建立一个独立王国,这只能用这个世俗基础的自我分裂和自我矛盾来说明。因此,对于世俗基础本身应当在自身中、从它的矛盾中去理解,并在实践中使之革命化"①。问题在于,费尔巴哈恰恰不理解实践及其与"世俗基础",即现实社会的关系,因而也就不理解人与自然和人与社会,即人与世界的真实关系。费尔巴哈没有看到,现实世界是工业、社会和历史的产物,实践是"现存感性世界"的基础,"他从来没有把感性世界理解为构成这一世界的个人的共同的、活生生的、感性的活动"。正因为如此,"正是在共产主义的唯物主义者看到改造工业和社会制度的必要性和条件的地方,他却重新陷入唯心主义"。②

马克思正是以实践基础去理解宗教世界的"世俗基础"及其自我分裂和自我矛盾,去理解"现存感性世界",从而创立了"共产主义的唯物主义",即历史唯物主义这一新的"唯物主义世界观"。"由于费尔巴哈揭露了宗教世界是世俗世界的幻想(世俗世界在费尔巴哈那里仍然不过是些词句),在德国理论面前就自然而然产生了一个费尔巴哈所没有回答的问题:人们是怎样把这些幻想'塞进自己头脑'的? 这个问题甚至为德国理论家开辟了通向唯物主义世界观的道路,这种世界观没有前提是绝对不行的,它根据经验去研究现实的物质前提;因而最先是真正批判的世界观。"③这种"真正批判的世界观"之所以是"真正批判"的世界观,如前所述,就是因为它是一种前提批判。

同时,作为"历史科学",历史唯物主义又高度重视"经验观察"。历史唯物主义不是实证主义,但历史唯物主义并不否定"经验观察"、实证方法在理论研究中的重要性。按照马克思的观点,历史唯物主义的"观察方法"总是从"现实的前提",即"处在一定条件下进行的、现实的、可以通过经验观察到的发展过程中的人"出发,"只要描绘出这个能动的生活过程,历史就不再像那些本身还是抽象的经验论者所认为的那样,是一些僵死

---

① 《马克思恩格斯全集》第 3 卷,第 7 页。
② 《马克思恩格斯全集》第 3 卷,第 50、50—51 页。
③ 《马克思恩格斯全集》第 3 卷,第 261 页。

事实的搜集,也不再像唯心主义者所认为的那样,是想像的主体的想像的活动"。①

研读马克思的著作可以看出,历史唯物主义总是从实践出发,"根据经验"或"经验的观察"研究人与自然的关系和人与社会的关系。这是因为,"以一定的方式进行生产活动的一定的个人,发生一定的社会关系和政治关系。经验的观察在任何情况下都应当根据经验来揭示社会结构和政治结构同生产的联系"。正是在这个意义上,马克思认为,历史唯物主义是"描述人们的实践活动和实际发展过程的真正实证的科学"②。但是,历史唯物主义不是"非批判的实证主义",而是"实证的批判",集批判性与实证性于一身。一言以蔽之,历史唯物主义本身就是"真正实证的科学"和"真正批判的世界观"的统一。

实际上,在《1844年经济学哲学手稿》中,马克思就对"自然界的人的本质"与"人的自然本质"、"实证的人道主义"与"自然主义的批判"、"自然科学"与"人的科学"、"人的自然科学"与"关于人的自然科学"关系的问题作了深刻的分析,并认为"工业是自然界同人之间,因而也是自然科学同人之间的现实的历史关系。因此,如果把工业看成人的本质力量的公开的展示,那么,自然界的人的本质,或者人的自然的本质,也就可以理解了;因此,自然科学将失去它的抽象物质的或者不如说是唯心主义的方向,并且将成为人的科学的基础"③。

在马克思看来,整个人类历史不过是人通过人的劳动而形成的过程,"是自然界对人说来的生成过程"④,因此,自然界是关于人的科学的"直接对象",同时,人是自然科学的"直接对象"。正因为如此,"自然科学往后将包括关于人的科学,正象关于人的科学包括自然科学一样:这将是一门

① 《马克思恩格斯全集》第3卷,第30页。
② 《马克思恩格斯全集》第3卷,第30—31页。
③ 《马克思恩格斯全集》第42卷,第128页。
④ 《马克思恩格斯全集》第42卷,第131页。

科学"①。从内容上看,这门科学就是"实证的人道主义"与自然主义(唯物主义)的批判的统一。在《神圣家族》中,马克思把这门科学表述为"为思辨本身的活动所完善化并和人道主义相吻合的唯物主义"②。这种"和人道主义相吻合的唯物主义"就是历史唯物主义。在《德意志意识形态》中,马克思又把这门科学表述为"真正实证的科学"与"真正批判的世界观"的统一。

这就是说,马克思创立的"新唯物主义"哲学本质上就是包含"否定性的辩证法"在内的历史唯物主义。具体地说,历史唯物主义不仅从实践出发去解释现存事物,而且从实践出发去否定现存事物,并认为"历史上进步表现为现存事物的否定"③。"从资本主义生产方式产生的资本主义占有方式,从而资本主义的私有制,是对个人的、以自己劳动为基础的私有制的第一个否定。但资本主义生产由于自然过程的必然性,造成了对自身的否定。这是否定的否定。这种否定不是重新建立私有制,而是在资本主义时代的成就的基础上,也就是说,在协作和对土地及靠劳动本身生产的生产资料的共同占有的基础上,重新建立个人所有制。"④

列宁由此认为:"马克思和恩格斯称之为辩证方法(它与形而上学方法相反)的,不是别的,正是社会学中的科学方法,这个方法把社会看作处在不断发展中的活的机体。"⑤马尔库塞对此评价道,在历史唯物主义中,"现实的否定变成了一个历史条件,一个不能被作为形而上学关系状态的而具体化的历史条件。换句话说,它变成了一个与社会的特定历史形式相联系的社会条件"。"马克思的辩证法的历史特征包含着普遍的否定性,也包含着自身的否定。否定之否定伴随着事物新秩序的建立。"⑥马尔库塞的这一评价合理而中肯。

---

① 《马克思恩格斯全集》第 42 卷,第 128 页。
② 《马克思恩格斯全集》第 2 卷,第 160 页。
③ 《马克思恩格斯选集》第 4 卷,第 317 页。
④ 《马克思恩格斯全集》第 23 卷,第 832 页。
⑤ 《列宁选集》第 1 卷,第 32 页。
⑥ [美]马尔库塞:《理性和革命——黑格尔和社会理论的兴起》,程志民等译,重庆出版社1993 年版,第 284—285 页。

历史唯物主义与辩证法具有内在的关联性、高度的统一性,历史唯物主义本身就内含着一种"否定性的辩证法"。在这个意义上,历史唯物主义就是辩证唯物主义。换言之,"辩证唯物主义"是历史唯物主义的另一个称谓。用"辩证唯物主义"称谓历史唯物主义,是为了凸显历史唯物主义的辩证法维度及其批判性和革命性。正如马克思所说:"辩证法在对现存事物的肯定的理解中同时包含对现存事物的否定的理解,即对现存事物的必然灭亡的理解;辩证法对每一种既成的形式都是从不断的运动中,因而也是从它的暂时性方面去理解;辩证法不崇拜任何东西,按其本质来说,它是批判的和革命的。"①这就是说,在马克思主义哲学中,不存在一个独立的、仅仅作为自然观,同时又是理论基础的"辩证唯物主义";也不存在一个独立的、仅仅作为历史观,同时仅仅具有"应用"性质的"历史唯物主义"。

无论从历史上看,还是从逻辑上说,历史唯物主义都不是所谓的辩证唯物主义在社会生活、社会历史领域的"推广"与"运用"。从历史上看,马克思在成为"历史"唯物主义者之前,还不是一个唯物主义者,更谈不上是辩证唯物主义者,因而无法把辩证唯物主义"推广""应用"到社会生活、社会历史领域;从逻辑上说,社会历史与自然界是两个本质不同的领域,在自然领域,任何事情的发生都是无意识、无目的的,一切都处在盲目的相互作用中,在社会历史领域,任何事情的发生都不是没有自觉的意图、预期的目的,一切都处在有意识、有目的的活动的相互作用中,而且这个目的是人们"所知道的,是作为规律决定着他的活动的方式和方法的,他必须使他的意志服从这个目的"②。因此,从作为自然观的"辩证唯物主义"不可能"推广""应用"出作为历史观在内的历史唯物主义。爱尔维修早就"把唯物主义运用到社会生活方面"③,得到的却是唯心主义历史观。把历史唯物主义的性质规定为所谓的辩证唯物主义在社会生活、社会历史

---

① 《马克思恩格斯全集》第23卷,第24页。
② 《马克思恩格斯全集》第23卷,第202页。
③ 《马克思恩格斯全集》第2卷,第165页。

中的"推广"与"应用",实际上否定了唯物主义历史观是马克思的"第一个伟大发现",否定了新唯物主义哲学的历史性维度及其彻底性和完备性,历史唯物主义的划时代贡献在相当大的程度上被抛弃了。

重新探讨历史唯物主义的对象、性质和职能,又引发了重新建构历史唯物主义的问题。在这一方面,苏联学者没什么建树,中国学者则提出了富有启示性的思路。20世纪90年代以来,有的学者提出了重建历史唯物主义,即从"经典历史唯物主义"向"现代历史唯物主义"转换的问题。具体地说,建构历史唯物主义现代形态,不是在现行的历史唯物主义体系中更换个别实例,增添个别范畴,补充个别原理,而是对现行的历史唯物主义体系进行全局性的、框架性的系统变革,是研究对象、思想内容、整体结构、理论功能的全面变革。这种变革既要立足于《资本论》的历史观,又要发展《资本论》的历史观,即在"经典历史唯物主义"的基础上建构"现代历史唯物主义"。

持这种观点的学者认为,立足《资本论》的历史观就是要把握和继承《资本论》历史观的基本原则,这就是:人的实践活动的自我创造过程、社会发展的自然历史过程和现实的人的发展过程相统一的原则,这是历史唯物主义的思想轴心;发展《资本论》的历史观就是着眼于两大时代课题——现代科技革命和社会主义改革,对"两大时代课题"作出哲学的反思与概括,并以实践活动过程、社会发展过程和人的发展过程的统一为基本原则对现行的历史唯物主义理论内容——范畴、规律、原理进行全面的知识更新,同时,重构理论形式,即科学地确定整个体系的出发点范畴,通过单个范畴——成对范畴——范畴群——范畴系列的辩证运动,构成从抽象上升到具体的理论体系。由此,实现从"经典历史唯物主义"向"现代唯物主义"的转换。

这一观点合理而深刻,为重建历史唯物主义提供了一个新的思维空间。但是,这一观点又忽视了一个问题,那就是,发展《资本论》的历史观不仅要用历史唯物主义的方法研究新问题,而且要发现历史唯物主义的"理论生长点",并依据现代实践、科学和哲学本身的发展成果拓展这个

"理论生长点"。在我看来,历史唯物主义的"理论生长点"具有三重意义:一是历史唯物主义的创始人有所论述,但又未具体展开、详尽论证的观点,或者说,是以胚胎、萌芽形式蕴含在"经典历史唯物主义"中的观点;二是这一观点内含的问题是现代实践、科学和哲学本身的发展所突出的问题,即"热点"问题;三是现代实践、科学以及哲学本身的发展又为解决这一问题提供了现实的可能性。正是在这三重意义上,历史认识论是历史唯物主义的理论生长点。

从马克思主义的历史看,历史唯物主义创立之初所面临的首要理论问题,就是批判"历史思辨",确立历史观的唯物主义基础,着重研究的是历史本身的过程及其规律。正因为如此,恩格斯认为,历史唯物主义是一种"关于历史过程的观点"。研读马克思、恩格斯的著作可以看出,对于历史本身的运动规律,马克思、恩格斯作了深入而系统的论述;对于人们认识历史活动的规律,马克思、恩格斯有所论述,但没有充分展开、详加探讨、系统论述,如马克思在《资本论》中提出了历史认识的特殊性问题,即对人类历史的思索和科学分析,总是从发展过程的结果,即从现实社会开始的。但是,马克思并没有对这些历史认识论思想进行深入而系统的论证,只是"点到为止"。因此,历史唯物主义带有凝重的历史本体论色彩,历史认识论只是以胚胎、萌芽的形式包含于其中。

现代实践和科学犹如一个巨大的引力场,吸引着哲学家、历史学家把理论的聚焦点从历史本体论转向历史认识论,而现代量子力学、思维科学、心理学、历史学、人类学等学科以及哲学本身的发展,又为解答历史认识论问题提供了现实的可能性,对历史认识论的深入探讨已成为认识论发展的趋势。如果说近代历史哲学研究的重心是历史本身的规律,那么,现代历史哲学研究的重心则是历史认识的特点。研究重心的这一转换完全符合人类认识规律,因为人们认识客体的活动发展到一定程度,就会转变为对这种认识活动本身的批判。换言之,历史本体论的真正确立有赖于认识论的深入探讨。从这个意义上说,现代西方历史哲学研究重心的这一转换,即从历史本体论转换到历史认识论绝不意味着西方历史哲学的没落,相反,意味着西方历史哲学的成熟。

历史认识论必须以历史本体论作为其立论的依据或前提,否则,历史认识论就会成为"无根的浮萍";同时,历史本体论的真正确立又有赖于对人们认识历史能力和途径的分析,即有赖于历史认识论的研究,否则,就会成为形而上学的"独断论"。正因为如此,在现时代,历史本体论和历史认识论出现了"合流"的趋势——人们在"复活"历史本体论的基础上深化历史认识论的研究。因此,我们应在深化历史本体论的基础上强化历史认识论的研究,使以胚胎、萌芽形式蕴含在历史唯物主义中的历史认识论思想凸显出来,给予深入而系统的论证,并和历史本体论相"匹配""平衡",从而使历史唯物主义成为本体论和认识论、"真正实证的科学"和"真正批判的世界观"高度统一的现代历史唯物主义。正如英国著名学者莱尔因所说,重新建构历史唯物主义"既不需要对马克思学说的本义是什么进行独断的肯定……也不需要对马克思主义进行根本的和系统的修改,而只需用同样的要素建立起新的平衡,这些要素有的是含蓄地存在于马克思著作中,有的是通过马克思思想的一般逻辑推导出来",同时,"也需要变化一下所强调的重点,排除不适宜的解释成分"①。

三、东欧、西方学者对历史唯物主义性质的理解与重建历史唯物主义

这里所说的东欧学者是指苏联解体、东欧剧变前的东欧社会主义国家的学者,西方学者主要是指属于西方马克思主义学派的学者。从总体上看,东欧学者对历史唯物主义性质与职能的理解和苏联学者的理解大同小异,没有本质区别。但是,作为东欧新马克思主义,南斯拉夫"实践派"对历史唯物主义性质与职能的理解却迥然不同于苏联学者。

按照"实践派"的观点,历史唯物主义本质上是人本主义的人道主义,

①［英］乔治·莱尔因:《重构历史唯物主义》,姜兴宏、刘明如译,中国社会科学出版社1991年版,第15页。

是"对真正的人的世界的人道主义展望"，其中心概念是"人"、人的实践，思想主旨就是关于人的自由和人的解放；辩证唯物主义是由列宁加以描述、斯大林赋予最终形态的哲学学说，同马克思的哲学毫无关系，辩证唯物主义的中心概念是"物质"，"明确地拒绝关于人的哲学讨论"，"辩证唯物主义的基本'本体论'原理即关于自然界先于精神，物质先于意识的原理，同辩证唯物主义的基本'认识论'原理即关于人的意识是对现实的反映的原理一样，是和马克思的基本思想即实践的思想相对立的"①。因此，辩证唯物主义与历史唯物主义不仅不能同构，而且根本对立。

历史唯物主义的本质特征就在于，以"实践"为基础把"人的利益的基本领域"和"人本身的历史领域"统一起来了，是一种社会批判理论、社会实践理论，集中体现了马克思的哲学，即实践哲学的本质特征。实践哲学把历史唯物主义"作为自己的一个特殊理论而包含于自身之中"，"在实践哲学中，人被理解为自由的创造性的存在物，他通过自己的活动实现自身和自己的世界。然而，正因为是自由的存在物，人也可能自我异化，成为自我异化的不自由的存在物，成为经济动物。正因为人自我异化，历史唯物主义作为对自我异化的社会和人的解释及批判有其存在的理由和相对的价值。但是，从实践哲学的整体中分离出来的、孤立的历史唯物主义……不但不能作为关于社会和人的一般理论，甚至不能充作关于阶级社会和阶级的人的完整的见解"②。这是因为，这种"孤立的历史唯物主义"不能解释社会和自我异化的人是非人道的这一根本命题，只能描述现存社会，不能理解与现存社会根本不同的、消除了异化的社会的可能性。

除了"实践派"的观点之外，南斯拉夫学者对历史唯物主义与社会学的关系展开了深入研究和广泛的讨论。其中，有一种观点值得关注，这就是，建立一个完整的马克思主义社会理论，用来概括一般社会学，同时，在

---

① 贾泽林：《南斯拉夫当代哲学》，中国社会科学出版社 1982 年版，第 206 页。
② 衣俊卿、陈树林：《当代学者视野中的马克思主义哲学：东欧和苏联学者卷》下，北京师范大学出版社 2008 年版，第 281 页。

内容上包括历史唯物主义的问题。持这种观点的学者认为，一般社会学的特点就在于，它对人类社会的研究具有高度的"一般性"，其核心对象就是作为特定的、完整的社会，换言之，一般社会学研究社会及其特殊历史形态的一般规律；马克思主义社会理论是一门综合学科，它以社会和人作为自己的对象，不仅研究社会结构、社会发展规律，而且研究社会发展的全部过程和关系。马克思主义社会理论不仅把一般社会学，而且把历史唯物主义、科学社会主义的理论研究和经验研究融会在一起，因而是既不同于一般社会学，又不同于历史唯物主义，同时，又是同二者密切相关的综合性学科。这种观点集中体现在米兰诺维奇的《马克思主义的社会理论》这一著作中。

尽管南斯拉夫学者对历史唯物主义的新探讨及其成果具有这样或那样的不足，甚至有这样或那样的错误，如"实践派"强调历史唯物主义的人道主义因素及其批判性，但忽视了历史唯物主义的"规律"基础及其科学性。但是，从总体上看，南斯拉夫学者对历史唯物主义的新探讨及其成果不乏真知灼见。正如"实践派"所认为的那样，南斯拉夫"战后哲学发展的基本成就之一，就是发现了人，这个人，是被马克思主义哲学的斯大林主义版本中作为抽象物排除掉了的，而在真正的马克思主义哲学思想中，人却居于中心位置"①。"实践派"对历史唯物主义的新探讨被西方学者誉为"比其他人更早地发展了马克思主义的人道主义思想"，重新点燃了"已经熄灭了的马克思人道主义的火炬"，开创了"马克思主义的文艺复兴时代"②。

西方学者对"实践派"的评价有其合理性，但这一评价又内含着对南斯拉夫另一个哲学派别，即"辩证唯物主义派"的偏见。实际上，不仅"实践派"，而且"辩证唯物主义派"也"重新发现"了马克思主义的人道主义，并认为马克思主义把人道主义发展到一个新的更高的阶段，即从抽象的

---

① 中国社会科学院哲学研究所《哲学译丛》编辑部编译：《南斯拉夫哲学论文集》，生活·读书·新知三联书店 1979 年版，第 242 页。
② ［日］岩渊庆一：《东欧的新马克思主义》，张萍译，《哲学译丛》1979 年第 1 期。

人道主义转变为"现实的人道主义",马克思主义哲学是一种现实的、具体的共产主义的人道主义;马克思主义哲学的本质是辩证唯物主义,辩证唯物主义不仅研究自然、社会和思维运动的一般规律,而且关注人类世界和人本身的价值,关注历史规律是如何通过人的实践活动实现的,具有"人本主义的人道主义性质",是"科学性和人道主义的统一",是"批判的辩证唯物主义"。即使在研究对象上,南斯拉夫的辩证唯物主义与苏联的辩证唯物主义也有很大的不同。按照"辩证唯物主义派"的观点,"辩证唯物主义,其对象不能只是没有人和与人无关的自然界或客观现实,也不能只是和自然界不发生关系的人",而是"关于世界和人的基本和一般的哲学理论"。①

可以看出,无论是"实践派"对历史唯物主义的探讨,还是"辩证唯物主义派"对辩证唯物主义的探讨,都开创性地研究了"马克思主义的人道主义本质"及其与马克思主义哲学的关系问题,体现了南斯拉夫学者研究马克思主义哲学的"独特性"。在马克思主义的历史上,南斯拉夫学者对历史唯物主义、辩证唯物主义的新探讨占有特殊地位,那就是,他们所建构的南斯拉夫"型式"的马克思主义哲学,在相当大的程度上突破了苏联"型式"的马克思主义哲学,在一定程度上恢复了"本来如此"的马克思主义哲学,即作为科学性与革命性、真理观与价值观高度统一的马克思主义哲学。用南斯拉夫学者自己的话来说就是,南斯拉夫"型式"的马克思主义不是苏联"型式"马克思主义的"摹本",而是"以马克思主义经典著作的原著为依据","坚持南斯拉夫走向社会主义道路独特性的源泉","运用其他社会主义革命的经验",建构了科学决定论与人本主义的人道主义有机结合的马克思主义哲学。科学决定论与人本主义的人道主义既是"现代哲学中的两条基本路线",也是"在命题中联结在一起的马克思主义的两个基本方面——科学的方面和价值标准的方面"。②

---

① 贾泽林:《南斯拉夫当代哲学》,第245页。
② 中国社会科学院哲学研究所《哲学译丛》编辑部编译:《南斯拉夫哲学论文集》,第10页。

西方学者对马克思主义哲学的研究,从一开始关注的就是历史唯物主义。这是因为,在西方学者看来,马克思首先创立的就是作为他的政治经济学和革命学说基础的历史唯物主义,而且历史唯物主义与社会现实的关系最紧密,最容易受到现实发展的检验。马克思主义哲学就是历史唯物主义,马克思的创造性首先表现在他是历史唯物主义的奠基者,他从哲学上论证了社会发展的规律性;辩证唯物主义是恩格斯把唯物主义和自然科学结合在一起,并利用黑格尔的辩证法制定的,是一种思辨的形而上学,远远超出历史唯物主义的范围。马克思是"历史唯物主义之父",恩格斯是"辩证唯物主义之父"。马克思形式下的历史唯物主义与恩格斯形式下的辩证唯物主义是不能等量齐观的,所谓的辩证唯物主义是对马克思哲学思想的背离。

有的西方学者认为,历史唯物主义是一种"经验社会学"或"实证社会学",具有反形而上学的实证主义性质。持这种观点的学者认为,历史唯物主义强调形而上学的思辨不能发现关于世界的真理,实证科学的方法是理解世界的唯一方法,这些方法可以有效地运用于人类社会的事物;历史唯物主义拒斥思辨的形而上学,要求对人类社会进行实证科学的考察,社会生活的事实应当用观察(感性经验)来确定。这一观点的主要代表是英国学者阿克顿。

有的西方学者认为,历史唯物主义是一种充满道德义愤的批判学说。持这种观点的学者认为,马克思主要是作为一个资本主义的批评家,作为一个燃烧着要消除社会贫困和社会不公理想的人而写作的,在马克思那里,历史规律实际上就是"耶和华惩治罪恶社会的神意"。因此,历史唯物主义既不是科学,也不是神话,而是一种创造历史的方法。在历史唯物主义那里,全部人类历史是人们为着一定目的、价值而行动的结果,历史唯物主义就是为实现某种目的、价值而提出的,它要在生活中展开才能被证明是有效的知识。这种观点的主要代表是美国学者胡克。

有的西方学者认为,历史唯物主义是"人类学的历史观",对马克思来说,"劳动和资本决不仅仅是经济学的范畴;它们是人类学的范畴,在这些范畴中包含着植根于马克思的人道主义立场的价值判断"①;马克思的人道主义立场又是同异化思想密切相关的,在马克思看来,"人类历史就是人不断发展同时又不断异化的历史。他的社会主义概念就是从异化中解放出来;就是人回到他自身,就是人的自我实现"②,因此,历史唯物主义是关于人的异化的学说,"异化"构成了历史唯物主义的核心概念。"全部马克思主义的基本思想是从黑格尔和费尔巴哈那里接受过来的异化的思想。由这一思想出发,并把人的解放看成为反对人的本质的异化而进行的积极斗争,这样,我认为就可能解释马克思主义哲学的主要内容和理解马克思的基本著作《资本论》的结构。"③

持这种观点的学者认为,隐藏在马克思的社会主义信念背后,隐藏在他一生全部科学创作背后的,是伦理的、人道主义的动机,由异化思想和人道主义动机所形成的价值判断构成了历史唯物主义的主题。历史唯物主义揭示了人的自我异化是正在发生的现实的、物质过程的结果;既然有这种自我异化,也就有扬弃它的现实条件,换言之,人的自我异化的条件同时就是人的自我实现的条件;历史唯物主义总是以人的自我异化来把握人与世界的关系,把握"到目前为止的历史上人的生活的基本特征",所以,"《共产党宣言》的第一句话稍加改动可以这样表达:到目前为止的一切历史都是人的自我异化的历史"④。这种观点的主要代表是德国学者弗洛姆、朗兹胡特、迈尔,法国学者伊波特利。

有的西方学者认为,历史唯物主义是科学的历史观,"使我们有能力从历史的角度(科学地)考察当代,不仅看到当代的表面现象,而且也看到实际推动事件的那些比较深层的历史动力"⑤;同时,历史唯物主义"是按

① 复旦大学哲学系现代西方哲学研究室编译:《西方学者论〈一八四四年经济学—哲学手稿〉》,复旦大学出版社 1983 年版,第 53 页。
② 复旦大学哲学系现代西方哲学研究室编译:《西方学者论〈一八四四年经济学—哲学手稿〉》,第 56 页。
③ 陆梅林、程代熙编选:《异化问题》上,文化艺术出版社 1986 年版,第 146 页。
④ 中共中央马克思恩格斯列宁斯大林著作编译局马恩室编:《〈1844 年经济学哲学手稿〉研究》(文集),湖南人民出版社 1983 年版,第 290 页。
⑤ [匈]卢卡奇:《历史与阶级意识——关于马克思主义辩证法的研究》,第 317 页。

其真正的本质理解过去事件的一种科学方法",尤其是认识资本主义社会的方法,"历史唯物主义最重要的任务是,对资本主义社会制度作出准确的判断,揭露资本主义社会制度的本质"①,这就是说,历史唯物主义是历史观和方法论的统一,其职能就是认识和把握资本主义社会制度的本质,认识和把握历史发展的深层规律;历史唯物主义不是纯粹的认识工具,而是阶级斗争的工具,"历史唯物主义的首要功能就肯定不会是纯粹的科学认识,而是行动"②,这就是说,历史唯物主义是理论和实践的统一。这种观点的主要代表是西方马克思主义创始人卢卡奇。

有的西方学者认为,历史唯物主义不是人道主义,相反,历史唯物主义是"理论上的反人道主义"。持这种观点的学者认为,历史唯物主义是一门"精密"的关于"社会构成"的科学,它在研究"社会整体的结构"、考察其中的"历史概念的秘密"的过程中,发现历史的真正主体不是人本学意义上的人和人的关系,而是客观的生产关系,不是人的关系决定生产关系,而是生产关系的结构决定人的关系,历史的真正主体是生产关系;历史唯物主义是"马克思主义历史科学",同时,又和马克思主义哲学密切相关,历史唯物主义包含着马克思确立的一个新的总问题、一种系统地向世界提问的新方式、一些新原则和一个新方法,所以,历史唯物主义不仅是一种新的历史科学,"同时还含蓄地,但又必然地提出一种涉及面无限广阔的新哲学",即马克思主义哲学。"就像泰勒士建立的数学'导致了'柏拉图哲学的产生,伽利略建立的物理学'导致了'笛卡儿哲学的产生一样,马克思所建立的历史科学'导致了'一种新的、革命的实践哲学和理论哲学的产生,即马克思主义哲学,或者说辩证唯物主义。"③这就是说,历史唯物主义是马克思主义历史科学,辩证唯物主义是马克思主义哲学。这种观点的主要代表是法国学者阿尔都塞。

在西方学者对历史唯物主义理论性质的理解中,既有合理、深刻的理

① [匈]卢卡奇:《历史与阶级意识——关于马克思主义辩证法的研究》,第 317、318 页。
② [匈]卢卡奇:《历史与阶级意识——关于马克思主义辩证法的研究》,第 318 页。
③ [法]路易·阿尔都塞:《保卫马克思》,顾良译,商务印书馆 2010 年版,第 253 页。

解，又有误读、误解甚至曲解。在这种种解读中，有两种倾向值得注意。那就是，或者把历史唯物主义科学主义化，建构所谓的以实证科学为特征的"科学的马克思主义"，或者把历史唯物主义人本主义化，建构所谓的以人道主义为核心的"批判的马克思主义"。这两种倾向各执一端，但又有一个共同之点，那就是，把历史唯物主义的科学原则与价值原则、科学分析与批判精神对立起来，并认为在历史唯物主义中，科学原则与价值原则、科学分析与批判精神是一种无力解决、无法统一的矛盾。

美国学者古尔德纳在其著作《两种马克思主义：理论发展中的矛盾和异例》中就认为，存在着两种马克思主义，即"科学的马克思主义"与"批判的马克思主义"，并把"科学的马克思主义"与"批判的马克思主义"这两种马克思主义的形成归结为马克思主义本身存在着内在矛盾，即科学性与批判性的矛盾。在古尔德纳看来，马克思主义既有科学因素，本质上又是意识形态；既有冷静的理性批判，又是激奋的政治实践，之所以产生"科学的马克思主义"与"批判的马克思主义"这两种不同的马克思主义，归根到底就在于，科学性与批判性、唯意志论与历史决定论是马克思主义理论中客观存在而又无法调和的矛盾。

古尔德纳看到了某些合理的事实，但他又把这些合理的事实溶解于不合理的理解之中。的确，历史唯物主义既是科学，又是意识形态；既包含着理性分析，又指向"革命的实践"，即政治实践；既包含着历史尺度，又包含着价值尺度以及对资本主义社会的"道德抗议"。但是，在历史唯物主义中，科学与意识形态、理性分析与政治实践、历史尺度与价值尺度、科学判断与"道德抗议"并不是处在不可调和的矛盾之中，而是处在内在的统一性之中。马克思对劳动者、无产阶级当然怀有真挚的同情。但是，正像妙手回春的圣医并不是以对病人的同情代替诊断而开出药方一样，马克思创立历史唯物主义的立论依据并不是这种"同情"，而是社会发展规律、资本主义生产方式运动规律。任何一门科学的任务，就是要发现和把握某种规律，任何一种学说要成为科学，就必须要发现和把握某种规律。

"无产阶级宣告迄今为止的世界制度的解体，只不过是揭示自己本身的存在的秘密,因为它就是这个世界制度的实际解体。无产阶级要求否定私有财产,只不过是把社会已经提升为无产阶级的原则的东西,把未经无产阶级的协助就已作为社会的否定结果而体现在它身上的东西提升为社会的原则。"①正因为如此,在历史唯物主义中,人类解放"何以可能"与社会发展"何以可能"是同一个问题的两个方面,具有内在的、高度的一致性。抽掉无产阶级和人类解放、每个人的全面而自由的发展,"历史唯物主义"就会成为无魂的躯壳;抽掉社会发展规律,"历史唯物主义"就会成为无根的浮萍;抽掉资本批判和政治批判,"历史唯物主义"就会成为无病的呻吟。

马克思不是心怀济世的救世主,而是科学家和革命家的完美结合;历史唯物主义不是"启示录",而是科学理论和意识形态的高度统一,是"真正实证的科学"和"真正批判的世界观"的高度统一。实现无产阶级和人类解放,实现每个人的全面而自由的发展,这是历史唯物主义所追求的最高价值目标。但是,这种价值追求又是建立在发现和把握社会发展规律基础上的。换言之,历史唯物主义是从社会发展规律中探求无产阶级和人类解放的可能性、条件和途径。在历史唯物主义中,道德判断、价值尺度以科学判断、历史尺度为根据,同时,科学判断、历史尺度又蕴含着道德判断、价值尺度。包括历史唯物主义在内的马克思主义"这一理论对世界各国社会主义者所具有的不可遏止的吸引力,就在于它把严格的和高度的科学性(它是社会科学的最新成就)同革命性结合起来,并且不仅仅是因为学说的创始人兼有学者和革命家的品质而偶然地结合起来,而是把二者内在地和不可分割地结合在这个理论本身中"②。根本不存在一个独立的、仅仅作为实证科学的"科学的马克思主义",也不存在一个独立的、仅仅具有人道主义性质的"批判的马克思主义"。

在马克思主义的历史上,首先提出重建历史唯物主义的,是西方学

① 《马克思恩格斯选集》第 1 卷,第 15 页。
② 《列宁选集》第 1 卷,第 83 页。

者。20 世纪 20 年代,卢卡奇就提出"重建马克思主义",卢卡奇"重建马克思主义"实质上就是重建历史唯物主义;20 世纪 70 年代,哈贝马斯明确提出"重建历史唯物主义"。在莱尔因看来,"任何重构历史唯物主义的企图都包含下面双重含义:第一,认为这种理论仍然是有价值的,这种理论仍然能够为社会科学和政治实践提供重要的指导作用。第二,认为这种理论的主要原则是不能令人满意的,需要进行全面修改"①。莱尔因的这一评论可谓一语中的,入木三分。

1922 年,卢卡奇出版了《历史与阶级意识——关于马克思主义辩证法的研究》,力图用"总体性"重建马克思主义辩证法,即唯物主义辩证法。卢卡奇指出:"不是经济动机在历史解释中的首要地位(Vorherrschaft),而是总体的观点,使马克思主义同资产阶级科学有决定性的区别。总体范畴,整体对各个部分的全面的、决定性的统治地位(Herrschaft),是马克思取自黑格尔并独创性地改造成为一门全新科学的基础的方法的本质。"②因此,应用"总体性"重建马克思主义。后来在《关于社会存在的本体论》中,卢卡奇又重申,"在马克思主义的总体性中重建马克思主义"③。

研读《历史与阶级意识》可以看出,卢卡奇"重建马克思主义"实际上就是重建唯物主义辩证法,重建唯物主义辩证法实际上就是重建历史唯物主义。这是因为,在卢卡奇的理论视野中,历史主体与客体的辩证法在唯物辩证法中居于中心地位,唯物主义辩证法和历史唯物主义是"一体化"的理论,马克思主义哲学就是历史的、辩证的唯物主义。"马克思的辩证方法,旨在把社会作为主体来认识","对于马克思主义来说,归根到底就没有什么独立的法学、政治经济学、历史科学等等,而只有一门唯一的、统一的——历史的和辩证的——关于社会(作为总体)发展的科学"④。这门"关于社会发展的科学"就是历史唯物主义。

---

① [英] 乔治·莱尔因:《重构历史唯物主义》,第 4 页。
② [匈] 卢卡奇:《历史与阶级意识——关于马克思主义辩证法的研究》,第 79 页。
③ [匈] 卢卡奇著、[德] 本泽勒编:《关于社会存在的本体论·上卷——社会存在本体论引论》,第 658 页。
④ [匈] 卢卡奇:《历史与阶级意识——关于马克思主义辩证法的研究》,第 80 页。

研读《历史与阶级意识》还可以看出，"历史"是其中心概念。按照卢卡奇的观点，历史是实体，是人们社会实践的客观过程；历史又是主体，是人们自己的能动活动创造的，历史不过是人们的社会实践活动的动态展开，其本质就在于，它是人类实践活动的产物，历史的总体性归根到底来自人的实践活动的总体性。"历史唯物主义在方法上划时代的功绩恰恰在于，这些表面上完全独立的、自我封闭的自律体系仅仅被看作是一个综合整体的一些方面，而它们表面上的独立性也会被扬弃。"①正因为如此，历史唯物主义"使我们有能力从历史的角度（科学地）考察当代，不仅看到当代的表面现象，而且也看到实际推动事件的那些比较深层的历史动力"②。由此可以看出，就实质而言，卢卡奇"重建马克思主义"就是力图用"总体性""实践性"重建历史唯物主义。在卢卡奇看来，这种"重建"实际上是"回到马克思"，重建"经典的历史唯物主义"，从而使马克思"再次成为哲学发展的动力"③。

1975 年，哈贝马斯出版了《重建历史唯物主义》。正是在这部著作中，哈贝马斯明确提出"重建历史唯物主义"："1938 年，斯大林把历史唯物主义法典化，后果严重，自那时以来的历史唯物主义研究，始终受着这种理论框架的禁锢。现在，斯大林确认的历史唯物主义解释，需要重建。重建历史唯物主义，应该有利于批判地研究各种相互竞争的理论观。"④按照哈贝马斯的观点，"重建历史唯物主义"，就是把历史唯物主义这一理论"拆开"，用新的形式"重新加以组合"，以更好地达到历史唯物主义这一理论所确立的目标。这种新的形式就是以"社会交往"为中轴的社会进化理论。"我将不把历史唯物主义看作某种启发物，而看作是一种理论，一种社会进化理论。""马克思已经把历史唯物主义当作某种可领会的社会进

---

① ［匈］卢卡奇：《历史与阶级意识——关于马克思主义辩证法的研究》，第 324 页。

② ［匈］卢卡奇：《历史与阶级意识——关于马克思主义辩证法的研究》，第 317 页。

③ ［匈］卢卡奇著、［德］本泽勒编：《关于社会存在的本体论·上卷——社会存在本体论引论》，第 658—659 页。

④ ［德］哈贝马斯：《重建历史唯物主义》，郭官义译，社会科学文献出版社 2000 年版，第 139 页。

化理论来理解,并把关于资本主义的理论看作其中的一部分。"①这就是说,哈贝马斯力图以"社会交往"为中心,重建一种作为社会进化理论的历史唯物主义。

为此,哈贝马斯深入而全面研究了社会交往问题,不仅分析了劳动与"互动"的关系,凸显了精神交往的重要性,而且从语言哲学的角度分析了精神交往的结构。按照哈贝马斯的观点,劳动,即物质生产是"工具的活动,或者合理的选择,或者两者的结合"②,体现的是人与自然,即主体与客体的关系;"互动",即精神交往是以语言为媒介,遵循的是得到"主体间"承认的规范,交往行为的本质特征就是语言在"主体间"的运用。"互动取决于大家熟悉的语言交往。"③

按照哈贝马斯的观点,"被扭曲的交往结构不是最终的东西,它植根于没有被扭曲的语言的逻辑中"④。所以,"人类特有的生活方式"不是由劳动决定的,而是由"互动",即精神交往决定的,而精神交往取决于语言,交往结构因此归根到底决定于语言结构。正因为如此,哈贝马斯借鉴、吸收了西方语言哲学成果,提出了"普通语用学",并认为"普通语用学"的任务就是确定"交往行为的一般假设前提"⑤,即交往是为了进行沟通并达成共识的必须提出的有效性要求。可以看出,哈贝马斯以"社会交往"为中心"重建历史唯物主义",实际上是以语言为前提和出发点"重建历史唯物主义"。

卢卡奇以"总体性"为方法重建历史唯物主义有其合理性,强调"总体性范畴"在历史唯物主义中的重要性本身并不为错。在《哲学的贫困》中,马克思就指出,"每一个社会中的生产关系都形成一个统一的整体"⑥;在

---

① [德]哈贝马斯:《交往与社会进化》,张博树译,重庆出版社1989年版,第133、129页。
② [德]哈贝马斯:《作为"意识形态"的技术与科学》,李黎、郭官义译,学林出版社1999年版,第33页。
③ [德]哈贝马斯:《重建历史唯物主义》,第22页。
④ [德]哈贝马斯:《理论与实践》,郭官义、李黎译,社会科学文献出版社2010年版,第13页。
⑤ [德]哈贝马斯:《交往与社会进化》,第1页。
⑥ 《马克思恩格斯全集》第4卷,第144页。

《政治经济学批判(1857—1858年)草稿》中,马克思指出,社会本身就是一种有机体,"这种有机体制本身作为一个总体有自己的各种前提,而它向总体的发展过程就在于:使社会的一切要素从属于自己,或者把自己还缺乏的器官从社会中创造出来。有机体制在历史上就是这样向总体发展的。它变成这种总体是它的过程即它的发展的一个要素"①;在1859年的《〈政治经济学批判〉导言》中,马克思指出,生产、分配、交换、消费"构成一个总体的各个环节,一个统一体内部的差别",并认为建构理论体系就是从"抽象规定"到"思想总体"的过程,如此等等。可以说,"总体性"是历史唯物主义的题中应有之义。

但是,由此否定经济的必然性对历史发展的首要性、决定性和根本制约性却是错误的。从历史上看,没有一个重大的历史事件不为一定的政治、观念等社会因素所引导、所伴同、所追随,经济必然性不可能脱离政治、观念等社会因素而纯粹地发生作用;同时,没有一个重大的历史事件的起源不能用经济必然性来说明,经济必然性从根本上制约着历史的进程,构成了历史运动的"中轴线"。正如恩格斯所说:"政治、法、哲学、宗教、文学、艺术等等的发展是以经济发展为基础的。但是,它们又都互相作用并对经济基础发生作用。并非只有经济状况才是原因,才是积极的,其余一切都不过是消极的结果。这是在归根到底总是得到实现的经济必然性的基础上的互相作用……人们自己创造自己的历史,但他们是在既定的、制约着他们的环境中,在现有的现实关系的基础上进行创造的,在这些现实关系中,经济关系不管受到其他关系——政治的和意识形态的——多大影响,归根到底还是具有决定意义的,它构成一条贯穿始终的、唯一有助于理解的红线。"②脱离了经济这个"基础",割断了经济必然性这条"红线",用所谓的"总体性"重建历史唯物主义,只能是沙滩建楼。

哈贝马斯以"社会交往"为中轴"重建历史唯物主义"也有其合理性,

---

① 《马克思恩格斯全集》第46卷上,第235—236页。
② 《马克思恩格斯选集》第4卷,第732页。

强调"社会交往"范畴在历史唯物主义中的重要性本身也并不为错。在《德意志意识形态》中，马克思不仅考察了"交往活动""交往形式""交往关系"，而且分析了"物质交往"与"精神交往"的关系，并认为"思想、观念、意识的生产最初是直接与人们的物质活动，与人们的物质交往，与现实生活的语言交织在一起的。观念、思维、人们的精神交往在这里还是人们物质关系的直接产物"①；与物质生产方式相联系的交往形式，即物质交往是"全部历史的发源地和舞台"，构成了"整个历史的基础"，物质生产决定精神生产，物质交往决定精神交往，即使"语言也和意识一样，只是由于需要，由于和他人交往的迫切需要才产生的"②；"一切历史冲突都根源于生产力和交往形式之间的矛盾"，"交往形式的联系就在于：已成为桎梏的旧的交往形式适应于比较发达的生产力，因而也适应于更进步的个人自主活动类型的新的交往形式所代替"，所以，交往形式的发展的历史"同时也是发展着的、为各个新的一代所承受下来的生产力的历史，从而也是个人本身力量发展的历史"③；任何一个民族或国家的内部结构都取决于它的生产以及内部和外部的交往发展程度，共产主义社会的建立"是以生产力的普遍发展和与此有关的世界交往的普遍发展为前提"，因此，"共产主义和所有过去的运动不同的地方在于：它推翻了一切旧的生产和交往的关系的基础"④，如此等等。可以说，"社会交往"同样是历史唯物主义的题中应有之义。

在马克思主义的历史上，哈贝马斯是力图在历史唯物主义的语境中研究马克思交往理论的第一人，他所深入探讨的精神交往及其语言、规范问题，的确是马克思没有深入研究、详尽探讨、系统论证的问题，的确是马克思的交往理论的局限性。就这一意义而言，哈贝马斯的交往理论的确是对马克思的交往理论的一种"补充"。但是，与卢卡奇力图"回到马克

---

① 《马克思恩格斯全集》第 3 卷，第 29 页。
② 《马克思恩格斯全集》第 3 卷，第 34 页。
③ 《马克思恩格斯全集》第 3 卷，第 83、82 页。
④ 《马克思恩格斯全集》第 3 卷，第 39、79 页。

思",即回到"经典的历史唯物主义"以重建历史唯物主义不同,哈贝马斯是在批判马克思的交往理论,否定物质交往对精神交往的决定作用的前提下"重建历史唯物主义"的。

按照哈贝马斯的观点,"劳动和互动之间并不存在一种自动发展的关系","把互动归结为劳动或者从互动中推动劳动,都是不可能的"[①]。由此,哈贝马斯把交往结构归结为语言结构,具有明显的把语言独立化、先验化的倾向。同时,由于把交往结构归结于语言结构,为了解答交往规范问题,哈贝马斯又求助于"商谈伦理学"和"协商民主论",前者指向建构有效性的伦理规范,后者指向使规范制度化,以使规范既具有人人愿意遵守的合理性,又具有人人必须遵守的强制性。可以说,哈贝马斯以"社会交往"为中轴"重建历史唯物主义",在出发点上就偏离了历史唯物主义,在根本原则上同样偏离了历史唯物主义。以这样一种脱离物质交往的基础的"社会交往""重建历史唯物主义",只能是"海市蜃楼"。

马克思仿佛预见到这种把语言独立化、先验化的倾向似的,明确提出:"正像哲学家们把思维变成一种独立的力量那样,他们也一定要把语言变成某种独立的特殊的王国。"[②]正因为如此,在研究交往与社会进化关系的过程中,哈贝马斯已经悄悄地踏上了历史唯心主义的道路;也正因为如此,在面对如何消除"被扭曲的交往结构"和人的自我异化问题时,哈贝马斯只能求助于"没有被扭曲的语言的逻辑",求助于"商谈伦理"和"协商民主"等"合理的"精神交往。实际上,这正如马克思在批判青年黑格尔派时所说的那样,是在"用词语来反对词语"。而"对实践的唯物主义者,即共产主义者说来,全部问题都在于使现存世界革命化,实际地反对和改变事物的现状",从而使"过去的被迫交往转化为所有个人作为真正个人参加的交往",使"个人向完整的个人的发展"[③]。哈贝马斯把历史唯物主义理论"拆开",用"新的形式重新加以组合",即"重建历史唯物主义",并

---

① ［德］哈贝马斯:《作为"意识形态"的技术与科学》,第23、33页。
② 《马克思恩格斯全集》第3卷,第525页。
③ 《马克思恩格斯全集》第33卷,第48、77页。

没有"更好地达到历史唯物主义所确立的目标",相反,偏离了历史唯物主义所确立的目标,即"使现存世界革命化",实现每个人的全面而自由的发展。哈贝马斯的交往理论及其"重建的历史唯物主义"也许"可爱",但绝不"可信"。

本文原载《哲学研究》2024 年第 10 期

附录二

唯物主义历史观基本范畴研究：概述与反思

任何一门学科、一种学说都有自己的基本范畴，正是这些基本范畴通过一定的逻辑关联构成了这门学科、这种学说的理论体系。"正如从简单范畴的辩证运动中产生群一样，从群的辩证运动中产生系列，从系列的辩证运动中又产生整个体系。"①唯物主义历史观也是如此。然而，唯物主义历史观创始人并没有写过专门的著作阐述唯物主义历史观的基本范畴，而是在不同的著作中从不同的角度说明这些范畴，以不同的方式使用这些范畴。正因为如此，人们对唯物主义历史观基本范畴的理解存在着较大的甚至很大的分歧。本文拟就唯物主义历史观基本范畴的研究作一新的考察、概述、反思和评论，以期深化我们对唯物主义历史观的研究。

---

① 《马克思恩格斯全集》第 4 卷，第 142—143 页。

一、劳动、实践及其主体与客体

人们对劳动的研究，在古希腊就开始了。但是，对劳动的科学抽象，即制定科学的劳动范畴，只有在劳动得到充分发展、全面展开的现代社会，即资本主义社会才有可能。马克思指出："对任何种类劳动的同样看待，以各种实在劳动组成的十分发达的总体为前提，在这些劳动中，任何一种劳动都不再是支配一切的劳动。所以，最一般的抽象总只是产生在最丰富的具体发展的地方，在那里，一种东西为许多东西所共有，为一切所共有。""对任何种类劳动的同样看待，适合于这样一种社会形式，在这种社会形式中，个人很容易从一种劳动转到另一种劳动，一定种类的劳动对他们说来是偶然的，因而是无差别的。"①在马克思看来，这种社会形式就是资本主义社会，尤其是"资产阶级社会的最现代的存在形式——美国"。因此，"'劳动'、'劳动一般'、直截了当的劳动这个范畴的抽象，这个现代经济学的起点，才成为实际真实的东西。所以，这个被现代经济学提到首位的、表现出一种古老而适用于一切社会形式的关系的最简单的抽象，只有作为最现代的社会的范畴，才在这种抽象中表现为实际真实的东西"②。

唯物主义历史观正是"在劳动发展史中找到了理解全部社会史的锁钥"③，其劳动范畴的根本特征就在于：劳动是自然过程和社会过程的统一。按照马克思的观点，劳动是人以自身的活动来引起、控制人与自然之间的物质变换过程，同时，又是人与人之间互相交换其活动的社会过程。"人们在生产中不仅仅同自然界发生关系。他们如果不以一定方式结合起来共同活动和互相交换其活动，便不能进行生产。为了进行生产，人们便发生一定的联系和关系；只有在这些社会联系和社会关系的范围内，才

---

① 《马克思恩格斯全集》第46卷上，第42页。
② 《马克思恩格斯全集》第46卷上，第42页。
③ 《马克思恩格斯选集》第4卷，第258页。

会有他们对自然界的关系,才会有生产。"①

综观马克思有关劳动的论述,可以看出,唯物主义历史观的劳动范畴具有三个基本特征。

其一,劳动是人所特有的对象性活动。马克思指出:"劳动的产品就是固定在某个对象中、物化为对象的劳动,这就是劳动的对象化。劳动的实现就是劳动的对象化。"②这就是说,劳动具有客观性。

其二,劳动是人的有目的的自觉活动。马克思指出:"劳动过程结束时得到的结果,在这个过程开始时就已经在劳动者的表象中存在着,即已经观念地存在着。他不仅使自然物发生形式变化,同时他还在自然物中实现自己的目的,这个目的是他所知道的,是作为规律决定着他的活动的方式和方法的,他必须使他的意志服从这个目的。"③这就是说,劳动具有目的性,是人的有意识的自觉的活动。

其三,劳动既是人与自然之间物质变换的过程,同时又是人与人之间互换其活动的过程。在这个过程中,人与人之间必然结成一定的社会关系;这种社会关系又反过来制约劳动的方式。这就是说,劳动本质上是社会活动、历史活动,因而具有社会性、历史性。

然而,国内学者对马克思有关劳动论述的理解却存在着较大的差异。有的学者认为,不应从人与自然的关系考察劳动,只有从人与人之间的主要关系,即生产关系出发对劳动进行具体考察,才能揭示不同社会形式中的劳动的性质;有的学者认为,人们只有首先实现与自然界的物质变换才能发生社会关系,人与自然的物质变换是社会存在和发展的基础,如果否定了从人与自然的关系考察劳动,也就否定了唯物主义历史观的基础;有的学者认为,劳动既不能独立于自然之外,也不能独立于社会之外,而是同时体现着人与自然的关系和人与社会的关系,这双重关系的统一构成劳动的本质,唯物主义历史观劳动范畴的内涵就是人与自然关系和人与

---

① 《马克思恩格斯全集》第 6 卷,人民出版社 1961 年版,第 486 页。
② 《马克思恩格斯全集》第 42 卷,第 91 页。
③ 《马克思恩格斯全集》第 23 卷,第 202 页。

社会关系的统一。

实践范畴是马克思主义认识论的基础范畴,这是长期以来国内学者的共识。在国内哲学界,把实践范畴引入马克思主义历史观,即唯物主义历史观,并认为实践范畴不仅是马克思主义认识论的基础范畴,而且是马克思主义历史观的基础范畴是从 20 世纪 80 年代开始的。随着对马克思主义哲学体系以及实践范畴研究的不断深化,国内学者认识到,实践的观点不仅是马克思主义认识论首要的和基本的观点,而且是马克思主义历史观首要的和基本的观点。

的确如此。按照马克思的观点,社会是人与自然的关系和人与人的关系双重关系的统一,这种统一是在实践的基础上实现的。社会生活本质上是实践的,一切社会现象,归根到底都是实践的产物;一切社会问题,归根到底都是在实践中产生的,而且只有在实践中才能得到解决。正如马克思所说:"全部社会生活在本质上是实践的。凡是把理论引向神秘主义的神秘东西,都能在人的实践中以及对这个实践的理解中得到合理的解决。"①社会历史本质上是人类实践活动在时间中的展开,是追求着自己目的的人的活动过程。只有在这一基础上,才能揭示人类社会不同于自然界的特殊本质,才能说明社会发展是自然历史过程和人的自觉活动过程的统一,才能真正克服一切形式的唯心主义历史观以及自然主义历史观。

按照马克思的观点,实践是"感性的人的活动",是"对象性的活动",因此,必须从主体与客体、思维与存在、精神与物质的对立统一中去认识和把握人的实践活动,实践既是主体与客体、思维与存在、精神与物质、人与世界分化的基础,又是使主体与客体、主观与客观、精神与物质、人与世界联结起来、相统一的基础。所以,列宁认为,实践是主体与客体、精神与物质的"交错点"。毛泽东则把实践表述为"主观见之于客观"的活动。一言以蔽之,唯物主义历史观所说的实践,就是人们为了自身的生存和发展

---

① 《马克思恩格斯选集》第 1 卷,第 56 页。

而进行的改造世界的能动的、客观的对象化活动,是社会的、历史的活动。

但是,国内学者对实践范畴的具体理解仍然存在着不同的看法。就实践要素的理解而言,主要有四种观点:一是认为实践是由目的、手段和结果三个要素或环节构成的,这三个要素的有机结合,形成了现实的实践活动;二是认为目的属于认识范畴,而不属于实践范畴,不能把目的作为实践要素,实践只能是客观的、感性的物质活动;三是认为实践的基本要素是实践主体——社会的人、实践客体——实践对象、实践手段——工具以及实践的结果;四是认为实践包含六个要素或环节,即基于人类生活需要而形成的目的、对自然和社会的认识、计划和观念模型、为实现这些计划和观念模型所必需的物质手段、物质的结果、由对物质的反映而产生的精神性结果。实践既不是纯客观的活动,也不是纯主观的活动,而是主观见之于客观、客观又转化为主观的主观与客观相统一的活动。

就实践特性的理解而言,主要有三种观点。

其一,直接现实性和主观能动性、客观物质性和社会历史性是实践的基本属性。实践是自然性和社会性的统一、主体性和客体性的统一、目的性和无目的性的统一、感性和理性的统一、群体(社会)性与个体性的统一、受动性和能动性的统一。

其二,实践是主观和客观的具体的统一,具体性是实践的本质特征。只有坚持实践的客观具体性和认识的主观抽象性的观点,才能既把主观与客观、精神与物质、认识与实践区别开来,又能把主观与客观、精神与物质、认识与实践统一起来。

其三,应从社会实践与个人实践的相互关系探讨实践的特性,社会实践的一般特征是实践的共性和普遍性,个人实践在形式、规模和性质上不同于社会实践。社会实践形式与个人实践形式的关系实质上是共性与个性的关系,二者相互依存、相互作用,并在一定条件下相互转化。

正是基于对实践的本质、特性和作用的不同理解,国内学者形成了不同的实践观。

一是主体实践论。持这种观点的学者认为,实践的本质特征在于它的主体性,实践是主体改造客体、以满足自身需要的自觉的、能动的活动,是人的本质力量的对象化。实践范畴是包括唯物主义历史观在内的整个马克思主义哲学的核心范畴、理论基础和逻辑起点,唯物主义历史观对实践范畴的变革基于主体性原则。

二是客观实践论。持这种观点的学者认为,马克思主义哲学对实践的规定是基于客观性原则的,实践的根本属性是客观物质性,实践的主体性归根到底要受客体性的制约;"实践"是马克思主义哲学的基本特征之一,但"实践"不是马克思主义哲学的核心范畴、理论基础和逻辑起点,只有"物质"才是马克思主义哲学的核心观点、理论基础和逻辑起点。实践只是马克思主义哲学的基本特征之一,不能用它来代替马克思主义哲学的其他特征,否则,就不是"实践唯物主义",而是"唯实践主义"。

三是主体与客体统一的实践论。持这种观点的学者认为,对实践的规定应以主体与客体的统一为根本原则。实践的本质特征就是主体性与客体性的统一,实践活动是主体客体化与客体主体化的双向运动。因此,既要反对用主体性统摄客体性,也要反对用客体性统摄主体性,而应既从主体方面,又从客体方面对实践作出全面规定。在马克思主义哲学中,物质和实践具有同等重要的地位,实践和物质一样,也具有存在论或本体论意义,二者共同构成马克思主义哲学的基础。

四是中介实践论。持这种观点的学者认为,实践的根本特征既不是主体性,也不是客体性,而是以扬弃的形式包含并统摄二者的中介,马克思主义哲学对实践的规定是以中介性为原则的;中介性实践是马克思主义哲学的核心和出发点,它不仅是认识论、历史观和价值观的基础,而且也是自然观的基础,只有把实践理解为中介,才能彻底解决马克思主义哲学的自然观、历史观、价值观、认识论相统一的问题。

五是实践超越论。持这种观点的学者认为,实践的根本特征在于超越性,它不仅是造成世界二重化,即造成自在世界与属人世界二重化及其矛盾的根源,更重要的,是解决世界二重化的矛盾、实现二者统一的基础;实践具有超越主体与客体、人与自然对立的超越性本质,主体与客体统一是以超越主体与客体的对立为目的的统一。持这种观点的学者实际上是把实践看成哲学的基石和最高范畴，并把实践的观点作为一种思维方式贯彻到哲学的全部内容中，认为马克思主义哲学既超越了唯心主义，也超越了唯物主义，是一种以实践思维方式为根本特征的实践哲学。

人是实践活动的发动者、组织者和承当者，社会通过人的实践活动而存在和发展，人通过自己的实践活动而形成并确证自己的主体地位。在整个社会历史中，只有人才能成为主体，主体就是从事实践活动的现实的人。主体是现实的人，这是马克思一以贯之的思想，是唯物主义历史观的基本观点。但是，对什么是主体的具体理解，国内学者还是存在分歧，主要有三种观点：一是认为主体是有意识、有目的、能动地认识和改造客体的人，并强调人的能动性，这实际上着眼于作为主体的人与动物的区别；二是认为主体是"历史行动中的人"，是"社会化了的人类"，并强调创造性是主体的本质特征，这实际上是着眼于马克思的主体论与费尔巴哈的主体论的区别；三是认为主体是实践活动的发起者和实施者，是社会关系的创造者和承担者，是物质产品、精神产品的生产者和占有者，其本质特征是社会性、历史性，这实际上着眼于人在社会历史中的地位。

对什么是客体的具体理解，国内学者也存在着分歧，主要有三种观点：一是认为客体是被纳入实践活动、在人的对象性活动中同主体一起构成实践结构的两极，并且同人发生相互作用的事物，既包括自然、"人化自然"，也包括社会关系、社会结构；二是认为客体是人的活动的对象，既包括"非人化自然""人化自然""人自身的自然"，也包括社会关系、社会结构以及思维成果，因为人既是历史的"剧中人"，又是历史的"剧作者"，只有人才是主体与客体的统一；三是认为从客观方面看，客体具有客观性和先在性（给定性），从实践方面看，客体又具有待定性和从属性，即它的自在形式的可变性和暂时性。所以，客体不仅是外在于人的对象，而且是属人的对象，是给定性与待定性、客观性与从属性的统一，而待定性与从属性是客体的本质特征。

就实践主体与客体、历史主体与客体、认识主体与客体三者的关系而言,国内学者的基本观点是一致的,没有什么分歧和争论。全部社会生活在本质上是实践的,历史不过是人的实践活动在时间中的展开,因此,实践活动的主体就是历史活动的主体,实践活动的对象就是历史活动的客体;实践是认识的基础,认识活动又随着历史的发展而发展,只有成为实践活动的主体、历史活动的主体,才能成为认识活动的主体,而纳入实践活动、历史活动范围内的对象也就同时成为认识的客体。无论在本质上,还是在内容上,实践主体与客体、历史主体与客体、认识主体与客体都是同一的。

在对实践范畴的研究中,苏联学者与中国学者的理解大同小异,没有本质的不同。但是,西方学者的理解与国内学者的理解却存在着较大的差异甚至是本质的不同。如果用一个命题来概括西方学者对实践的总体理解,那就是,把实践范畴本体论化。

有的西方学者认为,劳动、实践是包括社会与自然物质变换在内的人的有目的的活动。"人的劳动总是有目的论的——它定下目的,而这个目的是选择的结果。因此人的劳动表达人的自由。但是这种自由的存在,只表现在使服从物质世界因果规律的客观自然力量运转起来。"①"劳动把目的性和因果性之间的以二元论为基础的、统一的相互关系引入了存在之中,而在产生劳动之前,自然界中只有因果过程。因此,这类由两个方面构成的整体,只是在劳动及其社会结果当中,只是在社会实践当中,才现实存在着。这样,改造现实的目的论设定所具有的那种模式,就成了人类每一个社会实践的本体论基础。"②在社会存在中,实践,尤其是作为"第一实践"的劳动始终处于基础、核心的地位。整个社会存在,就其基本的本体论特征而言,正是建立在人类实践的目的性设定的基础上。"恰恰是马克思关于作为通过目的论而造出的存在物的唯一实存形式的劳动的

①［匈］卢卡奇:《卢卡奇自传》,杜章智编,社会科学文献出版社1993年版,第294页。
②［匈］卢卡奇著、［德］本泽勒编:《关于社会存在的本体论·上卷——社会存在本体论引论》,第11页。

理论,才第一次论证了社会存在的特性。"①正是在这个意义上,社会存在本体论就是实践本体论。

持这种观点的学者用总体性原则解释实践,把物质"融化"到实践中,认为在社会领域甚至自然界的一切变化中,都贯穿着主体的实践活动,离开了这种创造活动什么都不会发生;劳动是一切社会实践的模型,是社会存在的基本形式,这种实践的社会存在属于本体论范畴;实践就是人们"总体"地改造自然和社会的活动,整个周围的世界都是实践的产物,历史主体与客体及其相互作用是在实践中生成、体现和完成的,实践是社会存在的基础和根源,即社会存在本体论。这种观点的主要代表人物就是西方马克思主义的创始人卢卡奇。

在马克思主义哲学史上,卢卡奇的最重要贡献,就是"重新把实践的因素提到了马克思主义哲学的注意中心和主干的地位"②,确认现实世界中的自然是一个社会范畴,确认实践的本体论意义,确认实践的观点是马克思主义哲学的理论基础,并把马克思主义哲学的本体论规定为社会存在本体论,即实践本体论。卢卡奇也自我评价道:"遵循马克思的思想,我把本体论设想为哲学本身,但是是在历史基础之上的哲学。从历史上说,不可能有任何怀疑,先有非有机生命,从这当中产生出有机生命……从这种生物状况,经过无数的过渡,然后产生出我们所知道的人类社会,它的本质就是人的有目的的行动,也就是劳动。这是最主要的新范畴,因为它把一切都包括在内。"③这一观点正确而深刻,而且同马克思的观点是一致的。在《关于费尔巴哈的提纲》中,马克思指出:"全部社会生活在本质上是实践的。凡是把理论引向神秘主义的神秘东西,都能在人的实践中以及对这个实践的理解中得到合理的解决。"④

---

① [匈]卢卡奇著、[德]本泽勒编:《关于社会存在的本体论·下卷——若干最重要的综合问题》,白锡堃、张西平、李秋零等译,重庆出版社1993年版,第24页。
② [南斯拉夫]弗兰尼茨基:《马克思主义史》Ⅱ,胡文建等译,人民出版社1988年版,第101页。
③ [匈]卢卡奇:《卢卡奇自传》,第203页。
④ 《马克思恩格斯选集》第1卷,第56页。

有的西方学者认为,马克思主义哲学就是"实践哲学",是立足于实践的人类社会的"实践一元论"。"实践一元论"的"实践"是同某种组织起来的、历史化的"物质",同被人所改变了的自然不可分割地联系在一起的人类具体活动,是历史—精神对立面的统一;主体与客体,精神与物质,思维与存在,生产力与生产关系,经济基础与上层建筑,都是辩证地统一于人的实践活动中的。"实践哲学"或"实践一元论"强调的不是物质世界对人类活动的决定作用,而是人类活动对物质世界的改造作用。持这种观点的主要代表是西方马克思主义的另一创始人葛兰西。

有的西方学者认为,对历史唯物主义来说,实践的观点是基本的观点。这是因为,实践是人们创造对象的活动,正是在实践过程中,人们依据一定的条件实现自己的个人"计划",使自己得以"存在",并且创造了自己的生活;实践以"物质动因"为前提,在"物质世界"中展开,在"物质对象"中实现,从而实现"物质的人化"和"实践的物化";"物质化的实践"是"自在—自为"的活动,其意义就在于,以物质的手段影响物质,"加工物质",是人与世界的"直接关系",并通过人对自然的作用,形成人与人之间关系的"最初形式",因而是历史的基本"发动机"。

持这种观点的学者认为,正因为实践是物质的,而且是在物质世界中展开的,所以,"惰性"因素就会进入个人的自由活动,从而使实践成为"惰性的实践"。这种"惰性的实践"不仅按照外部必然性而发展,更重要的是,在这种"惰性的实践"中,外部必然性吞食了有计划、有目的的结构,人通过"总体化"而构成的对象成为一种被动的"总体性",这种被构成的对象反过来又构成对人的本身的障碍、威胁,甚至否定人,人的实践由此成为"反实践性"的王国。因此,在实践活动中。真正有意义的是人的意识活动。人是以他的"计划"规定自己的,"因为我们是人,我们生活在人的、工作的和矛盾的世界里,我们周围的一切对象都是符号……意义来自人和他的计划,但是它们到处烙印在物件和物件的布置之中。在一切时刻,一切永远是赋予意义者,同时意义向我们揭示了人们和我们的社会结构之中的人与人的关系。但是这些意义只在我们自己是赋予意义者的情况下才向我们显示出来"①。显然,这里存在着意识规定存在的主观主义倾向及其本体论主张。

持这种观点的学者还根据所谓的"惰性的程度"把实践划分为两种基本形式,即个人实践和社会(集团)实践。个人实践是由个人的需要发动的,指向"匮乏"的消除,"惰性因素"最少,总体上是一种自由的活动;社会实践是因共同的目的结合而成的个人活动,不同程度地受到"惰性因素"的制约;个人实践是"原始的辩证运动",是"构成的辩证法",社会实践则是"派生的辩证法",是"被构成的辩证法";整个的历史进程植根于个人的实践活动,一切辩证法都是建立在个人实践基础之上的,而个人实践本身就是辩证的,"辩证法从其本身说来乃是实践的发展"②。一言以蔽之,"辩证法就是实践"。这种观点的主要代表是存在主义的马克思主义者萨特。

萨特对实践范畴的理解的确有其正确、深刻之处,但也存在着片面、错误之处,这就是,萨特始终没有通过实践的观点扬弃主体与客体、主观与客观、意识与物质、人的活动能动性与外部世界的客观性的矛盾。用沙夫的话来说,这是一种"毁灭性的内在矛盾"。正是这种"毁灭性的内在矛盾"使萨特的实践观点成为彼此尖锐对立的碎片而存在。

同时,萨特对实践范畴的理解的确与历史唯物主义有一致的地方,但也的确存在着与历史唯物主义不一致甚至相背离的地方。"历史唯物主义提供了对历史的唯一合理的解释"③,萨特被历史唯物主义的科学魅力所吸引,的确在他的实践观点中吸纳了马克思实践观点的一些因素,尤其是对象化观点,但他又的确固守着存在主义的根本观点,即意识赋予自在的存在以意义,并认为存在主义对"存在的理解把自己看作是马克思主义

---

① [法]萨特尔:《辩证理性批判》第一分册,第115页。
② [法]萨特尔:《辩证理性批判》第一分册,第126页。
③ [法]萨特尔:《辩证理性批判》第一分册,第18页。

的人学的人的基础"①。这样一来,产生的不是"马克思主义内部的存在主义",而是存在主义的马克思主义。从认识论看,造成这种状况的根本原因,就在于萨特"调和"历史唯物主义与存在主义。实际上,这同样是萨特的实践观点以至整个存在主义的马克思主义存在着的"毁灭性的内在矛盾"。

有的西方学者认为,实践具有"首要性",社会存在的一切方面都是不同的实践来确定的。从实际上看,不存在什么一般实践,存在的只是不同的特殊实践,即经济实践、政治实践、意识形态实践、科学实践等;从理论上看,存在着把不同的特殊实践的共同点概括起来的一般实践,即任何把所予的原料改造成一定产物的过程,一种由人类劳动并使用一定的劳动手段所完成的改造原料活动。在这种设想的一般实践中,决定性的因素既不是原料,也不是产品,而是创造性劳动这一因素,尤其是理论实践可以产生创造性的知识;与经济实践、政治实践不同,理论实践所用的原料不是客观实在本身,而是由过去的实践得出的抽象概念构成的,最后得出的产品是具体表现在知识中的科学概念。这种观点的主要代表是结构主义的马克思主义者阿尔都塞。

东欧学者对实践范畴的理解与西方学者、苏联学者、中国学者对实践范畴的理解,既有相同之处,又有不同之点,体现出一种独特的观点。

南斯拉夫"实践派"认为:"实践是人的一种理想活动,是人实现其生命的最理想的潜在可能性的一种活动。"②从根本上说,实践是人的自我肯定和自我实现,是人的本质力量对象化的活动,正是实践建立起人与自然、人与人之间的现实关系,从而使人成为"类存在";实践是在发现自然规律和社会结构的基础上有目的的活动,实践活动的目的在其本身,实践本身由此变成了一种目的;实践是自由的活动,既摆脱了外界的强制,又是为了"自我完成",只有当劳动、物质生产是自由选择的,并为自我表现

---

① [法] 萨特尔:《辩证理性批判》第一分册,第 129 页。
② 中国社会科学院哲学研究所《哲学译丛》编辑部编译:《南斯拉夫哲学论文集》,第266 页。

和自我实现提供机会时，才能成为实践，"实践具有根本的价值，同时又是对其他一切活动形式进行批判的标准"①；人的存在既不是精神的，也不是物质的，而是实践，"世界的统一性不在于它的物质性，而在于实践，马克思主义是实践一元论而不是物质的一元论"②。

南斯拉夫"辩证唯物主义派"认为，实践是人们直接改造世界使之适应自身需求的对象性活动。作为对象性活动，实践需要前提，需要活动的对象，活动结果以一种"对象世界"的方式展现在人的面前，"对象化的活动"表明，实践是一种客观过程；同时，实践又是一种主观过程，即是一种"自觉的、合目的的活动"，"与世界的自发过程不同，与植物和动物的不自觉的合乎目的的活动不同，人的实践不仅是客观的过程，而且也是主观的过程——观念的、精神的活动，主体为了满足某种自己的从而归根到底也是社会的需求而将一定的意图付诸实现"③；实践是人存在的基础，但不是人存在本身，更不是世界的本质，实践"只为自然及其客观性中与人类有关的范围以及在客观必然性基础上的创造活动"④。因此，实践"不是第一性的一般概念。问题在于：实践需要前提，必须对实践进行本体论的论证"⑤。这就是说，在"辩证唯物主义派"看来，实践本身并不具有本体论的地位和意义。

20 世纪 60 年代，在东德哲学界曾发生了一场"实践论争"，这场论争实际上是东德学者重新探讨实践范畴的内涵。

1961 年 11 月，克劳斯、维蒂希在东德的《德意志哲学杂志》上发表了《关于实践和认识关系的若干问题》一文。在这篇文章中，克劳斯、维蒂希

① ［南斯拉夫］马尔科维奇：《南斯拉夫的马克思主义哲学——"实践派"》，张伯霖译，《哲学译丛》1981 年第 2 期。
② 贾泽林：《南斯拉夫当代哲学》，第 121 页。
③ 中国社会科学院哲学研究所《哲学译丛》编辑部编译：《南斯拉夫哲学论文集》，第 367—368 页。
④ 中国社会科学院哲学研究所《哲学译丛》编辑部编译：《南斯拉夫哲学论文集》，第 350 页。
⑤ 引自［苏联］梅斯里夫钦科主编：《当代国外马克思列宁主义哲学》上册，中共中央马恩列斯著作编译局译，社会科学文献出版社 1986 年版，第 327 页。

指出,生产活动或物质活动并不是实践的唯一形式,政治活动、教育活动、艺术活动是实践形式,"能动的理论活动"也是实践形式,而且是"真正的实践形式"。这是因为,不是生产实践,而是"从实践那里导引出来的各种实践形式的独特性才是与此相关的认识的直接基础、直接目标和直接的真理性标准"。因此,"所谓实践,就是成为认识的直接基础、直接目标、直接的真理性标准的那种一切物质的以及观念的活动"①。

从构成认识的"直接基础""直接目标""直接的真理性标准"来定义实践范畴,认为实践是与此相关的物质活动和观念(理论)活动,是这种观点的核心。这种观点实际上是立足于思维与存在的关系问题,仅仅是在认识论范围内讨论、定义实践范畴的,其根本的局限就在于:忽视了马克思是从"对象、现实、感性"何以成为这样的存在,从现存世界的基础、社会生活的本质、人的存在方式这些具有本体论意义的根本点上规定实践范畴的。在马克思主义哲学中,"实践"不仅具有认识论意义,更重要的是,具有本体论意义。

正因为如此,克劳斯、维蒂希的观点受到其他东德学者的批评。有的东德学者认为,把实践范畴局限在认识论的范围内,实际上是割裂了历史唯物主义和认识论之间的"活生生的联系",为了科学地解答思维与存在、理论与实践的关系问题,就需要从概念上把握人的感性的、对象化活动对意识、人的主体性的生成和发展的根本性作用,需要把握人的感性的、对象化活动的社会本性。"只有劳动才能第一次构成思维和存在的总体关系,并能不断地维持这种关系。"②"实践不仅处于历史唯物主义的中心地位",而且是"整个马克思主义哲学的中心范畴"。这种观点的主要代表是塞迪尔。

有的东德学者认为,物质、实践、意识这三个范畴是同一层次的范畴,构成了马克思主义哲学的根本性的、规定体系的范畴:物质是不依赖人的

① 李成鼎等:《当代哲学思潮述评——日本学者的有关评价》,求实出版社 1984 年版,第62 页。
② 李成鼎等:《当代哲学思潮述评——日本学者的有关评价》,第 74 页。

意识而运动的、原始的"自动因"；实践是"物质的最高运动形态——社会的物质存在方式"；意识则是在实践的媒介下才得以发生、发展。持这种观点的学者认为，实践是对象化的活动，人与世界的根本关系是"实践—对象"的关系，劳动决定、规定人的其他一切活动形式，从而构成了人与世界的根本关系；"只有实践的活动才给我们介绍一切科学的各种对象，才给我们介绍哲学的对象"，所有哲学问题的合理解决都是以"社会实践和从概念上把握实践"为前提的，"马克思和恩格斯的新世界观、马克思主义的唯物主义是把人类和人类活动、社会生活过程作为出发点和中心点的"，"人类和人类社会实践才是马克思主义哲学的最中心的内容"。① 这种观点的主要代表是柯辛。

以"物质"为出发点理解实践、意识和以"实践"为出发点理解和解答一切的哲学问题，显然存在着内在的逻辑矛盾。更重要的是，把物质、实践、意识作为马克思主义哲学的三个"根本范畴"，实际上是从自然史的角度，从作为"始基"的物质出发去理解和把握物质、实践、意识的关系，本质上是一种自然主义观点，或者说，是一种自然主义历史观。实际上，柯辛的这种观点正是马克思所批评的那种以"抽象的物质"为出发点的"抽象的唯物主义"。一言以蔽之，这是一种自然主义的观点。"这种观点还不过是一种自然史的观点，还没有上升到概括性的自然史的世界观。为了达到自然史的世界观，必须进一步从自然史的角度分别研究自然——社会——思维的全过程。依我所见，柯辛没有说到强调自然史的世界观的程度。"②

二、社会存在、社会意识与物质的社会关系、思想的社会关系

海德格尔曾经指出，存在问题"应当成为并且应当始终保持为分析工

---

① 李成鼎等：《当代哲学思潮述评——日本学者的有关评价》，第 104、101 页。
② 李成鼎等：《当代哲学思潮述评——日本学者的有关评价》，第 83—84 页。

作的突出课题即'哲学家的事业'"①。的确如此,任何一个哲学家都自觉不自觉地关注存在问题,任何一种哲学都有自己的存在理论。社会存在理论就是唯物主义历史观的独特的存在理论,社会存在范畴就是马克思在创立唯物主义历史观过程中所制定的独特的哲学范畴。

从马克思主义的历史看,在1845—1846年的《德意志意识形态》中,马克思提出了"人们的存在"这一概念,并对这一概念作出解释,即"意识在任何的时候都只能是被意识到了的存在,而人们的存在就是他们的实际生活的过程"②。马克思在这里所说的人们的"实际生活的过程"实际上就是"物质生活的生产方式"。按照马克思的观点,"生产方式不仅应当从它是个人肉体存在的再生产这方面来加以考察。它在更大程度上是这些个人的一定的活动方式、表现他们生活的一定形式、他们的一定的生活方式"③。因此,马克思在这里所说的"存在"实际上就是"社会存在"。在1848年的《共产党宣言》中,马克思首次明确提出"社会存在"这一范畴:"人们的观念、观点和概念,一句话,人们的意识,随着人们的生活条件、人们的社会关系、人们的社会存在的改变而改变。"④在1859年的《〈政治经济学批判〉序言》中,马克思再次使用"社会存在"这一范畴,并指出:"物质生活的生产方式制约着整个社会生活、政治生活和精神生活的过程。不是人们的意识决定人们的存在,相反,是人们的社会存在决定人们的意识。"⑤

可以看出,唯物主义历史观的"社会存在"主要是指"物质生活的生产方式",其中,既包括生产力,也包括生产关系;既包括被纳入人的实践活动范围、进入社会生活领域的自然物质,又包括社会的"物质关系";既包括人与自然的实践关系,又包括人与人的社会关系,而且这两种关系相互

---

① [德]海德格尔:《存在与时间》,第6页。
② 《马克思恩格斯全集》第3卷,第29页。
③ 《马克思恩格斯全集》第3卷,第24页。
④ 《马克思恩格斯选集》第1卷,第291页。
⑤ 《马克思恩格斯选集》第2卷,第32页。

制约。正如马克思所说,"只要有人存在,自然史和人类史就彼此相互制约","自然界和人的同一性也表现在:人们对自然界的狭隘的关系决定着他们之间的狭隘的关系,而他们之间的狭隘的关系又决定着他们对自然界的狭隘的关系"①。正因为社会存在包含着自然物质,社会存在"可感觉";正因为社会存在包含着社会关系,并使其中的自然物质具有了社会关系的内涵,所以,社会存在又"超感觉"。概而言之,社会存在就是在人的实践活动中生成的、具有社会关系内涵的"可感觉而又超感觉的物或社会的物"②。

马克思对存在的理解是极其深刻的。海德格尔把柏拉图以来的"形而上学"时代称为"存在的遗忘的时代",并认为"形而上学不断以各种不同的方式说到存在。形而上学表示并似乎确定,它询问并回答了存在问题。实际上形而上学从来没有解答过这种问题,因为它从来没有追问过这个问题。当它涉及存在时,只是把存在想象为存在着。虽然它涉及存在,指的却是一切存在者。自始至终,形而上学的各种命题总是把存在者和存在相互混淆……由于这种混淆,所谓形而上学提出存在说法使我们陷入完全错误的境地"③;马克思完成了对"形而上学"的"颠倒",在唯物主义历史观中,"一切存在者都表现为劳动的材料"④,这就使存在从存在者中显露出来了,从而使"隐蔽"着的存在的意义显露出来了,正因为如此,"马克思在体会到异化的时候深入到历史的本质性维度中去了。所以马克思主义关于历史的观点比其余的历史学优越"⑤。在海德格尔看来,对于存在,历史唯物主义的理解比存在主义更深刻。

马克思对存在的理解极为深刻。然而,马克思又没有写出系统论述存在或社会存在的专门著作,甚至没有在他的著作中留下专门的篇章论

---

① 《马克思恩格斯选集》第 1 卷,第 66、82 页。
② 《马克思恩格斯全集》第 23 卷,第 89 页。
③ 〔德〕海德格尔:《回到形而上学基础之路》,载〔美〕W.考夫曼编著:《存在主义》,陈鼓应、孟祥森、刘崎译,商务印书馆 1987 年版,第 219 页。
④ 〔德〕海德格尔:《路标》,第 404 页。
⑤ 《海德格尔选集》上,第 383 页。

述存在或社会存在问题。正如卢卡奇所说："一方面,任何一个马克思著作的公正读者都必然会觉察到,如果对马克思所有具体论述都给予正确的理解,而不带通常那种偏见的话,他的这些论述在最终的意义上都是直接关于存在的论述,即它们都纯粹是本体论的。然而,另一方面,在马克思那里又找不到本体论问题的专门论述。对于规定本体论在思维中的地位,划清它和认识论、逻辑学等的界限,马克思从未着手做出成体系的或者系统的表态。"①正因为如此,后辈马克思主义者、学者对社会存在的理解就产生了分歧和争论。就国内哲学界而言,20 世纪 50 年代,学者们就对如何理解和把握"社会存在"产生过争论;80 年代至今,对"社会存在"的讨论进一步展开。从总体上看,讨论主要是围绕下列问题展开的。

其一,关于社会存在是否包含地理环境和人口因素。

第一种观点认为,社会存在就是社会物质生活条件的总和,主要内容是物质生活的生产方式、地理环境和人口。其中,最主要的是物质生活的生产方式,同时,地理环境和人口也是社会存在的必不可少的物质条件。如果忽视这两个物质条件,就不可能坚持唯物主义历史观。

第二种观点认为,社会存在就是指物质生活的生产方式,不包含地理环境和人口因素。地理环境是不依赖于任何人、任何阶级意志为转移的客观实在,但它并不属于社会现象,并不是社会得以存在和发展的根据;人口属于社会现象,但它并不能决定社会意识,因而也不能归入社会存在。如果把地理环境和人口纳入社会存在,就会动摇唯物主义历史观的一元论。

第三种观点认为,地理环境和人口本身就是物质生活生产方式必不可少的因素,地理环境一旦被纳入生产方式,就成为劳动对象,并被加以改造转化为社会现象,因而就从自然存在转化为社会存在的一部分;人口中的劳动者,既是生产力的主体,又是生产关系的承担者,在这个意义上,

---

① ［匈］卢卡奇著、［德］本泽勒编:《关于社会存在的本体论·上卷——社会存在本体论引论》,第 637 页。

也属于社会存在。

其二,关于上层建筑是否属于社会存在。

第一种观点认为,社会存在是相对于社会意识而言的,是指人们的实际生活过程,不仅包括生产关系,即经济关系,而且包括受经济关系制约的政治关系、法权关系、家庭关系等社会关系。在这个意义上,政治的上层建筑属于社会存在。

第二种观点认为,上层建筑和经济基础同属于社会存在。上层建筑仅仅是指政权机构及其措施,意识形态不属于上层建筑,而是与上层建筑平行,并建立在经济基础之上的。所以,马克思在《〈政治经济学批判〉序言》中指出:"这些生产关系的总和构成社会的经济结构,即有法律的和政治的上层建筑竖立其上并有一定的社会意识形式与之相适应的现实基础。"①上层建筑(政权机构及其措施)同意识形态的关系是社会存在与社会意识的关系。

第三种观点认为,社会存在是指社会生活的物质方面,是不以人的意识为转移的物质关系,不能把具有物质外壳、物质附属物的思想关系,或者把客观化的社会意识归为社会存在。政治上层建筑及其措施,都是一定阶级意志的体现,是一定阶级为了维护其利益的手段,根源于社会的物质生活,其本质是"第二性"的东西,不属于社会存在。如果把政治上层建筑纳入社会存在,就会混淆物质的社会关系与思想的社会关系。

其三,关于自然存在、社会存在、存在的关系。

第一种观点认为,社会存在是相对于自然存在而言的。整个世界可分为自然和社会两个基本领域,这两个基本领域的物质在其形态、结构、属性、运动形式、演变规律等方面都是互不相同、各具特点的。与此相应,要用"自然存在"与"社会存在"这两个概念去概括这两个基本领域的物质。存在是一般概念或属概念,自然存在与社会存在是特殊概念或种概念。

---

① 《马克思恩格斯选集》第 2 卷,第 32 页。

第二种观点认为，社会存在就是社会物质，它以自然物质为基础，并保留着自然物质的本性，客观实在性是社会物质与自然物质的共性。存在(物质)是对自然存在(自然物质)与社会存在(社会物质)的抽象和概括，社会存在则是物质的特殊形式——社会物质，存在与社会存在的关系是一般与个别的关系。如果否认社会存在是物质，也就否定了世界的统一性在于它的物质性。

第三种观点认为，社会存在是物质世界发展到高级阶段的存在形式，它既不能离开自然物质，又不能归结为自然物质；社会存在依附于物质，但它本身又不是物质。社会存在的本质，不是物质实体，而是社会的物质关系。

第四种观点认为，"自然物质"的提法混淆了物质与物质的自然形态的关系，"社会物质"概念也是与"社会存在"概念的本意相违背的。马克思提出"社会存在"概念，是从物质与意识之间决定与被决定关系的角度解答历史观基本问题的，并没有再提出一个"自然物质"与意识相对应，也没有再提出一个"社会物质"与社会意识相对应。

第五种观点认为，社会存在与自然存在和社会物质与自然物质是同一序列、同等程度的概念。可以根据与社会生活的关系把自然存在分为两个部分：一是尚未进入社会生活的自然存在(自然物质)；二是进入社会生活的自然存在(自然物质)，这一部分自然存在(自然物质)是通过人的实践活动进入社会生活的，并具有社会关系的内涵，因而转化为社会存在。在现实世界中，自然存在与社会存在不是互不相干、各自独立的两个部分，而是高度统一、融为一体的，即自然存在已经转化为社会存在。在唯物主义历史观中，存在就是指社会存在，存在与社会存在是同一概念。

认为物质资料的生产方式、地理环境、人口构成了社会存在，这一观点的主要理论依据是斯大林关于"社会物质生活条件"的论述。在《论辩证唯物主义和历史唯物主义》中，斯大林在论述决定社会面貌、思想观念和政治设施的"社会物质生活条件"时明确提出，"'社会物质生活条件'这一概念无疑包括社会所处的自然环境，即地理环境"，"人口的增长，人口密度的大小，无疑也包括在'社会物质生活条件'这一概念中"，而在"社会物质生活条件体系"中，主要力量则是"物质资料的生产方式"。① 问题在于，斯大林是脱离了生产方式来孤立地考察自然环境和人口的，同时，又是脱离了自然环境和人口，孤立地考察生产方式的，生产方式成了一种既无客体、又无主体的神秘的运动。

实际上，自然环境只有通过人们的物质生活的生产方式才能进入社会，才能转变为"社会物质生活条件"，才能从纯粹的自然存在转变为社会存在，才能成为人类社会的"环境"，即成为人们"周围的感性世界"②。正因为如此，马克思指出："任何历史记载都应当从这些自然基础以及它们在历史进程中由于人们的活动而发生的变更出发。"③人口同样与物质生活的生产方式密切相关。"生产第一次是随着人口的增长而开始的"④，生产效率的提高、需要的增长都同人的增多相关。但是，"人口的增长、人口密度的大小"不是一个单纯的生物学问题，而是一个社会问题。从根本上说，"人口的增长、人口密度的大小"受制于物质生活的生产方式，不存在"抽象的人口规律"，"每一种特殊的、历史的生产方式都有其特殊的、历史地起作用的人口规律"⑤。因此，人口本身并不属于"社会物质生活条件"，即社会存在，而是属于社会历史的"前提"。物质生活的生产方式从根本上决定着整个社会生活、政治生活和精神的过程。只有物质生活的生产方式才构成了社会物质生活条件，即社会存在。

社会存在不等于物质实体，也不等于抽象的物质关系，而是物质实体和物质关系的统一。在社会存在中，物质实体承载着物质关系，物质关系体现在物质实体上，或者说，自然物质承载着社会的生产关系，社会的生产关系体现在自然物质上，社会存在中的自然物质因此具有社会关系的内涵。所以，马克思指出："资本不是物，而是一定的、社会的、属于一定历

---

① 《斯大林选集》下卷，第 440、441 页。
② 《马克思恩格斯全集》第 3 卷，第 48 页。
③ 《马克思恩格斯全集》第 3 卷，第 23—24 页。
④ 《马克思恩格斯全集》第 3 卷，第 24 页。
⑤ 《马克思恩格斯全集》第 23 卷，第 692 页。

史社会形态的生产关系,它体现在一个物上,并赋予这个物以特有的社会性质。"①正因为如此,马克思提出了"自在自然"与"人化自然"、"自然的历史"与"历史的自然"、"自然物质"与"社会物质"、"自然存在"与"社会存在"这几对范畴,并认为作为自然物质与社会生产关系统一的社会存在是"可感觉而又超感觉的物或社会的物"。在唯物主义历史观中,"社会存在"既是同"意识"相对应的,又是同"自然存在"相对应的。

作为社会的存在和发展的基础。社会存在既不包括意识形态,即观念的上层建筑,也不包括政治的上层建筑。无论是意识形态,还是政治关系,都不是社会的存在和发展的基础,政治关系当然影响意识形态,意识形态之所以是意识形态,就是因为它具有政治性。但是,政治关系不是意识形态产生与演变的基础和决定性因素,而是同意识形态一样,也是经济关系的产物,政治是经济的集中体现。政治的上层建筑不属于社会存在。

同时,认为上层建筑仅仅是指政治关系,不包括意识形态,意识形态是和上层建筑平行的社会领域,并不符合马克思的观点。在《德意志意识形态》中,马克思明确提出"观念的上层建筑"这一概念,并指出:经济关系"在一切时代都构成国家的基础以及任何其他的观念的上层建筑的基础"②。在《路易·波拿巴的雾月十八日》中,马克思明确地把意识形态归属于上层建筑,并指出:"在不同的占有形式上,在社会生存条件上,耸立着由各种不同的、表现独特的情感、幻想、思想方式和人生观构成的整个上层建筑。"③在《〈政治经济学批判〉序言》中,马克思明确提出"政治的上层建筑"这一概念,并把"政治的上层建筑"和"社会意识形式"都归入"全部庞大的上层建筑",明确指出:"随着经济基础的变更,全部庞大的上层建筑也或慢或快地发生变革。"④因此,意识形态属于上层建筑,是观念的上层建筑。而无论是观念的上层建筑,还是政治的上层建筑,都不属于社

---

① 《马克思恩格斯全集》第 25 卷,第 920 页。
② 《马克思恩格斯全集》第 3 卷,第 41 页。
③ 《马克思恩格斯选集》第 1 卷,第 611 页。
④ 《马克思恩格斯选集》第 2 卷,第 33 页。

会存在。

就社会存在而言,苏联、东欧学者的理解与中国学者的理解大同小异,没有本质的区别。西方学者则很少直接研究社会存在问题,即使存在主义关注"此在""人的存在",但这种"此在""人的存在"与唯物主义历史观中的"社会存在"并不是同一概念。在对社会存在的研究中,值得高度关注、认真对待的,是西方马克思主义创始人卢卡奇的社会存在思想。

20 世纪 70 年代,卢卡奇写下了专门阐述社会存在的鸿篇巨制——《关于社会存在的本体论》,深刻而全面地阐述了唯物主义历史观的社会存在理论。按照卢卡奇的观点,在马克思的著作中,所有具体的论述"在最终的意义上都是直接关于存在的论述,即它们都纯粹是本体论的","从来没有人象马克思那样全面地研究过社会存在本体论"①;"本体论是马克思主义的真正哲学基础"②,而《资本论》阐述了社会存在的具体的总体性,"一再开启了对社会存在的总体性的具有本体论类型的基本展望"③,《关于社会存在本体论》就是要"写出马克思主义本体论的原则"④,从而以社会存在为中心范畴重释历史唯物主义,以社会存在本体论为理论基础"重建马克思主义"。

卢卡奇之所以把这部"他一生中最重要的著作"定名为"关于社会存在的本体论"是有深刻含义的:用"社会"存在表明历史唯物主义中的存在是社会存在,而不是自然存在;用"本体论"来确定社会存在的属性,表明历史唯物主义中社会存在并不像现象学那样,是经过"悬搁"而留下的"纯粹的存在",而是一种独立于精神的客观存在。按照卢卡奇的观点,社会存在不同于自然存在,但社会存在又不可能脱离自然存在而独立自存,相反。社会存在以自然存在为前提,自然存在构成了社会存在的"不可取

---

① ［匈］卢卡奇著、［德］本泽勒编:《关于社会存在的本体论·上卷——社会存在本体论引论》,第637、370页。
② ［匈］卢卡奇:《卢卡奇自传》,第42页。
③ ［匈］卢卡奇著、［德］本泽勒编:《关于社会存在的本体论·上卷——社会存在本体论引论》,第679页。
④ ［匈］卢卡奇:《卢卡奇自传》,第48页。

消的基础",社会存在以"扬弃"的形式包含着自然存在;从自然存在又不能自动生成社会存在,从自然存在向社会存在的转变,或者说,社会存在生成的决定性因素是劳动或实践,劳动这种具有目的性设定的实践活动,必然把自然存在改造成一种对象性的、具有社会形式和社会关系内涵的社会存在,"由于劳动中目的性设定的行为,社会存在本身也就出现了"①。正因为如此,劳动或实践才是社会存在得以形成和发展的根据、基础和本体,不是别人、别的理论,"恰恰是马克思关于作为目的论而造出的存在物的唯一实存形式的劳动理论,才第一次论证了社会存在的特性"。②

应该说,卢卡奇对社会存在的理解是深刻的,卢卡奇的社会存在本体论思想不仅凸显了历史唯物主义存在范畴的本质特征,而且表明了历史唯物主义的"社会存在"与唯心主义的"抽象存在"、旧唯物主义的"抽象物质",以至整个传统哲学的"终极存在"或"原初物质"的根本区别。正因为如此,卢卡奇的社会存在本体论被誉为"成功地描绘了马克思主义哲学发展的前景"③。

但是,卢卡奇的社会存在本体论又存在着内在逻辑矛盾。具体地说,卢卡奇一方面确认自然存在不能自动生成社会存在,劳动或实践才是社会存在生成的基础,并"决定着全部存在方式",因而成为马克思社会存在本体论的出发点,"只有当我们理解到,社会存在的形成过程、它对自己基础的超越以及获得独立的过程,都是以劳动,就是说,都是以不断实现目的论为基础的,我们才能合理地谈论社会存在"④;另一方面又依据所谓的"发生学的方式"来考察社会存在的生成,认为存在的发展过程是无机的自然存在——有机的自然存在——社会存在,这种不可逆的"历史性"是

---

① [匈]卢卡奇著、[德]本泽勒编:《关于社会存在的本体论·上卷——社会存在本体论引论》,第643页。
② [匈]卢卡奇著、[德]本泽勒编:《关于社会存在的本体论·下卷——若干最重要的综合问题》,第24页。
③ [匈]阿尔马希:《评卢卡奇〈社会存在本体论〉一书》,黄凤炎译,《哲学译丛》1986年第5期。
④ [匈]卢卡奇著、[德]本泽勒编:《关于社会存在的本体论·下卷——若干最重要的综合问题》,第13页。

理解所有问题的"本体论出发点","只有在这样的循序渐进的基础上，才能合理地提出马克思式的关于社会存在的本质和性质的问题"。① 在本体论中，自然存在处于原始地位，自然本体论必定是社会存在本体论的基础。"社会存在本体论中的唯物主义转折是以一种唯物主义的自然本体论为前提的。"②

卢卡奇延续了马克思的实践思维方式，深刻分析了劳动、实践，并以此为基础深刻分析了社会存在及其本体论，不仅为重释历史唯物主义的社会存在范畴，重建马克思主义哲学本体论开辟了新的天和地，而且把现代哲学关于存在问题的思考接上了马克思社会存在思想的源头活水，开辟了现代哲学本体论的新方向。但是，卢卡奇又把自然本体论作为社会存在本体论的基础，不仅与他本人的"自然是社会范畴"的观点相矛盾，而且与马克思的"历史的自然"的思想相背离。马克思当然承认自然界对人类社会的"优先地位"，但马克思关注的不是与人和人的活动无关的自然界，而是在实践活动中生成的"人类学的自然界"，作为人的无机身体的"现实的自然界"，即"历史的自然"；马克思不是从自然存在"推导"出社会存在，而是从社会存在"透视"出自然存在，并认为"被抽象地孤立地理解为、被固定为与人分离的自然界，对人说来也是无"③，是"不存在的存在"。

"把马克思的自然概念从一开始同其他种种自然观区别开来的东西，是马克思自然概念的社会—历史性质。"④施密特的这一见解正确而深刻。忽视、否定马克思自然概念的"社会—历史性质"，必然使唯物主义成为走向"唯心主义方向"⑤的"抽象的唯物主义""抽象的自然科学的唯物主

---

① ［匈］卢卡奇著、［德］本泽勒编：《关于社会存在的本体论·上卷——社会存在本体论引论》，第372页。
② ［匈］卢卡奇著、［德］本泽勒编：《关于社会存在的本体论·上卷——社会存在本体论引论》，第645页。
③ 《马克思恩格斯全集》第42卷，第178页。
④ ［联邦德国］A.施密特：《马克思的自然概念》，第2页。
⑤ 《马克思恩格斯全集》第42卷，第128页。

义"。正如马克思所说:"那种排除历史过程的、抽象的自然科学的唯物主义的缺点,每当它的代表越出自己的专业范围时,就在他们的抽象的和唯心主义的观念中立刻显露出来。"①在自然界对人的"时间先在性"与人对自然界的"为我而存在"的"逻辑先在性"的矛盾面前,卢卡奇显得力不从心了。

社会意识是社会存在的反映,是人们的意识要素、观念形态以及精神现象的总称,其中,观念形态,即意识形态是自觉的、系统化、理论化的社会意识,属于理论意识范畴。"意识形态"又译为"思想体系",从词源上看,是希腊文"ιδεα"(思想、观念)和"λογος"(学说)这两个词合成的,其意是指关于思想、观念的学说,后演变为"思想和观念的体系"。1801 年,法国哲学家、经济学家德·特拉西出版了《意识形态概论》一书,首次使用"意识形态"这一概念。正是在这部著作中,特拉西认为,"意识形态"就是"思想学"或"观念学",是研究在感觉中怎样产生思想,思想怎样形成体系,即研究思想或观念形成的原因和规律的哲学学说。

拿破仑称帝后,同代表政治自由主义的、以特拉西为首的"思想学者"发生思想冲突,并指责"思想学者"所倡导的"意识形态"是"暗淡的形而上学""颠倒的意识""虚假的世界观"。从此以后,"意识形态"就成了"形而上学"、脱离实际的空想、抽象的思辨等虚假意识的代名词,在 19 世纪上半叶具有否定性意义。由此,我们也就不难理解马克思、恩格斯为什么把批判青年黑格尔派、费尔巴哈哲学的著作命名为《德意志意识形态》了。

马克思、恩格斯在两种意义上使用了"意识形态"这一范畴:一是在贬义上用来揭露资产阶级意识,即歪曲现实的"虚假的意识";二是用来概括作为观念上层建筑的社会意识,即反映、体现一定阶级的利益、愿望和要求的思想体系。19 世纪 40 年代,马克思、恩格斯主要是在第一层含义上使用这一范畴的;19 世纪 50 年代开始,马克思、恩格斯主要是在第二层含义上使用这一范畴的。由于第二层含义揭示了意识形态的本质,因此,

---

① 《马克思恩格斯全集》第 23 卷,第 410 页。

经由马克思、恩格斯的重新赋义,"意识形态"本身成了一个中性词,成了唯物主义历史观的一个科学范畴。

苏联、中国学者基本上是按照这两种含义使用"意识形态"这一范畴的。西方学者对意识形态的理解显然不同于苏联、中国学者。西方学者对意识形态的理论理解和阐述的确在某些方面深化了马克思的意识形态理论,但也的确在某些方面偏离了马克思的意识形态理论,或者片面夸大了意识形态的作用,或者以人们的"本能驱动力"为根本点理解意识形态,或者把意识形态同科学绝对对立起来。

有的西方学者认为,任何把意识形态理解为经济过程的机械的、被动的产物的人,都根本没有理解意识形态的本质。在阶级斗争中,意识形态是决定性的。这是因为,任何社会力量在本质上都是精神力量,在资产阶级反对封建主义的斗争中,资产阶级意识形态是决定性的;在无产阶级反对资产阶级的斗争中,无产阶级意识形态是决定性的,而无产阶级的意识形态就是历史唯物主义,这种意识形态决定着无产阶级革命的命运;历史唯物主义又是无产阶级的"阶级意识",凭借这种"阶级意识",无产阶级就能够理解历史的真正动力,从而消除物化现象;作为主体—客体同一的无产阶级,其"阶级意识"是具有改变现存事物能力的"实践意识",因此,"意识的改造就是革命过程本身"。这种观点的主要代表是卢卡奇。

有的西方学者把意识形态划分为"有机的意识形态"和"任意的意识形态",并认为前者是一定的经济结构和政治结构所必需的,后者是个人的思辨和意图。持这种观点的学者认为,意识形态是一种明确的思想体系,是一种表现在艺术、法律、经济活动以及个人和集体生活现象中的世界观;意识形态不是停留在纯思辨的理论,而是具有一种灌输思想和支配人们行为倾向的功能,是世界观和行为准则的统一体;"有机的意识形态"能够使民众组织化,并能使自身转化为明确的行为倾向,从而成为各种社会事件的根源;人们不可能无意识、没有一定倾向地去行动和选择,意识形态正是人们自觉认识到自己的地位、斗争等行为的知识领域。这种观点的主要代表是葛兰西。

有的西方学者认为，意识形态是人们的本能驱动力、利益、需要和愿望的产物，这些本能、利益、需要等大部分以意识形态的文饰作用无意识地表现出来，虽然人的本能驱动力是在生物本能基础上发展的，但人的本能驱动力的内容却在很大程度上受到个人经济状况的影响和制约。因此，为了深刻理解意识形态的形成和本质，"历史唯物主义迫切需要一门心理学，一门关于人的心理结构的科学；而精神分析学则是向历史唯物主义提供的真正可用的心理学的第一个严谨的体系"①。持这种观点的学者在"综合"了精神分析学和历史唯物主义的基础上，建立了所谓的"分析的社会心理学"，提出了"社会性格"和"社会无意识"这两个概念，并认为这两个概念揭示了在经济基础和意识形态之间起着决定性的中介作用的因素，展示了经济状况是怎样通过人的本能驱动力转化为意识形态的，从而使我们能够充分理解"意识形态的上层建筑"。这种观点的主要代表是弗洛姆（也译作弗罗姆）。

有的西方学者把意识形态和科学对立起来，认为"作为表象体系的意识形态之所以不同于科学，是因为在意识形态中，实践的和社会的职能压倒理论的职能"②。意识形态是具有独特逻辑和独特结构的表象体系，从积极的方面说，意识形态不是胡言乱语，也不是历史的寄生赘瘤，而是社会生活的一种基本结构，是影响历史发展的工具，如共产主义人道主义就是积极的意识形态；从消极的方面说，在意识形态中，真实的关系不可避免地被纳入到想象的关系中，更多地表现为一种意志、一种希望或一种留恋，而不是对现实的真实描绘。就表现形式而言，意识形态不是作为一种意识形式，而是作为一种文化客体和社会结构强迫人们接受和忍受的，它对人们施加影响的方式是无意识的。这种观点的主要代表是阿尔都塞。

社会存在与社会意识和物质的社会关系与思想的社会关系密切相关。这两对范畴属于同一系列，但又不完全等同。在《什么是"人民之友"

---

① ［美］埃里希·弗罗姆：《精神分析的危机》，许俊达、许俊农译，国际文化出版公司1988年版，第137页。
② ［法］路易·阿尔都塞：《保卫马克思》，第228页。

以及他们如何攻击社会民主党人？》一书中，列宁首先把社会关系区分为物质的社会关系与思想的社会关系两种类型，明确指出，"为了'阐明'历史，不要在思想的社会关系中，而要在物质的社会关系中去寻找基础"，马克思、恩格斯的"基本思想是把社会关系分成物质的社会关系和思想的社会关系。思想的社会关系不过是物质的社会关系的上层建筑，而物质的社会关系是不以人的意志和意识为转移而形成的，是人维持生存的活动的（结果）形式"。①

研读列宁的著作可以看出，物质的社会关系是指人们在物质生产过程中结成的生产关系，是一种不依赖于社会意识的客观存在；思想的社会关系则是通过人们的意识活动而形成的关系，包括政治法律关系、观念文化关系、伦理道德关系等，这些思想关系都是在一定的物质的社会关系的基础上发生的。正如列宁所说，思想的社会关系是"通过人们的意识而形成的社会关系"，物质的社会关系是"不通过人们的意识而形成的社会关系：人们在交换产品时彼此发生生产关系，甚至都没有意识到这里存在着社会生产关系"。② 但是，列宁所说的"物质的社会关系"和马克思所说的"社会的物质关系"既有相同之处，又有不同之点。具体地说，列宁所说的"物质的社会关系"仅仅是指生产关系，而马克思所说的"社会的物质关系"不仅包括人与人之间的生产关系，而且包括人与自然之间的物质变换关系。如前所述，在马克思看来，这两种关系本身又是相互制约的。

三、物质生产、人自身生产、精神生产

在唯物主义历史观中，生产有狭义和广义之分：广义的生产包括物质生产、人自身生产和精神生产；狭义的生产，就是指物质生产，即生产生产资料和生活资料的活动，这是唯物主义历史观"生产"范畴的主要的、基本

---

① 《列宁选集》第 1 卷，第 18、19 页。
② 《列宁选集》第 1 卷，第 8 页。

的含义。

物质生产是人类最基本的实践活动,是社会存在和发展的基础,它不仅决定社会的存在和发展,而且决定生产者自身的存在和发展。"人们生产自己的生活资料,同时间接地生产着自己的物质生活本身。""人们用以生产自己的生活资料的方式,首先取决于他们已有的和需要再生产的生活资料本身的特性。这种生产方式不应当只从它是个人肉体存在的再生产这方面加以考察。它在更大程度上是这些个人的一定的活动方式,是他们表现自己生活的一定方式、他们的一定的生活方式。个人怎样表现自己的生活,他们自己就是怎样。因此,他们是什么样的,这同他们的生产是一致的——既和他们生产什么一致,又和他们怎样生产一致。因而,个人是什么样的,这取决于他们进行生产的物质条件。"①为了人类的生存、延续和发展,物质生产必须不间断地进行,这就是物质生产和再生产过程。

人自身生产是指人类自身的种的繁衍。人自身生产也就是社会人口的生产和再生产,和物质生产具有内在的联系。物质生产和人自身生产相互依赖、相互影响,共同制约着社会的发展。恩格斯指出:"根据唯物主义观点,历史中的决定性因素,归根结底是直接生活的生产和再生产。但是,生产本身又有两种。一方面是生活资料即食物、衣服、住房以及为此所必需的工具的生产;另一方面是人自身的生产,即种的繁衍。一定历史时代和一定地区内的人们生活于其下的社会制度,受着两种生产的制约:一方面受劳动的发展阶段的制约,另一方面受家庭的发展阶段的制约。"②

国内哲学界一般把物质生产和人自身生产简称为"两种生产"。对"两种生产"的内涵,长期以来,国内学者存在不同的理解。

有的国内学者认为,恩格斯所说的"生活资料以及工具的生产",是指"劳动的发展阶段";"人类自身的生产,即种的繁衍",是指"家庭的发展

---

① 《马克思恩格斯选集》第 1 卷,第 67、67—68 页。
② 《马克思恩格斯选集》第 4 卷,第 2 页。

阶段"。在原始社会,家庭关系是"唯一的社会关系"①,同时也是生产关系,而表现为"劳动的发展阶段"的生活资料的生产,就是生产力。因此,恩格斯所说的"生产本身又有两种"、社会制度受"两种生产的制约",就是指受生产方式的两个方面——生产力与生产关系的制约。

有的国内学者认为,马克思、恩格斯是在两种不同的意义上使用生产概念的:一是指人类生活所必需的"物质资料的生产",即"物质生产""经济生产"等;二是指"直接生活的生产""自己生活的生产"等,在这一生产过程中,一方面是物质资料的生产,另一方面是人自身生产,这两种生产的结合,构成人类"直接生活的生产"。

实际上,"两种生产"指的是物质资料生产和人口生产,二者都包含自然关系和社会关系两方面。正如马克思、恩格斯所说:"生命的生产,无论是通过劳动而达到的自己生命的生产,或是通过生育而达到的他人生命的生产,就立即表现为双重关系:一方面是自然关系,另一方面是社会关系。"②因此,"两种生产"相互依存、相互作用、相互渗透,有其特定的含义,不能与"直接生活的生产"等同。

"精神生产"范畴是马克思、恩格斯在《德意志意识形态》中明确提出的,主要是指"思想、观念、意识的生产",其产品就是政治法律思想、伦理道德、文学艺术、宗教、哲学等。马克思、恩格斯指出:"思想、观念、意识的生产最初是直接与人们的物质活动,与人们的物质交往,与现实生活的语言交织在一起的。人们的想象、思维、精神交往在这里还是人们物质行动的直接产物。表现在某一民族的政治、法律、道德、宗教、形而上学等的语言中的精神生产也是这样。"③

但是,国内学者对精神生产的内涵的理解并非一致,主要有两种不同的观点。

其一,精神生产是相对于物质生产而言的,仅仅是"借用"意义上的生

---

① 《马克思恩格斯选集》第 1 卷,第 80 页。
② 《马克思恩格斯选集》第 1 卷,第 80 页。
③ 《马克思恩格斯选集》第 1 卷,第 72 页。

产。物质生产是独立于精神之外的人们的客观活动,精神生产是人们认识和从观念上再现客观世界的过程的主观活动,是人们凭借思维器官、对思想"原料"进行加工和制作的活动,本质上是人的主观性活动。

其二,精神生产不等于"精神",它是探索和改造客观世界的实践活动,是人的物质力量(脑力和体力)的支出,因而是一种客观性活动,本质上属于物质活动范畴;精神生产并不等于一般的意识活动,日常生活中的初级形式的意识(社会心理)活动还不是精神生产,只有创造高级形式的意识(科学、哲学、宗教等)活动才是精神生产。

四、生产力、生产关系、生产方式

"生产力"范畴在马克思之前的经济学中就已经存在了。从词源学的视角看,"生产力"原本是一个经济学范畴,斯密、李嘉图、李斯特等人在他们的经济学著作中已经开始使用"生产力""劳动生产力""土地生产力"等范畴。马克思在《德意志意识形态》中把"生产力"这一范畴纳入唯物主义历史观,并赋予其新的含义,使其成为哲学范畴。这就是说,在马克思主义理论体系中,"生产力"不仅是具有严格意义的经济学范畴,而且同时是具有严格意义的哲学范畴。在唯物主义历史观中,生产力就是指人们在物质生产过程中形成的、解决社会同自然矛盾的实际能力,是人类改造自然使之满足自身需要的物质力量。这一点是国内学者的共识。然而,在对生产力的具体理解上,学者们一直存在分歧,并就一系列问题展开争论。

关于生产力的要素,一直存在"三要素"说与"两要素"说之争。"三要素"说认为,生产力的要素包括劳动者、劳动资料和劳动对象,正如马克思所说,"劳动过程的简单要素是:有目的的活动或劳动本身、劳动对象和劳动资料"①;"两要素"说认为,生产力就是生产者和生产工具的结合,不

---

① 《马克思恩格斯全集》第23卷,第202页。

包含劳动对象。作为劳动对象的自然资源的增加是生产力发展的结果，而不是生产力发展的原因和"增值"的来源。马克思讲的"劳动过程"与生产力是有区别的，劳动（生产）过程包含劳动对象，但生产力不包括劳动对象。

与此相关的问题是，如何理解生产力中的决定性因素，主要有三种观点。

第一种观点认为，在生产力中起决定作用的是劳动者，即掌握一定的知识，具有生产经验和劳动技能，能够制造或使用工具从事生产劳动的人。劳动者是生产力中最活跃的因素，生产过程的其他要素都是由劳动者创造或操控的，生产力也是在人的实践活动中产生的。

第二种观点认为，在生产力中起决定作用的是生产工具。这是因为，生产工具是人的自然器官的延长，人们的生产经验和劳动技能是通过生产工具的使用获得的，并随着生产工具的发展而发展。正是生产工具的发展引起生产力的发展，从而推动整个社会的发展。正如马克思所说："手推磨产生的是封建主的社会，蒸汽磨产生的是工业资本家的社会。"①

第三种观点认为，对生产力中"人"的因素和"物"的因素的作用都要进行具体分析，在不同的历史条件下，它们的作用是不同的。在手工工具的时代，劳动者的技能在生产力中起决定作用；在工业化时代，生产工具在生产力中起决定作用；在高科技时代，科学技术是"第一"生产力，在生产力中起主导作用。

与此相联系，国内学者还讨论了科学技术与生产关系的问题。

有的国内学者认为，生产力包括自然科学。从广义上说，科学是"一般的社会生产力"；就科学参与整个生产过程，并决定生产的发展方向、速度和突破口而言，科学又成为"直接的生产力"，甚至成为"第一生产力"。

有的国内学者认为，马克思所说的"生产力中也包括科学"，具体是指生产力包括科学在工艺上的应用，科学知识只有应用于生产过程，物化到

---

① 《马克思恩格斯选集》第 1 卷，第 142 页。

生产资料或生产技能中,才能完成精神变物质的飞跃,才能成为物质生产力。

有的国内学者认为,基础科学和应用科学在生产力发展中的作用是有差别的。应用科学直接运用于生产过程,同生产力的诸要素相结合,因而成为生产力中的智力要素,正是在这个意义上,马克思认为,这种应用科学是"物化了的科学",构成"直接的生产力";基础科学在没有"物化"以前,只是以理论的形式存在着,但它对自然规律的正确认识,迟早能化为"直接的生产力",正是在这个意义上,马克思认为,基础科学是"一般的社会生产力"。

这三种观点都既有合理因素,又有片面之处。实际上,在唯物主义历史观中,生产力不是单一的范畴,而是一个范畴系统,表现为"主体生产力"与"客体生产力"、"物质生产力"与"精神生产力"、"个人生产力"与"社会生产力",以及"直接生产力""一般生产力""现实生产力"这样一个范畴系统。

生产力形成于人们改造自然的实践活动中,"一边是人及其劳动,另一边是自然及其物质"①,二者的统一构成了生产力的本质内容。所以,马克思从主体与客体关系的双重视角分析生产力,提出了"主体生产力"与"客体生产力"这两个范畴。主体生产力就是人们的实践能力,即"存在于他的活的机体中的劳动能力"②;客体生产力是指生产资料,尤其是生产工具所具有的客观的、物质的力量;客体生产力是主体生产力形成和发挥作用的物质基础,同时,又是主体生产力的对象化和转化形态,所以,作为客体生产力的生产工具是"人类劳动力发展的测量器"③。正因为如此,从人类生产力形成之日起,"既有表现为个人特性的主观的生产力,也有客观的生产力"④。

---

① 《马克思恩格斯全集》第 23 卷,第 209 页。
② 《马克思恩格斯全集》第 47 卷,第 35 页。
③ 《马克思恩格斯全集》第 23 卷,第 204 页。
④ 《马克思恩格斯全集》第 46 卷上,第 495 页。

生产力形成于人们改造自然的实践活动中，而人的实践活动是有目的的、自觉的活动，"这个目的是他所知道的，是作为规律决定着他的活动的方式和方法的"，"他不仅使自然物发生形式变化，同时他还在自然物中实现自己的目的"。① 所以，马克思从物质与观念（精神）关系的双重视角分析生产力，提出"物质生产力"与"精神生产力"这两个范畴："一切生产力即物质生产力和精神生产力"，"物质的（因而还有精神的）生产力"。② 现实的生产力是物质生产力与精神生产力的统一，现代科学革命给生产过程带来的重大转变，就是"生产过程从简单的劳动过程向科学过程的转化"③，"劳动生产力是随着科学和技术的不断进步而不断发展的"④；当科学还没有直接进入生产过程时，科学只是潜在的、间接的生产力，是"一般生产力"；当科学直接进入生产过程时，科学就转化为现实的、直接的生产力，即转化为"有用的具体的劳动的生产力"⑤。"这里包含的，不仅是科学力量的增长，而且是科学力量已经表现为固定资本的尺度，是科学力量得以实现和控制整个生产的范围和广度"，正因为如此，科学转化为"有物质创造力的和物化中的科学"。⑥ 正是在这个意义上，马克思指出："生产力中也包括科学。"⑦

生产力形成于人们改造自然的实践活动中，从实践的主体来看，实践有个人实践与社会实践之分，所以，马克思又从个人与社会关系的双重视角分析生产力，提出了"个人生产力"与"社会生产力"这两个范畴。

个人总是具有相对独立的实践范围和形式，在个人的实践活动中形成的生产力就是"个人生产力"，"个人生产力"就是"表现为个人特性的主观的生产力"⑧。全部人类历史的前提是有生命的个人的存在，正是在

① 《马克思恩格斯全集》第 23 卷，第 202 页。
② 《马克思恩格斯全集》第 46 卷上，第 173、505 页。
③ 《马克思恩格斯全集》第 46 卷下，第 212 页。
④ 《马克思恩格斯全集》第 23 卷，第 664 页。
⑤ 《马克思恩格斯全集》第 23 卷，第 59 页。
⑥ 《马克思恩格斯全集》第 46 卷下，第 269、226 页。
⑦ 《马克思恩格斯全集》第 46 卷下，第 211 页。
⑧ 《马克思恩格斯全集》第 46 卷上，第 495 页。

这个意义上,马克思认为,"生产的历史"也就是"个人本身力量发展的历史"①。"社会生产力"的发展不可能脱离"个人生产力"的发展,"真正的财富就是所有个人的发达的生产力"。② 正因为如此,发展生产力的根本途径,是促进"个人生产力的全面的、普遍的发展"③,"个人的充分发展又作为最大的生产力反作用于劳动生产力"④。

社会生产力不是个人生产力的相加,而是一种总体性的生产力。个人生产力通过一定的社会分工和协作方式而形成一种集体力,"通过协作提高了个人生产力,而且是创造了一种生产力,这种生产力本身必然是集体力"⑤;个人只有以一定的方式共同活动和互相交换其活动,并结成一定的社会关系,才能进行生产活动,"一定的生产方式或一定的工业阶段始终是与一定的共同活动方式或一定的社会阶段联系着的,而这种共同活动方式本身就是'生产力'"⑥,即"社会生产力"。

可见,唯物主义历史观的生产力范畴和理论并不是像现行的马克思主义哲学教科书所讲的那样简单、贫乏,而是具有丰富而深刻的内涵,尤其是关于个人生产力与社会生产力及其关系的思想极为深刻,可以说,这是唯物主义历史观生产力范畴和理论最为独特、最为新颖的地方。国内学者已经注意到精神生产力的问题,但仍未重视主体生产力、个人生产力、社会生产力的问题。然而,不深入研究、全面阐述主体生产力与客体生产力及其关系、个人生产力与社会生产力及其关系,就不可能凸显唯物主义历史观生产力范畴和理论的深刻内涵和本质特征。

和"生产力"相同,在马克思主义理论体系中,"生产关系"既是经济学范畴,又是哲学范畴,是唯物主义历史观的基本范畴;和"生产力"不同,即无论是从术语上看,还是从内容上看,"生产关系"都是马克思主义特有的

---

① 《马克思恩格斯选集》第 1 卷,第 124 页。
② 《马克思恩格斯全集》第 46 卷下,第 222 页。
③ 《马克思恩格斯全集》第 46 卷上,第 520 页。
④ 《马克思恩格斯全集》第 46 卷下,第 225 页。
⑤ 《马克思恩格斯全集》第 23 卷,第 362 页。
⑥ 《马克思恩格斯选集》第 1 卷,第 80 页。

范畴。从马克思主义的历史看,"生产关系"这一术语首次出现在《德意志意识形态》中,但其内涵不确定,具有多义性;更重要的是,《德意志意识形态》没有把生产关系与生产力的关系直接确定下来,即没有以生产力为直接前提说明生产关系。对生产关系与生产力的关系作出直接规定的,是《哲学的贫困》。《哲学的贫困》直接考察了生产关系与生产力的关系,并明确指出:"人们生产力的一切变化必然引起他们的生产关系的变化。"①《〈政治经济学批判〉序言》《政治经济学批判》(1857—1858年草稿)对生产关系及其与生产力的关系作出进一步明确的规定:"人们在自己生活的社会生产中发生一定的、必然的、不以他们的意志为转移的关系,即同他们的物质生产力的一定发展阶段相适合的生产关系。"②"人们的生活自古以来就建立在生产上面,建立在这种或那种社会生产上面,这种社会生产的关系,我们恰恰就称之为经济关系。"③

从生产和再生产的过程看,生产、分配、交换和消费构成了生产关系的四个环节,这四个环节的相互作用形成了生产关系的"总体"或"统一体"。在生产关系的统一体中,人们在直接生产过程中结成的关系决定着产品的分配、交换和消费关系;同时,产品的分配、交换和消费关系又对人们在直接生产过程中结成的关系发生反作用,只有经过分配、交换、消费这三个环节,生产过程才能重新开始。这就构成了生产的社会关系。正是在这个意义上,马克思指出:"生产关系总和起来就构成所谓社会关系,构成所谓社会,并且是构成一个处于一定历史发展阶段上的社会,具有独特的特征的社会。"④

具体的生产关系是以一定的生产资料所有制为基础的。所谓生产资料所有制,是指人与生产资料的结合方式,其实质是生产资料归谁所有、由谁支配。正是生产资料所有制以一定的形式把人的要素和物的要素结

---

① 《马克思恩格斯全集》第4卷,第155页。
② 《马克思恩格斯选集》第2卷,第32页。
③ 《马克思恩格斯全集》第46卷上,第488页。
④ 《马克思恩格斯选集》第2卷,第345页。

合起来,使生产得以进行,并直接决定着生产关系。以此为依据,斯大林把生产关系归结为三个方面:"(一)生产资料的所有制形式;(二)由此产生的各种社会集团在生产中的地位以及他们的相互关系;或如马克思所说的,'互相交换的活动';(三)完全以它们为转移的产品分配形式。"①其中,生产资料所有制形式是根本的方面。斯大林的生产关系定义曾被定于一尊,几乎所有的马克思主义哲学教科书对生产关系的阐述,都是以"斯大林定义"为标准的。

20世纪80年代以后,中国学者开始反思生产关系的"斯大林定义",并就所有制关系与生产关系的关系展开了广泛而深入的讨论,并形成了五种不同的观点。

第一种观点认为,生产资料所有制是指生产资料归谁所有、由谁支配的问题,它是客观存在的经济关系的概括,是财产关系的现实形态,应包含在生产关系范畴中。生产关系包括生产资料所有制和生产的社会关系,二者在一定的生产力的基础上同时产生、互相制约、互为前提,离开一方,另一方也不能单独存在。斯大林的"三分法"是把生产的社会关系排除了,有严重缺陷;马克思的"四环节"说不提生产资料所有制,反而把分配、交换、消费同生产并列,忽视生产的决定作用,也不能说明生产关系的内在矛盾。

第二种观点认为,生产资料所有制属于生产关系,它是生产关系的基础,并在生产关系中居于支配地位。从现实的生产过程看,从生产资料所有制到生产要素的分配,是社会生产得以进行的前提,它决定了生产过程中人与物的结合方式和人与人的结合方式,从而决定了人们的交换和分配关系,并最终决定着生产的目的和社会成员的利益关系;从生产关系发展的历史看,所有制关系的变革是生产关系变革的主导环节,只有改变所有制关系,才能改变生产、交换和分配的关系。因此,把所有制关系作为生产关系的内容单列出来,反映了从生产关系内部把握生产关系实质的

---

① 《斯大林选集》下卷,第594页。

要求。

第三种观点认为，生产资料所有制与生产关系是两个不同的范畴。所有制关系在社会总生产过程中具有决定意义，但在直接生产过程中，劳动组织形式或生产组织形式，交换、分配、消费也各有其特殊作用。马克思的"所有制形式"这一范畴在不同场合具有不同的含义：一般是作为"生产关系"的同义语，有时也作为法律范畴看待，如"所有权""财产关系"就属于法律用语，在马克思看来，财产关系"这只是生产关系的法律用语"①。

第四种观点认为，只有生产资料所有权和劳动所有权的统一才能构成生产资料所有制，构成生产关系的基础。只重视生产资料所有权，忽视劳动力所有权是片面的。实际上，人们在生产中的地位及其关系，是由生产资料所有权和劳动力所有权共同决定的，二者共同决定社会的分配方式和交换方式。

第五种观点认为，应把生产资料所有制与所有制关系这两个范畴区别开来。所有制关系就是生产关系，它包含生产资料的归属、劳动力的归属和劳动产品的归属，是劳动力和劳动资料的结合形式，以及与之相适应的产品分配形式，是这些要素或环节的有机结合；所有制关系不仅包含着人与生产资料的关系，而且包含着人与人的关系，如资本家对他人劳动力的支配关系等，生产资料所有制只是所有制关系的一个方面，而不是它的全部。

这五种观点都有其合理因素，但它们理解问题的角度又不同。实际上，生产资料所有制与生产关系既有联系，又有区别。毫无疑问，生产资料所有制直接决定生产关系，构成了生产关系的现实基础，但生产资料所有制本身不属于生产关系的内容。这是因为，所有制关系体现的是人与生产资料的关系，即人与物之间的关系，而生产关系体现的是人与人之间的关系；所有制关系是现实的生产过程得以进行的前提，同时，所有制关

---

① 《马克思恩格斯选集》第 2 卷，第 32 页。

系又是在生产过程中,在生产、交换、分配、消费四个环节循环往复的运转过程中不断得以再生的,在这个意义上,所有制关系又是生产过程、生产关系运转过程的产物和结果。正是在这个意义上,马克思指出,"给资产阶级的所有权下定义不外是把资产阶级生产的全部社会关系描述一番"①,并认为:"分工和私有制是相等的表达方式,对同一件事情,一个是就活动而言,另一个是就活动的产品而言。""分工发展的各个不同阶段,同时也就是所有制的各种不同形式。这就是说,分工的每一个阶段还决定个人的与劳动材料、劳动工具和劳动产品有关的相互关系。"②

生产力、生产关系、生产方式这三个范畴密切相关。按照马克思的观点,生产方式,即物质生活的生产方式,是指社会生活所必需的生活资料、生产资料的谋得方式,是在生产过程中形成的人与自然的关系和人与人的关系的统一体。因此,生产方式具有双重性:从生产的技术结构看,具有自然性质,生产方式是人与自然之间物质变换的方式,体现着一定的物质生产力;从生产的组织形式来看,具有社会性质,生产方式内在地包含着人与人之间的活动互换,体现着物质的社会关系,即生产关系。正如马克思所说,人们"只有以一定的方式共同活动和互相交换其活动,才能进行生产。为了进行生产,人们相互之间便发生一定的联系和关系;只有在这些社会联系和社会关系的范围内,才会有他们对自然界的影响,才会有生产"③。在这个意义上,生产方式是生产力与生产关系的统一体。在马克思的著作中,除了上述基本含义外,生产方式还有一些不同的用法,如生产力的利用形式;生产力与生产关系的中间环节;人们利用什么样的生产资料进行生产等。因此,国内学者对生产方式有不同的理解。

有的国内学者认为,弄清生产方式范畴的含义,实质上就是把它同生产力、生产关系范畴区别开来。从生产的内容和形式的角度看,生产力是生产的内容,生产方式和生产关系都是生产力的形式,生产方式是生产力

---

① 《马克思恩格斯选集》第 1 卷,第 177 页。
② 《马克思恩格斯选集》第 1 卷,第 84、68 页。
③ 《马克思恩格斯选集》第 1 卷,第 344 页。

的形式的第一级层次,生产关系是第二级层次。生产方式和生产关系都是生产的形式,二者的区别在于:前者是生产形态所体现的组织结构,后者是生产形态所体现的社会关系。

有的国内学者认为,生产方式是生产的技术组合方式和生产的社会组合方式的统一。生产的技术组合方式构成生产力的技术结构,如手工的、机器的生产方式,农业、工业的生产方式等;生产的社会组合方式构成生产力的社会结构,如自给性生产方式、商品生产方式和直接社会化的生产方式,原始公社、亚细亚、古代的、封建的、资本主义的生产方式。

实际上,马克思在不同场合使用的"生产方式"具有不同的含义。

在《神圣家族》中,马克思明确提出了"生产方式"这一范畴,并联系着自然科学、工业、生活本身来分析生产方式。马克思指出:"难道批判的批判以为,只要它从历史运动中排除掉人对自然界的理论关系和实践关系,排除掉自然科学和工业,它就能达到即使是才开始的对历史现实的认识吗?难道批判的批判以为,它不去认识(比如说)某一历史时期的工业和生活本身的直接的生产方式,它就能真正地认识这个历史时期吗?"[1]马克思在这里所说的"生产方式"主要是指人对自然的关系。

在《德意志意识形态》中,马克思是联系着人们的"活动方式""生活方式""生产什么""怎样生产"来考察"生产方式"的。马克思指出,"生产方式不仅应当从它是个人肉体存在的再生产这方面来加以考察。它在更大程度上是这些个人的一定的活动方式、表现他们生活的一定形式、他们的一定的生活方式……因此,他们是什么样的,这同他们的生产是一致的——既和他们生产什么一致,又和他们怎样生产一致"[2],而"以一定的方式进行生产活动的一定的个人",不仅与自然发生一定的关系,而且与他人发生一定的社会关系。马克思在这里所说的"生产方式"是指"人们用以生产自己必需的生活资料的方式"[3],是"生产什么"和"怎样生产"的

---

[1] 《马克思恩格斯全集》第 2 卷,第 191 页。
[2] 《马克思恩格斯全集》第 3 卷,第 24 页。
[3] 《马克思恩格斯全集》第 3 卷,第 24 页。

统一。

在《哲学的贫困》中,马克思指出:"随着新生产力的获得,人们改变自己的生产方式,随着生产方式即谋生的方式的改变,人们也就会改变自己的一切社会关系。"①马克思在这里所说的"生产方式"是指生产力与生产关系的中介。

在《〈政治经济学批判〉序言》中,马克思在分析了"社会生产力和生产关系之间的现存冲突"之后,明确指出:"无论哪一个社会形态,在它们所能容纳的全部生产力发挥出来以前,是决不会灭亡的;而新的更高的生产关系,在它存在的物质条件在旧社会的胎胞里成熟以前,是决不会出现的……大体说来,亚细亚的、古代的、封建的和现代资产阶级的生产方式可以看作是社会经济形态演进的几个时代。"②马克思在这里所说的"生产方式"是指生产力与生产关系的统一体。

在《资本论》中,马克思指出:"我要在本书研究的,是资本主义生产方式以及和它相适应的生产关系和交换关系。"③马克思在这里所说的"生产方式"主要是指生产的技术组合方式和生产资料所有制形式的统一,不包括作为生产、分配、交换、消费统一体的生产关系。

把马克思对"生产方式"的用法归结起来,大致有五种含义:作为生产的技术组合方式的生产方式,作为生产的社会组合方式的生产方式,作为生产技术组合方式和社会组合方式相统一的生产方式,作为包含生产关系规定的生产方式,作为生产力与生产关系中介的生产方式。如前所述,生产活动既是人与自然之间物质变换的过程,又是人与人之间活动互换的过程,因而同时生成并体现着自然关系和社会关系,是自然过程和社会过程的统一。从自然过程看,"生产什么""怎样生产"有一个生产要素的技术组合方式,以及与此相应的技术关系问题;从社会过程看,"生产什么""怎样生产"有一个生产要素的社会组合方式,以及相应的社会关系问

①《马克思恩格斯选集》第 1 卷,第 142 页。
②《马克思恩格斯全集》第 13 卷,第 9 页。
③《马克思恩格斯全集》第 23 卷,第 8 页。

题,这就是生产资料所有制、生产关系的问题;更重要的是,这两种组合方式、两种关系又相互制约。因此,生产方式是"生产什么"与"怎样生产"、生产要素的技术组合方式与社会组合方式的统一,是生产力、所有制关系和生产关系的统一。在我看来,这是唯物主义历史观"生产方式"范畴主要的、基本的含义。

五、经济基础、上层建筑、社会形态

在《〈政治经济学批判〉序言》中,马克思指出:"人们在自己生活的社会生产中发生一定的、必然的、不以他们的意志为转移的关系,即同他们的物质生产力的一定发展阶段相适合的生产关系。这些生产关系的总和构成社会的经济结构,即有法律的和政治的上层建筑竖立其上并有一定的社会意识形式与之相适应的现实基础……社会的物质生产力发展到一定阶段,便同它们一直在其中运动的现存生产关系或财产关系(这只是生产关系的法律用语)发生矛盾。于是这些关系由生产力的发展形式变成生产力的桎梏。那时社会革命的时代就到来了。随着经济基础的变更,全部庞大的上层建筑也或慢或快地发生变革。"[1]通常认为,这是马克思关于经济基础与上层建筑及其关系的经典论述。

实际上,经济基础—上层建筑是一个"建筑学隐喻"[2],或者说,一个形象比喻,而不是一个严格的科学范畴。经济基础实际上是指经济结构在社会中的基础地位,上层建筑是指建立在经济结构之上的政治结构和观念结构,三者构成了社会结构。在《德意志意识形态》中,马克思已经明确提出政治结构、社会结构这两个范畴:"以一定的方式进行生产活动的一定的个人,发生一定的社会关系和政治关系。经验的观察在任何情况下都应当根据经验来揭示社会结构和政治结构同生产的联系",而政治结

---

[1]《马克思恩格斯选集》第2卷,第32—33页。
[2] [美]托马斯·C. 帕特森:《卡尔·马克思,人类学家》,何国强译,云南大学出版社2013年版,第72页。

构的核心就是国家,"社会结构和国家总是从一定的个人的生活过程中产生的"①。在《〈政治经济学批判〉序言》中,马克思又明确提出"经济结构"这个范畴,并说明"经济结构"是政治结构和意识形式的"现实基础"。

同时,马克思又认为,在任何一种经济结构中都存在着多种生产及其关系,这多种生产及其关系的"总和"构成了社会的经济结构。但是,这多种生产及其关系并不是占有同等的地位,起着同样的作用,其中,必有一种生产及其关系占统治地位,正是这种占统治地位的生产及其关系决定了经济结构的性质。马克思指出:"在一切社会形式中都有一种一定的生产决定其他一切生产的地位和影响,因而它的关系也决定其他一切关系的地位和影响。这是一种普照的光,它掩盖了一切其他色彩,改变着它们的特点。这是一种特殊的以太,它决定着它里面显露出来的一切存在的比重。"②因此,在分析经济结构时,既要注意生产及其关系的"总和",更要注意把握占统治地位的生产及其关系,从而把握经济结构的性质和特点。

对经济结构,即经济基础范畴以及马克思的有关论述,国内学者一直有不同的理解。20世纪50年代就发生过"综合基础论"与"单一基础论"之争;80年代以后,这一争论又在新的条件下重新展开。从总体上看,争论主要是围绕两个问题展开的。

其一,如何理解构成经济基础的生产关系的"总和"?

有的国内学者认为,所谓生产关系的"总和",是指同生产力的一定发展阶段相适应的占统治地位的生产关系"各方面"的"总和",或者说,是生产资料所有制关系、生产过程中人与人的关系和分配关系这"三方面"的"总和",或者说,是占统治地位的生产关系内部的生产、交换、分配、消费诸关系的"总和"。这就是"单一基础论"。其理由是:经济基础范畴是对诸种生产关系的科学抽象,所谓生产关系"总和"并不是现存的各种生产

---

① 《马克思恩格斯选集》第2卷,第71页。
② 《马克思恩格斯选集》第2卷,第24页。

关系的机械相加,而是把诸种生产关系抽象为占统治地位的生产关系,撇开了次要的生产关系;决定社会形态本质的只能是该社会占统治地位的生产关系"各方面"的"总和",只有把占统治地位的生产关系作为社会的经济基础,才能把不同的社会形态区别开来。

有的国内学者认为,在存在着多种经济成分的社会中,所谓生产关系的"总和"就是多种生产关系的"总和",而不是某种生产关系"诸方面"的"总和"。马克思指出:"每一个社会中的生产关系都形成一个统一的整体。"①"总和"是就整个社会的生产关系而言的,一个社会不管有几种生产关系,都应包括在该社会的经济结构,即经济基础之中。这就是"综合基础论"。其理由是:除原始社会外,每一个社会都是几种生产关系同时并存;每一个社会都是建立在多种生产关系基础之上的,其中,占主导地位的生产关系决定了经济基础的性质。

其二,经济基础是否包括生产力,即经济基础是指生产关系,还是指作为生产力与生产关系相统一的生产方式?

第一种观点认为,经济基础就是生产关系的"总和",不包含生产力。这是因为,只有生产关系才能直接决定政治的、思想的社会关系。所以,马克思才"从一切社会关系中划分出生产关系来,并把它当成决定其余一切关系的基本的原始的关系"②;生产力体现的不是人与人之间的社会关系,而是人与自然之间的关系,它不能直接决定生产关系以外的社会关系。在讨论经济基础时,马克思的确是联系生产力来研究经济基础的,但马克思同时强调法的关系和国家形式都根源于"物质的生活关系的总和",即生产关系的"总和",并认为只有生产关系的"总和"才是上层建筑得以建立的"现实基础"。

第二种观点认为,经济基础就是生产力与生产关系统一的生产方式,既包括生产关系,也包括生产力。恩格斯指出:"我们视之为社会历史的

---

① 《马克思恩格斯全集》第 4 卷,第 144 页。
② 《列宁选集》第 1 卷,第 6 页。

决定性基础的经济关系,是指一定社会的人们生产生活资料和彼此交换产品(在有分工的条件下)的方式。因此,这里包括生产和运输的全部技术。这种技术,照我们的观点看来,也决定着产品的交换方式以及分配方式,从而在氏族社会解体后也决定着阶级的划分,决定着统治和被奴役的关系,决定着国家、政治、法等等。此外,包括在经济关系中的还有这些关系赖以发展的地理基础。"①在马克思主义经典著作中,尽管对"基础"有多种提法,但内容是一致的,即基础就是指物质生活的生产方式。

持这种观点的学者认为,上层建筑当然由生产关系直接决定,但从根本上说是由生产力决定的。马克思指出:"从物质生产的一定形式产生:第一,一定的社会结构;第二,人对自然的一定关系。人们的国家制度和人们的精神方式由这两者决定,因而人们的精神生产的性质也由这两者决定。"②在现实中,生产力和生产关系是统一的,缺少了任何一方面,都不能形成现实的生产。作为上层建筑所依赖的经济基础,不可能是脱离了生产力的生产关系。

第三种观点认为,从总体上看,在唯物主义历史观中,"基础"有两种不同含义:凡是原则地讲到整个社会发展的基础时,"基础"指生产方式,其中包括生产力,乃至地理环境、技术装备等;当研究深入到社会结构时,就把上层建筑直接赖以存在的"基础"规定为生产关系的"总和",从而把整个社会存在的"基础"同直接决定上层建筑的"基础"区别开来。

对上层建筑的理解,国内学者同样存在着分歧。

第一种观点认为,凡是在物质的社会关系,即生产关系之上建立起来的一切社会现象都属于上层建筑,包括政治法律制度、意识形态。持这种观点的学者认为,确定某种社会现象是否属于上层建筑,主要标准是看它是否由生产关系所决定,能不能用这个"基础"来说明。在阶级社会中,如果经济基础是由多种生产关系的"总和"构成的,那么,上层建筑就同时包

---

① 《马克思恩格斯选集》第 4 卷,第 731 页。
② 《马克思恩格斯全集》第 26 卷 Ⅰ,人民出版社 1972 年版,第 296 页。

含着不同阶级的思想,也就是说,被统治阶级的思想也是上层建筑的组成部分。正如马克思所说:"在不同的占有形式上,在社会生存条件上,耸立着由各种不同的、表现独特的情感、幻想、思想方式和人生观构成的整个上层建筑。整个阶级在它的物质条件和相应的社会关系的基础上创造和构成这一切。"①

第二种观点认为,上层建筑只包括统治阶级的思想以及和这种思想相适应的政治制度。其理由是:上层建筑是建立在占统治地位的生产关系,尤其是生产资料所有制关系基础上的,在阶级社会中,所有制关系就是不同阶级对生产资料的不同关系,反映和体现占统治地位的生产关系的上层建筑,只是为统治阶级服务,而不可能为一切阶级服务。

第三种观点认为,上层建筑只包括政权机构及其设施,意识形态不属于上层建筑。其理由是:各种意识形态都有自己的历史继承性和相对独立性,离经济基础较远,对经济基础的反作用也不像政治法律那样直接,因此,意识形态不必"僭用"上层建筑的名称。所以,在《〈政治经济学批判〉序言》中,马克思并没有把"意识形式"归于上层建筑,而是认为"这些生产关系的总和构成社会的经济结构,即有法律的和政治的上层建筑竖立其上并有一定的社会意识形式与之相适应的现实基础"。② 在这里,"意识形式"与"法律的和政治的上层建筑"相适应,而不是属于上层建筑。实际上,如前所述,这是对马克思这一论述的误读,更重要的是,马克思不仅提出了"政治的上层建筑"这一概念,而且明确提出了"观念的上层建筑"这一概念。

在唯物主义历史观中,"经济基础""上层建筑"与"社会形态"密切相关。现行的马克思主义哲学教科书把社会形态定义为经济基础和上层建筑的统一体。但是,这一定义与马克思的社会形态范畴的本义是否符合,却是一个有待深入考察和深刻分析的问题。换言之,如何准确理解和把

---

① 《马克思恩格斯选集》第 1 卷,第 611 页。
② 《马克思恩格斯选集》第 2 卷,第 32 页。

握马克思的社会形态范畴,仍是一个有待解决的重要的理论问题。

苏联学者巴加图利亚认为:"'社会形态'的用语第一次出现于1858年5月的《政治经济学批判》手稿的最后部分。"①实际上,这是一个误判,不符合历史事实。从马克思主义的历史看,马克思是在1845—1846年的《德意志意识形态》中首次提出"社会形态"这一范畴的。在《德意志意识形态》中,马克思联系"社会结构"、人与自然的关系和人与人的关系提出了"社会形态"这一范畴:"这种自然宗教或对自然界的特定关系,是受社会形态制约的,反过来也是一样。这里和任何其他地方一样,自然界和人的同一性也表现在:人们对自然界的狭隘的关系制约着他们之间的狭隘的关系,而他们之间的狭隘的关系又制约着他们对自然界的狭隘的关系。"②在《1857—1858年经济学手稿》中,马克思又联系人与物、人本身的发展再次使用了"社会形态"这一范畴:"人的依赖关系(起初完全是自然发生的),是最初的社会形态,在这种形态下,人的生产能力只是在狭窄的范围内和孤立的地点上发展着。以物的依赖性为基础的人的独立性,是第二大形态,在这种形态下,才形成普遍的社会物质变换,全面的关系,多方面的需求以及全面的能力的体系。建立在个人全面发展和他们共同的社会生产能力成为他们的社会财富这一基础上的自由个性,是第三个阶段。"③

在1859年《〈政治经济学批判〉序言》中,马克思分析了经济结构,即经济基础与上层建筑的关系、"社会经济形态"的演进与生产方式的关系、物质生活的生产方式与社会生活、政治生活、精神生活的关系时,再次使用了"社会形态"这一范畴,同时,又提出了"社会经济形态"这一范畴:"大体说来,亚细亚的、古代的、封建的和现代资产阶级的生产方式可以看作是社会经济形态演进的几个时代。资产阶级的生产关系是社会生产过程的最后一个对抗形式,这里所谓的对抗,不是指个人的对抗,而是指从

---

① [苏联] Г. А. 巴加图利亚:《马克思的第一个伟大发现——唯物史观的形成和发展》,陆忍译,中国人民大学出版社1981年版,第69页。
② 《马克思恩格斯全集》第3卷,第35页。
③ 《马克思恩格斯全集》第46卷上,第104页。

个人的社会生活条件中生长出来的对抗;但是,在资产阶级社会的胎胞里发展的生产力,同时又创造着解决这种对抗的物质条件。因此,人类社会的史前时期就以这种社会形态而告终。"①

从科学背景看,马克思是从地质学那里借用"形态"这一术语来制定社会形态范畴的。马克思指出:"正像地质的形成一样,在这些历史的形成中,有一系列原生的、次生的、再次生的等等类型。""地球的太古结构或原生结构是由一系列不同时期的沉积组成的。古代社会形态也是这样,表现为一系列不同的、标志着依次更迭的时代的阶段。""农业公社既然是原生的社会形态的最后阶段,所以它同时也是向次生的形态过渡的阶段,即以公有制为基础的社会向以私有制为基础的社会的过渡。不言而喻,次生的形态包括建立在奴隶制上和农奴制上的一系列社会。"②

但是,马克思以及恩格斯并没有对"社会形态"这一范畴的内涵作出明确的规定。列宁把社会形态归结为社会制度,明确指出:只要"把生产关系划为社会结构",并分析生产关系这一物质的社会关系,就有可能看出社会发展规律的"重复性和常规性",从而"把各国制度概括为社会形态这个基本概念"③。这就是说,"社会形态"和"社会制度"是同一序列、同等程度的范畴,是对社会结构类型进行划分,对社会制度性质进行划分而概括、抽象出来的范畴。

但是,列宁对"社会经济形态"和"社会形态"这两个范畴并未作出明确的区分,反而有时混同使用。按照列宁的观点,马克思"探明了作为一定生产关系总和的社会经济形态这个概念,探明了这种形态的发展是自然历史过程"。"只有把社会关系归结于生产关系,把生产关系归结于生产力的水平,才能有可靠的根据把社会形态的发展看作自然历史过程。"④马克思在《资本论》中"从各个社会经济形态中取出一个形态(即商品经济

---

① 《马克思恩格斯全集》第 13 卷,第 9 页。
② 《马克思恩格斯全集》第 19 卷,第 432、444、450 页。
③ 《列宁选集》第 1 卷,第 8 页。
④ 《列宁选集》第 1 卷,第 10、8—9 页。

体系)加以研究,并根据大量材料……对这个形态的活动规律和发展规律作了极其详尽的分析。这个分析仅限于社会成员之间的生产关系"。同时,马克思在《资本论》中"完全用生产关系来说明该社会形态的构成和发展,但又随时随地探究与这种生产关系相适应的上层建筑,使骨骼有血有肉。《资本论》的成就之所以如此之大,是由于'德国经济学家'的这部书使读者看到整个资本主义社会形态是个活生生的形态:有它的日常生活的各个方面,有它的生产关系所固有的阶级对抗的实际社会表现,有维护资本家阶级统治的资产阶级政治上层建筑,有资产阶级的自由平等之类的思想,有资产阶级的家庭关系"①。可见,列宁有时把"社会经济形态"与"社会形态"混同使用,有时又有区别地使用。

正因为如此,国内学者对社会形态的理解不很一致甚至很不一致,主要有四种观点:一是认为社会形态是经济基础和上层建筑的统一,不包括生产力;二是认为社会形态就是社会经济结构,即生产关系总和,既不包括生产力,也不包括上层建筑,"社会形态"就是"社会经济形态",二者可以通用;三是认为社会形态就是生产方式,即生产力和生产关系的统一,但不包括上层建筑;四是认为社会形态是由一定的生产力、生产关系(经济基础)、上层建筑等全部社会要素组成的统一的、完整的社会体系,是按本身特有的规律发展着的活的社会机体。社会形态是表征社会整体性的范畴,和社会有机体是同一内容的不同表述。

上述对社会形态四种不同的理解,其争论焦点主要是三个问题。

其一,社会形态与社会经济形态的关系。

一种观点认为,马克思、恩格斯、列宁并未将社会形态与社会经济形态这两个范畴严格加以区分,而是经常混用。在多数情况下,社会形态就是指社会经济形态。

另一种观点认为,社会形态与社会经济形态是两个既相近、又有区别的范畴。社会经济形态是社会形态的基础,但不是社会形态的全部,完整

---

① 《列宁选集》第1卷,第9页。

的社会形态是经济基础和上层建筑的统一。为了使唯物主义历史观的范畴精确化，避免歧义和使用上的混乱，有必要将社会经济形态与社会形态这两个范畴加以区别：用"社会经济形态"专指特定的经济制度、经济结构、生产关系体系，即社会的经济基础；用"社会形态"指经济形态、政治形态和意识形态，即经济基础和上层建筑的统一体。

其二，社会形态与生产力的关系。

一种观点认为，"社会形态"应当包含生产力。马克思在论述社会形态发展时，总是下连生产力，上连上层建筑，从生产力、生产关系（经济基础）、上层建筑的相互作用中分析社会形态的发展。"各种经济时代的区别，不在于生产什么，而在于怎样生产，用什么劳动资料生产。劳动资料不仅是人类劳动力发展的测量器，而且是劳动借以进行的社会关系的指示器。"[①]显然，马克思这里是把生产资料，尤其是生产工具包括在社会形态中的。

另一种观点认为，特定的社会形态都是与生产力发展的一定阶段相适应的，都是以一定的生产力为前提建立起来的经济基础和上层建筑的统一体。但是，社会形态不包括生产力。这并不是说社会形态可以脱离生产力，不是由生产力决定的，而是说直接决定社会形态性质的不是生产力，而是生产关系。正如生产关系不包括生产力，并不是说它不是由生产力决定的一样。

其三，社会形态与社会有机体的关系。

一种观点认为，在马克思主义经典著作，特别是在列宁的著作中，"社会形态"和"社会有机体"是同一内容的不同的表述，都是包含一切社会要素在内的社会整体性范畴。区别在于，社会形态是一个科学范畴，社会有机体是一个比喻性范畴，即把社会形态比喻为动植物那样的有机体，说明它是不断变化发展的。马克思指出："现在的社会不是坚实的结晶体，而是一个能够变化并且经常处于变化过程中的机体。"[②]列宁认为："按照马

① 《马克思恩格斯全集》第23卷，第204页。
② 《马克思恩格斯全集》第23卷，第12页。

克思的理论,每一种这样的生产关系体系都是特殊的社会机体,它有自己的产生、活动和向更高形式过渡即转化为另一种社会机体的特殊规律。"马克思主义的辩证方法"把社会看作处在不断发展中的活的机体……要研究这个机体,就必须客观地分析组成该社会形态的生产关系,研究该社会形态的活动规律和发展规律"①。马克思、列宁在这里说的"处于变化过程中的机体""特殊的社会机体""处在经常发展中的活的机体",就是"社会形态"。因此,社会形态是包含全部社会要素、反映社会整体性的内涵最广泛的范畴。在这个意义上,可以不必再另提社会有机体这个范畴。

另一种观点认为,社会有机体是比社会形态概括范围更广的范畴,既包括社会生活的三个基本领域——生产力、生产关系(经济基础)、上层建筑,也包括不属于这三个领域的其他社会要素。可以说,社会有机体是包含一切社会要素的综合性范畴,着重表明社会生活的自组织性及其活性和活力,着重表明社会生活的总体性及其各方面的相互依存性。所以,马克思指出:人类社会就是"一切关系在其中同时存在而又互相依存的社会机体"②。社会有机体这一范畴的特定指谓和所概括的范围,是社会形态范畴所不能完全包容的。因此,有必要将社会形态与社会有机体这两个范畴区别开来,以使唯物主义历史观范畴精确化。

西方学者很少直接研讨社会形态范畴,苏联、东欧学者对社会范畴的理解与中国学者大同小异,没有本质区别。但是,苏联著名学者巴加图利亚对社会形态、社会经济形态范畴的理解却值得我们注意。

巴加图利亚对社会经济形态这一范畴作了深入而详细的考察,认为"我们首先在 1859 年 1 月马克思的《〈政治经济学批判〉序言》中看到'社会经济形态'这一完整的用语以及这个概念的确定的意义"。③ 这就是说,马克思是在《〈政治经济学批判〉序言》中首次提出社会经济形态这一

---

① 《列宁全集》第 1 卷,人民出版社 1984 年版,第 372、135 页。
② 《马克思恩格斯选集》第 1 卷,第 143 页。
③ [苏联] Г. A. 巴加图利亚:《马克思的第一个伟大发现——唯物史观的形成和发展》,第 69、70 页。

范畴的。在巴加图利亚看来，"社会经济形态""首要的和基本的意思"就是指"历史上一定的即一定历史时代的生产关系的总和，就是一定时代的社会经济结构、经济基础、经济制度"①。

在另外一些场合中，"社会经济形态"还"稍有另外的含义"。巴加图利亚分析了《〈政治经济学批判〉序言》中的一段话，即"大体说来，亚细亚的、古代的、封建的和现代资产阶级的生产方式可以看作是社会经济时代演进的几个时代"，《资本论》中的一段话，即"我们的观点是，社会经济形态的发展是一种自然历史过程"后认为，在这两种情况下，社会经济形态都是社会经济结构的"同义语"，即都是指生产关系的总和。但是，马克思在这里所说的作为生产关系总和的社会经济形态，不是指"历史上一定的"社会经济结构，而是指"一般"的社会经济结构。这就是说，唯物主义历史观的社会经济形态范畴具有"双重意义"：一是指"历史上一定的"，即具体的生产关系、经济结构；二是指"一般"的，即抽象意义上的生产关系、经济结构。在巴加图利亚看来，"'社会经济形态'用语的这第二个意义并不是基本的，它同第一个和主要的意思相比，毕竟是派生的，是一种一定意义上的转义"②。

同时，巴加图利亚又考察了"社会形态"这一范畴的来龙去脉，认为在马克思的《政治经济学批判》(1857—1858 年草稿)中，"'社会形态'的用语第一次出现"③，但是，"从词源上看"，《德意志意识形态》中的"社会形式"用语出现在"社会形态"这一范畴之前，"而在辩证哲学中，形式这个概念的含义不是指外在形式，而是指内部结构"④，这就是说，"社会形态"是从"社会形式"演化而来，是对社会结构的概括。如前所述，这是一种误

---

① ［苏联］Г. А. 巴加图利亚：《马克思的第一个伟大发现——唯物史观的形成和发展》，第71 页。
② ［苏联］Г. А. 巴加图利亚：《马克思的第一个伟大发现——唯物史观的形成和发展》，第73 页。
③ ［苏联］Г. А. 巴加图利亚：《马克思的第一个伟大发现——唯物史观的形成和发展》，第69 页。
④ ［苏联］Г. А. 巴加图利亚：《马克思的第一个伟大发现——唯物史观的形成和发展》，第73 页。

判,实际上,马克思在 1845—1846 年的《德意志意识形态》中不仅明确提出"社会机构"这一范畴,而且明确提出"社会形态"这一范畴。

按照巴加图利亚的观点,在《〈政治经济学批判〉序言》中,马克思不仅多次使用"社会形态"范畴,而且第一次提出"社会经济形态",并在"完整的用语以及这个概念的确定意义"上使用这个范畴。更重要的是,在《〈政治经济学批判〉序言》中,"社会形态"范畴已经转变为"社会经济形式""社会经济结构""社会经济形态"。由此,马克思"对社会结构的解释上向前迈出了重要的第一步:完成了把生产关系从所有其他社会关系中区分出来的过程,并且制定了历史上一定生产关系的总和的新概念,即社会经济形态的概念"①。由此,巴加图利亚得出结论:"社会形态的概念就是历史上一定生产关系的总和的概念,一定社会的经济结构的概念",并断言:"在绝大多数情况下,马克思的社会形态的概念就是这个基本意思。"②这就是说,"社会形态"与"社会经济形态"是同一范畴,其至可以用"社会经济形态"取代"社会形态"范畴。

巴加图利亚对"社会形态""社会经济形态"范畴的考察是深入而细致的,其执着精神是令人感动的,其分析也确有合理而深刻之处。但是,巴加图利亚对"社会形态""社会经济形态"的解读又确实存在着误读之处。研读《〈政治经济学批判〉序言》可以看出,"社会经济形态"并非仅仅是指生产关系或作为生产关系总和的社会经济结构,而是指包括生产力在内的"物质生活的生产方式"。马克思指出:"物质生活的生产方式制约着整个社会生活、政治生活和精神生活的过程。""大体说来,亚细亚的、古代的、封建的和现代资产阶级的生产方式可以看作是社会经济形态演进的几个时代。"③显然,《〈政治经济学批判〉序言》所说的社会经济形态是指物质生活的生产方式,而不是仅仅指生产关系。而《资本论》所说的"社会

---

① [苏联] Г. А. 巴加图利亚:《马克思的第一个伟大发现——唯物史观的形成和发展》,第 74 页。

② [苏联] Г. А. 巴加图利亚:《马克思的第一个伟大发现——唯物史观的形成和发展》,第 72 页。

③ 《马克思恩格斯全集》第 13 卷,第 8、9 页。

经济形态的发展是一种自然历史过程",首先是对"资本主义生产方式以及和它相适应的生产关系和交换关系"①研究得出的结论,并表明《资本论》中的"社会经济形态"并非仅仅指生产关系。这是其一。

其二,在唯物主义历史观中,"一般"的社会经济范畴并不是"历史上的特定的",即具体的社会经济形态范畴那里"派生"出来的,并不是具体的社会经济形态范畴的"转义"。相反,"一般"的社会经济形态范畴是对具体的社会经济形态,尤其是资本主义社会经济形态的概括和抽象,反映了具体的社会经济形态的共性和本质。从认识论的角度看,这是从个别到一般、从个性到共性、从具体到抽象的过程,而科学的抽象更深刻、更完全地反映着具体的事物、关系和过程,是充满着具体内容的抽象。这就是说,"一般"的社会经济形态范畴是具体的社会经济形态,尤其是资本主义社会经济形态的科学抽象。"最一般的抽象总只是产生在最丰富的具体发展的场合,在那里,一种东西为许多东西所共有,为一切所共有。""资产阶级社会是最发达的和最多样性的历史的生产组织。因此,那些表现它的各种关系的范畴以及对于它的结构的理解,同时也能使我们透视一切已经覆灭的社会形式的结构和生产关系。"②

其三,在唯物主义历史观中,"社会形态"与"社会经济形态"是两个既有联系,又有区别的范畴。从马克思主义的历史看,"社会经济形态"范畴是在"社会形态"范畴形成之后,马克思进一步思考的产物。巴加图利亚认为,"社会经济形态"范畴的制定标志着马克思对社会结构的理解迈出了重要的一步,既完成了把生产关系从社会关系中区分出来的过程,这无疑是正确而深刻的。但是,由此把"社会形态"等同于"社会经济形态"却是错误的,是对《〈政治经济学批判〉序言》的误读。在《〈政治经济学批判〉序言》中,马克思是有区别地使用"社会经济形态"与"社会形态"这两个范畴的。在《〈政治经济学批判〉序言》中,马克思制定社会经济形态范

---

① 《马克思恩格斯全集》第 23 卷,第 8 页。
② 《马克思恩格斯选集》第 2 卷,第 22、23 页。

畴时,是以物质生活的生产方式为依据的;马克思使用社会形态时,是以生产力与生产关系、经济基础与"全部庞大的上层建筑"为依据的。在分析了生产力与生产关系的矛盾运动、经济基础的"变更"与上层建筑的"变革"的关系之后,马克思明确指出:"无论哪一个社会形态,在它们所能容纳的全部生产力发挥出来以前,是决不会灭亡的;而新的更高的生产关系,在它的物质存在条件在旧社会的胎胞里成熟以前,是决不会出现的。"①

可见,在唯物主义历史观中,"社会形态"与"社会经济形态"是两个既有联系,又有区别的范畴。马克思指出:"任何时候,我们总是要在生产条件的所有者同直接生产者的直接关系——这种关系的任何形式总是自然地同劳动方式和劳动社会生产力的一定的发展阶段相适应——当中,为整个社会结构,从而也为主权和依附关系的政治形式,总之,为任何当时的独特的国家形式,找出最深的秘密,找出隐蔽的基础。"②这就是说,在整个社会形态中,经济形态决定政治形态、意识形态,并构成了社会形态的基础。这也就是说,社会经济形态不等于社会形态,社会经济形态范畴不能涵盖社会形态范畴的全部内容。因此,不能用社会经济形态范畴取代社会形态范畴。

本文原载《天津社会科学》2024 年第 3 期

---

① 《马克思恩格斯全集》第 13 卷,第 9 页。
② 《马克思恩格斯全集》第 25 卷,第 891—892 页。

附录三

唯物主义历史观基本观点研究：概述与反思

任何一门学科、一种学说都有自己的基本观点，正是这些基本观点构成了这门学科、这种学说的基础理论。哲学以及唯物主义历史观也是如此。然而，唯物主义历史观创始人又没有写下专门的著作阐述唯物主义历史观的基本观点，唯物主义历史观的基本观点就蕴含在、体现在马克思和恩格斯的批判性著作、论战性著作、政治经济学著作以及通信中。正因为如此，后辈马克思主义者、学者对唯物主义历史观基本观点的理解就产生了分歧，引发了争论。从历史上看，一个伟大的哲学家逝世之后，对他的学说以及基本观点产生分歧、引发争论并不罕见。但是，像马克思这样，在他逝世之后，对他所创立的唯物主义历史观及其基本观点的认识产生如此大的分歧，在世界范围内引起如此广泛、持久而激烈的争论却是罕见的，而且马克思离我们的时代越远，对他认识的分歧也就越大，就像行人远去，越远越难辨识一样。正因为如此，本文拟就唯物主义历史观基本观点的研究作一新的考察、概述、反思,以期深化我们对唯物主义历史观的研究。

一、关于社会的本质与存在方式

客观性是社会的本质,这是国内学者长期以来的共识。的确,社会是客观的,唯心主义历史观的重大缺陷之一,就是否定社会的客观性。但是,由此认为客观性是社会的本质,却未必正确。这是因为:自然界也是客观的,客观性实际上是人类社会和自然界的共性,而不是人类社会的"个性",不是社会的本质特征;否定社会的客观性当然是唯心主义历史观,但承认社会的客观性未必就是唯物主义历史观,自然主义历史观就承认社会的客观性,而且从客观的自然规律导出所谓的客观的历史规律。20世纪90年代以来,国内学者重新探讨了社会的本质问题,并取得了较大的进展和突破,集中体现为确认社会本质上是实践的。确认实践是社会的本质,这并非发现"新大陆",实际上是"重归"马克思。不是别人,正是马克思在《关于费尔巴哈的提纲》中明确提出:"全部社会生活在本质上是实践的。"①

从人类社会的起源看,社会本质上是实践的。恩格斯指出:劳动"是整个人类生活的第一个基本条件"②。马克思认为,劳动是人"使自己和动物区别开来的第一个历史行动",也是人类的"第一个历史活动"。"一当人开始生产自己的生活资料的时候……人本身就开始把自己和动物区别开来。"③这就是说,劳动既是使人类社会从自然界独立出来的基础,又是人类社会区别于自然界的标志。在人和人类社会形成过程中,劳动起了决定作用。

从人类社会的基本关系看,社会本质上是实践的。人是社会的主体,"有生命的个人"的存在是社会存在的第一个前提。但是,社会又不是个

---

① 《马克思恩格斯选集》第1卷,第56页。
② 《马克思恩格斯全集》第20卷,第509页。
③ 《马克思恩格斯选集》第1卷,第67页。

人的相加之和,而是人们之间社会关系的总体或体系。人们之间的经济关系、政治关系和思想关系构成了社会的基本关系,而社会关系正是在人的实践活动中生成的。物质实践首先是人以自身的活动来引起、调整和控制人与自然之间物质变换的过程,体现着人与自然的现实关系;为了实现人与自然的物质变换,人与人之间必须进行活动互换,并必然结成一定的社会关系。"生命的生产,无论是通过劳动而达到的自己生命的生产,或是通过生育而达到的他人生命的生产,就立即表现为双重关系:一方面是自然关系,另一方面是社会关系。"①这就是说,实践不仅包含人与自然的关系,而且生成着人与人的社会关系。

从人类社会的发展规律来看,社会在本质上是实践的。社会发展规律不是形成、存在于人的实践活动之外或凌驾于人的实践活动之上,而是形成、存在并实现于人的实践活动之中。在实践活动中,人不仅同自然界进行物质变换,而且进行人与人之间的活动互换,从而形成一个整体进行改造自然的活动。在这个过程中,人还同自然界进行观念与物质的转换,即客观存在反映到人的头脑中转换成观念存在和观念通过实践转变为客观存在。正是这种"物质变换""活动互换"以及"物质与观念的转换"的交织运动,形成了人类实践活动的内在规律,表现为一种最终决定人们活动结局的力量,即社会发展规律。社会发展规律也就是人类实践活动的规律,或者用恩格斯的话来说,就是人们社会行动的规律。

肯定社会的本质是实践并不是对社会的客观性的否定,实际上,这是在肯定客观性是自然和社会共性的基础上,深入到社会的特殊矛盾,把握其特殊本质,从而揭示出人类社会与自然界的本质区别。这是对人类社会认识的深化。

从直接性上看,社会就是由相互联系的人们所构成的总体,是通过人与人之间的关系结合而成的人群集合体。但是,把社会仅仅视为人与人之间的关系又是片面的,这只是对社会的"狭义"的理解。实际上,人与人

---

① 《马克思恩格斯选集》第 1 卷,第 80 页。

之间的关系只是社会主体内部的关系,而完全意义上的社会不仅包括社会活动的主体,而且包含社会活动的客体。因此,对社会的"广义"的理解,应把社会看作人与自然的关系和人与人的关系双重关系的统一。

人与自然和人与人的双重关系是在人类实践活动中形成和发展的。唯物主义历史观首先把社会理解为人与自然和人与人之间双重关系的统一,然后,又进一步把这双重关系归结为人的实践活动,从实践活动出发去理解和把握人与自然和人与人的双重关系,去理解和把握全部社会生活,从而确认实践是社会的存在方式。社会同实践具有直接同一性,社会的改变和人本身的改变的一致,只能被看作并合理地理解为革命的实践;社会发展根源于生产力与生产关系的矛盾运动,而生产力与生产关系不过是物质生产实践的两个方面,"生产力和社会关系——这二者是社会的个人发展的不同方面"①。实践是人类社会的独特的活动方式和存在方式。

与此相关的问题是,如何理解社会是一个有机体。

从历史上看,19 世纪初,圣西门就初步提出社会有机体思想,继而,孔德、斯宾塞创立了社会有机体理论,即用生物有机体的"细胞""器官""组织"等概念来分析社会的一种社会学理论和方法。马克思在分析社会时,也常常使用"社会有机体"这一概念。马克思指出:"现在的社会不是坚实的结晶体,而是一个能够变化并且经常处于变化过程中的机体。"②"这种有机体制本身作为一个总体有自己的各种前提,而它向总体的发展过程就在于:使社会的一切要素从属于自己,或者把自己还缺乏的器官从社会中创造出来。有机体制在历史上就是这样向总体发展的。"③马克思的社会有机体理论的贡献就在于:从人的实践活动出发揭示了社会有机体不是按生物规律,而是按人的实践活动规律活动的,即揭示了社会有机体有着自身发展的特殊规律。然而,苏联学者长期以来一直把社会有机体理论定格为社会形态理论,后又仅仅从系统论的角度理解社会有机体,忽视了社会

① 《马克思恩格斯全集》第 46 卷下,第 219 页。
② 《马克思恩格斯全集》第 23 卷,第 12 页。
③ 《马克思恩格斯全集》第 46 卷上,第 235—236 页。

有机体的特殊性。20世纪90年代以来,中国学者开始重新研究马克思的社会有机体理论,但在具体理解社会有机体时,又存在着一定的分歧。

一种观点认为,马克思社会有机体理论的着重点在于:社会生活的系统性;社会生活的活性和活力;社会生活各方面的相互作用及其中介。具体地说,社会有机体主要包含三方面的内容:一是社会生活各领域的联系,如经济、政治、文化的相互作用所形成的"社会场";二是各类人群共同体之间的联系,人的具体存在形态是社会的细胞、器官和组织,包括家庭、团体、政党、国家等,这一序列是社会主体形态,是社会有机性的唯一来源和根据;三是社会生活领域序列和社会主体形态序列之间的联系,社会生活各领域本质上是社会主体活动的不同形式,同时,社会主体活动嵌刻着社会生活各领域的烙印,人们的社会生活反过来又制约着人及其共同体本身。

另一种观点认为,社会有机体是以人的发展为主线,以"交往"为轴心,以人类自主活动为内容,包括物质生产、精神生产、人类自身生产在内的总体结构:一是社会结构,这是社会有机体的客体方面;二是现实的人,这是社会有机体的主体方面;三是社会活动,表现为物质活动与其他活动的关系,表现为旧的活动向基础层次积淀、新的活动不断滋生的过程;四是社会再生产,物质生产、精神生产、人本身生产以及社会关系的生产和再生产构成社会再生产系统,维系着人类社会的生存、延续和发展。

二、关于社会发展的动力和规律

社会总是处在变化发展过程中,社会发展是社会内部各种要素相互作用的结果。唯物主义历史观高度重视社会发展的动力问题。在《社会主义从空想到科学的发展》中,恩格斯就认为,历史唯物主义是一种"关于历史过程的观点",这种观点关注着"一切重要历史事件的终极原因和伟大动力"[①]。正因为如此,苏联学者在定义唯物主义历史观的对象时,大多

[①]《马克思恩格斯选集》第3卷,第704—705页。

在社会发展的一般规律后加上"动力",即唯物主义历史观是关于社会发展的一般规律和动力的科学。

社会发展动力是一个动力系统。

人与自然的矛盾构成了社会发展的原动力。相互作用是事物发展的"终极原因"。在人类社会中,没有比人与自然的相互作用更根本的相互作用了,唯物主义历史观不能追溯到比这个相互作用更远的地方了。全部社会现象,包括社会意识现象中的各种相互作用,不仅根源于人与自然的相互作用,而且归根到底只有通过人与自然的相互作用才能得到正确的说明。

生产力与生产关系的矛盾、经济基础与上层建筑的矛盾构成了社会发展的基本动力,这是因为:人与自然的矛盾制约着人与人的矛盾,人与人的矛盾又反过来制约着人与自然的矛盾,二者密切相关,构成了社会的基本矛盾;这两对矛盾所涉及的经济结构、政治结构、观念结构囊括了社会生活的基本领域,构成了社会的基本结构;这两对矛盾贯穿于社会发展的始终,并构成了社会发展的基本规律,即生产关系一定要适合生产力状况的规律和上层建筑一定要适合经济基础的规律。正是这种生产力——生产关系(经济基础)——上层建筑的层层决定和层层反作用的矛盾运动,推动着社会形态的变革。

阶级斗争以及人的思想动机是社会发展的直接动力。社会发展的动力是在人的社会活动中形成的,也只有在人的社会活动中才能发挥作用。除原始社会外,到目前为止的社会都是阶级社会,社会发展的基本动力因此集中体现为阶级斗争。阶级斗争直接推动着社会形态不断发展,并使社会形态的更替得以实现。奴隶社会——封建社会——资本主义社会——社会主义社会,都是在阶级斗争的过程中实现的。同时,"人们奋斗所争取的一切,都同他们的利益有关"①,而"使人们行动起来的一切,

---

① 《马克思恩格斯全集》第1卷,第82页。

都必然要经过他们的头脑"①。因此,社会发展的"最终动因"或"历史的真正的最后动力"必然表现为人们活动的动机,表现为思想动机,思想动机直接驱使人们去行动。在这个意义上,人们的思想动机也就成为社会发展的直接动力。

这三个层次的动力相互作用,形成了社会发展的动力系统。其中,人与自然的相互作用,即生产力是社会发展的最终动因;生产力与生产关系的矛盾、经济基础与上层建筑的矛盾运动是社会发展的基本动力和"推动器",是原动力和直接动力之间的中介;人的思想动机和阶级斗争则是社会发展的"启动器"和"加速器"。

但是,国内学者对社会发展动力的理解还存在着分歧。

有的学者认为,社会发展的动力是生产力。这个观点是针对阶级斗争是社会发展动力的观点提出的。其论据是:生产力是社会发展的最终决定力量;阶级斗争归根到底受制于生产力,而生产力的发展不一定都通过阶级斗争,社会发展的动力归根到底是生产力;生产方式是社会存在和发展的基础,生产力的内部矛盾,即劳动者与劳动工具(人与物)的矛盾才是社会发展的源泉和动力,劳动者与劳动工具之间的矛盾,推动着生产力的发展,从而从根本上推动着社会发展。

有的学者认为,阶级斗争是阶级社会发展的动力。其论据是:生产力只是社会发展的根本原因,但原因不等于动力,作为动力的只能是矛盾,而矛盾必然包括两方面,真正推动社会发展的动力是阶级矛盾、阶级斗争;人与自然的矛盾与人与人的矛盾相互制约,构成了社会的基本矛盾,在阶级社会中,社会基本矛盾集中体现为阶级矛盾,因此,只有阶级斗争才是阶级社会发展的动力;阶级斗争是阶级社会发展的动力,并不意味着阶级斗争是生产力发展的动因,更不意味着阶级斗争是社会发展的始因,而是说生产力的发展受制于阶级斗争,如果生产关系阻碍生产力发展时,没有阶级斗争就不能解放生产力。

---

① 《马克思恩格斯选集》第 4 卷,第 249 页。

有的学者认为,社会发展的动力是人的需要和利益。其论据是:利益关系的实质是社会物质生活条件之间的现实联系,利益冲突是从人们的物质生产条件中生长出来的历史性对抗,"每一既定社会的经济关系首先表现为利益"①;社会是人的社会,社会发展的动力只能是人本身的需要和利益,特别是物质需要和物质利益;人们日益增长的需要和利益要求是人的活动源泉,社会发展的动力就是驱策人们从事社会活动的需要和利益。与此相关,社会发展的动力同时就是人对自身价值和尊严的追求,正是为了生活和幸福,人们才孜孜不倦地探索和实践;正是为了价值和尊严,人们才永无止境地追求和创新。社会发展归根到底是人的发展,对人本身需要和利益的实现,对生活和幸福、价值和尊严的追求构成社会发展的根本动力。

社会发展的动力问题同社会发展的规律问题密切相关。唯物主义历史观就是关于社会发展一般规律的科学。然而,长期以来,苏联学者、中国学者对社会发展规律,尤其是生产与生产关系的矛盾运动规律、经济基础与上层建筑的矛盾运动规律的阐述一直停留在决定作用与反作用这个层次上。20世纪90年代以后,中国学者对社会发展规律,即历史规律的研究取得较大的进展和突破。这种进展和突破主要表现在三个方面:一是历史规律重复性与历史事件不可重复性的关系;二是生产力与生产关系矛盾运动规律的机制;三是物质生产、人本身生产与精神生产相互制约的规律。

第一,关于历史规律的重复性与历史事件的不可重复性的关系。

任何规律,包括历史规律都具有重复性。唯物主义历史观确认历史规律的重复性,并以此为前提确立了"五种社会形态"理论。列宁指出:"唯物主义提供了一个完全客观的标准,它把生产关系划为社会结构,并使人有可能把主观主义者认为不能应用到社会学上来的重复性这个一般科学标准,应用到这些关系上来。""一分析物质的社会关系(即不通过人

---

① 《马克思恩格斯选集》第3卷,第209页。

们的意识而形成的社会关系：人们在交换产品时彼此发生生产关系，甚至都没有意识到这里存在着社会生产关系），立刻就有可能看出重复性和常规性，把各国制度概括为社会形态这个基本概念。只有这种概括才使人有可能从记载（和从理想的观点来评价）社会现象进而以严格的科学态度去分析社会现象。"①马克思甚至认为，"可以用自然科学的精确性指明"社会的物质变革②。"精确性""重复性""常规性"，这是科学的三个标志。"精确性""重复性""常规性"这三个概念的确立标志着唯物主义历史观成为一门科学，一门成熟的科学。

历史规律具有重复性，只要具备一定条件，某种合乎规律的现象就会重复出现。但是，历史事件却是不可重复的。这是因为：任何历史事件的产生都是必然性和偶然性共同作用的结果，正是其中的偶然性使具体的历史事件具有这样或那样的特点，使历史事件不可重复；而历史事件所包含的必然性却是历史过程中确定不移的趋势，只要具备一定的条件，这种必然性，即规律性就会发生作用并重复出现，成为一种常规现象。因此，历史规律的可重复性正是在一个个不可重复的历史事件中体现出来的。例如，1566 年的尼德兰革命、1640 年的英国革命、1775 年的美国革命战争（独立战争）、1789 年的法国革命、1911 年的中国辛亥革命……这一个个不可重复的历史事件，体现的正是可重复的资产阶级革命的历史规律。现代西方历史哲学以不可重复的历史事件为"依据"否定可重复的历史规律，实际上表明，现代西方历史哲学只是停留在历史的表层，不理解可重复的历史规律与不可重复的历史事件的真实关系。

第二，关于生产力与生产关系矛盾运动的规律。

20 世纪 80 年代之后，国内学者着重探讨了生产力与生产关系相互作用的中介，并形成了两种主要观点。

一种观点认为，分工是生产力与生产关系相互作用的中介。其理由

---

① 《列宁选集》第 1 卷，第 8 页。
② 《马克思恩格斯选集》第 2 卷，第 33 页。

是：分工是劳动者和劳动工具的结合方式，是劳动者水平和劳动工具水平的综合体现，即生产力水平的综合体现，标志着生产的技术构成，因而具有生产力属性，正如马克思所说，"一个民族的生产力发展的水平，最明显地表现于该民族分工的发展程度"①；分工不仅是生产过程中人与工具的结合方式，而且也是人与人的结合方式，标志着生产关系的状况，因而又具有生产关系的属性，正如马克思所说，"分工从最初起就包含着劳动条件——劳动工具和材料——的分配，也包含着积累起来的资本在各个所有者之间的劈分，从而也包含着资本和劳动之间的分裂以及所有制本身的各种不同的形式"②。一般说来，生产力对生产关系的决定作用和生产关系对生产力的反作用就是通过分工实现的。

另一种观点认为，生产方式是生产力与生产关系相互作用的中介。其理由是：任何一种现实的生产方式必然是两种力量共同作用的结果，作为技术结构，生产方式是人与人之间以物为中介的技术结合，是生产力作用的结果；作为经济结构，生产方式是人与人之间以物为中介的社会结合，是生产关系，尤其是生产资料所有制作用的结果。马克思指出："随着新生产力的获得，人们改变自己的生产方式，随着生产方式即谋生的方式的改变，人们也就会改变自己的一切社会关系。"③

这两种观点都从不同视角深化了生产力与生产关系相互作用的运行机制。但是，对生产力与生产关系矛盾运动规律的探讨不能局限于对二者相互作用的中介的探讨，而应以现代实践为基础，以"世界历史"为背景，进一步探讨生产力与生产关系矛盾运动的民族性和世界性相互作用的运行机制。所谓生产力与生产关系矛盾运动的民族性是指，生产力与生产关系矛盾运动在不同民族具有不同的性质、结构和运行机制；生产力与生产关系矛盾运动的世界性是指，随着"世界市场""世界历史"的形成，各民族或国家的生产力与生产关系矛盾运动便越出了民族的狭隘疆域，

---

① 《马克思恩格斯选集》第 1 卷，第 68 页。
② 《马克思恩格斯选集》第 1 卷，第 127 页。
③ 《马克思恩格斯选集》第 1 卷，第 142 页。

在世界范围内发生相互影响、相互作用、相互渗透的运动。历史越往前追溯,生产力与生产关系矛盾运动的民族性就越突出。随着世界市场、世界历史的形成,原来各自"单独进行"的生产力与生产关系矛盾运动便越出了民族的狭隘疆域,进入世界"运动场",形成了全面的相互影响、相互作用、相互渗透,即具有了世界性。

世界市场、世界历史形成之前,各民族的生产力与生产关系矛盾运动同人类的生产力与生产关系矛盾运动之间的关系是个别与一般的关系;世界市场、世界历史形成之后,各民族的生产力与生产关系矛盾运动同人类的生产力与生产关系矛盾运动之间就不仅存在着个别与一般的关系,而且具有了部分与整体的关系。生产力与生产关系矛盾运动的世界性既不是对民族性的否定,也不是民族性的简单相加,而是产生了一种"整合值",并能够使民族性在某种程度上"变形"。

一切历史冲突都根源于生产力与生产关系之间的矛盾。但是,"对于某一国家内冲突的发生来说,完全没有必要等这种矛盾在这个国家本身中发展到极端的地步。由于同工业比较发达的国家进行广泛的国际交往所引起的竞争,就足以使工业比较不发达的国家内产生类似的矛盾"[1]。这就是说,在世界交往、世界历史的背景中,某些国家或民族内部的生产力与生产关系矛盾便会较快地达到激化状态,并产生同发达国家"类似的矛盾";正是在这种"类似的矛盾"引导下,同时,在发达国家的"历史启示"下,某些较为落后的国家或民族就有可能以特殊的形式解决"类似的矛盾",从而"跨越"某种社会形态,而不必一切"从头开始""重新开始",如中国就是在世界历史的背景下,在这种"类似的矛盾"的引导下,在"十月革命"的"历史启示"下,跨越了资本主义社会形态,直接走上了社会主义道路。正是在这个意义上,马克思指出:"一个民族本身的内部结构取决于它的生产力以及内部与外部的交往发展程度。"[2]

---

[1]《马克思恩格斯全集》第 3 卷,第 83 页。
[2]《马克思恩格斯全集》第 3 卷,第 24 页。

第三,关于物质生产、人自身生产、精神生产的关系。

物质生产、人自身生产、精神生产的关系问题,在国内哲学界引起了较长时间的讨论,并且在讨论过程中出现了大起大落的现象。从总体上看,国内哲学界对物质生产、人自身生产、精神生产关系的研究和讨论,大体经历了三个阶段。

第一个阶段是 20 世纪 50—60 年代。这一阶段的研究和讨论受到苏联哲学界的影响,基本上否定了"两种生产"理论,即物质生产和人自身生产是社会发展决定性因素的观点,并认为把物质生产和人自身生产同等看待,犯了"二元论"的错误。

第二个阶段是 20 世纪 70—80 年代。这一阶段的研究和讨论基本上肯定了"两种生产"理论,认为人类历史就是物质资料生产和人自身生产的历史,"两种生产"理论不是"二元论",而是唯物主义历史观一元论。但是,同样是肯定"两种生产"理论,但在对"两种生产"理论的具体理解上又存在着分歧:一种观点认为,原始社会发展的根本原因是人自身生产和"自然选择原则",只是到了原始社会末期,人自身生产对社会制度的决定作用才让位于物质资料生产;另一种观点认为,无论是物质资料的生产,还是人自身生产,都表现为双重关系,即自然关系和社会关系,"两种生产"既适合原始社会,也适合文明社会,不能否定原始社会也是以物质资料生产为基础的,同时,人自身生产也制约着文明社会,"两种生产"决定社会发展不是某一历史时期特殊或偶然现象,而是人类社会发展的普遍规律。

第三个阶段是 20 世纪 80 年代至今。这一阶段的研究和讨论充分肯定并深化了"两种生产"理论,同时,又提出了精神生产问题,并在此基础上展开了对"三种生产"——物质生产、人自身生产和精神生产之间关系的研究。

从历史上看,关于"两种生产"理论的争论始自对恩格斯一个著名观点的理解,这就是恩格斯在《家庭、私有制和国家的起源》中所说的那段话:"历史中的决定性因素,归根结底是直接生活的生产和再生产。但是,生产本身又有两种。一方面是生活资料即食物、衣服、住房以及为此所必需的工具的生产;另一方面是人自身的生产,即种的繁衍。一定历史时代和一定地区内的人们生活于其下的社会制度,受着两种生产的制约:一方面受劳动的发展阶段的制约,另一方面受家庭的发展阶段的制约。"① 首先指责恩格斯这一观点的是"第二国际"理论家库诺夫。在库诺夫看来,恩格斯的这一观点是"把性交同经济方式等量齐观",否定了"社会制度和社会观点取决于经济发展水平"的唯物主义一元论,"完全破坏了唯物主义历史观的统一性"。② 苏联哲学界一直认为恩格斯的"两种生产"理论是不准确的提法,犯了"二元论"的错误。

实际上,"两种生产"理论并非恩格斯个人的"独创",而是马克思和恩格斯共同的思想结晶,是唯物主义历史观的基本观点。在《德意志意识形态》中,马克思、恩格斯首次提出"两种生产",即"自己生命的生产"(通过劳动)和"他人生命的生产"(通过生育),并认为这两种"生命的生产"都包含着双重关系,即"自然关系"和"社会关系"③。按照马克思、恩格斯的观点,生产物质生活本身、需要的满足和新的需要的产生,"每日都在重新生产自己生命的人们开始生产另外一些人,即繁殖"④,这三者不可分割,贯穿于人类历史的始终。因此,"不应该把社会活动的这三个方面看作是三个不同的阶段,而只应该看作是三个方面,或者……把它们看作是三个'因素'。从历史的最初时期起,从第一批人出现时,这三个方面就同时存在着,而且现在也还在历史上起着作用"⑤。把这"三个方面"或"三个因素"归纳起来,就是物质生产和人自身生产这两种生产。

在《家庭、私有制和国家的起源》中,恩格斯根据马克思人类史研究的新成果和摩尔根古代社会研究的成果,从总体上对"两种生产"作了理论

---

① 《马克思恩格斯选集》第4卷,第2页。
② [德]亨利希·库诺:《马克思的历史、社会和国家学说——马克思的社会学的基本要点》第2卷,袁志英译,商务印书馆1988年版,第128、142页。
③ 《马克思恩格斯选集》第1卷,第80页。
④ 《马克思恩格斯选集》第1卷,第80页。
⑤ 《马克思恩格斯选集》第1卷,第80页。

概括,这就是上面引用的那段著名论述。可见,恩格斯的"两种生产"理论固然凝结着恩格斯个人的智慧,但绝不是对马克思思想的背离或改变了自己最初的观点,相反,是马克思的"两种生产"思想的理论概括,是马克思多年研究成果的理论概括,用恩格斯自己的话来说,是对马克思"遗言"的完成。

物质生产和人自身生产密切相关。人自身生产,无论是自己生命的生产,还是他人生命的生产,首先取决于物质生产的性质和水平,取决于物质生产所创造的"生活资料、享受资料和发展资料"的性质和水平。马克思指出:"每一种特殊的、历史的生产方式都有其特殊的、历史地起作用的人口规律。"①这是一方面。另一方面,物质生产是由人自身生产的需要引起的,"这一步是由他们的肉体组织所决定的",物质生产"第一次是随着人口的增长而开始的"②;同时,人们社会结合的最初动因也是同人自身生产密切相关的。家庭是人类自身生产的组织形式,"家庭起初是唯一的社会关系,后来,当需要的增长产生了新的社会关系而人口的增多又产生了新的需要的时候,这种家庭便成为从属的关系了"③。因此,人类历史是物质生产和人自身生产的统一。

物质生产和人自身生产在不同的历史时期具有不同的作用。在文明社会,物质生产对社会制度的形成和发展起决定作用;在原始社会,人自身生产对社会制度的形成和发展起决定作用,因为当时物质生产刚刚萌芽,还不可能支配整个社会生活。恩格斯指出,"劳动越不发展,劳动产品的数量、从而社会的财富越受限制,社会制度就愈在较大程度上受血族关系的支配",并断言"亲属关系在一切蒙昧民族和野蛮民族的社会制度中起着决定作用"④。实际上,只是随着文明社会的诞生,亲属制度才退居次要地位,物质生产才成为社会发展的主要决定因素。

① 《马克思恩格斯全集》第 23 卷,第 692 页。
② 《马克思恩格斯选集》第 1 卷,第 67、68 页。
③ 《马克思恩格斯选集》第 1 卷,第 80 页。
④ 《马克思恩格斯选集》第 4 卷,第 2、25 页。

20世纪90年代起,国内学者从"两种生产"研究拓展到"三种生产",即物质生产、精神生产、人自身生产及其关系的研究。

关于物质生产和精神生产的关系,国内学者认为,物质生产是精神生产的基础,精神生产起初是物质生产的"直接产物",后又成为物质生产的"必然升华物";"精神生产随着物质生产的改造而改造"①,并受物质生产规律的支配;精神生产一旦从物质生产中分化出来,便具有相对独立性,从而具有独特的发展规律。正因为如此,精神生产并不是在任何情况下都与物质生产保持同步,而是表现出某种不平衡。马克思指出,艺术等精神生产的"一定的繁盛时期决不是同社会的一般发展成比例的,因而也决不是同仿佛是社会组织的骨骼的物质基础的一般发展成比例的"②。

关于精神生产和人自身生产的关系,国内学者认为,一方面,人自身生产是精神生产的自然前提,没有人,没有具有一定社会阅历和文化水平的人,也就没有精神生产;另一方面,精神生产相对独立以后,人自身生产也就直接或间接地处在精神生产的影响之下,人自身再生产的质量如何,不仅取决于物质生产,而且取决于精神生产。

物质生产、精神生产、人自身生产构成了社会的生产系统和整体活动,只有理解与把握这种生产系统和整体活动的内在结构及其发展规律,才能全面把握社会发展的一般规律。具体地说,在人类社会,人自身生产是前提,物质生产是基础,精神生产则有导向作用;精神生产在整个社会发展过程中处于枢纽的地位,它受制于物质生产和人自身生产,同时,又驾驭物质生产和人自身生产,其功能具有全面性和辐射性,从而成为整个社会生活的控制系统。

三、关于历史的主体与创造者

历史的主体性问题是现代哲学关注的中心问题,主体性原则是唯物

---

① 《马克思恩格斯选集》第1卷,第72、73、292页。
② 《马克思恩格斯选集》第2卷,第28页。

主义历史观的基本原则之一。

研读马克思的著作可以看出,马克思是在批判唯心主义和旧唯物主义的过程中提出"现实的人是历史主体"这一命题的,并把主体性原则作为唯物主义历史观的基本原则。

在《1844年经济学哲学手稿》中,马克思指出:"整个所谓世界历史不外是人通过人的劳动而诞生的过程,是自然界对人说来的生成过程。"①作为历史创造者的人,既是"在社会、世界和自然界生活的有眼睛、耳朵等等的人的和自然的主体",又是"被思考和被感知的社会的主体的自为存在"。② 共产主义就"是通过人并且为了人而对人的本质的真正占有"。正是在共产主义社会中,"人以一种全面的方式,也就是说,作为一个完整的人,占有自己的全面的本质"。③

在《神圣家族》中,马克思指出,"人是全部人类活动和全部人类关系的本质和基础"④,离开了这个基础就不可能理解现实的历史。正像人是历史的人一样,历史是人的历史,"历史不过是追求着自己目的的人的活动"⑤。

在《关于费尔巴哈的提纲》中,马克思指出,旧唯物主义陷入唯心主义历史观的主要原因就是,"只是从客体的形式",而"不是从主体的方面",从"感性的人的活动"去理解"对象、现实、感性"。⑥

在《德意志意识形态》中,马克思、恩格斯指出:"全部人类历史的第一个前提无疑是有生命的个人的存在。因此,第一个需要确认的事实就是这些个人的肉体组织以及由此产生的个人对其他自然的关系。"⑦"有生命的个人"只有在自身的物质活动中才能存在,因此,从事物质生产的人

---

① 《马克思恩格斯全集》第42卷,第131页。
② 《马克思恩格斯全集》第42卷,第178、123页。
③ 《马克思恩格斯全集》第42卷,第120、123页。
④ 《马克思恩格斯全集》第2卷,第118页。
⑤ 《马克思恩格斯全集》第2卷,第118—119页。
⑥ 《马克思恩格斯选集》第1卷,第54页。
⑦ 《马克思恩格斯全集》第3卷,第30、79页。

既是历史的"第一个前提",又是"一切历史的基本条件"。"从事实际活动的人"因此构成了唯物主义历史观的"出发点"。在马克思看来,"只要描绘出这个能动的生活过程,历史就不再像那些本身还是抽象的经验论者所认为的那样,是一些僵死事实的搜集,也不再像唯心主义者所认为的那样,是想象的主体的想象的活动"①。

在《哲学的贫困》中,马克思指出,"人们是在一定的生产关系中制造呢绒、麻布和丝织品的",但是,"这些一定的社会关系同麻布、亚麻等一样,也是人们生产出来的"。"人们按照自己的物质生产率建立相应的社会关系,正是这些人又按照自己的社会关系创造了相应的原理、观念和范畴。"因此,人既是"历史的剧中人",又是"历史的剧作者"。②

在《共产党宣言》中,马克思指出:"在资产阶级社会里,资本具有独立性和个性,而活动着的个人却没有独立性和个性";在共产主义社会里,"每个人的自由发展是一切人的自由发展的条件"。③

在《1857—1858 年经济学手稿》中,马克思指出,"主体是人"④,"社会本身,即处于社会关系中的人本身……而作为它的主体出现的只是个人,不过是处于相互关系中的个人"⑤,人是"劳动的主体",从而也是"社会联系的主体"。正像社会历史创造着作为人的人一样,人也创造着社会历史。在共产主义社会,"人不是在某一种规定性上再生产自己,而是生产出他的全面性",从而实现人的"自由个性"。⑥ 在《资本论》中,马克思明确指出,共产主义就是以"每个人的全面而自由的发展为基本原则的社会形式"⑦。

可见,从《1844 年经济学哲学手稿》到《资本论》,反映了马克思关于历

---

① 《马克思恩格斯选集》第 1 卷,第 73 页。
② 《马克思恩格斯选集》第 1 卷,第 141、142、147 页。
③ 《马克思恩格斯选集》第 1 卷,第 287、294 页。
④ 《马克思恩格斯全集》第 46 卷上,第 22 页。
⑤ 《马克思恩格斯全集》第 46 卷下,第 226 页。
⑥ 《马克思恩格斯全集》第 46 卷上,第 486、104 页。
⑦ 《马克思恩格斯全集》第 23 卷上,第 649 页。

史主体性观点的一致性、一贯性。肯定现实的人是历史的主体,确认历史是人的实践活动在时间中的展开,追求每个人的全面而自由的发展,这是唯物主义历史观的基本原则和宗旨。我断然拒绝这样一种观点,即在唯物主义历史观中存在着"人学的空场"。这是一种"傲慢与偏见"。实际上,萨特本人就说过:"马克思主义的摇篮本身就是人,是历史唯物主义中的人,是通过其行动,通过社会人的客观实在性在社会内部定义其自身的人。"①

然而,"第二国际"马克思主义、苏联马克思主义都忽视或否定了唯物主义历史观的主体性原则。西方马克思主义则注意到马克思主义的主体性原则,并力图把"主体性"引入马克思主义。在马克思主义的历史上,卢卡奇首先探讨了历史主体与客体相互作用的辩证法,并认为历史过程被主体性所贯穿,主体的活动构成了真实的历史的辩证法。梅洛·庞蒂认为,卢卡奇力图建立一种"把主体性融入历史则又不将它当作一种副现象的马克思主义"②。

萨特明确提出了"马克思主义和主体性"这一命题,并强调:"我们感兴趣的,是马克思主义哲学框架内的主体性难题,因为它涉及的,正好是从构成马克思主义的原理和真理出发,探讨主体性是否存在,主体性是有某种利益,抑或仅仅是人们能够在对人类发展的宏大辩证研究之外获得的一系列事实的问题。"③

从总体上看,萨特是联系客体、实践来考察主体性问题的。在萨特看来,主体有两个特征,即"非知"和"要成为","主体性的一个首要本质特征是:主体性之所以根据定义是非知(哪怕是在意识层面上),是因为个体或有机体'要成为'其存在……存在着两种方式让它们成为其存在:第一种是成为其物质的存在,就像在纯物质系统中那样,这样的话,缺陷就明摆在那里,就是这样。另一种,是通过实际活动(pratique)修正整

---

① [法]让-保罗·萨特:《什么是主体性?》,吴子枫译,上海人民出版社 2017 年版,第 82 页。
② 引自[法]让-保罗·萨特:《什么是主体性?》,第 7 页。
③ [法]让-保罗·萨特:《什么是主体性?》,第 25 页。

体,以保证整体仍然是整体,或者说接受某些修正以维持整体,这就是实践(praxis)"①。主体性是和整体的建构融为一体的,实际上是一种"重新总体化"。萨特既反对"唯心主义的虚假主体性",又批判"自然主义的主体性",力图对主体性作出马克思主义界定。"萨特就把自己的抱负确定为,将主体性置于马克思主义分析的核心,重新赋予它一度失去的活力。"②

国内学者是从20世纪80年代开始探讨历史主体性问题的,并形成了一种公示,即从事实践活动的人是历史的主体。但是,对历史的主体性以及主体与客体关系的具体理解,国内学者却存在着较大的分歧。

第一种观点认为,主体性原则就是主观能动性原则。在唯物主义历史观中,客观性原则是首要原则,坚持客观性原则是正确发挥主体的主观能动性的前提,因为人的内在尺度有其客观根据并受外在的物质尺度的制约。马克思既批评了只从客体方面理解"对象、现实、感性"、忽视主体活动及其能动性的旧唯物主义,同时,也批评了只从主体方面把握"对象、现实、感性","抽象地发展"了主体的"能动的方面"的唯心主义。实践原则既不是片面的主体性,也不是片面的客体性,而是以扬弃的形式包括主体性和客体性。

第二种观点认为,人类历史是特殊的物质运动形式,是人的活动过程,具有主体性。历史的主体性表现在四个方面:一是历史运动的合目的性,即在人的实践活动中,目的这一主观性环节插入客观的因果链条,并作为客观运动的现实原因发挥作用,从而构成了主体活动特有的合目的性联系,合目的性是历史的主体性的主要表现;二是作为历史主体的人对社会发展多种可能的选择性,以及由这种能动的选择性所带来的满足人类生存和发展需要的合理性;三是主体在实践活动中对现实社会改造和对未来理想社会追求的超越性;四是历史规律是主体的活动规律,具有自为性。一言以蔽之,人的主体性是人作为历史活动主体的本质属性,包括能动性、创造性、自主性。

---

① [法]让-保罗·萨特:《什么是主体性?》,第49页。
② [法]米歇尔·盖伊、拉乌尔·基尔希迈尔:《意识和主体性》,载[法]让-保罗·萨特:《什么是主体性?》,前言,第2页。

第三种观点认为，历史的主体是人，人的主体性是人作为"总体性存在物"本性的直接反映，显示出人与世界的关系。主体性不同于主观性，其真正坐标位于自然性和"神性"之间。自然性，即自在性、给定性、绝对必然性，是人的存在的基本形式；"神性"，即目的性、创造性、绝对自由的化身，是理想化人性的对外投射，是人的内在渴望的外化。从自然性角度看，人的历史活动是自由的、有限的，受外物的束缚；从"神性"角度看，人在历史中具有目的性、创造性。这就决定人的"悲剧"命运：人是有限的，不完善的，却渴求无限和完善，从而处于一种自我分裂中。这种双重导向，在具体历史过程中显示了主体性的双重内涵：一方面是人与自然分化，人的本质力量不断拓展；另一方面是人的自我分裂，人的活动的异化，人的本质力量的弱化乃至丧失。

　　这三种观点从不同侧面强调了唯物主义历史观的主体性原则，但这三种观点都忽视了一个根本问题，即在唯物主义历史观中，主体性原则与实践性原则的内在关联性，或者说，主体性原则就是实践性原则。主体性是人在改造世界的对象性活动中体现出来的特性，表现为人总是从自己出发，即从自己的需要、利益出发；主体性的实现形式是客观的，表现为占有和把握"物的形式"，以满足自己的需要；人的主体性是在实践活动中形成的。与此相应，主体性原则是指人总是从自己的内在尺度出发来把握外在的物的尺度，并以此改造和占有物，并把一切都当作人类的"有用物"。把这一特点贯穿一切领域、一切方面，就是主体性原则。这一原则对于历史观的重大意义就在于，不再把社会历史看作某种脱离人、外在于人的运动过程，而是把社会历史看作在人的实践活动过程中生成的，是人的实践活动的产物。

　　人类历史是由人的实践活动创造的，人的内在尺度，即从人的需要出发占有物质和改造社会是人类一切活动的根本尺度。人类历史无非是"自然界对人说来的生成过程"，人与自然的关系是社会历史的基础，而在实践活动中形成的人与自然的关系是"为我而存在的"关系①。历史的主

①《马克思恩格斯选集》第1卷，第81页。

体性实际上表明了历史的属人性质,表明社会历史是人的实践活动在时间中的展开。主体性的本质特征就是实践性。在这个意义上,唯物主义历史观的主体性原则也就是实践原则。

历史的主体性问题与历史的创造者问题密切相关,对历史主体性问题的深入探讨必然引发对历史创造者问题的探讨。所有的马克思主义哲学教科书都认为,只有人民群众才是历史的创造者,其理由是:人民群众是社会物质财富的创造者、社会精神财富的创造者和社会制度变革的决定力量;同时,伟大人物(杰出人物、历史人物)是历史事件的当事人、历史任务的发起者、历史活动的组织者和历史进程的影响者。问题在于,作为历史事件的"当事人"、历史任务的"发起者"、历史活动的"组织者"、历史进程的"影响者"的伟大人物是否是历史的创造者? 如果是,那就不能说"只有"人民群众"才是"历史的创造者;如果不是,那么,历史事件的"当事人"、历史任务的"发起者"、历史活动的"组织者"、历史进程的"影响者"与历史的创造者是什么关系? 这的确是一个需要深入探讨和阐明的重大的理论问题。

正因为如此,20 世纪 70 年代末,国内就有学者对"人民群众是历史创造者"的命题提出了质疑,并深入考察了"人民群众是历史的创造者"这一观点的来龙去脉,认为这一观点具有片面性,既缺乏马克思主义经典著作的依据,又不符合历史事实。具体地说,"人民群众创造历史"这一命题起源于苏联哲学家对《联共(布)党史简明教程》某些观点的引申和附会,是苏联哲学家尤金的首创。人民群众是历史创造者的观点难以成立,这是因为,历史不是哪一部分人的历史,而是所有人的历史;历史不是哪一部分人创造的,而是所有参与历史活动的人创造的;只讲英雄创造历史当然不对,只讲人民群众创造历史也是片面的。

"人民群众是历史的创造者"传到中国后,首先在历史学著作中转述为"人民群众是历史的主人"。"人民群众是历史的主人"的提法更是缺乏科学性,这是因为,"主人"何意,并不明确;更重要的是,这种提法不仅与历史事实不符,而且容易引起误解,即似乎自古以来人民群众就是主人了,就能够主宰自己的历史命运。实际上,在到目前为止的历史上,人民群众是作为被剥削者和被压迫者从事活动的,他们的历史作用经常以曲折的、不显著的甚至是被动的形式表现出来,只有在大规模的反对阶级剥削和压迫的斗争中,人民群众才可能成为历史舞台上的主角。

有的国内学者认为,"人民群众是历史的创造者"不仅有"转述"中产生的错误,而且这一命题本身的逻辑推论也是错误的。这种错误表现在三个方面。

其一,把物质财富的创造者和历史的创造者完全等同起来。物质财富的创造只是历史的一个方面,这一方面对历史固然起着基础作用,但它不是历史的全部。如果把物质财富的内容等同于历史的全部内容,如果把创造物质财富的人民群众当作历史的唯一创造者,历史上的许多现象就令人费解。

其二,"人民群众是历史的创造者"是同"英雄是历史的创造者"相对立而产生的命题,实际上二者各执一端,都有片面性。如果把人民群众当作历史的唯一的创造者,实际上否定了英雄,即伟大人物创造历史的作用,与历史事实不符合。

其三,"人民群众是历史的创造者"把历史看作是一股独一无二的力量创造的,就等于说历史上不存在任何形式的社会分工,不存在阶级的区分,统治者也就不存在功与罪问题,这不符合历史事实。在历史上,人民群众长期在黑暗中徘徊,并没有认识和把握历史规律,并不知道如何创造历史。邓小平在谈到毛泽东在中国现代史上的作用时指出:"没有毛主席,至少我们中国人民还要在黑暗中摸索更长的时间。"①

有的国内学者认为,"只有"人民群众才是历史创造者的观点具有片面性。唯物主义历史观关于历史创造者的观点应分为三个层次:一是人类的历史是人们自己创造的,在这个意义上,"人们"是历史的主体;二是在"人们"中,人民群众是主体部分,统治阶级及其代表人物也以不同的形

---

① 《邓小平文选》第 2 卷,人民出版社 1994 年版,第 345 页。

式参与了创造历史的活动;三是历史是人民群众创造的,同时,也不能否定伟大人物在历史中的创造作用。持这种观点的学者指出,"人民群众"是一个政治范畴。马克思、恩格斯在讲到历史创造者的问题时,并没有用"人民群众"一词,而是用"人们""人们自己""我们"以及"每一个人"等概念。历史是社会的所有成员创造的,应该用"社会所有成员"来解释"人民群众"这一范畴,即使在阶级社会,也应该以"社会所有成员"来解释历史创造者问题。在阶级社会中,如果一部分人,即"人民"是历史创造者,另一部分人,即"非人民"不是历史创造者,那么,许多历史现象将无法得到解释。

国内学者对"人民群众是历史的创造者"这一命题的历史考察和逻辑分析的确厘清了一些重要问题,并提供了理论启示。如果只承认人民群众是历史的创造者,就只能肯定人民群众的意志汇集成"合力"推动历史发展,而把伟大人物的意志排除了。实际上,伟大人物的意志也不等于"零",也包含在历史的"合力"之中,对创造历史起着重大作用。正如恩格斯所说:"历史是这样创造的:最终的结果总是从许多单个的意志的相互冲突中产生出来的,而其中每一个意志,又是由于许多特殊的生活条件,才成为它所成为的那样。这样就有无数互相交错的力量,有无数个力的平行四边形,由此就产生出一个合力,即历史结果,而这个结果又可以看作一个作为整体的、不自觉地和不自主地起着作用的力量的产物。""但是,各个人的意志……虽然都达不到自己的愿望,而是融合为一个总的平均数,一个总的合力,然而从这一事实中决不应作出结论说,这些意志等于零。相反地,每个意志都对合力有所贡献,因而是包括在这个合力里面的。"①

在我看来,马克思、恩格斯虽然没有直接、明确提出"人民群众是历史的创造者"这一命题,但马克思、恩格斯的确具有人民群众是历史的创造者的思想。按照马克思、恩格斯的观点,"群众"始终构成"人们"的大多数,"历史活动是群众的事业,随着历史活动的深入,必将是群众队伍的扩

---

① 《马克思恩格斯选集》第4卷,第697页。

大",决定历史的是"行动着的群众"。① 马克思、恩格斯所说的"人们自己创造自己的历史"中的"人们"主要是指"群众"。因此,不应把"人们"与"群众"对立起来,更不能由此断言"人民群众是历史的创造者"不符合马克思、恩格斯的思想。

唯物主义历史观讲人民群众创造历史,并不排斥个人的历史作用。无论是伟大人物,还是普通个人,都不应抹杀其创造历史的事实。"无论历史的结局如何,人们总是通过每一个人追求他自己的、自觉预期的目的来创造他们的历史,而这许多按不同方向活动的愿望及其对外部世界的各种各样作用的合力,就是历史。"②从这个意义上说,每一个人,包括伟大人物都是历史的创造者。一般说来,历史规律是伟大人物发现的。"伟大人物之所以伟大……是因为他自己所具备的特性使他自己最能致力于当时在一般和特殊原因影响下所发生的伟大社会需要","因为他的见识要比别人的远些,他的愿望要比别人的强烈些。他把先前的社会理性发展进程所提出的紧急科学任务拿来加以解决;他把先前的社会关系发展过程所引起的新的社会需要指明出来;他担负起满足这种需要的发起责任"③。因此,作为历史规律的"发现者"、历史任务的"发起者"或"解决者"、历史活动的"组织者"的伟大人物,只要"他们比他们的前辈提供了新的东西"④,只要他们依靠人民群众,就能够同人民群众一起共同创造历史。

应当注意的是,唯物主义历史观所说的"创造者"是指社会发展的推动者。至于那些阻碍社会发展的个人,尽管他们也参与历史活动,甚至给历史留下了深刻的印记,但是,只要他们对社会发展没有起到推动作用,就不是历史的"创造者"。因此,应当区分历史的"参与者"与历史的"创造者"。历史的创造者肯定是历史的参与者,但历史的参与者并非都是历史的创造者。换言之,并不是所有的人都是历史的创造者。

---

① 《马克思恩格斯全集》第 2 卷,第 104 页。
② 《马克思恩格斯选集》第 4 卷,第 248 页。
③ 《普列汉诺夫哲学著作选集》第 2 卷,第 373 页。
④ 《列宁全集》第 2 卷,第 154 页。

实际上,"人们自己创造自己的历史"和"人民群众是历史的创造者"这两种提法是针对不同问题,从不同的层次上回答谁创造历史的问题。"人们自己创造自己的历史"这一命题是针对神学史观的;"人民群众是历史的创造者"是针对英雄史观的,是在承认"人们自己创造自己的历史"的前提下,从"谁是历史发展的决定性力量"角度来回答历史创造者问题的,是对"人们自己创造自己的历史"的深化。

当然,"人民群众是历史的创造者"和"人们自己创造自己的历史"这两种关于"创造历史"的命题,在含义上是存在差别的。"人们自己创造自己的历史"中的"人们"既包含人民群众,也包含伟大人物,离开"人们"中的任何一部分都不可能构成完整的历史;"人民群众是历史的创造者"中的"人民群众"并没有涵盖"人们",即所有的人,其中的"历史"也没有包括历史的全部内容,而是表明人民群众的实践活动决定了社会发展的总体趋势和根本方向。正如恩格斯所说:"如果要去探究那些隐藏在——自觉地或不自觉,而且往往是不自觉地——历史人物的动机背后并且构成历史的真正的最后动力的动力,那么问题涉及的,与其说是个别人物、即使是非常杰出的人物的动机,不如说是使广大群众、使整个整个的民族,并且在每一民族中间又是使整个整个阶级行动起来的动机;而且也不是短暂的爆发和转瞬即逝的火光,而是持久的、引起重大历史变迁的行动。探讨那些作为自觉的动机明显地或不明显地,直接地或以意识形态的形式,甚至以被神圣化的形式反映在行动着的群众及其领袖即所谓伟大人物的头脑中的动因,——这是能够引导我们去探索那些在整个历史中以及个别时期和个别国家的历史中起支配作用的规律的唯一途径。"[1]

四、人的本质与本性

唯物主义历史观是"关于现实的人及其历史发展的科学"[2],其理论

---

① 《马克思恩格斯选集》第 4 卷,第 249 页。
② 《马克思恩格斯选集》第 4 卷,第 241 页。

主题就是"人类解放何以可能"。为了科学地解答"人类解放何以可能"这一问题，唯物主义历史观首先就要科学地理解和把握人的本质。人应当"了解自己本身，使自己成为衡量一切生活关系的尺度，按照自己的本质去估价这些关系，真正依照人的方式，根据自己本性的需要，来安排世界"。①

在《〈黑格尔法哲学批判〉导言》中，马克思在提出无产阶级和人类解放这一历史任务的同时，就初步探讨了人的本质的问题。按照马克思的观点，"人不是抽象地蛰居于世界之外的存在物。人就是人的世界，就是国家，社会"；"宗教是人的本质在幻想中的实现，因为人的本质不具有真正的现实性"，人应该作为"具有理智的人来思考，来行动，来建立自己的现实；使他能够围绕着自身和自己现实的太阳转动"；"人是人的最高本质"，因此，"必须推翻那些使人成为被侮辱、被奴役、被遗弃和被蔑视的东西的一切关系"。② 无疑，马克思在这里的论述还有费尔巴哈人本主义思想的痕迹，但同样无疑的是，马克思此时关注的是人的现实本质，其关于人的本质的论述蕴含着人的本质是社会关系总和的思想。

在《1844年经济学哲学手稿》中，马克思正确而深刻地确立了考察人的本质的出发点，即人的生命活动的特殊性。按照马克思的观点，"一个种的全部特性、种的类特性就在于生命活动的性质"③，动物的生命活动就是其本能活动，人的生命活动是一种有意识的活动，即"人则使自己的生命活动本身变成自己的意志和意识的对象"，正是这种有意识的生命活动把人同动物直接区别开来，"正是由于这一点，人才是类存在物"④；"生产是人的能动的类生活"，正是"通过实践创造对象世界，即改造无机界，证明了人是有意识的类存在物"⑤；实践或劳动使人成为"能动的自然存在物""社会存在物"和"有意识的类存在物"的统一，使人的属性成为自然

① 《马克思恩格斯全集》第1卷，第65页。
② 《马克思恩格斯选集》第1卷，第1、1—2、2、9、10页。
③ 《马克思恩格斯全集》第42卷，第96页。
④ 《马克思恩格斯全集》第42卷，第96页。
⑤ 《马克思恩格斯全集》第42卷，第97、96页。

属性、社会属性和精神属性的统一；人的本质与社会关系、个人活动密切相关，"人的本质是人的真正的社会联系，所以人在积极实现自己本质的过程中创造、生产人的社会联系、社会本质，而社会本质不是一种同单个人相对立的抽象的一般的力量，而是每一个单个人的本质，是他自己的活动"①，在这个意义上，人的本质是人的自我规定；在资本主义社会，人的活动、人的本质都异化了，随着异化劳动的消除，"人以一种全面的方式，也就是说，作为一个完整的人，占有自己的全面的本质"，共产主义就是"通过人并且为了人而对人的本质的真正占有"。② 可以看出，在《1844年经济学哲学手稿》中，马克思对人的本质问题的论述仍然具有费尔巴哈人本主义色彩，但是，这里又预示着解答问题的新方向，包含着解答问题的新思想，这就是，从人的生命活动的特殊性出发，去理解和把握人的属性和本质，确认劳动构成了人的本质。

在《关于费尔巴哈的提纲》中，马克思明确提出："人的本质不是单个人所固有的抽象物，在其现实性上，它是一切社会关系的总和"；"全部社会生活在本质上是实践的"；"环境的改变和人的活动或自我改变的一致，只能被看作是并合理地理解为革命的实践"。③ 这里，马克思把人的本质规定为社会关系，把社会生活的本质归结为实践活动，从而把实践看作是人与社会相互作用以及人的自我改变的基础和途径。

在《德意志意识形态》中，马克思进一步从实践活动和社会关系的双重视角考察和分析了人的本质。马克思指出，个人"是什么样的，这同他们的生产是一致的——既和他们生产什么一致，又和他们怎样生产一致。因而，个人是什么样的，这取决于他们进行生产的物质条件"。而费尔巴哈只是把人看作"感性对象"，而不是"感性活动"，他从来"没有从人们现有的社会联系，从那些使人们成为现在这种样子的周围生活条件来观察人们——这一点且不说，他还从来没有看到现实存在着的、活动的人，而

---

① 《马克思恩格斯全集》第42卷，第24页。
② 《马克思恩格斯全集》第42卷，第123、120页。
③ 《马克思恩格斯全集》第42卷，第56、56、55页。

是停留于抽象的'人',并且仅仅限于在感情范围内承认'现实的、单个的、肉体的人',也就是说,除了爱与友情,而且是观念化了的爱与友情以外,他不知道'人与人之间'还有什么其他的'人的关系'"。所以,"正是在共产主义的唯物主义者看到改造工业和社会结构的必要性和条件的地方,他却重新陷入唯心主义"。① 马克思的这一评价鞭辟入里、切中要害,实际上是以批判费尔巴哈的形式深刻地阐述了唯物主义历史观的人的本质的观点,可谓"经典"。

同时,我们可以看出,马克思的人的本质的思想,有的是直接论述,有的是间接论述;有的是明确性规定,有的是批判性阐发,这就需要我们去解读、理解和把握。问题在于,任何解读、理解都要受到解读者、理解者既定的"认知图式"或"理解的前结构"的制约甚至支配。因此。国内学者对唯物主义历史观的人的本质的观点的理解存在着较大的分歧。

第一种观点认为,为了真正理解和把握人的本质,必须区分几个相关概念,即人的属性、人的本性、人的本质、人的类本质以及单个人的本质。人的属性是外延最大的概念,其含义是指人的全部特性,包括人的自然属性、社会属性、精神属性,把人的属性归结为自然属性,或归结为社会属性,或归结为精神属性,都是片面的;人的本性是指人生而具有的性质,即人的自然属性,人的本性与人的本质不是同一概念;人的本质既不同于人的自然属性,也不同于人的社会属性,而仅仅是指人区别于动物的那种"类特性",或者说,人的本质是指人的自然属性和社会属性的统一。

持这种观点的学者认为,单个人的本质就是单个人区别于其他人的自然特性和社会特性的统一。单个人的这种本质不是抽象的,而是由他所属的"一切社会关系的总和"决定的。《关于费尔巴哈的提纲》关于人的本质的论述,从字面上看似乎是给人的本质所下的断语,实际上既不是关于人的本质的断语,也不是关于单个人本质的定义,而只是指出了单个人本质的来源,即"社会关系的总和"。具体地说,父母这一社会关系的遗传

---

① 《马克思恩格斯选集》第 1 卷,第 68、77—78 页。

因素直接决定单个人的自然特性,包括父母在内的社会关系的总和决定单个人的社会特性,这就使人区分为各具特色、具有不同本质特点的人。单个人的自然特性是其"一级本质"或初级本质;单个人的社会特性是其"二级本质"或高级本质。

第二种观点认为,任何一种事物都具有三种不同的质,即自然质(结构质)、功能质和系统质。人本身是一个有机系统,当然也具有自然质、功能质和系统质。人的自然质是指人的自然属性,人的机体是由一系列肉体组织器官组成的有机的结构整体,人的自然质也就是其结构质;人的功能质是指人的实践活动和思维活动;当人们之间结成一定的社会关系,形成现实的社会系统时,就形成了人的社会系统质。社会系统质表现为社会关系总和,为人类整体所具有;单个的人必定生活在特定的社会中,因此,社会系统质又必然积淀并映现在单个人身上,并在单个人的自然质和功能质上打上社会系统质的烙印,换言之,单个人也具有他所属的社会系统质。马克思所说的人的本质是社会关系的总和,实际上就是指人的社会系统质。

第三种观点用发生学方法和功能性定义来规定人的本质,认为人的本质可分为普遍、特殊和个别三个层次:人的普遍本质是指人类区别于动物的根本属性,以动物为参照系;人的特殊本质是指某一时代、某一阶级的人区别于另一时代、另一阶级的人的根本属性,以社会为参照系;人的个别本质是指某个个人区别于其他个人的根本属性,以个体为参照系。古代、近代西方哲学对人的本质的研究重心在第一层次,而且停留在第一层次上;现代西方哲学把视线转向第三层次,并把研究聚焦在第二层次和第三层次的冲突上。马克思主义哲学运用的是发生学的方法,得出的是功能性的定义:马克思对人的本质的研究始于对人与动物区别的研究,把人的本质规定为劳动,正是这一规定蕴含着发生学的方法;从人的本质是劳动这一观点出发,马克思又提出了人的本质是一切社会关系的总和这一功能性的定义。人的本质是社会关系的总和这一功能性定义,是对人的本质是劳动这一从发生学方法所得出的定义的深化。

持这一观点的学者认为,人的本质是一切社会关系的总和这一功能性定义包含三方面的内容:一是劳动总是在一定的社会关系中进行的,人的本质就是在社会关系制约下进行的劳动中生成的,只有通过对社会关系的考察,才能把握人的本质;二是随着社会关系的变化,人的本质也处于变化中;三是不同阶级乃至个人与个人之间的区别,也是由社会关系决定的。因此,要真正理解和把握人的现实本质,就必须考察具体的、历史的、作为劳动前提和结果的社会关系的总和。

应该说,上述三种关于人的本质的观点,尤其是第三种观点都具有合理性,既坚持了马克思的人的本质的思想,又深化、具体化了马克思的人的本质的思想。研读马克思的著作可以看出,马克思关于人的本质有两个基本命题,这就是,人的本质是劳动和人的本质是社会关系的总和。但是,这两个命题不是"发生学方法"与"功能性定义"的关系,而是既相互区别,又相互联系的。

从人与动物的区别来看,劳动构成了人的本质。按照马克思的观点,考察人的本质,首先要分析人的生命活动的特殊性,人的生命活动的特殊性就在于,人的生命活动是一种有意识的活动,即劳动。正是在劳动中,在创造对象世界的实践活动中,人成为"有意识的类存在物",从而"真正地证明自己是类存在物"。① 劳动因此构成人的本质,标志着人与动物的根本区别。正如马克思所说,人把自己同动物区别开来的"第一个历史行动"就是"他们开始生产自己的生活资料","一当人开始生产自己的生活资料的时候……人本身就开始把自己和动物区别开来"。②

从人与人的区别来看,社会关系的总和构成了人的本质。劳动内在地包含着人与自然的关系和人与社会的关系,但直接决定人的本质并把人与人区别开来的是社会关系。奴隶社会的人不同于原始社会的人,资本主义社会的人不同于封建社会的人,以及同一社会形态中人们之间的

① 《马克思恩格斯全集》第 42 卷,第 97 页。
② 《马克思恩格斯选集》第 1 卷,第 67 页。

差异性,正是由社会关系的性质决定的。马克思指出:"黑人就是黑人。只有在一定的条件下,他才成为奴隶。"①一个人"成为奴隶或成为公民,这是社会的规定"②。

从"人的本质是劳动"和"人的本质是社会关系的总和"这两个命题相互联系,共同构成了唯物主义历史观说明人的本质的方法论原则。苏联著名学者伊利切夫看到了这一关键之处,明确指出,"马克思列宁主义经典作家所奠定的通过分析人的活动和社会关系来研究人的立场是指导性的分析方法论原则",对人的本质的哲学分析"应当彻底贯彻活动和社会关系辩证统一的原则"。③

一方面,"人的本质是劳动"有待于深化到社会关系的层面。这是因为,劳动的方式直接受制于社会关系,人们"只有以一定的方式共同活动和互相交换其活动,才能进行生产。为了进行生产,人们相互之间便发生一定的联系和关系;只有在这些社会联系和社会关系的范围内,才会有他们对自然界的影响,才会有生产"④。任何劳动都是在一定的社会关系中进行的,因此,要具体说明人的本质是劳动,就必须从劳动深化到社会关系层面。

另一方面,"人的本质是社会关系的总和"是以劳动为前提的。这是因为,从事劳动、实践活动的人才是现实的人,而在劳动中,人与人之间的关系必然结成一定的社会关系,正如马克思所说,"以一定的方式进行生产活动的一定的个人,发生一定的社会关系和政治关系"⑤。这种社会关系又反过来制约着劳动的方式,直接决定人的现实本质。所以,马克思强调人的本质"在其现实性上"是一切社会关系的总和。

劳动不是在社会关系之外进行的,社会关系也不是在劳动之外形成的。劳动和社会关系从不同角度、不同层面展示了人的本质。"人的本质是劳动",强调的是人与动物的区别,关注的是人与自然的关系;"人的本

---

① 《马克思恩格斯选集》第 1 卷,第 344 页。
② 《马克思恩格斯全集》第 46 卷上,第 220 页。
③ 贾泽林、周国平、王克千、苏国勋等编著:《苏联当代哲学(1945—1982)》,第 280 页。
④ 《马克思恩格斯选集》第 1 卷,第 344 页。
⑤ 《马克思恩格斯全集》第 3 卷,第 28—29 页。

质是社会关系的总和",强调的是人与人的区别,关注的是人与社会的关系。人的本质是社会关系的总和这一观点的提出,表征着马克思已深入到劳动的内部结构,从社会关系中发现了人的现实本质,从而从人与动物的区别深入到人与人的区别。这样,唯物主义历史观就突破了个体与类关系的研究框架,转向个人与社会关系的研究框架,达到了对人的认识的科学形态。

社会与类是两个不同的范畴。"类"强调的是个体的自然同一性,如费尔巴哈"把人的本质理解为'类',理解为一种内在的、无声的、把许多个人纯粹自然地联系起来的共同性"①;"社会"强调的是个人之间的关系,尤其是经济关系。马克思指出:"社会不是由个人构成,而是表示这些个人彼此发生的那些联系和关系的总和。"②从类的视角考察人,我们只能看到人的抽象的同一性,差异只是性别、年龄、肤色等;从社会的视角考察人,我们看到的是人的具体的差异性,如奴隶主与奴隶、地主与农民、资本家与工人等。"资本家和雇佣工人,本身不过是资本和雇佣劳动的体现者,人格化,是由社会生产过程加在个人身上的一定的社会性质,是这些一定的社会生产关系的产物。"③"不管个人在主观上怎样超脱各种关系,他在社会意义上总是这些关系的产物。"④脱离社会关系的内涵,"类"只能是一个生物学意义上的范畴。

同时,马克思又是联系着人的自然属性、"肉体组织""人的本性"来考察和分析人的本质的。

在《1844年经济学哲学手稿》中,马克思联系着人的自然属性分析人的本质,多次提到"人的自然本质"问题,并明确指出:"人直接地是自然存在物。人作为自然存在物,而且作为有生命的自然存在物,一方面具有自然力、生命力,是能动的自然存在物;这些力量作为天赋和才能、作为欲望

---

① 《马克思恩格斯全集》第3卷,第5页。
② 《马克思恩格斯全集》第46卷上,第220页。
③ 《马克思恩格斯全集》第25卷,第995页。
④ 《马克思恩格斯全集》第23卷,第12页。

存在于人身上;另一方面,人作为自然的、肉体的、感性的、对象性的存在物,和动植物一样,是受动的、受制约的和受限制的存在物。"①

在《德意志意识形态》中,马克思联系着人的"肉体组织"分析人的本质,多次提到人的"肉体组织"问题,并明确指出:"全部人类历史的第一个前提无疑是有生命的个人的存在。因此,第一个需要确认的事实就是这些个人的肉体组织以及由此产生的个人对其他自然的关系。"②马克思不仅注意到"人们最初的、自然形成的肉体组织""人们自身的生理特性"的问题,而且注意到"人本身的自然"、人们"肉体组织的进一步发展和不发展"的问题。

美国人类学家帕特森敏锐地观察到这一点,并指出:"马克思在自己的著作中多次提到'人类的肉体组织'的术语,数量之多,延续之广,令人叹为观止。马克思从未系统地发展这一观念,即便如此,从他的言辞中确实能看到这个观念的重要性。"正因为如此,"普兰查在《超越人性的争论:作为历史唯物主义'第一事实'的人体组织》中建议,尽可能多地收集那些零碎的论据,以'系统而基本的逻辑'形态来加强马克思的论述"③。帕特森的理解是深刻的,普兰查的"建议"是合理的,深入而系统地研究人的"肉体组织",即自然属性、生物属性与人的本质的关系,不仅是一个具有深刻内涵的学术问题,而且是一个具有重大价值的政治问题。

在《资本论》中,马克思又联系着"人的本性"分析人的活动、人的本质,并明确指出:"首先要研究人的一般本性,然后要研究在每个时代历史地发生了变化的人的本性。"④之前,在《德意志意识形态》中,马克思指出,人们的"需要即他们的本性"⑤。问题的关键在于,人的需要不同于动物的需要。动物的需要是动物的本能,且永远是同一的;人的需要不仅仅是

① 《马克思恩格斯全集》第 42 卷,第 167 页。
② 《马克思恩格斯选集》第 1 卷,第 67 页。
③ [美] 托马斯·C. 帕特森:《卡尔·马克思,人类学家》,何国强译,云南大学出版社 2013 年版,第 62 页。
④ 《马克思恩格斯全集》第 23 卷,第 669 页。
⑤ 《马克思恩格斯全集》第 3 卷,第 514 页。

本能,而是"被意识到了的本能"①,是在实践活动过程中不断变化的本能,即"已经得到满足的第一个需要本身、满足需要的活动和已经获得的为满足需要用的工具又引起新的需要"②。正是在这个意义上,马克思在《资本论》第一册手稿中指出:"以其需要的无限性和广泛性区别于其他一切动物。"③

更重要的是,人的需要具有社会性,不仅是自然需要,而且是社会需要;不仅是自然属性,而且是社会属性。换言之,不同的社会、不同的阶级、不同的人群共同体有不同的需要。在《1844 年经济学哲学手稿》中,马克思指出,在阶级社会,需要和满足需要的资料的"增长"往往造成了需要和满足需要的资料的"丧失",即"一方面所发生的需要和满足需要的资料的精致化,在另一方面产生着需要的牲畜般的野蛮化和最彻底的、粗糙的、抽象的简单化",甚至使生活在社会底层的人"失去了人的需要"。④因此,人的本性不是纯粹的自然需要、本能,而是打上了社会关系的烙印、具有社会关系内涵的需要,是被社会活动和社会属性重塑的本能。正如马克思在《雇佣劳动与资本》中所说:"我们的需要和享受是由社会产生的;因此,我们在衡量需要和享受时是以社会为尺度,而不是以满足它们的物品为尺度的。因为我们的需要和享受具有社会性质。"⑤

实际上,人的本性与人的本质是两个既有联系又有区别的范畴。动物的本性是生而具有的属性,人的本性也是生而具有的属性,但人的本质是使人成为人的根据。例如,马之所以为马,是因为它具有马的本性,某一匹马之所以是良马,是因为马的本性在它身上得到最集中、最充分的体现。这种使马成为马的特性,是马这个种所具有的"类本性"。类本性是个体本身生而具有的自然属性。人当然也具有"类本性"。如果一个人不具有人所共有的类本性,当然不是人。人要成为人,从种的角度看,首先

---

① 《马克思恩格斯全集》第 3 卷,第 35 页。
② 《马克思恩格斯全集》第 3 卷,第 32 页。
③ 《马克思恩格斯全集》第 49 卷,第 130 页。
④ 《马克思恩格斯全集》第 42 卷,第 133、134 页。
⑤ 《马克思恩格斯选集》第 1 卷,第 350 页。

要具有人所共有的类本性。

但是,构成人的本质的东西却不是生物学意义上的"类",而是社会关系。社会关系的总和之所以构成人的本质,是因为人只有生活在社会中才能成为现实的人,即使人的"类本性"也会受到社会关系的制约,受到社会关系的不断重塑而不断发生改变,"整个历史也无非是人类本性的不断改变而已"①。"不管是人们的'内在本性',或者是人们的对这种本性的'意识','即'他们的'理性',向来都是历史的产物;甚至当人们的社会在他看来是以'外界的强制'为基础的时候,他们的'内在本性'也是与这种'外界的强制'相适应的。"②马克思在批判"十八世纪预言家"以及斯密、李嘉图的"十八世纪个人"的观念时指出:"在他们看来,这种个人不是历史的结果,而是历史的起点。因为按照他们关于人性的观念,这种合乎自然的个人并不是从历史中产生的,而是由自然造成的。"③实际上,人只有作为历史的产物和结果,才能成为历史的起点。"人们每次都不是在他们关于人的理想所决定和所容许的范围之内,而是在现有的生产力所决定和所容许的范围之内取得自由的。"④

无须多言就可以看出,马克思是以"实践"为理论基础和出发点,从人与自然关系和人与社会关系的双重关系,从人的自然属性与社会属性的双重属性,从社会关系的总和与社会生活的本质的整体性考察和分析人的本质的。西方学者马尔库塞指出:"在马克思那里,正是感性(作为对象化)这一概念,导致了从德国古典哲学到革命理论的决定性的转折,因为他把实践的和社会的存在这一根本的特征引入关于人的本质的存在的意义之中。作为对象,人的感性实质上是实践的对象化,并且正因为他是实践的,所以他实质上又是社会的对象化。"⑤苏联学者格里戈里扬认为,

---

① 《马克思恩格斯全集》第 4 卷,第 174 页。
② 《马克思恩格斯全集》第 3 卷,第 567—568 页。
③ 《马克思恩格斯全集》第 46 卷上,第 21 页。
④ 《马克思恩格斯全集》第 3 卷,第 507 页。
⑤ 复旦大学哲学系现代西方哲学研究室编译:《西方学者论〈一八四四年经济学—哲学手稿〉》,第 113 页。

"马克思主义关于人的学说的出发点是实践",并"在人的全部生活的完整性中,在与自然及社会的存在的最深刻的普遍的本质联系中来观察人","揭示了包含在社会关系体系中的现实的、具体的人的本质",从而制定"关于人的一般哲学观念",创立了"马克思主义的人的哲学"。① 应该说。马尔库塞和格里戈里扬的评价公正而深刻。

毫无疑问,在探讨人的本质的过程中,国内学者既坚守"人的本质是社会关系的总和"这一科学论断,又从不同侧面深化、具体化了这一科学论断,并注意到人的生物属性与社会属性、自然本质与社会特质的关系问题;毋庸讳言,在探讨人的本质的问题时,国内学者又局限在社会关系的范围内,尤其是没有结合现代人类学、生物学、心理学等学科成果研究人的生物属性与社会属性、自然本质与社会特质、自然生物选择与社会生物选择(或生物社会选择)的关系问题,而不对这些"关系"问题作出深刻而科学的解答,也就不可能进一步深化和发展唯物主义历史观的人的本质的观点,并进一步同现代西方哲学,尤其是哲学人类学进行有效"对话"。

恰恰在这些"关系"问题上,苏联学者作出了深入而全面的研究。在苏联学者看来,"马克思主义对人的社会性和自然生物性的相互关系作了回答,也回答了到底是社会因素还是自然生物因素最终决定了人的发展这一问题"。如果"不科学地回答后面这个问题,就不能认真地谈论人的前景",所以,"我们将努力对这一问题给以马克思主义的回答,同时深入研究现代科学中那些围绕着人的本质、人生存和发展的自然生物因素等问题所进行的争论"②。从 20 世纪 70 年代初开始,苏联出版了一系列研究人的生物属性与社会属性、自然本质与社会特质、自然生物选择与社会生物选择的关系的著作,如《哲学问题》圆桌会议论文集《人的生物因素与社会因素的关系》(1972)、奥孔斯基的《在历史过程中社会因素与生物因

① [苏联]鲍·季·格里戈里扬:《关于人的本质的哲学》,汤侠声、李昭时等译,生活·读书·新知三联书店 1984 年版,第 211、214、211—212 页。
② [苏联]伊万·季莫费耶维奇·弗罗洛夫:《人的前景》,王思斌、潘信之译,中国社会科学出版社 2018 年版,第 15 页。

素的辩证法》(1975)、杜宾宁的《人的社会生物本质的某些问题》(1975)和《人的发展中的生物因素与社会因素》(1977)、契尔年科的《人的生物的社会决定性》(1977)等,尤其是弗罗洛夫的《人的前景》从现代生物学和哲学的双重视角深刻分析了人的生物因素与社会因素的关系,不仅在苏联国内,而且在国际上也产生了重大影响。

从总体上看,苏联学者从三个方面深化了唯物主义历史观的人的本质观点。

其一,从人的活动和社会关系的统一中分析人的本质,认为在确认人的本质是社会关系的总和时,不能忽视人的活动。这是因为,社会关系是人的活动关系,是人的活动存在和表现形式;人既是社会关系的产物和承担者,更是社会关系的主体和创造者,是能动的社会存在物。因此,从一定意义上说,活动是揭示人的本质的更重要的范畴,对人的本质的哲学分析"应当彻底贯彻活动和社会关系辩证统一的原则"①。"作为完整系统的人的本质、人的属性、规定性和人在具体社会中的生活表现,反映在人的各种活动中。因此,人可以看作他的活动的特殊性质的系统。"②

其二,从人的社会属性和自然(生物)的统一中分析人的本质,认为在确认人的社会本质时,不能忽视人的生物属性。这是因为,人在成为社会存在物之后,仍然属于自然存在物,自然(生物)因素仍然参与人的发展的"决定"过程,社会关系是在依赖于人的生物属性的前提下决定人的发展的;在相同的社会关系中,生物属性的差异性对个人的发展起着决定作用,"如果说阶级、民族、社会集团的'行为'是社会地决定的,那么,在单独个人行为的决定中就必须考虑社会因素与生物因素的极其复杂的相互作用"③;现代生物学的发展,尤其是遗传密码的判读、基因的人工合成、遗传工程的诞生,积极干预人的遗传性,提供了按照人们自己的意愿改变人的生物属性的现实可能性,并为人的发展开辟了新的社会空间。因此,分析

---

① 贾泽林、周国平、王克千、苏国勋等编著:《苏联当代哲学(1945—1982)》,第280页。
② 贾泽林、周国平、王克千、苏国勋等编著:《苏联当代哲学(1945—1982)》,第281页。
③ 贾泽林、周国平、王克千、苏国勋等编著:《苏联当代哲学(1945—1982)》,第288页。

人的本质必须考虑到人的生物素因素。"我们的总任务是深入而充分地揭示人的社会因素同生物因素的辩证法,它不是偶然地而是永远存在于它们的相互关系之中"①,唯物主义历史观是在人的生物属性与社会因素的相互联系和相互作用中来考察人的本质的。

但是,苏联学者并没有由此否定人的本质是社会关系的总和这一论断。相反,苏联学者认为,唯物主义历史观考察人的本质的"人类学研究"是同考察社会本质的"社会学研究"结合在一起的,(生物)因素是人的存在的必要条件,但社会因素在本质上支配着人的生物因素。"自然生物因素以社会因素为中介并被其改造是实现人的特殊活动,首先是劳动和生产活动的基础和机制,而劳动和生产则创造着人存在和发展的社会生物形式"②;人的完备的定义应具有一些基本观规定,其中,社会规定是根本规定。人的本质是社会关系的总和,这是关于人的"一般定义",是科学地理解人的"主要之点"。

其三,关注现代心理学、生物学及其成果,通过强化对人的个性的研究深化对人的本质的研究,早在 20 世纪 20—30 年代,苏联学者就开始注意唯物主义历史观与现代心理学的关系问题:1923 年,柯尔尼洛夫出版了《现代心理学与马克思主义》;1934 年,维果茨基出版了《意识和行为心理学》,鲁宾斯坦出版了《卡尔·马克思著作中的心理学问题》。到了 20 世纪 70 年代,苏联学者出版了一系列研究人的个性的著作,如塞夫的《马克思主义和个性理论》、列昂捷夫的《活动 意识 个性》、杰明的《个性的理论问题(社会—哲学方面)》、克梅罗夫的《个性问题:研究的方法论与人的意义》、舒利加的《个性的起源》《社会主义与个性》、莫卡连科的《研究社会关系和个性的方法论问题》、里加的《个性形成和发展心理学》等。按照苏联学者的观点,"个性"既是人类学、心理学的研究对象,又是社会学、哲学的研究对象。"把个性作为活动的条件和产物而进行研究,是一个专

---

① [苏联]伊万·季莫费耶维奇·弗罗洛夫:《人的前景》,第 24 页。
② [苏联]伊万·季莫费耶维奇·弗罗洛夫:《人的前景》,第 24 页。

门的(虽然也不是独立的)心理学问题",而"马克思主义理论中对心理学具有决定性重要意义的是关于人的活动,它的发展及其形式的学说"。①应当说,苏联学者的这一见解正确而深刻。

在《1844年经济学哲学手稿》中,马克思就联系着心理学分析人的本质问题。马克思指出,"工业的历史和工业的已经产生的对象性的存在,是一本打开了的关于人的本质力量的书,是感性地摆在我们面前的人的心理学",并认为只有理解和把握这种心理学,才能真正理解和把握人的本质。"如果心理学还没有打开这本书即历史的这个恰恰最容易感知的、最容易理解的部分",如果没有从"人的活动的如此广泛的丰富性"中去理解"这本书",而是"高傲地撇开人的劳动的这一巨大部分","那么这种心理学就不能成为内容确实丰富的和真正的科学"。②

在《詹姆斯·穆勒〈政治经济学原理〉一书摘要》中,马克思联系着劳动、生产活动探讨了人的个性问题。按照马克思的观点,个人是在劳动中肯定"自己的个人生命",从而肯定自己的"个性的特点"和自己的"社会的本质"的。"我在我的生产中物化了我的个性和我的个性的特点,因此我既在活动时享受了个人的生命表现,又在对产品的直观中由于认识到我的个性是物质的、可以直观地感知的因而是毫无疑问的权力而感受到个人的乐趣。"同时,"在我个人的活动中,我直接证实和实现了我的真正的本质,即我的人的本质,我的社会的本质"。③ 这就是说,人的个性与人的本质既有区别,又有联系,既不能脱离人的个性抽象地谈论个人的活动、个人的本质,也不能脱离人的活动、人的社会本质抽象地谈论人的个性。

在《德意志意识形态》中,马克思明确提出"有个性的个人"这一概念,分析了"有个性的个人"与"偶然的个人"、"有个性的个人"与"阶级的个

---

① [苏联] 阿·尼·列昂捷夫:《活动 意识 个性》,李沂、冀刚、徐世京、杨德庄译,上海译文出版社1980年版,第114、22页。
② 《马克思恩格斯全集》第42卷,第127页。
③ 《马克思恩格斯全集》第42卷,第37页。

人"的"差别",并指出,"无产者,为了实现自己的个性,就应当消灭他们迄今面临的生存条件,消灭这个同时也是整个迄今为止的社会的生存条件",从而"使自己的个性得以实现"①。

在《共产党宣言》中,马克思指出:"在资产阶级社会里,资本具有独立性和个性,而活动着的个人却没有独立性和个性。"②因此,必须消灭资本主义的生产关系,消灭阶级对立以至阶级本身的存在条件,从而建立一种新的"联合体",在这种新的联合体中,"每个人的自由发展是一切人的自由发展的条件"③。这种自由发展必然造成人"自由个性"。

在《资本论》及其手稿中。马克思明确提出"自由个性"这一概念,并指出,这种自由个性是"建立在个人全面发展和他们共同的社会生产能力成为他们的社会财富这一基础上的"④。这再次表明,马克思是从个人发展和社会发展的双重视角考察人的个性的。研读马克思、恩格斯的著作可以看出,寻求人的自由发展和自由个性的现实途径,这是马克思、恩格斯毕生追求的目标和要完成的理论任务。早在1842年的《第六届莱茵省议会的辩论(第一篇论文)》中,马克思就指出:"自由不仅包括我靠什么生存,而且也包括我怎样生存,不仅包括我实现着自由,而且也包括我在自由地实现自由。"⑤在1845年的《在爱北斐特的演说》中,恩格斯指出,共产主义就是要"为所有的人创造生活条件,以便每个人都能自由地发展他的人的本性"⑥。

苏联学者深入而全面地研究马克思的人的个性的思想,并深化、具体化、丰富了唯物主义历史观的人的个性的观点。

一是区分了"个体"与"个性",明确提出了"作为个体的人"与"作为个性的人"这两个概念,并认为"个体"是相对于人"类"而言的,个体是先

① 《马克思恩格斯选集》第 1 卷,第 121 页。
② 《马克思恩格斯选集》第 1 卷,第 287 页。
③ 《马克思恩格斯选集》第 1 卷,第 294 页。
④ 《马克思恩格斯全集》第 46 卷上,第 104 页。
⑤ 《马克思恩格斯全集》第 1 卷,第 77 页。
⑥ 《马克思恩格斯全集》第 2 卷,第 626 页。

天"生成"的,首先是遗传可能型的产物,是种族发展和个人发展的产物;"个性"是相对于社会整体性而言的,是指个人的社会特征,个性是在后天的活动中"形成"的,是社会(历史)发展和个人发展的产物。个体只有在社会历史进程中才能形成和表现出自己的个性,"只有作为具有不可重复特征的、个体'我'的唯一性的个性,才能确认自己是社会性的存在"①。

二是依据现代生物学成果考察和分析人的个性,认为个性的形成受制于个体所具有的独特的遗传基质,"现代生物学表明,每个人都有其独特的生物学特征,具有同类中唯一的有机体遗传结构"②。正是这种"唯一"的有机体遗传结构以及由此"生成"的独特的生物属性构成了个性形成的自然(生物)前提。但是,"个性发展的前提本身,本质上是无个性的"③。个性研究不能只限于阐明其前提,而是需要从人的活动出发,因为人的活动及其发展从根本上改变着这些前提的意义,个人只有在社会中、在自己的活动中才能形成和发展自己的个性。总之,人的个性"不仅表现着人的社会和历史的特征,而且也表现着他的生物学、心理学的特点以及他的个人经历的特殊性"④。

三是依据现代心理学成果考察和分析人的个性,认为个人心理过程构成的同时就是其个性的形成。个人的心理过程的构成过程就是个人以自己的对象性活动加入到社会活动、社会关系中获得社会特质的过程,是个人内部的独特的生物因素通过外部的社会因素而起作用的过程。个性是个人独特活动的特殊形成物。个性形成的现实基础是社会关系的总和,但这些社会关系又是在人的活动中生成的,个人正是以自己的对象性活动融入到这些社会关系中的。所以,当我们把个人放到客观的社会关系中,把他作为社会关系的"人格化"来考察时,这是他的社会的特征;当我们把个人放到实现他的社会生活的活动中加以考察时,则是他的心理

---

① [苏联]伊万·季莫费耶维奇·弗罗洛夫:《人的前景》,第 211 页。
② [苏联]鲍·季·格里戈里扬:《关于人的本质的哲学》,第 212 页。
③ [苏联]阿·尼·列昂捷夫:《活动 意识 个性》,第 130 页。
④ [苏联]鲍·季·格里戈里扬:《关于人的本质的哲学》,第 212 页。

附录三 唯物主义历史观基本观点研究:概述与反思 **485**

特征。因此,"把个性作为活动的条件和产物而进行研究,是一个专门的(虽然也是独立的)心理学问题"①。

从马克思主义的历史看,首先从心理学的视角来考察、分析人的本质和个性,并力图把弗洛伊德心理分析的"微观方法"融入马克思社会分析的"宏观理论"的,是西方学者弗洛姆。按照弗洛姆的观点,唯物主义历史观的核心问题是现实的个人的存在问题,但是,唯物主义历史观对人的本性及其历史性的分析缺乏一种动力学意义上的微观的心理学分析。问题在于,只要以人为中心的理论同人的现实保持密切联系,那么,就不能没有这种心理学分析。所以,"必须用弗洛伊德所创立的、哪怕是需要作较大修改的心理学,来补充马克思的分析"②。

按照弗洛姆的观点,精神分析是一种动力心理学,它涉及人的本性发展的内驱力,正是这种内驱力及其进化推动着个人的行为、感情和观念。"社会主义的目标是实现人的个性而不是同一性。"③因此,为了发展唯物主义历史观的理论和社会主义的实践,必须把弗洛伊德的精神分析学,即动力的、批判的心理学引入马克思主义。"马克思主义需要这样一种精神分析学理论,而精神分析学需要同真正的马克思主义理论相结合。这样一种结合将丰富这两个领域。"④

问题在于,在这种"补充""结合"中,弗洛姆忽视了或者说没有真正理解现实的社会关系构成了人的现实本质,实践活动是人的个性形成的现实途径,因而他把唯物主义历史观理解为"人本主义和自然主义的综合"。从根本上说,弗洛姆是在用人的生物特征去理解人的本质和人的个性的形成。苏联学者也意识到用生物学、心理学方法分析人的本质和个性的重要性。但是,与弗洛姆等西方学者不同,苏联学者认为个性心理学分析的"原始单位"是人的活动,个性不是先于人的活动而存在,而是和意识一

---

① [苏联] 阿·尼·列昂捷夫:《活动 意识 个性》,第 114 页。
② [美] 弗洛姆:《人的呼唤——弗洛姆人道主义文集》,王泽应、刘莉、雷希译,生活·读书·新知三联书店上海分店 1991 年版,第 13 页。
③ [美] 弗洛姆:《人的呼唤——弗洛姆人道主义文集》,第 93 页。
④ [美] 弗洛姆:《人的呼唤——弗洛姆人道主义文集》,第 33 页。

样形成于人的活动。因此，"研究人在具体社会条件下所进行的活动中个性的产生和转化的过程，也就是对个性作真正科学心理学理解的关键"。"只有以关于活动、它的结构、它的发展和改造、它的不同种类和形式的学说为基础的心理学中，才可能对个性作非神秘的理解。"①

五、关于历史主体与客体的关系和历史规律与人的活动的关系

历史主体与客体的关系和历史规律与人的活动的关系密切相关，历史主体与客体关系的展开便构成了历史规律与人的活动的关系。自 20 世纪 90 年代以来，这两个问题一直是国内唯物主义历史观研究的重点之一。

在历史主体与客体关系的问题上，国内学者较为一致的理解就是，历史是主体与客体相互作用的过程，只有在主体客体化与客体主体化的过程中，才能真正发现历史活动的内在机制，包括社会存在与社会意识的关系；唯心主义历史观的主要缺陷就在于，没有真正理解历史主体与客体的关系，旧唯物主义之所以陷于唯心主义历史观，就是因为它只是从"客体的形式"理解"对象、现实、感性"，唯心主义则"抽象地发展了"主体的"能动的方面"；唯物主义历史观正是以实践为基础研究历史主体与客体的关系，发现了历史发展的一般规律，从而为哲学的发展开辟了一条新的道路。

但是，在如何具体理解历史主体与客体关系的问题上，国内学者仍然存在着分歧，主要有四种观点。

第一种观点认为，在历史活动中，主体与客体是活动结构的两极，二者相互制约、相互作用，并通过活动的对象化与非对象化而相互渗透、相互转化，从而促成历史发展。历史主体与客体的区分和确立，是由人类实践活动决定的；历史的客体作为客观存在，总是制约甚至决定着历史主体

---

① ［苏联］阿·尼·列昂捷夫：《活动 意识 个性》，第 130 页。

及其活动,同时,历史的主体又通过能动的活动改造客体,不断创造新的客体。

第二种观点认为,历史主体与客体是一种相互依存关系,二者之间存在着同一性、共生性;同时,主体是主体与客体关系的主导方面,即主体创立、设定和建构客体。

第三种观点认为,历史主体与客体的关系是一种从主体到客体和从客体到主体的循环运动。但是,这种循环不是封闭的,而是开放的、不断突破自己的界限、不断发展的系统,表现为三个层次:一是物质关系,即客体对主体的客观制约性和主体对客体的自觉改造性;二是价值关系,即客体对满足主体需要所具有的意义;三是认识关系,即主体把握客体本质、规律的认识方面和对客体及主体本身的评价方面。

第四种观点认为,历史主体与客体的关系,概括起来,就是主体与客体双向建构的关系。这就是,主体客体化,即主体把自己的本质力量不断对象化,改变了客观世界的面貌,从而不断生成、发展着客体。同时,客体主体化,即主体吸取客体的物质、能量来发展自身的生理进化;主体把客体改造为生产工具,从而延伸自身的器官和肢体;主体将客体的规律转化为自身的认识,从而不断生成、发展着主体的认识结构。这两方面结合起来就是历史主体与客体的双向建构关系。

这四种观点都有其合理性,但又都没有凸显主体与客体之间的限定与超越这一本质关系。具体地说,在实践活动中,人把自身之外的存在变成了自己活动的对象,变成了自己的客体,与此同时,也就使自己成为主体;主体与客体处在一种相互作用中,历史主体与客体的相互作用既不同于一般的物质实体之间的相互作用,也不同于一般的精神与物质之间的相互作用,而是把这两种相互作用都包含于自身,形成了一种新的关系,即认识与被认识、能动与受动、改造与被改造、创造与被创造的关系;在历史主体与客体的关系中,主体占据主导地位,正因为如此,主体一方面要受客体的制约和限定,另一方面又不断地发展自己的能力,以能动的活动不断打破客体的限定,从而超越客体。这种限定与超越,或者说限定中的超越关系,就是历史主体与客体的本质关系。

对历史主体与客体关系研究的深化和拓展,必然引发对历史规律与人的活动关系的深入而全面的研究。

20世纪80年代初,国内就有学者开始探讨历史规律区别于自然规律的特殊性,并把客观必然性区分为三种情况:一是运动进程完全不依人的意志为转移;二是有人在其中发生作用的运动过程的客观必然性;三是在人的有意识的活动和这种活动产生的结果之间具有确定联系的客观必然性。

有的学者不同意这种观点,认为客观过程及其结果是否以人的意志为转移(即人们能否在一定程度上改变事物的进程及其结果)同客观必然性是否以人的意志为转移,是两个不同的问题。历史进程能否为人们意志所改变,不能一概而论。如果把视野局限于历史的、局部的、暂时的进程,那么,为人的意志所改变的情况时时处处都可以发现;如果把视野扩展到历史的、全局的、长久的进程,那么,历史进程就表现为总的"平均数",显示出不以任何人的意志为转移的规律性。历史规律的展开并不是仅仅表现为有意识的活动与结果之间的因果联系,更重要的是,表现为社会的物质生活条件——社会发展的客观需要和人的利益——人们的意识和意志——人们的活动——某种结果之间的联系等一系列因果链条。

从此,国内学者展开了对历史规律与人的活动之间关系的深入研究和广泛讨论。讨论及其分歧主要集中在三个问题上。

其一,关于历史规律的特殊性。

第一种观点认为,历史规律既有客观性,又有主观性或主体性。其主要论据是:历史规律是主体与客体、主观与客观辩证统一的规律,在人的活动中形成的历史规律内在地包含着主体的需要、目的、意志等因素。持这种观点的学者认为,从认识论的角度看,就构成历史规律的条件而言,历史规律是在人之外的客观存在,如果这些条件不发生变化,历史规律就不以人的意志为转移。但是,历史规律又的确是变化的,这种变化决定于社会条件的变化,而人的需要、目的和意志就是重要的"主观"的社会条件,它通过实践发挥作用必然导致客观的社会条件的变化。在这个意义上,历史规律的变化取决于人的需要、目的、意志和活动的变化。因此,应放弃"凡规律都不依人的意志为转移"的观点。

第二种观点认为,历史规律就是主体活动的规律,这是因为:历史主体与客体的相互作用形成历史规律,主观与客观的关系是历史规律的本质和核心,即全部历史规律都渗透着主观与客观关系;历史规律既不是机械的因果规律,也不能归结为统计规律,而是一种自为的规律,自为性是历史规律特征的集中体现。

无疑,人是社会历史的主体,社会生活在本质上是实践的,历史本质上是人的实践活动在时间中的展开。因此,历史规律并不是存在于人的活动之前、之外或凌驾于人的活动之上的"绝对计划",历史规律就形成、存在并实现于人的活动之中,并表现为一种最终决定人的行为结局的力量,决定着历史发展的趋势。上述两种观点都看到并强调了历史规律形成于人的活动中,形成于主体与客体相互作用的过程中,这的确是一个重要的理论突破。但问题在于,这两种观点又自觉不自觉地把人看作历史规律的主体,把历史规律仅仅看作一种以主观性为本质特征的"自为的规律"。人的确是历史的主体,但不能因此认为人也是历史规律的主体,"自为性"是历史规律的本质特征。这是因为:历史规律的形成和实现离不开人类的活动,但这并不等于说人类活动就是历史规律,人的活动可能符合规律,也可能违背规律;社会(历史)规律是社会要素之间本质的、必然的联系,并以社会要素为载体,如价值规律形成于人的经济活动中,但价值规律的载体不是人,而是"物",即商品,只要商品生产存在价值规律就必然存在并发挥作用,这不以任何人的意志为转移。因此,应当把人的活动本身和活动规律区别开来,否则,就会把构成人的活动的要素当成构成社会(历史)规律的要素、把历史规律同它的实现方式混同起来。

其二,关于历史规律的客观性与人的活动的自觉性的关系。

20 世纪 80 年代初,国内就有学者批评斯大林把"人的自觉活动"与"不以人的意志为转移"完全对立起来,同时,又把"人的自觉活动"与"以人的意志为转移"完全等同起来。实际上,把"人的自觉活动"同"不以人的意志为转移"完全对立起来固然是错误的,但是,把"人的自觉活动"同"以人的意志为转移"完全等同起来同样是错误的。实际上,应从两层意义上理解历史规律的客观性与人的活动的自觉性的关系:一是历史规律是主观的,还是客观的,是否由人的意志所决定,在这层意义上,历史规律与自然规律没有区别,都不以人的活动的自觉性为转移;二是历史规律的实现是自觉的,还是自发的,是不是在人的自觉活动过程中实现的,在这层意义上,历史规律不同于自然规律,历史规律的实现是以人的活动的自觉性为转移,是由人们的实践水平决定的。应该说,这是国内学者在讨论中形成的共识。

实际上,决定社会发展的究竟是历史规律,还是人的自觉活动,或二者兼而有之,抽象议论无助于问题的解决,必须具体分析历史规律的实现机制。历史规律的实现机制,就是历史活动的主体与客体,以及目的、手段与结果等各种要素之间相互制约、相互作用的关系。从客体的视角看,历史规律的实现机制表现为历史规律通过社会环境对主体的影响,以及主体适应环境的行为方式;从主体的视角看,历史规律的实现机制表现为主体依据对历史规律的认识,主观设计一整套关于社会发展目标和道路、社会成员的地位和利益关系等的法律、规章,以及为实施具体法规而设立的机构等具有特定功能的制度体系。二者在社会运行过程中各有其不可替代的功能。正因为如此,社会发展既是自发的过程,又是自觉的过程。

其三,关于历史的决定性与选择性的关系。

国内学者对历史的决定性与选择性关系问题的讨论,是由对科学的社会作用以及社会发展的合规律性与合目的性关系的讨论引起的。在关于科学的社会作用的讨论中,国内有的学者提出,科学发展追求的是"合规律性",而社会发展寻求的是"合理性";某一认识是否"科学",主要看它是否符合客观规律;某一科学成果的运用是否促成了社会进步,主要看它是否符合社会发展的需要,即是否具有社会意义上的合理性;历史规律不以人的意志为转移,但人却能影响社会发展的趋势。人们所追求的价值目标，人们对历史规律的认识程度，人们对价值目标追求和对历史规律的认识的是否一致，都影响着社会发展趋势，即历史趋势；人的目的只要是在科学认识和把握规律的基础上提出的，那么，社会发展的合规律性与合目的性就是同一的，从社会发展的趋势看，合目的性与合规律性是同一的，但这并不排除在一定历史阶段二者之间存在着矛盾。由此，引发出关于历史的决定性与选择性关系的讨论。

第一种观点认为，唯物主义历史观既是历史决定论，又是历史选择论。唯物主义历史观的历史决定论，是基于实践的自我决定论或实践决定论。社会的物质条件和物质关系虽然不是人们随心所欲的产物，却是人们实践活动的结果；人的能动性受社会的物质条件和物质关系的制约，但这种能动性并不是社会的物质条件和物质关系从属的、附带的产品；生产力与生产关系的矛盾、冲突和解决，归根到底，是人们之间利益、意志的矛盾、冲突和解决，整个人类历史既是合乎规律的过程，又是人类为了自身的生存和发展进行选择、创造的过程。如果把社会发展理解为作为一种独立于人的活动，并决定人的活动的"无人身"的运行过程，那么，唯物主义历史观的历史决定论就会横向"位移"，变成一种脱离人的实践活动的自然决定论或客观唯心主义决定论。

第二种观点认为，历史主体的任何活动都是选择性与非选择性的统一。这是因为：选择性存在于人的生命活动中，其特点就是自觉性，是主观能动性的体现；非选择性，即主体活动具有不以主体的主观意志为转移的性质，表明主体活动受到客观规律的制约；选择性与非选择性虽为一对矛盾，但主体活动却是二者的统一，这种统一体现在人的活动的自我制约上，其客观依据是社会发展规律，其主观根据则是主体自身的状况。

第三种观点认为，唯物主义历史观的历史决定论是以人的实践活动为基础的能动决定论。人们对历史规律的认识和把握，正是为了能够合乎规律地活动，自觉创造自己的历史。持这种观点的学者认为，历史规律是统计学规律，只是作为一般趋势、一种"平均数规律"而存在，正如马克思所说，在社会生产领域，"规则只能作为没有规则性的盲目起作用的平均数规律来为自己开辟道路"①。同时,历史规律并非都是单值对应的线性因果关系,而往往是多值的非线性因果关系。因此,历史规律给人的活动所提供的并不是一种可能性,而是多种可能性,这多种可能性中哪一种能够实现,则取决于人们的历史选择。

上述三种观点从不同侧面深化了唯物主义历史观的历史决定论,但这三种观点又都忽视了一个根本问题,即任何历史选择都不可能超越生产关系一定要适合生产力规律的制约作用,都不可能超越生产力的根本决定作用。

所谓历史的决定性,就是指历史运动具有规律性、必然性和因果制约性,具体地说,历史活动的每一个结果以及实际发生的历史事件都有其内在原因;历史中的主要因果关系形成历史必然性、规律性的序列,从而使历史运动过程呈现出一定的轨迹、趋势。就人类历史总体而言,唯物主义历史观确认历史是一个决定过程,表现为"五种社会形态"依次更替。

所谓历史的选择性,实际上是人的活动的选择性,是指历史主体以一定的方式在由多种可能性构成的"可能性空间"中有意识、有目的地指向确定对象的活动。当一个民族的历史处在转折点时,社会发展往往显示出多种可能性;在这多种可能性中,哪一种可能性能够实现,则取决于这个民族的选择,取决于这个民族内部不同阶级实践力量的对比。人们的选择可以使一个民族跨越某种社会形态,通过不同的道路走向较高级的形态。就具体民族历史而言,唯物主义历史观又确认,历史运行并不都是按照"五种社会形态"的序列演进的。

历史选择性并不是对历史决定性的否定,相反,二者具有内在的统一性。历史选择的前提或对象——"可能性空间"是由人们不能自由选择的生产力所决定的;人们通过历史选择而实现的超越是有限度的,这个"限度"归根到底是由生产力决定的。马克思在谈到日耳曼民族在征服罗马帝国之后所进行的"选择",即跨越奴隶制度、直接建立封建制度时指出:

---

① 《马克思恩格斯全集》第23卷,第120页。

"封建制度决不是现成地从德国搬去的。它起源于征服者在进行征服时军队的战时组织，而且这种组织只是在征服之后，由于在被征服国家内遇到的生产力的影响才发展为真正的封建制度的。""定居下来的征服者所采纳的共同体形式，应当适应于他们面临的生产力发展水平，如果起初情况不是这样，那么共同体形式就应当按照生产力来改变。"①这就是说，不管人们如何选择，如何超越，都不可能"自由"地选择生产力、生产关系，都不可能超越生产关系一定要适合生产力状况的规律，

对历史的决定性与选择性关系的深入分析，促使国内学者反思"社会发展是自然历史过程"这一人们"熟知"的观点。所有的马克思主义哲学教科书都明确指出，社会发展是自然历史过程，是唯物主义历史观的"基石"和"总纲"，并认为社会发展是自然历史过程具有两层含义：一是尽管人类社会有其特殊性，但它同自然界一样，本质上是客观的物质体系；二是社会历史同自然历史一样，是一个合乎规律的发展过程。一言以蔽之，"自然历史过程"集中体现了社会历史的本质——客观性。

就物质生产方式是社会发展的决定力量而言，社会发展的确是一个有规律的发展过程。近代唯物主义哲学和现代历史哲学的重大缺陷之一，就是制造"物质的自然"与"精神的历史"对立的神话，把自然历史过程与社会历史过程绝对对立起来，认为前者有客观规律可循，不以人的意志为转移；后者则以人的主观意志为转移，无任何规律可循。针对这种情况，强调社会发展的客观性以及社会历史过程与自然历史过程的共同性，本身无可非议。但是，仅仅看到或片面强调社会历史过程与自然历史过程的共同性，并把"自然历史过程"看作是社会历史的本质，看作是唯物主义历史观的"基石"和"总纲"，却失之偏颇。这是因为，这种观点只看到社会历史和自然历史的共性，而没有真正理解社会历史的"个性"，即社会生活在本质上是实践的，人既是历史的"剧中人"，又是历史的"剧作者"。"人们按照自己的物质生产率建立相应的社会关系，正是这些人又按照自

①《马克思恩格斯选集》第 1 卷，第 126 页。

己的社会关系创造了相应的原理、观念和范畴。"①正因为如此,社会发展是自然历史过程和人的自觉创造过程的统一。

从理论上看,社会发展是自然历史过程这一观点的主要依据,是马克思在《资本论》中所说的一段话,即"我的观点是:社会经济形态的发展是一种自然历史过程"②。实际上,马克思并没有在等同含义上用"自然历史过程"表述"社会历史过程"。为了避免引起误解,马克思本人在修订《资本论》第1卷法文版时,把"社会经济形态的发展是一种自然历史过程"修改为:"社会经济形态的发展是同自然的进程和自然的历史相似的。"③"相似"不等于"相同"。马克思指出:"人类史同自然史的区别在于,人类史是我们自己创造的,而自然史不是我们自己创造的。"④恩格斯认为:"社会发展史却有一点是和自然发展史根本不相同的。"这就是,"在社会历史领域内进行活动的,是具有意识的、经过思虑或凭激情行动的、追求某种目的的人;任何事情的发生都不是没有自觉的意图,没有预期的目的的","在自然界中(如果我们把人对自然界的反作用撇开不谈)全是没有意识的、盲目的动力,这些动力彼此发生作用,而一般规律就表现在这些动力的相互作用中"。⑤

社会经济形态的发展以至整个社会历史过程同自然历史过程的确具有"相似"性。这种"相似"性就在于,社会历史过程同样受其内在规律的支配,和自然规律一样,社会(历史)规律也不以人的意志为转移。正是在这个意义上,马克思把社会经济规律看作"自然规律",把社会发展阶段看作"自然的发展阶段"。研读《资本论》可以看出,马克思是在两种特定的意义上把社会经济规律看作自然规律的。

一是在"使用价值"生产的意义上,经济规律是一种体现人与自然之

---

① 《马克思恩格斯选集》第 1 卷,第 147、142 页。
② 《马克思恩格斯全集》第 23 卷,第 12 页。
③ 马克思:《资本论》(根据作者本人修订的法文版第一卷翻译),中国社会科学出版社 1983 年版,第 4 页。
④ 《马克思恩格斯全集》第 23 卷,第 409—410 页。
⑤ 《马克思恩格斯选集》第 4 卷,第 247 页。

间"物质变换"的"自然规律"。但问题在于,这种"物质变换"不可能脱离人与人之间的"活动互换"而进行,总是在一定的社会关系中进行的。因此,在人与自然的"物质变换"过程中生成的经济规律就必然具有"社会形式",而不是原本意义上的自然规律。

二是在资本主义社会使经济规律采取与人相对立的特殊形式的意义上,即当生产者丧失了对自己的社会关系和社会活动的支配权时,"生产资料和产品的社会性反过来反对生产者本身,周期性地突破生产方式和交换方式,并且只是作为盲目起作用的自然规律强制性地和破坏性地为自己开辟道路"[①],显然,这种"自然规律"本质上是社会(历史)规律。

就社会历史进程的基本发展阶段而言,国内学者对"五种社会形态"理论,即人类社会发展必然依次经历原始社会、奴隶社会、封建社会、资本主义社会、社会主义社会这五种社会形态的理解存在着较大的差异。

第一种观点认为,"五种社会形态"依次演进的思想只是揭示了西欧的特殊发展道路,马克思在致《祖国纪事》杂志编辑部的信、致查苏利奇的信以及《资本论》手稿中一再说明这一问题。马克思研究社会发展一般进程的最后成就就是在致查苏利奇的信中所作出的概括,即社会发展是从古代公社所有制为基础的"原生形态"到以私有制为基础的"次生形态",再到以公有制为基础的"再生形态"。这一理论才真正地揭示了社会发展的一般进程或普遍规律。任何一个民族、国家的发展都要经历"原生"的社会形态、"次生"的社会形态和"再生"的社会形态这三个基本阶段。不同民族、国家都有自己独特的发展道路,但都是在这个普遍规律的制约下走着自己独特的发展道路的。

第二种观点认为,"五种社会形态"或"五种生产方式"是斯大林对马克思社会发展理论的附加或曲解。实际上,"五种社会形态"并不是社会发展的一般进程。迄今为止,没有一个民族、国家依次经历"五种社会形态"或"五种生产方式"。持这种观点的学者认为"五种生产方式"理论有

---

① 《马克思恩格斯选集》第3卷,第629页。

三大失误：一是忽视了各民族、国家横向的相互影响对社会发展所起的推动作用,社会历史既是在各个民族、国家纵向的生产方式矛盾运动过程中发展起来的,也是在各个民族、国家横向的生产方式矛盾运动的相互影响中发展起来的;二是忽视了在生产力相同的状况下可以形成不同的生产关系和社会制度,如果说随着生产力的发展,生产关系也与此相适应而发生变更,并由此产生"五种生产方式",就应存在五种不同的生产力,然而,在人类历史上并不存在这五种不同的生产力;三是忽视了在一定条件下,自然环境,即地理环境对社会发展可以起决定作用,斯大林对地理环境对社会发展影响的解释是片面的。

第三种观点认为,"五种社会形态"理论的确是马克思提出的,但是,马克思到了晚年却对这一理论感到"困惑"和"动摇"了。具体地说,按照马克思早期的"世界历史"理论,一切民族、国家都将程度不同地卷入世界历史中,这就形成了一元论的历史观。但是,马克思晚年的"东方社会"理论却认为,人类从古至今就分为东方和西方两个世界,二者的历史特点不同,未来向新社会过渡的根据和途径也不同;在东方社会,没有明显的奴隶制度与封建制度的区别,还可能跨越资本主义的历史阶段。在晚年马克思的心目中,"五种社会形态"只对西方才适用。这样一来,一元论历史观被突破了,多元论的历史观被提出来了。这是其一。

其二,按照"五种社会形态"理论,社会发展的机制是生产力与生产关系、经济基础与上层建筑的矛盾运动,这是衡量历史的尺度,然而,当马克思晚年断言东方社会可以跨越资本主义"卡夫丁峡谷"时,人道主义却成了规划历史的尺度。

按照"五种社会形态"理论,社会主义的使命和性质是被资本主义社会的内在矛盾严格规定了的。然而,在马克思晚年的东方社会理论中,社会主义却是在前资本主义或资本主义没有充分发展的条件下,出于人道主义考虑,并以村社公有制为基础而"设想"的。这样,历史尺度就由一元变成了多元。

第四种观点认为,马克思晚年有关东方社会可以跨越资本主义历史阶段的理论与早期的"五种社会形态"理论存在着尖锐的冲突,反映了其

"理论困惑"。但是,这里所说的"困惑"与上述第三种观点所理解的"困惑"在内涵上有所不同:上述第三种观点倾向于肯定马克思晚年的东方社会理论,这里的第四种观点则倾向于否定马克思的东方社会理论。持这种观点的学者认为,"五种社会形态"理论是马克思对西方社会"冷静解剖"的结果,而"东方社会"理论则是马克思"主观情绪的产物"。马克思在19世纪50年代就研究过东方社会,认为东方社会的出路在于输入西方文明,建构资本主义所有制。到了晚年,由于被对西方资本主义社会忧心如焚的情绪所困扰,以及在某种程度上受到迫切的历史使命感的牵累,马克思试图找到一条迥异于西方,而又能将人类引向光明未来的道路,即跨越资本主义"卡夫丁峡谷"。这就是说,跨越资本主义"卡夫丁峡谷"的"设想"是马克思一种"主观情绪的产物",历史事实是,俄国并没有跨越资本主义"卡夫丁峡谷",而是走上了资本主义道路。

这四种观点对马克思社会发展理论的研究可谓深入而具体,并为我们重新理解马克思的社会发展理论提供了富有启示性的思路和思维空间。但是,这四种观点又存在一个共同的局限,即忽视了马克思划分"五种社会形态"的依据和研究"单位"。

研读马克思的著作可以看出,马克思是从所有制性质,进而从生产方式的视角划分社会发展的总体进程,把社会历史划分为五个基本阶段,即原始社会、奴隶社会、封建社会、资本主义社会和共产主义社会(社会主义社会是其初级阶段)的,这就是,"大体说来,亚细亚的、古代的、封建的和现代资产阶级的生产方式可以看作是社会经济形态演进的几个时代",而资本主义社会是最后一个对抗性社会,"人类社会的史前时期就以这种社会形态而告终"①,取而代之的是社会主义社会。

研读马克思的著作可以看出,马克思是把各个民族、国家的生产关系作为一个整体加以考察,并由此把社会发展的总体进程划分为"五种社会形态"的。"五种社会形态"理论揭示的人类社会循序递进的方向具有不

---

① 《马克思恩格斯全集》第13卷,第9页。

可逆性。虽然绝大多数民族、国家并未依次经历过独立的奴隶社会、封建社会和资本主义社会,但这一事实并不能推翻"五种社会形态"理论。在社会历史上,尽管存在着某种社会形态的"变种",如半殖民地半封建社会就是资本主义社会形态与封建社会形态的畸形结合,但没有任何一个社会超出"五种社会形态";尽管不是每个民族都完整地按照"五种社会形态"依次演进,但它的发展方向同"五种社会形态"的发展方向是一致的,其历史运行不可能是同人类总体历史相反的逆向运动。①

从人类总体历史来看,社会主义社会的产生没有也不可能先于资本主义社会,资本主义社会的产生没有也不可能先于封建社会,封建社会的产生没有也不可能先于奴隶社会,奴隶社会的产生没有也不可能先于原始社会,原始社会是人类社会的"原生形态"。这就是说,在人类总体历史发展过程中并不存在"跨越"。正如马克思所说:"无论哪一个社会形态,在它们所能容纳的全部生产力发挥出来以前,是决不会灭亡的;而新的更高的生产关系,在它存在的物质条件在旧社会的胎胞里成熟以前,是决不会出现的。"②"五种社会形态"的研究"单位"是人类总体历史,而不是具体的民族历史。

研读马克思的著作还可以看出,马克思是从两个视角考察和分析社会形态发展的:一是从客体的视角,即从生产资料所有制的性质,进而从物质生活的生产方式的视角划分社会形态,这就是 1859 年的《〈政治经济

---

① 对于"五种社会形态"理论,西方学者基本上持否定态度,苏联学者的理论与中国学者的理解大同小异。但是,苏联学者对马克思在 1859 年的《〈政治经济学批判〉序言》中所说的"亚细亚生产方式"进行了深入而详尽的研究,并产生了激烈的争论。其中,占主导地位的观点是否定"亚细亚生产方式"。持这种观点的苏联学者认为,在《〈政治经济学批判〉序言》中,马克思之所以把"亚细亚生产方式"看作一个独立的社会经济形态和人类社会的开端,是因为马克思当时还没有研究和掌握真正的史前社会的历史资料,而是主要依据当时的"东方学"著作。从 1879 年开始,马克思研究了科瓦列夫斯基、摩尔根、拉伯克等人的历史著作后,自己否定了"亚细亚生产方式",而把摩尔根研究过的原始社会作为人类历史的开端和"原生形态",并认为继原始社会之后是奴隶社会。恩格斯则明确指出:"奴隶制是古希腊罗马时代世界所固有的第一个剥削形式;继之而来的是中世纪的农奴制和近代的雇佣劳动制。这就是文明时代的三大时期所特有的三大奴役形式。"(《马克思恩格斯选集》第 4 卷,第 176 页。)
② 《马克思恩格斯全集》第 13 卷,第 9 页。

学批判〉序言》提出的"五种社会形态"理论;二是从主体的视角,即从人本身发展的视角划分社会形态,这就是在1857—1858年的《政治经济学批判大纲(草稿)》中提出的"三种社会形态"理论,即"人的依赖关系(起初完全是自然发生的),是最初的社会形态,在这种形态下,人的生产能力只是在狭窄的范围内和孤立的地点上发展着。以物的依赖性为基础的人的独立性,是第二大形态,在这种形态下,才形成普遍的社会物质变换,全面的关系,多方面的需求以及全面的能力的体系。建立在个人全面发展和他们共同的社会生产能力成为他们的社会财富这一基础的自由个性,是第三个阶段"①。"五种社会形态"理论与"三种社会形态"理论视角不同,但本质上是一致的,其根本依据都是"人的生产能力""社会生产能力"。正如马克思所说:"发展人类的生产力,也就是发展人类天性的财富这种目的本身。"②"生产力和社会关系——这二者是社会的个人发展的不同方面。"③

这同时表明,当马克思引入道德尺度、"人道主义动机"来考察东方社会及其历史命运时,并没有使唯物主义历史观由"一元论"的历史观变成"二元论"的历史观,并没有使唯物主义历史观衡量历史的尺度由"一元尺度"变为"多元尺度"。相反,在唯物主义历史观中,科学尺度与价值尺度、历史尺度与伦理尺度具有内在的统一性。正因为如此,马克思在研究东方社会及其历史命运时提出了两个具有内在关联的观点,即"从人的感情上来说"和"从历史观点来看",以此表征科学尺度与价值尺度、历史尺度与伦理尺度的统一。

马克思深切地关注着东方社会所遭受的特殊的历史灾难,指出"从纯粹的人的感情上来说,亲眼看到这无数勤劳的宗法制的和平的社会组织崩溃、瓦解、被投入苦海,亲眼看到它们的成员既丧失自己的古老形式的文明又丧失祖传的谋生手段,是会感到悲伤的"④。"从人的感情上来说"

① 《马克思恩格斯全集》第46卷上,第104页。
② 《马克思恩格斯全集》第26卷Ⅱ,第124页。
③ 《马克思恩格斯全集》第46卷下,第219页。
④ 《马克思恩格斯全集》第9卷,人民出版社1961年版,第148页。

体现着马克思的人道主义情怀。但是,马克思清醒地意识到,西方资本主义在当时属于先进的社会形态,而东方社会属于落后的社会形态。因此,尽管西方资产阶级在主观上并不是要使东方社会资本主义化,而是要使东方社会殖民化,但在殖民化的过程中,西方资产阶级给为东方社会"带来""导入"了现代工业,在客观上造就了有利于东方社会发展现代工业文明和资本主义的条件。在这个特定的意义上,西方资产阶级"充当了历史的不自觉的工具"①。也正是在这个特定的意义上,马克思指出:"无论古老世界崩溃的情景对我们个人的感情是怎样难受,但是从历史观点来看,我们有权同歌德一起高唱:'既然痛苦是快乐的源泉,那又何必因痛苦而伤心?'"②

在东方社会与西方社会的冲突中,东方社会"激于道义""维护道德原则",西方社会则"以发财的原则与之对抗",以"获得贱卖贵卖的特权",结果是东方社会"崩溃",古老的帝国"在这样一场殊死的决斗中死去"。之所以如此,从根本上说,是因为农业文明"斗不过"工业文明,自然经济"玩不过"商品经济,封建主义生产方式挡不住资本主义生产方式。东方社会以其惨痛的、灾难性的代价换取了某种社会进步。"这的确是一种悲剧,甚至诗人的幻想也永远不敢创造出这种离奇的悲剧题材。"③这里,马克思用"悲剧"这一概念显示了东方社会在同西方社会、封建主义在同资本主义进行"殊死的决斗"中难以避免的失败及其客观原因,从而说明价值尺度、伦理尺度必须以历史尺度、科学尺度为基础。

正因为如此,唯物主义历史观衡量社会进步的尺度或标准是双重的,即客体尺度和主体尺度的统一。

从客体的角度看,生产力是衡量社会进步与否的尺度或标准。这是因为:生产力是社会发展的最终决定性因素,而且具有客观性、可度性和可比性,其发展程度"可以用自然科学的精确性指明"④,因此,"劳动资料

---

① 《马克思恩格斯全集》第 9 卷,第 149 页。
② 《马克思恩格斯全集》第 9 卷,第 149—150 页。
③ 《马克思恩格斯全集》第 12 卷,人民出版社 1962 年版,第 587 页。
④ 《马克思恩格斯选集》第 2 卷,第 33 页。

不仅是人类劳动力发展的测量器,而且是劳动借以进行的社会关系的指示器"①;任何一个社会的发展都有经济、政治、文化、社会生活等多种目标,但是,这多种目标的实现,归根到底,取决于生产力的发展,生产力的发展是实现社会发展多种目标的根本条件,没有生产力的高度发展,"那就只会有贫穷的普遍化;而在极端贫困的情况下,就必须重新开始争取必需品的斗争,也就是说,全部陈腐的东西又要死灰复燃"②;"只有把社会关系归结于生产关系,把生产关系归结于生产力的高度,才能有可靠的根据把社会形态的发展看做自然历史过程"③。所以,列宁认为,生产力的状况是"整个社会发展的主要标准"④,是"社会进步的最高标准"⑤。

从主体的角度看,人的发展是衡量社会进步与否的尺度或标准。这是因为,人是社会的主体,生产力本身就是人的本质力量,生产力的历史"也是个人本身力量发展的历史"⑥;人的本质是社会关系的总和,现实的人本质上是现实的社会关系的"人格化",集中体现着一定的社会性质,"人作为人类历史的经常前提,也是人类历史的经常的产物和结果。而人只有作为自己本身的产物和结果才成为前提"⑦。作为生产力发展的体现者、社会关系的总和和历史的"产物和结果",人的发展实际上是以缩影的形式集中体现着社会进步,是社会进步的最终体现。正因为如此,马克思以人本身的发展为尺度划分了"三种社会形态",并认为共产主义社会就是"以每个人的全面而自由的发展为基本原则的社会形式"⑧。

本文原载《社会科学战线》2024 年第 9 期

① 《马克思恩格斯全集》第 23 卷,第 204 页。
② 《马克思恩格斯全集》第 3 卷,第 39 页。
③ 《列宁选集》第 1 卷,第 8 页。
④ 《列宁全集》第 41 卷,人民出版社 1986 年版,第 72 页。
⑤ 《列宁全集》第 16 卷,人民出版社 1988 年版,第 209 页。
⑥ 《马克思恩格斯选集》第 1 卷,第 124 页。
⑦ 《马克思恩格斯全集》第 26 卷 III,第 545 页。
⑧ 《马克思恩格斯全集》第 23 卷,第 649 页。

主要参考文献

1. ［德］马克思：《黑格尔法哲学批判》，《马克思恩格斯全集》第 1 卷，人民出版社 1956 年版。

2. ［德］马克思：《论犹太人问题》，《马克思恩格斯全集》第 1 卷，人民出版社 1956 年版。

3. ［德］马克思：《〈黑格尔法哲学批判〉导言》，《马克思恩格斯全集》第 1 卷，人民出版社 1956 年版。

4. ［德］马克思：《1844 年经济学哲学手稿》，《马克思恩格斯全集》第 42 卷，人民出版社 1979 年版。

5. ［德］马克思、恩格斯：《神圣家族》，《马克思恩格斯全集》第 2 卷，人民出版社 1957 年版。

6. ［德］马克思：《关于费尔巴哈的提纲》，《马克思恩格斯选集》第 1 卷，人民出版社 1995 年版。

7. ［德］马克思、恩格斯：《德意志意识形态》，《马克思恩格斯全集》第 3 卷，人民出版社 1960 年版。

8. ［德］马克思：《哲学的贫困》，《马克思恩格斯全集》第 4 卷，人民出版社 1958 年版。

9. ［德］马克思、恩格斯：《共产党宣言》，《马克思恩格斯全集》第 4 卷，人民出版社 1958 年版。

10. ［德］马克思：《路易·波拿巴的雾月十八日》，《马克思恩格斯全集》第 8 卷，人民出版社 1961 年版。

11. ［德］马克思：《中国革命和欧洲革命》，《马克思恩格斯全集》第 9 卷，人民出版社 1961 年版。

12. ［德］马克思：《不列颠在印度的统治》，《马克思恩格斯全集》第 1 卷，人民出版社

1961 年版。

13. ［德］马克思:《不列颠在印度统治的未来结果》,《马克思恩格斯全集》第 9 卷,人民出版社 1961 年版。

14. ［德］马克思:《〈政治经济学批判〉导言》,《马克思恩格斯全集》第 46 卷上,人民出版社 1979 年版。

15. ［德］马克思:《〈政治经济学批判〉序言》,《马克思恩格斯全集》第 13 卷,人民出版社 1962 年版。

16. ［德］马克思:《1857—1858 年经济学手稿》,《马克思恩格斯全集》第 46 卷(上、下),人民出版社 1979、1980 年版。

17. ［德］马克思:《资本论》(1—3 卷),《马克思恩格斯全集》第 23、24、25 卷,人民出版社 1972、1972、1974 年版。

18. ［德］马克思:《给"祖国纪事"杂志编辑部的信》,《马克思恩格斯全集》第 19 卷,人民出版社 1963 年版。

19. ［德］马克思:《给维·伊·查苏利奇的信》及其草稿,《马克思恩格斯全集》第 19 卷,人民出版社 1963 年版。

20. ［德］恩格斯:《反杜林论》(欧根·杜林先生在科学中实行的变革),《马克思恩格斯选集》第 3 卷,人民出版社 1995 年版。

21. ［德］恩格斯:《社会主义从空想到科学的发展》,《马克思恩格斯选集》第 3 卷,人民出版社 1995 年版。

22. ［德］恩格斯:《家庭、私有制和国家的起源》,《马克思恩格斯选集》第 4 卷,人民出版社 1995 年版。

23. ［德］恩格斯:《路德维希·费尔巴哈和德国古典哲学的终结》,《马克思恩格斯选集》第 4 卷,人民出版社 1995 年版。

24. ［德］恩格斯:《自然辩证法》(节选),《马克思恩格斯选集》第 4 卷,人民出版社 1995 年版。

25. ［俄］普列汉诺夫:《论一元论历史观之发展》,博古译,生活·读书·新知三联书店 1961 年版。

26. ［俄］普列汉诺夫:《论个人在历史上的作用问题》,唯真译,生活·读书·新知三联书店 1961 年版。

27. ［苏联］列宁:《什么是"人民之友"以及他们如何攻击社会民主党人?》,《列宁全集》第 1 卷,人民出版社 1984 年版。

28. ［苏联］列宁:《唯物主义和经验批判主义》,《列宁全集》第 18 卷,人民出版社 1988 年版。

29. ［苏联］列宁:《马克思主义的三个来源和三个组成部分》,《列宁全集》第 23 卷,人民出版社 1990 年版。

30. 〔苏联〕列宁：《卡尔·马克思》，《列宁全集》第 26 卷，人民出版社 1990 年版。

31. 〔苏联〕列宁：《〈哲学笔记本〉片段》，《列宁全集》第 55 卷，人民出版社 1990 年版。

32. 〔苏联〕斯大林：《论辩证唯物主义和历史唯物主义》，《斯大林选集》下卷，人民出版社 1979 年版。

33. 〔苏联〕斯大林：《苏联社会主义经济问题》，《斯大林选集》下卷，人民出版社 1979 年版。

34. 〔德〕考茨基：《唯物主义历史观》1—6 册，《哲学研究》编辑部译，上海人民出版社 1964、1965、1984、1964、1964、1965 年版。

35. 〔法〕拉法格：《思想起源论》，王子野译，生活·读书·新知三联书店 1963 年版。

36. 〔德〕梅林：《保卫马克思主义》，吉洪译，人民出版社 1982 年版。

37. 〔意〕安·拉布里奥拉：《关于历史唯物主义》，杨启潾等译，人民出版社 1984 年版。

38. 〔苏联〕Φ. B. 康斯坦丁诺夫主编：《马克思列宁主义的历史过程理论（历史唯物主义）》，蔡振扬等译，上海人民出版社 1986 年版。

39. 〔苏联〕苏联科学院哲学教研室：《历史唯物主义概论》，易杰雄、康天意译，河北人民出版社 1987 年版。

40. 〔苏联〕富尔曼诺夫：《历史唯物主义——普通社会学原理》，王荣宅、左少兴译，北京大学出版社 1987 年版。

41. 〔苏联〕杜加林诺夫：《历史唯物主义诸范畴的相互关系》，千山译，生活·读书·新知三联书店 1959 年版。

42. 〔苏联〕H. И. 德里亚赫洛夫等编：《历史唯物主义范畴》，安起民等译，北京师范大学出版社 1984 年版。

43. 〔苏联〕Γ. A. 巴加图利亚：《马克思的第一个伟大发现——唯物史观的形成和发展》，陆忍译，中国人民大学出版社 1981 年版。

44. 〔瑞士〕L. M. 鲍亨斯基：《苏俄辩证唯物主义》，薛中平译，商务印书馆 1965 年版。

45. 中国社会科学院哲学研究所《哲学译丛》编辑部编译：《南斯拉夫哲学论文集》，生活·读书·新知三联书店 1979 年版。

46. 〔匈〕卢卡奇：《历史与阶级意识——关于马克思主义辩证法的研究》，杜章智等译，商务印书馆 1999 年版。

47. 〔匈〕卢卡奇著、〔德〕本泽勒编：《关于社会存在的本体论·上卷——社会存在本体论引论》，白锡堃、张西平、李秋零等译，重庆出版社 1993 年版。

48. 〔匈〕卢卡奇著、〔德〕本泽勒编：《关于社会存在的本体论·下卷——若干最重要的综合问题》,白锡堃、张西平、李秋零等译,重庆出版社 1993 年版。

49. [德] 卡尔·柯尔施:《马克思主义和哲学》,王南湜、荣新海译,重庆出版社 1989 年版。

50. [意] 葛兰西:《实践哲学》,徐崇温译,重庆出版社 1990 年版。

51. [美] E. 弗洛姆:《马克思关于人的概念》,涂继亮等译,《西方学者论〈一八四四年经济学—哲学手稿〉》,复旦大学哲学系现代西方哲学研究室编译,复旦大学出版社 1983 年版。

52. [美] H. 马尔库塞:《历史唯物主义的基础》,薛民译,《西方学者论〈一八四四年经济学—哲学手稿〉》,复旦大学哲学系现代西方哲学研究室编译,复旦大学出版社 1983 年版。

53. [美] 赫伯特·马尔库塞:《单向度的人:发达工业社会意识形态研究》,刘继译,上海译文出版社 2006 年版。

54. [德] 阿多尔诺:《否定的辩证法》,张峰译,重庆出版社 1993 年版。

55. [法] 让-保罗·萨特:《辩证理性批判》,林骧华、徐和瑾、陈伟丰译,安徽文艺出版社 1998 年版。

56. [法] 让-保罗·萨特:《存在主义是一种人道主义》,周煦良、汤永宽译,上海译文出版社 1988 年版。

57. [德] 哈贝马斯:《重建历史唯物主义》,郭官义译,社会科学文献出版社 2000 年版。

58. [法] 路易·阿尔都塞:《保卫马克思》,顾良译,商务印书馆 2010 年版。

59. [法] 路易·阿尔都塞、艾蒂安·巴里巴尔:《读〈资本论〉》,李其庆、冯文光译,中央编译出版社 2001 年版。

60. [联邦德国] A. 施密特:《马克思的自然概念》,欧力同、吴仲昉译,商务印书馆 1988 年版。

61. [英] G. A. 柯亨:《卡尔·马克思的历史理论——一个辩护》,岳长龄译,重庆出版社 1989 年版。

62. [英] 戴维·麦克莱伦:《马克思以后的马克思主义》,李智译,中国人民大学出版社 2008 年版。

63. [德] 费彻尔:《马克思与马克思主义:从经济学批判到世界观》,赵玉兰译,北京师范大学出版社 2009 年版。

64. [美] 奥尔曼:《异化:马克思论资本主义社会中的人的概念》,王贵贤译,北京师范大学出版社 2011 年版。

65. [美] 古尔德:《马克思的社会本体论:马克思社会实在理论中的个性和共同体》,王虎学译,北京师范大学出版社 2009 年版。

66. ［美］乔恩·埃尔斯特：《理解马克思》，何怀远等译，中国人民大学出版社 2008 年版。

67. ［日］望月清司：《马克思历史理论的研究》，韩立新译，北京师范大学出版社 2009 年版。

68. ［德］黑格尔：《精神现象学》，贺麟、王玖兴译，商务印书馆 1979 年版。

69. ［德］黑格尔：《历史哲学》，王造时译，上海书店出版社 2022 年版。

70. ［德］路德维希·费尔巴哈：《关于哲学改造的临时纲要》，荣震华等译，《费尔巴哈哲学著作选集》上卷，商务印书馆 1984 年版。

71. ［德］路德维希·费尔巴哈：《未来哲学原理》，荣震华等译，《费尔巴哈哲学著作选集》上卷，商务印书馆 1984 年版。

72. ［德］海德格尔：《存在与时间》，陈嘉映、王庆节译，生活·读书·新知三联书店 2006 年版。

73. ［德］海德格尔：《面向思的事情》，陈小文、孙周兴译，商务印书馆 1999 年版。

74. ［德］海德格尔：《形而上学导论》，熊伟、王庆节译，商务印书馆 1996 年版。

75. ［德］恩斯特·卡西尔：《人论》，甘阳译，上海译文出版社 2004 年版。

76. ［瑞士］皮亚杰：《发生认识论原理》，王宪钿等译，商务印书馆 1981 年版。

77. ［英］卡尔·波普尔：《历史决定论的贫困》，杜汝楫、邱仁宗译，华夏出版社 1987 年版。

78. ［英］W. H. 沃尔什：《历史哲学导论》，何兆武、张文杰译，北京大学出版社 2008 年版。

79. ［意］贝奈戴托·克罗齐：《历史学的理论和实际》，傅任敢译，商务印书馆 1982 年版。

80. ［英］柯林武德：《历史的观念》，何兆武等译，商务印书馆 1997 年版。

81. 肖前：《马克思主义哲学原理》，中国人民大学出版社 1994 年版。

82. 陈先达：《走向历史的深处：马克思历史观研究》，中国人民大学出版社 2006 年版。

83. 陈先达、靳辉明：《马克思早期思想研究》，北京出版社 1983 年版。

84. 刘丹岩、高清海：《论辩证唯物主义与历史唯物主义的关系》，上海人民出版社 1958 年版。

85. 袁贵仁：《价值观的理论与实践：价值观若干问题的思考》，北京师范大学出版社 2006 年版。

86. 李德顺：《价值论——一种主体性的研究》，中国人民大学出版社 1987 年版。

87. 孙承叙、王东：《对〈资本论〉历史观的沉思（现代历史哲学构想）》，学林出版社 1988 年版。

88. 孙正聿：《理论思维的前提批判：论辩证法的批判本性》，北京师范大学出版社

2017 年版。

89. 俞吾金:《从康德到马克思：千年之交的哲学沉思》,北京师范大学出版社 2017 年版。

90. 王锐生、景天魁:《论马克思关于人的学说》,辽宁人民出版社 1984 年版。

后　记

　　从历史上看,一个伟大的哲学家逝世后,对他的观点、思想和学说进行持续性研究,在人类思想史上不乏先例。但是,像马克思哲学这样在世界范围内引起如此广泛、深入而持久的研究却是罕见的。在当代,马克思主义哲学研究仍然是一门"显学",研究的范围愈来愈广,层次愈来愈深,角度愈来愈多,其探讨的问题之宏大邃微,概念范畴之洗练繁多,理论内容之博大精深,思潮迭起之波澜壮阔,学派形成之层出不穷,实为任何一种哲学思想研究无法比拟。这使我不禁想起了英国著名历史学家柯林武德的一段颇有见地的论述:"对某种学说进行激烈的论战,乃是争论中的学说在作者的环境中形象高大、具有强大的吸引力的一种确实无误的标志。"

　　当然,我注意到,在对马克思主义哲学不同维度、不同层次的研究中,基础理论研究具有根本性和方向性,犹如一座宏伟大厦的基石,仿佛一艘远洋巨轮的舵手。基础理论研究从根本上制约着对马克思主义哲学的理论特征、理论内容和理论职能的理解。正因为如此,我向读者呈上这部《马克思主义哲学基础理论研究》,并把这部著作列为《杨耕文集》第5卷。

　　《马克思主义哲学基础理论研究》的正文共分十章,力图从"马克思主义哲学与现代西方哲学""实践的本体意义与本体论的革命""本体论批判的辩证法与辩证法的实践基础""人的存在方式与社会生活的本质""历史规律与社会发展道路""意识本质、认识发生与认识活动内在矛盾""思维建构、实践反思与辩证思维""真正批判的世界观与真正实证的科学""价值的本质与价值评价的特征""人的发展与人类解放"这十个方面深入而全面地阐述马克思主义哲学的基础理论。为了使读者进一步了解马克思主义哲学基础理论研究的历史与现状,我把"历史唯物主义的对象、性质和职能研究:概述与反思""唯物主义历史观基本范畴研究:概述与反思""唯物主义历史观基本观点研究:概述与反思"作为这部著作的三个附录列在正文之后。

"路曼曼其修远兮,吾将上下而求索。"(屈原)《马克思主义哲学基础理论研究》从一个侧面反映了我45年来"上下而求索"的思想历程,是我的马克思主义哲学研究的心灵写照和诚实记录。在这部著作中,我力图以"客观的理解"为准绳,用简洁的语言、恰当的叙述、合理的逻辑展现马克思主义哲学的基础理论。但是,我并不认为这部著作完全恢复了马克思主义哲学的"本来面目",这些解释完全符合马克思主义哲学的"文本",因为我深知解释学的合理性,深知作为理解者的我与作为被理解者的马克思之间存在着"文化差""时代差",而且马克思离我们的时代越远,对他理解的难度越大,就像行人远去,越远越难辨认一样。

人们常说"理解万岁",这本身就说明了理解的艰难性、复杂性。人总是生活在具体的历史环境中,并在特定的意识形态氛围中进行理解活动的。历史环境的不可复制性、历史进程的不可逆转性、历史事件的不可重复性,使理解者不可能完全回到被理解者的特定的历史情境,不可能完全"设身处地"地从被理解者的角度去理解被理解者的文本,因而也就不可能完全恢复历史的"本来面目"和文本的"本真精神"。同时,任何一个理解者在理解某一人物、某一著作之前,已经有一个"理解的前结构"在他的头脑中存在着,并支配着他的理解的维度、广度和深度。"甚至最没'定见'的观察者也不能用毫无偏见的眼睛去看他周围的世界。"(葛利叶)你若看错了,你就会想错;你若想错了,你就会看错。这仿佛是一个矛盾,然而,却是一个客观存在的矛盾。

理解永远是具体的、历史的,它不可能超出理解者的实践活动、知识结构和历史背景。因此,《马克思主义哲学基础理论研究》对马克思主义哲学基础理论的理解,也必然受到我生活于其中的历史环境和我的"理解的前结构"的制约。全部问题在于,我们应站在当代实践、科学和哲学本身发展的基础上,使作为理解者的我们的视界与作为被理解者的马克思的视界融合起来,从而不断地超越传统的理解,不断地逼近马克思主义哲学的"本来面目""本真精神"。当然,这是一个艰难的思想登山过程。"走向权威之路并不康庄,更有狂风暴雨君临着高处。"(雪莱)

复旦大学俞吾金教授为《马克思主义哲学基础理论研究》撰写了第一章"马克思主义哲学与现代西方哲学"的"一、对黑格尔哲学的批判:开启现代西方哲学的历史进程";吉林大学孙正聿教授撰写了第三章"本体论批判的辩证法与辩证法的实践基础";北京大学仰海峰教授撰写了第八章"真正批判的世界观与真正实证的科学"的"一、马克思批判理论的转向""二、马克思批判理论的科学视界"。在这部著作的统稿过程中,我深切地感受到孙正聿、俞吾金、仰海峰教授宽广的理论视野、坚实的理论基础、精湛的理论见解和深厚的哲学素养,深切地感受到一种兄弟之情和朋友之谊。令人遗憾、使人悲伤的是,当这部著作出版时,俞吾金教授已经离开了我们,生活在另一个世界了。我深深地怀念俞吾金教授。

华东师范大学出版社社长王焰编审深知基础理论研究的重要性,不嫌浅陋,把《马克思主义哲学基础理论研究》列入出版计划;项目部主任朱华华副编审精心组织这部著作的编辑、出版工作;责任编辑王海玲编审以其认真的工作态度、高超的编辑水平,高质量地完成了这部著作的编辑任务;审读编辑李玮慧辛苦劳作,完成了这部著作的审读工作;北京师范大学出版集团杜丽娟副编审不辞辛苦打印了这部著作的全部书稿,并核对了全部引文。"春蚕到死丝方尽,蜡炬成灰泪始干。"(李商隐)编辑总是燃烧了自己,点亮了作者;总是使作者功成名就,自己默默无闻。在我看来,编辑是一项平凡而崇高的工作,或者说是平凡中的崇高。在此,我向王焰编审、朱华华副编审、王海玲编审、李玮慧编辑、杜丽娟副编审一并致以深深的谢意和崇高的敬意。

当这部《马克思主义哲学基础理论研究》定稿时，也就意味着《杨耕文集》的全部书稿已经完成。此时，北京已是阳光明媚的四月，"春未老"，我不由自主想起了苏轼的诗句，那就是：

> 休对故人思故国，
> 且将新火试新茶。
> 诗酒趁年华。

杨　耕
2024 年 4 月于北京世纪城时雨园